成都方言

ChengDu FangYan

马 骥 \ 著

四川文艺出版社

我建议，到四川工作、上学的外地人，都应该读读马骥的书、听听他的"成都散打"，可以把这看作我们学习和接触四川人文历史的"启蒙性"的教科书。

——李保均

打捞方言的珍宝（代序）

甄先尧

我常常想，假如时光倒退一千三百年，在唐朝的某一天，像今天的诗人一样，我们也组织那么一次诗人笔会，而将李白、杜甫、王维，聚集在成都的某个大酒店，饮酒赋诗，品茗论道，那将是怎样的一道人文景观？有"诗仙"之称的李白是四川江油人，在成都开笔会，算是东道主，话自然应该多一些。有"诗佛"之称的王维祖籍山西祁县，潜心修佛，又随俗浮沉，长期过着半官半隐的生活，远道而来，车马劳顿，稍显疲惫，话也许会少一些。而被后世尊称为"诗圣"的杜甫乃河南巩县人，一生怀才不遇，忧国忧民，此时客居成都，算是半个东道主，但因为是诗坛晚辈，话的多少或许正介于李白与王维之间。

我对三位大师在这次笔会中，能否写出留芳千古的旷世之作，并无多少兴趣。我感兴趣的是，这样一个笔会所能带来的语言奇观。三位诗人，一个操江油四川话，一个操祁县山西话，一个操巩县河南话。因为客居成都多年，品茗论道中，操巩县河南话的杜甫也许偶尔会夹杂一两句成都话。但可以肯定，他们绝对不会说普通话，这不是因为他们个个才高八斗，不普通，也不是因为他们对普通话不屑一顾，而是那时候压根儿就没有什么普通话。对于三位诗人，方言就是他们响当当的身份证。他们终生怀揣着这个身份证，也终生怀揣着各自的故乡。

对于方言等同于故乡的说法，我的好友、诗人席永君曾在一首名为《脱口而出的故乡》中，深情而颇有些执拗地写道：

故乡并未在各处沦陷
此刻，她就在我的血液里
在我脱口而出的方言中
当我隔着两杯蒙顶甘露
对你说："我爱你！"
我同时说出了故乡的天空
山峦、田野和流水
甚至，还说出了老屋前那棵
枝繁叶茂的构树
夏天，浓荫里清凉的蝉鸣

循指见月，方言即故乡
将我的每一句话放大
都是一张故乡的版图
如鲠在喉的故乡
深思熟虑，或脱口而出

"请讲普通话！"在我们今天的大多数社交场合中，如果对方说方言，我们总是这样彬彬有礼地提醒对方。曾几何时，方言就在这样看似彬彬有礼、温情脉脉的"语言霸权"中被冷落了，渐渐变得羞怯，变得不好意思，变得不合时宜，变得不敢登大雅之堂。哪一方水土，养哪一方人。哪一方水土，也同样孕育并产生哪一种方言。方言的魅力是无穷的，捍卫方言，就是捍卫我们各自的故乡。

诗人用诗作呼吁大家捍卫方言，捍卫各自的在城市化进程中逐渐沦陷的故乡。而成都本土作家马骥不仅长期以来以川籍作家李劼人为楷模，在自己的写作中自觉运用方言，实践方言，用成都方言创作了《散打笑星》《李伯清夜话》《成都故事》等诸多作品。今次，更顺藤摸瓜，索性深入到方言的腹地，像打捞满载珍宝的沉船一样，认真地研究起方言来。《成都方言》便是他多年来的研究成果。

改革开放以来，我们的图书出版业可以说是十分繁荣的，但有关方言，尤其是四川方言、成都方言的书却寥若晨星。也许孤陋寡闻，这些年来，笔者仅见两部研究四川方言的书，一部是上世纪80年代，四川省社会科学院出版社出版的《成都话方言词典》（多人编写），一部是2002年四川人民出版社出版的《四川方言与民俗》（黄尚军著）。马骥编撰的《成都方言》在总结前人研究方言成果的基础上，无疑填补了一些空白。这些空白的填补表现为，该书查找词语极为方便，特色为四个字"简单明了"，读者翻阅一目了然，为热爱成都、喜欢（学）讲成都话的人免去了许多麻烦和苦恼，实乃不可多得的参考书籍。

矮 ai ①低人一等：我们凭啥子要～人一等嘛？②形容身材短小："～是～，经得踩；高是高，当柴烧。"语出成都童谣，后接："瘦是瘦，有肌肉；凶是凶，临时工。"③少：我的工资比别人～一节。④低下去，跪下：咋整来～起说了嘛？

矮冬瓜 aidonggua ①指个子矮小的人：看坝坝戏，～些捱不上潮。②巴蜀笑星林小东的绰号：～演的"滚灯儿"那才叫绝！

矮一篾块儿 aiyimikuair 就差那么一点：郑浩考大学，就矮那么一篾块儿没拈到"伙食"。篾块儿：竹篾条，喻指厚度。又为"矮一篾筷"。

　　从《成都方言》中，随手摘录几条以"矮"字打头的方言，真是让人忍俊不禁，爱不释手。这些宝石一样的方言，不应该沉埋于历史的泥沙之中。正如作者在"说明"中所言："从非遗文化的角度上讲，口口传授的东西更应该加以保护传承；从语言活性上看，成都的这些方言词语，皆有可能有朝一日待汉字重新修订时被纳入正式版本。"作为老友，我十分理解作者的良苦用心。

　　今夜，当我和马骥的《成都方言》相见甚欢，并在书中一条条鲜活的方言的引领下，回到陌生而诗意的故乡，请允许我同样彬彬有礼地说："普通话，请绕道！"在现实生活中，强大的普通话蚕食了我们太多的语言空间，而一个文化多元的社会理应容纳那些弱势的方言。在此，我要和大家分享一个秘密，那就是，在梦中我永远只讲方言，在梦中我只用方言思想，那是一个既容纳普通话，更坚守方言的自由王国。

2012年初夏，于锦城西

（甄先尧，文化学者）

说　明

　　一、本书词汇量达万余条，采用汉字拼音标注方式进行排序，查找时只需按页码旁A—Z的字母顺序寻找即可。内容里有川剧类、儿化音、棋牌俗语、子字及美食烹饪词汇等类别，并在附录里列有歇后语，供读者方便阅读。

　　二、鉴于成都话与普通话在读音上的差异，本书词汇均以方言读音为准。例："角逆"的"角"字，成都人读"过"，所以按拼音"jiao"就无从查找到，应在"guo"里寻找；"鞋"字读"孩"，故以"hai"音进行标注。

　　三、对于读音不相通的，均取其意，采用代替字，如"扁"字，音读"bia"；有音无字的则采取两字加横底线表示反切进行拼读，如"扁"字，"比啊"拼读。

　　四、鉴于成都人历来有认半边字（多属别字）的习惯，像"吸xi"这类字便要在"及ji"的读音里才能查找到；"龈"，只有查拼音"gen"。就新造字而言，也大多按此法进行拼凑，如："㨤"或"护"等。

　　五、对于并非属于标准汉字的一类新造字（词），如"睢"或"跶"，在有关字典中无从查到，但仍属成都民间流行的惯用词汇，即被列入新添字（词）中。从非遗文化的角度上讲，口口传授的东西更应该加以保护传承；从语言活性上看，成都的这些方言词语，皆有可能有朝一日待汉字重新修订时被纳入正式版本。

目 录

CONTENTS

坝
坝坝
坝坝茶
坝坝电影
坝坝会
坝坝头
坝坝戏
坝坝筵
把
把把
把把柴
把把子
把墨
把门将军
把连
把稳
把细
把戏
把子
八打八
八大碗
八登儿胡
八杆子打不到
靶子神
霸道惨了
攡
攡单
攡铺
攡窝窝
攡新床
罢
罢脚
拜茶
拜大禹
拜得客
拜寄
拜客
拜四方
踔
踔踔儿
败
败家子
摆
摆鼻子

摆茶
摆堆堆
摆哈儿
摆老实龙门阵
摆聊斋
摆龙门阵
摆懑
摆牌子
摆平
摆谱
摆顺
摆思思
摆摊摊儿
摆枉枉儿
摆尾子
摆闲条
摆玄龙门阵
摆杂
摆整
班辈
班子
斑斑云
鸠鸠
办姑姑宴
办陪奁
办招待
般配
搬
搬搬匠
搬不翻
搬滩
搬嘼
搬庄
扳
扳不脱
扳不弯
扳命
扳起叫
扳手劲
扳指拇儿
扳嘴劲
踔跤
拌脚板儿
拌蛮

拌桶
拌药罐子
瓣瓣
半打半家
半塔子
半导体
半肥瘦
半瓜精
半罐
半截子
半截子话
半截子么爸儿
半年三
半蕮子
半中拦腰
扮姑姑筵儿
板
板板
板板车
板儿板儿
板板鞋
板寸头
板凳队员
板凳儿
板相
板眼
板子
跁
跁命
跁脱
跁涎
跁澡
棒棒儿
棒棒军
棒棒面
棒棒手
棒棰儿
棒客
棒子骨
帮帮
帮帮捶
帮帮匠
帮臭
帮倒

帮硬
帮干忙
帮紧
帮老
帮翘八硬
帮重八重
梆梆
梆梆车
梆梆匠
绑倒
膀膀儿
膀子上
包包
包包硬
包包梢
包包散
包包头
包包子
包吊起
包谷
包牌
包起
包拳
包席
包杂包儿
报盘
刨花匠
刨花儿
刨花脑壳
刨子
抱
抱膀子
抱鸡婆
抱水
抱窝
抱走线膀子
暴躁
暴里爆颤
暴眼
爆炒鹅捞石
爆肚子
爆蛇蛋
爆蛇蛋子子
爆栗子

爆蔫子	白生	鐾皮	比现
龅牙	白生生	褙	比牙齿白
龅牙齿咬虱子	白嗜啦垮	褙壳儿	笔端走
饱	白耍哈儿	褙整	鼻脓口水
饱觉	白网	辈数	毙啵
饱胀	白盐淡扎	秘密	蔽静
饱足	白油路	呗儿呗儿枪	蔽门
保保	白字	悖	壁缝子
保保节	白字大仙	悖时间	壁头
保得到米	白嘴	悖盐	壁子
保肋	百把	焙	篦子
保娘	百百子	焙整	弊货
保爷	百分儿	本本儿	扁
堡坎	百家饭	本母子	扁脑壳
宝	百家子	本先	扁桶
宝儿	百日场	奔四	扁言
宝眉宝眼	百丈	挬	扁嘴儿
宝器	杯杯儿	挤倒	编
宝筛筛	杯杯酒	绷	编编匠
宝头宝脑	背	绷劲仗	编筐筐
宝兮兮	背膀	绷酷	编诓打条
白	背包捼伞	绷面子	编王王
白挨	背背	绷起	边边
白饭	背船	绷纯洁	边边落落
白给	背倒起	绷胸围	边二
白矜矜	背篼	绷嘴劲	边花儿
白话	背趸时	蹦蹦叉	变狗狗
白欢喜	背二哥	蹦起	变牛
白灰	背工活路	蹦头蹦脑	半边
白火石	背脊骨	嘣嚓嚓	揙
白伙食	背静	闭气	扁担花
白碱	背角楸楸	闭倒	扁挑
白咔咔	背路	闭紧	煸
白脸二神	背名无实	闭眉闭眼	臕
白麻糖	背皮	闭眯活眼	飙
白毛猪儿	背时	闭熄	飙了
白眉白眼	背时倒灶	闭眼睛	裒
白牛滚水	背时鬼	滗	裒喊
白帕子	背书	滗干净	裒来
白泡子	背娃娃	比倒整	裒去
白墨	背万年时	比够	裒耍
白恰恰	背油	比刻刻	裒得
白日青光	背子	比起	裒跟我
白肉生疗	逼迫	比舞	裒走

标志
别个
别起
瘪嘴
憋憋
憋到莫法
憋慌了
憋遭
憋遭活剐
噼啦啦
镔铁
殡
呼嘣十八震
乒乓
冰巴冷
冰粉儿
冰次
迸
脉口儿
病咳咳
病病哀哀
饼饼儿
玻璃
玻璃耗子
玻丝
钵
钵钵鸡
钵钵肉
钵碗
钵革
簸簸
簸簸簸
啵儿
啵罗
跛箩
薄飞飞儿
薄铺盖
剥狗皮
泼皮
布襟襟
布篷
不巴瓢
不巴谱
不摆了

不踩怪跷
不存在
不瞅不睬
不当人家的
不得
不得吃你
不得晃
不得空
不得了
不得怕
不得虚哪个
不得行
不得信你
不盯
不犯于
不关风
不管三七二十一
不好
不警觉得
不进油盐
不经事
不经使
不开腔
不赖烦
不劳你
不理
不理不睬
不落板
不落教
不忙哆
不扭
不怕得
不然浪个
不惹
不认秤
不认黄
不是说的话
不甩识
不胎害
不想啷个
不消说
不晓得姓啥子
不歇气
不虚火

不虚你
不眼气
不依
不依教
不宜好
不咋不咋
不长庄稼
不长脑壳
不照闲
不至于
不周正
不住点
不自在
不坐新人床
补补连连
补锅匠
补二火
补起
补人
补转来

C 76-98

擦擦儿
擦尻子
擦黑
爹
猜
猜猫儿
菜
菜板儿
菜鸽子
才将
财咪子
财神菩萨
财神坛
财喜
材料
采耳匠
采青
踩
踩扁
踩怪叫

踩假水
踩桥
踩生
踩熟了
踩虚脚
踩左踩右
彩头儿
灿
惨了
惨猫儿
苍蝇馆子
苍蝇伙食
苍蝇儿屎
藏猫儿
操
操喝
操坝
操背功
操扁卦
操大方
操大哥大
操刀
操得拙
操饿功
操哥
操社会
操神说
操心
操转去了
操嘴劲
槽头肉
槽沿儿鞋
嘈
造喝
造化
糙米
燥
燥火
燥热
燥辣
揸
草坝坝
草草
草鞋

草鞋花脸	掺生水	潮	扯筋角逆
草帘子	掺水	朝天椒	扯烂马褂儿
草鱼	护	抄手儿	扯了
草纸	护白杆	撤火	扯买主
择床	护耳矢	撤飘	扯皮
择期	护牛牛儿	哧	扯噗鼾
择人	护袖头子	车	扯人气
择嘴	长二	车笔刀	扯师
侧起坐	长耳朵	车不转	扯水
慁火	长杆子	车车儿	扯脱
茶干子	长颈项	车倒一边	扯妄妄
茶客	长客	车过背	扯兮兮
茶母子	长麻吊线	车过去	扯胸迈怀
茶瓶	长毛根儿	车开	扯眼睛
茶铺子	长毛兔儿	车了	扯圆
搽粉	长牌	车转来	扯远点
岔肠子	长三	扯	扯指拇儿
插船	长声吆吆	扯把子	陈
插牌	唱	扯布	陈饭
插香	唱春台会	扯不拢	陈古八十年
诧	唱得孬	扯伸	衬耳寒
诧开	唱对火	扯到	衬起
诧生	唱对台	扯倒提	衬死
诧兮兮	唱空城计	扯到跘到	衬堂子
叉	唱堂会	扯地气	抻抖
叉扒	唱玩友	扯垛子	鞁
叉叉	唱卧龙岗	扯朵朵	成器
衩	唱秧歌	扯风	城隍
衩衩裤	肠肠儿	扯风箱	城隍庙
杈杈	肠肠儿肚肚儿	扯干	程咬金
杈头扫把	肠肠捞捞	扯疙瘩儿	秤砣
跐	肠头子	扯拐	伸筷子
跐深水	场	扯过去	伸手
跐水	场坝	扯画儿	伸手大将军
跐虚了脚	场伙	扯横筋	伸脚动爪
差	昌盛	扯谎	伸展
差一篾块儿	敞	扯谎坝	撑
镲镲	敞锠	扯谎捏白	撑持
敞喉咙	敞风	扯幌子	撑到
差事	敞喉咙	扯回销	撑篙竿
屏头儿	敞欢	扯火	撑花儿
缠倒	敞气	扯火闪	撑下去
缠丝兔儿	敞起	扯鸡脚疯	呻唤
掺茶	敞胸亮怀	扯筋	睁开

惩	吃交	冲起冲起	处拢
吃	吃酒	冲天炮儿	瞵
吃安胎	吃酒碗	重起撰起	堅
吃巴片儿	吃九斗碗	宠祸	揣
吃暴了	吃开水	宠尖婆	揣起
吃爆诈	吃空气	抽	揣起来
吃饱嗨喽	吃宽面	抽抽	揣热和
吃饱了	吃雷	抽底火	揣事
吃不起走	吃馎馎	抽翻	船子
吃不梭	吃抹和	抽疯	穿
吃不伤	吃跑堂	抽活	穿鼻子
吃不完的要不完	吃票子	抽筋	穿穿儿
吃得亏打得拢堆	吃碰	抽来立起	穿花儿
吃得梭	吃起	抽闷棒	穿牢
吃秤	吃气质	抽起	穿牛鼻子
吃秤砣	吃魈头	抽耍耍烟	穿生意
吃铲铲	吃笋子熬肉	抽条	穿梭
吃得饱	吃烧白不打底子	抽正	穿堂风
吃得海	吃赏午	臭假寒酸	穿通城
吃得焦干	吃耍耍饭	臭坤	穿心
吃得孬	吃书茶	丑	穿衣
吃得开	吃水	丑乖丑乖	串串儿香
吃得下去	吃通	瞅哈	串起
吃定心汤圆儿	吃头	锄把子	铲铲
吃豆腐	吃透	出格	床笆子
吃独食子	吃脱	出去	闯鬼
吃跫	吃玄钱	出麻子	炊炊儿壶
吃饭	吃油大	出气筒	炊二哥
吃反应	吃鱼吐刺	出事	吹
吃福席	吃诈钱	出堂	吹吹打打
吃飞醋	吃长饭	出脱	吹吹儿
吃胭胭	吃转转儿会	出血	吹打
吃干了	吃准	出言语	吹号
吃干胡豆儿	吃自己	出字	吹火筒
吃整笼心肺	齿齿	除干打净	吹糠见米
吃个人熟	齿轮儿	诩	吹壳子
吃个态度	翀	绉	吹手
吃果果	翀拳	炲	吹账
吃裹搅	翀壳子	炲花儿	捶心坎儿
吃混糖锅盔	翀水	炲泡儿	锤锤儿
吃红蛋	充其量	杵	春
吃海喽	冲	杵杵	春饼儿
吃加班茶	冲菜	杵倒	春秋
吃讲茶	冲冲糕	杵起	拙

拙得伤心	大堆	打拗卦	打毒
戳	大凡小事	打踌蹦	打寇卖
戳客	大汉儿	打摆手	打堆买
戳锅漏	大喉咙	打板板	打堆
戳拐	大价钱	打板板球	打堆堆
戳火	大块	打帮锤	打硬百
戳脱	大老二	打包攻	打嗯腾
跐脚	大笼大垮	打饱嗝	打儿窝
跐脚舞爪	大脑壳	打褙壳儿	打发
瓷碗儿	大孃	打比说	打翻天印
次次	大蜞蚂	打边鼓	打飞
葱葱蒜苗儿	大清早	打飚腔	打飞白
葱子	大生	打标枪	打粉
凑哈儿	大声破嗓	打脉	打粉火
凑堂子	大声武气	打玻板	打个铲铲
粗苹苹	大十字	打不伸	打个左
刷白	大套	打不出喷嚏	打更
窜窜儿	大天亮	打不过调	打瓜
窜窜跌跌	大团结	打不湿	打官司
窜耳胡	大鹅蛋	打不脏	打惯伺
汆	大小	打猜猜	打滚
汆汩	大鸭子	打撮撮	打滚龙
汆汤	大枕头	打敞	打过广的
翠	大指拇儿	打伸	打过河
脆嘣嘣	大嘴老鸦	打翀拳	打裹搅
脆臊臊	嗒	打杵	打哈儿滚儿
撮	哒	打捶	打哈哈
撮撮帽	搭	打捶角逆	打黑猫儿
撮箕	搭伴儿	打春	打滑
搓	搭白	打打行	打恍子
搓不圆	搭带头	打倒	打伙
搓麻麻	搭个手	打倒葱	打火
搓衣板	搭伙证	打得伸	打呵咳
错开	搭仆爬	打得滑	打挤
错	搭野白	打得粗	打机
	搭子	打灯笼	打几个家的滚
	达拢	打底子	打急抓
D 99–127	跶	打吊线	打假岔
	跶倒	打叠停当	打尖
大把	挞谷子	打店	打金钩钩
大板板脸	挞桶	打顶张	打金章
大不嗨嗨	耷	打定张	打圈
大吃小	打	打胴胴	打敲敲儿
大胴胴	打喝了的	打逗凑	打空仓

打空手	打伞	打左	沮
打烂	打散	带	淡泊
打烂砂锅问到底	打三合土	带把子	淡瓦瓦
打烂水桶	打闪闪	带带	当
打烂条	打上眼	带儿	当顿
打烂仗	打水漂漂儿	带过	当客
打来吃起	打霜	带么	当门
打来哑起	打太极拳	带息	当面鼓当面锣
打老庚	打台面	带胁	档档儿
打理扯	打体育	带长	档子
打李子	打掉	逮	凼凼
打滑	打条	逮电报猫儿	挡倒
打撂边鼓	打铁	逮耗子	挡头
打啰啰	打头	逮蹴蹴猫儿	刀刀儿嘴
打麻纱	打头子	逮朦儿	刀儿磨得风快
打麻扎	打哇哇	逮藏藏猫儿	刀儿肉
打麻子眼儿	打望	逮雀儿	刀儿匠
打冒诈	打望天凿	逮水爬虫	叨
打猫儿心肠	打围鼓	逮偷油婆	叨嘴
打梦觉	打瞎	逮贼娃子	到住
打米碗	打牙祭	单被子	道道
打泌头儿	打眼	单边	道横
打摩登儿粉	打眼眼	单打一	道理
打脑壳	打阳尘	单单儿	道谢
打闹年鼓	打野	单调	倒
打泥巴仗	打一头	单吊	倒床
打喏喏	打饮食	单飞	倒倒和
打配合	打阴砣子	单脚利手	倒硬拐
打皮	打约	单另	倒硬桩
打偏偏	打涌堂	单行道	倒饭
打平伙	打雨点子	担	倒瓜不精
打飘飘儿	打圆凿	担担儿	倒拐
打破锣	打杂师	担挑挑儿	倒拐子
打铺盖	打脏	担怕	倒苴皮
打噗鼾	打炸雷	耽过	倒毛
打启发	打张	啖	倒欠
打枞枞	打整	啖香香	倒瓢
打亲家	打中张	撣	倒糖饼儿
打秋风	打组织	撣脑壳	倒贴
打圈圈	打转来	掸懂	倒右拐
打让手	打转身	掸抖子	倒栽桩
打燃火	打转转儿	弹娃儿	倒桩
打绕张	打擢擢	弹子盘	倒左手
打热帕子	打嘴巴仗	胆水	得儿转

得行	蒂蒂	钓票	丢份儿
得意慌了	抵	掉	丢卡子
得应	抵垮	掉幺	丢人现眼
敦敦儿	抵拢	跌脚头	丢骰子
等到哈	抵拢倒拐	丁	丢心
等哈哈儿	抵满榫	丁点儿子	东瞄西瞄
等駒了	抵门杠	丁丁猫儿	东夺西戳
等于圈圈	抵起	丁丁然	东拱西拱
登	抵事	丁丁糖	东拉西扯
登笃	底底	丁老头儿	东拉十八扯
蹬	底火	丁是丁卯是卯	东弄西弄
蹬打	底下	丁星	东摸西摸
磴磴儿饭	底下人	钉	东西烫
凳凳儿	掺	钉锤儿	东想西想
凳子	垫	钉子木匠	东一架西一架
灯草	垫起	叮倒	东一下西一下
灯草绒	电棒	钉倒	东指西指
灯杆	搷	盯	冬瓜胖娃儿
灯笼火把	颠倒	盯倒	冬瓜灰
灯笼裤	颠颠	顶包	冬天家
灯台	颠转	顶顶	懂起
灯影儿	癫冬	顶顶董董	冻疤儿
灯盏	癫子	顶杆杆	冻桐子花
灯盏窝儿	点把点	顶起	洞洞眼眼
地坝	点灯儿	顶上家	动祸事
地包天	点豆子	顶子	动手动脚
地皮风	点蜡	顶嘴	动烂事
地瓜儿	点炮	鼎锅	动手
地老鼠儿	点杀	定盘心	搥
地皮子	点水	定数	兜兜
地塌	叼嘴	定庄	篼篼
地摊摊儿	叼嘴婆	定张	逗
地转转儿	刁唆	掟	逗倒闹
递	刁嘴	掟飞标	逗瓜
递点子	吊	掟起去	逗人爱
递拱子	吊顿	掟子	豆
递话	吊二八百	叮啊咚	豆瓣儿
递拢	吊二话	丢	豆瓣碟子
递条子	吊二活甩	丢不脱手	豆豆儿
的夺	吊命	丢伸	豆粉
滴滴儿大个	吊起	丢单飞儿	豆腐干儿
滴点儿	吊起嘴巴说	丢刀	豆腐帘子
滴点儿嘎嘎	吊甩甩	丢底	豆腐乳
弟娃儿	吊盐水	丢翻	豆花儿

豆芽瓣瓣
豆叶黄
挜
挜不够
挜十四
斗大
斗地主
斗斗
斗硬
斗鸡
斗鸡公
斗拢
斗篷
斗碗
就是
独叱叱
独呍
独米米
独独蒜
笃实
嘟
焯
读望天书
肚囊儿皮
肚皮
肚皮头
肚脐眼儿
肚子
赌
赌运气
赌咒
堵打
端豆腐
端端
端端个儿
端起
端阳
端甑子
端直
断会
断手
断思念
断香烟
短膀膀儿
短杵杵
短打
短毛根儿
短一截
短子
齗倒
对
对班
对不到扣儿
对穿对过
对倒
对倒整
对端
对对和
对对子
对家
对勒嘛
对门襟
对门坡
对门户
对门子
对头
对曰
对账
对直梭
对子
趸
趸卖
趸买
趸账
碓起
碓窝
碓嘴
堆头
堆堆
堆堆大
墩
墩子
墩子肉
蹲倒
顿
多暗八暗
多半
多半天
多吃三碗菜的
多而不少
多年生
多少子
多晚八晚
多想去
多夜
多远八远
多早八早
哆
哆嗦
掎
掎背脊骨
掎开
掎客
掎烂
掎烂天不补
掎燃
掎脱
躲禅书
朵朵
垛

E 128-131

额髅
硬
硬邦邦
硬场面
硬叱硬棒
硬斗硬
硬杠子
硬壳壳
硬抠
硬是
硬是港
硬是说的话
硬是霉到了住
硬是凶
硬是悬
硬手
硬扎
硬肘
硬走走儿
樱桃儿
鹦鹦儿
摁
而今
二
二辈子
二不挂五
二不兮兮
二冲二冲
二出二出
二大二大
二刀肉
二多不多
二多二多
二个
二杆子
二话
二花脸
二黄二黄
二晃二晃
二黄皮
二回
二昏二昏
二架梁
二甲皮
二精灵
二荆条
二快二快
二懒二懒
二郎腿
二流芡
二麻二麻
二码裾
二面黄
二盘
二起子
二十一
二甩二甩
二四八月
二炭
二太公
二踢腿
二筒

二通二通
二天
二歪二歪
二晚夕
二五二六
二些年
二像二像
二心不定
二醒二醒
二趾拇儿
二指拇儿
二跩二跩
儿菜
儿麻婆
耳巴子
耳报神
耳朵
耳门

翻不过坳
翻斗儿车
翻二轮
翻房子
翻盖
翻过坳
翻毁
翻胶线
翻筋斗儿
翻坎
翻盘
翻砂美女
翻山
翻稍
翻天暴涨
翻天印
翻网
翻嘴
烦
烦得很
烦烦躁躁
疲
返潮
方
方方车
方起
方脑壳
方子
房
放
放敞
放敞马
放吊
放翻
放黄
放火炮儿
放宽心
放烂药
放面
放耙子
放起
放枕头
访
飞

飞叉叉
飞呱啦
飞皮
飞天玄火
飞天夜叉
飞条
飞蛾儿
飞雄势
飞雨
飞锥
扉扉儿
非
非好
非红
非近
非冷
非冷八冷
非尿贵
非热八热
非烫
非痛
非歪八歪
非凶
非痒
非远八远
非重
绯红
悖
悖到住
悖头子
费
费神
肥
肥大块
肥登了
肥胴胴
肥溜溜
肥缺
分把钱
分儿不分儿
分龙雨
喷痰
喷嚏
份儿

份份子
粉
粉牌
粉起
粉燃
粉子
粉子坨坨
匐
风簸箕
风车车儿
风丹
风登儿
风风儿
风风火火
风快
风嚎嚎
风水天
风屑
疯
疯叉叉
疯扯扯
疯式麻木
缝缝
封封儿
封喉
封皮
封起
封印
蜂糖
蜂子
凤头儿鸡
凤爪
否儿
忽闪忽闪
煳锅巴
煳焦
糊
糊起
糊汤
胡豆
胡豆瓣儿
胡豆青
胡瓜
胡琴儿

F 132-140

发
发颤音
发财
发财了
发风丹
发干火
发干烧
发干呕
发开
发矇
发梦癫
发票
发气
发痧
发水
发吤
发叶子
发籽籽
发杂音
发招
翻
翻白眼儿

16

胡子巴叉
胡子一扶
胡子桩桩
富泰
核核
壶壶儿
壶瓶碗盏
复二火
敷
敷秤
敷折耗
敷汤药费
庎水
拊耳矢
浮不住
浮藻
浮起
浮上水
桴渣儿
麸子
护短
护盘
护食
护娃娃
护心油
伏贴
佛手
付茶钱
呼儿嗨哟
斧头

G 141-162

嘎
嘎叽
格
胭胭
街当门
街街
街沿
街沿边边
该背时
该椒

该哈
该歪
盖
盖不严
盖盖儿
盖面菜
盖碗儿
改
改刀
改敲子
改师
改天
改锥
解
解匠
解料
解交
解焦
解扣儿
间
疳疮
竿竿
竿蔗
杆担
干
干熬
干帮忙
干绷
干煸
干屧
干跳
干打雷
干咚咚
干饭
干胡豆儿
干干的
干隔
干贵
干呵咳
干吼
干混
干捡倒
干筋火旺
干豇豆

干筋筋
干筋筋瘦壳壳
干咳
干溜
干盘子
干焦焦
干啥子
干沙沙
干烧
干酥酥
干朽儿
干向倒
干鸭子
干瘾
干哕
干挣
干子
赶
赶场
赶车
赶功
赶花会儿
赶酒
赶口
赶礼
赶拢
赶盘子
赶人亲
赶晌午
赶水
赶水货
赶水泡菜
赶趟趟儿
岗
岗够
岗起
钢火
刚合适
缸钵
戆
港
杠
杠杠
杠上花

杠上炮
杠炭
杠一转
杠子
告
告哈儿
告花子
告口
告马口儿
膏药
高矮
高矮一路
高才
高长子
高礤礤儿
高底
高高大大
高几
高肩打杵
高脚鸡
高客
高耸耸
高头
高香
高一簸片儿
搞
搞不赢
搞不到作
搞伸
搞伸抖
搞到作
搞得河翻水涨
搞惯喽
搞紧
搞快些
搞落了
搞那个灯儿
搞刨了
搞刨式起了
搞起
搞起势
搞啥子嘛
搞耍
搞臊喽

17

搞台子	根把根	估吃霸赊	剐油
搞头	根根	估着	剐油
搞朽儿喽	根根跰跰	估肇	刮
搞眼儿	庚拎刚唧的	姑姑筵儿	刮风下雨
搅屎棒	羹羹	姑尼儿	刮痧
隔	更见	姑孃	寡摆
隔壁子	哽	姑孃家	寡淡
隔壁子家家	整票子	姑婆	寡毒
隔锅香	整笼心肺	骨豆儿	寡骨脸
隔哈儿	耿直	骨头	寡咸
隔好久	梗	骨子	寡苦
隔口袋买猫儿	弓弓儿	谷草	寡孽
隔了八百年	弓起	谷吊吊	寡说
隔一帽子远	弓子	顾惜	寡味
隔一阵	躬	跍倒	挂飞挡
疙瘩儿	躬背子	跍堆堆	挂挂钱
疙瘩亲戚	躬腰杆	跍倒屋头	挂角
疙蔸	躬腰驼背	鼓鼓	挂角亲
疙里疙瘩	供	鼓丁爆颤	挂耙
屹蚤	拱	鼓鼓儿	褂褂儿
咯哧咯哧	拱翻	眍	乖
格棱包鼓	拱进拱出	眍丁暴眼	乖儿
格式	拱圈	眍起二筒	怪
格式在	拱一坨	眍眼棒	怪毿毿
格外	钩	瓜	怪得很
格子	钩钩云	瓜不兮兮	怪眉怪眼
该是嘎	钩钩子	瓜撮撮	怪物
该是嘛	钩炉灰	瓜到住	怪像
该是哈	勾兑	瓜得很	怪诈诈
给	勾儿麻汤	瓜儿	拐
割	勾勾儿针	瓜耳皮	拐杆子
跟	勾腰驼背	瓜翻山	拐拐上
跟班儿	购	瓜葛亲	拐棍儿
跟着	够得摆	瓜瓜	拐棍儿倒起杵
跟斗	够份儿	瓜进不瓜出	拐把子
跟斗儿虫	够整	瓜了	拐枣儿
跟斗儿扑爬	狗	瓜迷瓜眼	拐子
跟斗儿酒	狗夹夹	瓜女子	关
跟即	狗儿	瓜起	关火
跟屁虫	狗眉狗眼	瓜孙儿	关拦
跟前	狗刨搔	瓜娃儿	关钱
跟张	盬子	瓜娃子	关起
哏咻咣啷	估	瓜兮流了	关饷
根	估谙	呱啦	关不到风

观火拿脉
灌耳门
灌脓
灌香肠
灌蛇头指
罐
罐罐儿
管
管管儿
管家婆
管钱
管事
惯
惯伺
馆子
广耳石
广广
广眉广眼
光
光坝坝
光板板
光膀膀
光耳石
光杈杈
光杆杆
光胴胴儿
光光
光光生生
光架架
光架架儿
光脚板儿
光壳壳
光眉光眼
光生
光刷刷
横
横鼻子
横耳巴子
逛耍
逛一转
国防身体
国际龙门阵
归
归除

归一
归一不到
归拢
归总
柜柜儿
规规矩矩
规矩
皈依伏法
鬼
鬼才子
鬼场合
鬼戳鬼戳
鬼吹神吹
鬼扯
鬼打钱
鬼大爷
鬼丁哥儿
鬼鬼儿
鬼过场
鬼话
鬼画桃符
鬼火冲
鬼精灵
鬼灵精
鬼眉鬼眼
鬼脑壳
鬼攥起来了
鬼头鬼脑
鬼样子
鬼饮食
棍棍儿
滚
滚边儿
滚蛋
滚刀
滚滚儿
滚龙
滚身儿
滚水
滚铁环
锅巴
锅儿不是铁倒的
锅锅儿落落
锅盔

锅瓢碗盏
锅烟子
锅蒸
哥老倌
哥子
各人
各吃各
各操各
各说各
鸽子
个挑个选
葛
割肉
割麻和
割牌
割头把
角角
角角头
角逆
过拗
过不得
过场
过得
过得坳
过得旧
过话
过二黄
过哈哈儿
过脚
过经过脉
过气
过手
过说
过心
过一向
过瘾
过油
裹
裹不拔
裹袋儿
裹得拔
裹脚
裹纸烟
果果

哈
哈宝儿
哈戳戳
哈儿
哈哈儿
哈哈儿去
哈喉
哈口
哈口气
哈气
哈起整
哈事
掐
掐不转
掐叽咕
掐开
掐箥
下下
下数
下把下
鞋
鞋底板儿
鞋鞋儿
鞋子
海
海底捞
海耳
海缸
海椒
海椒面儿
海九斗碗儿
海味十锦
海蛊
嗨饭
嗨嗨
嗨起
嗨得
嗨呀唑
害瘟
寒毛

19

寒心
衔
憨不纽揪
憨痴痴
憨吃死胀
憨等
憨憨
憨口水
憨懒
憨扎劲
憨胀
陷
汗鲊鲊
焓
撼
撼仗
旱菜
旱起
旱鸭子
咸
喊不到
喊茶钱
喊黄
喊慌了
喊拢
喊明叫响
喊天
喊醒
喊醒说
夯
夯实
唠
唠那个
唠哪个
唠退
绗
行道
行势
行市
巷巷儿
巷道
好昂
好喅
好吃
好吃狗儿
好吃嘴儿
好端端个儿
好港
好吓人
好呵人
好久
好生
好生点
好耍惨了
好耍得跛
好㖊
好死了
好太哦
好歪
好心好肠
好凶
好意思
好造孽
好走得
嚎盘
嚎丧
嚎天嚎地
篙杆
籇籇
豪强霸道
号
号到
耗儿鱼
耗儿药
耗子
耗子洞
镐倒
镐得圆
镐刨
蒿蒿
蒿蒿馍馍
薅
薅拨
黑
黑办
黑不聋耸
黑不溜湫
黑戳戳
黑豆腐
黑尽
黑锥
黑了
黑了家
黑起搅
黑起势
黑起吆
黑起整
黑黢黢
黑黢麻拱
黑耸耸
黑晚夕
嘿
嘿惨了
嘿多页
嘿多面
嘿多件
嘿多种
嘿多人
嘿乖的
嘿嘿
嘿么
嘿起
嘿起式
嘿起说
嘿容易
嘿是起
嘿死个人
嘿想
嘿唷
很似
恨堂子
恨住
横
横起扯
横起走
哼
哼哈
轰
轰退
烘烘儿太阳
烘笼儿
红
红不说白不说
红扯扯的
红封封儿
红黑
红还
红口白牙齿
红萝卜
红配绿苕得哭
红轻
红头花色
红重
红重味酸
哄
哄人
候倒
喉咙管儿
猴
猴皮筋
猴三儿
猴跳舞跳
睺
后跟儿
后颈窝
后头
后爪爪
后啄啄
齁
齁巴儿
厚脸皮
厚实
吼
吼巴儿
吼货
吼人
吼圆似起了
花
花搭子
花刀
花儿古董
花骨豆儿
花古灵当
花姑娘儿
花花绿绿
花尖子

花椒
花脸
花脸巴儿
花猫猫
花牌
话壳子
划
划棒棒拳
划不着
划船
划得着
划甘蔗
化
化学
滑
滑竿儿
滑刷
滑丝
怀怀儿
欢
欢喜溜啰
换汤不换药
环顺
环是
还价钱
黄
黄帮
黄到住
黄的
黄瓜起蒂蒂
黄喉儿
黄话
黄黄
黄荆条子
黄辣丁儿
黄了
黄篾
黄泥巴涝涝
黄皮寡瘦
黄鳝
黄山儿
黄师傅
黄手黄脚
黄糖
黄鱼
皇城
皇帝牌
恍
恍恍
恍兮惚兮
晃
晃眼儿
晃眼美女
谎壳儿
回
回潮
回锅肉
回锅肉嘴皮
回龙凼
回礼
回笼瞌睡
回笼馒头
回笼捉鸡
回去
回神
回头客
灰包蛋
灰不拢耸
灰灰
灰毛儿
灰面
灰扑扑
浑冻冻
浑身是戏
荤豆花儿
荤十锦
横
横跛竖跛
横道线
横筋
横牛
横起走
横竖
横竖都一样
横顺
横跳一丈顺跳八尺
混
混混儿
混寿缘
混糖锅盔
混眼睛
昏
昏戳戳
昏咚咚
昏乎乎
昏死
昏兔儿
昏昏浊浊
魂头
魂头都没摸到
活跛活跳
活路
活甩甩
活摇活甩
活做
河坝
河坝头
河沟
合拢
货郎子
祸坨坨
和
和不来
和牌
和稀泥
和转
何犯于
荷包蛋
荷包头
荷叶枕头
蠚
蠚麻
呵
呵别个
呵鬼
呵嗨
呵咳连天
呵呵咳
呵呵笑
呵钱
呵人哄人
呵我的哦
呵嘴巴
喝茶
喝风
喝开开
喝麻了
喝蓑衣酒
喝弹了
豁
豁不兮兮
豁皮
伙
伙倒
伙倒熬
伙倒闹
伙倒整
伙起
伙子
火巴眼
火把钱
火铲
火火子
火门
火炮儿脾气
火熛熛
火熛火辣
火起
火钱
火钳子
火三轮
火色
火闪
火烧钱
火烧天
火头子
火旺
火尾子
火焰天
火窑裤

J 181–195

鸡肠带
鸡蛋壳儿

鸡咽咽	家婆	见天	讲比说
鸡公	家头	见外	讲礼
鸡公车	家屋	见子打子	讲理
鸡公屙屎头节硬	荚背	笕槽	酱酱
鸡叫鸭叫	夹袄子	键儿	浆浆
鸡毛店	夹底锅	贱皮子	糨子
鸡皮绉	夹夹	尖	僵
鸡婆鞋	夹脚夹手	尖耳朵	僵疤儿
鸡下巴儿	夹口	尖尖	僵起了
鸡爪爪	夹米子	尖梭梭	僵手僵脚
叽咕	夹啬	尖嘴	姜
叽叽咕咕	夹磨	尖嘴猴腮	姜巴儿
叽里咕噜	夹沙	尖嘴幺姑儿	姜母子
几副颜色	夹衫儿	间	交
几根毛	夹臊	跰巴儿	交割
几盘	夹舌子	剪彩	椒盐
几板斧	夹石	剪脚子	椒盐普通话
几分皮	夹肢窝儿	剪子	焦
几哈点	枷担	捡	焦煳
几个家的	袈襟儿	捡倒	焦干
几七几八	驾簸箕云	捡的娃娃当脚踢	焦咸
几下	架架儿	捡懒	焦黄
几爷子	架架车	捡漏	焦苦
机耕路	架子	捡炧和	焦眉烂眼
机盒子	架子猪	捡钱	焦人
挤	价钱	捡顺	焦湿
挤拢	贾淑芬儿	捡瓦	焦酸
极品	假	捡相因	焦稀
蒮胡豆	假巴意思	捡药	焦心
忌酸	假比	捡药单子	轿轿儿椅
剿	假诿	戳翻	浇熄
鲫鱼背	假场合	将才	嚼
急不急	假打	将对	嚼干胡豆儿
记性	假到住	将合适	嚼顺
加班茶	假哥	将军	嚼死
加杯	假过场	将军不下马	嚼头
加紧	假精灵	将军箭	嚼牙巴
家搭子	假老练	将就	嚼牙巴劲
家法	假眉假眼	将息	叫咕咕
家公	假批	降番	叫花子卖米
家公鞋	假洋盘	犟拐拐	叫叫儿
家机布	圿圿	犟起	叫圆了
家家	见不得	犟嘴	绞
家门儿	见雀雀儿就康	犟德性	绞起

铰
铰不动
铰铰
剪脑壳
搅
搅浑
搅搅
搅酒
搅起
搅骚
接二连三
接鸡下巴儿
接招
接嘴婆
节巴儿
节节
揭盖盖儿
揭盖子
借房子躲雨
解恨
姐儿妹子
结巴子
结梁子
进
今年子
今盘
斤把斤
斤瓜
斤头
金宝卵
金刚钻儿
金钩钩
金瓜
金瓜弹子
金瓜木
金贵
金箍箍
筋瓣瓣
筋筋跰跰
筋痛
筋头儿
筋肘肘儿
尽摸
仅雄

紧
紧倒
紧摆
紧倒谙
紧倒编
紧喝
紧绺倒
紧它
紧想
紧扎
襟襟
襟襟吊吊
襟襟绺绺
龇牙
谨防
精
精蹦
精贵
精叫唤
精精神神
精灵翻山
精灵鬼儿
精瘦
精头儿
惊
惊半半
惊诧
惊疯活扯
惊呜呐喊
惊抓抓
经得嚼
经得磨
经得整
经使
经饿
经佑
经脏
净捞儿
净是
净赚
劲仗
颈项
颈颈
井坎儿

茎茎缠缠
警觉得
浸
就
就愣个
鬏鬏儿
鬏鬏篦
纠酸
九斗碗儿
九几
酒谷
酒米
酒米坨坨
酒涡涡儿
僦起
揪
揪干
㪟
桔青
居家
局面人
锥
锥人
锥锥
巨
巨咸
巨嚼
巨烂
巨冷
巨贪
巨凶
蹶
蹶起
卷卷子
卷起
噘
噘人
蹶人
腒肝儿
脚
脚板儿
脚板儿苔
脚板儿洗得白
脚板心

脚底板儿
脚肚子
脚杆
脚跟前
脚颈颈
脚脚
脚脚爪爪
脚角起
脚码子
脚炮手软
脚踏板儿
脚转筋

喀
梾
梾梾
梾梾角角
梾梾头
卡
卡壳
卡拿
卡下家
卡腰
开
开不到交
开茶钱
开刀
开墩子
开和
开关
开花开朵
开黄腔
开荤
开叫
开腔
开水
开头
开先
开洋荤
开药
开张发市

23

揩	肯信	箍	坤不正
坎坎	肯说	箍箍	坤够
坎坎上	坑坑	窟笼	坤起
砍	坑坑包包	苦瓜	困偎偎儿
砍了树子免得老哇叫	空搞灯儿	苦纠纠	阃儿
砍脑壳	空花萝卜	苦砸砸	浑
砍脑壳的	空空	夸	捆割
看	空口白牙齿	垮	捆捆子
看倒	空壳壳	垮儿浮兮	捆拈
看得开	空了吹	垮方	捆赚
看哈儿	空龙门阵	垮杆儿	搁
看火色	空事	垮不到皮	搁处
看开些	空心菜	垮丝	搁倒
看人户	炏起热	垮脱	搁起
看肖神儿	控	筷子打架	搁平
扛	抠	筷子落地	壳壳
炕	抠秤	快当	壳子
炕海椒	抠得很	块	壳子客
炕花椒	抠底	块块子	颗颗
康	抠脑壳	块头	颗子汗
康倒	抠痒痒	宽	瞌睡
康倒炖	抠渣渣	宽敞	
康倒摇	抠指拇儿	宽汤	
康康	抠枝枝皮	宽张子	**L 205-223**
糠壳子	眍	款倒	
糠箩筛	口把口	款款	蜡波
糠箩筛跳到米箩筛	口袋	橄榄	蜡波头
靠岩	口福	髋倒	腊肉
靠倒	口角	髋髋骨	腊月间
靠是	口口上	盥洗间	邋遢婆
靠实	口水话	筐筐	拉伸
靠死	口水仗	筐框诓	拉风箱
敲	口条	矿石	拉飞蛾儿
敲棒棒	口子	诓	拉豁
敲边鼓	扣	诓倒	拉通
敲敲儿	扣手	诓进城	拉稀摆带
敲打	裤带面	诓人	拉中杠
搅	裤兜	狂	辣分儿辣分儿
拷	裤儿	狂编	辣呼呼
㤾㤾	裤脚脚	狂打	辣锅菜
烤火	哭流甩滴	狂鼓了	辣手
刻刻	哭兮流啰	亏	赖
咳咳嗆嗆	跍	昆	癞疤疙疗
磕膝头儿	跍麻了	坤	癞疙宝

癫毛儿	浪个还	老打老实	楞起
癫糜烂眼	浪个回答	老颠冬	愣大
来不到	躺	老讽	愣是
来不来	躺巴儿	老虎灶	愣头儿青
来不起	躺筋筋	老干饭	冷淡杯儿
来得陡	躺瓢	老窖	冷锅
来登	躺指拇儿	老庚儿	冷眉秋眼
来电	啷个	老古板儿	冷湫湫
来回	啷个儿	老果果	冷湫八淡
来龙去脉	啷个起的	老汉儿	冷灶
来气	啷个要得	老还小	立起
来势	啷门	老叫不改	沥
来头	啷门子	老几	沥干
来兮了	啷嚷	老坎儿	利边
拦中半腰	狼	老辣	利式
拦倒	捞	老赖	利子
篮篮儿	捞开	老买主	离核
烂白露	捞捞	老面	离骨
烂龙	捞起	老孃儿	离皮离骨
烂路	捞前	老蔫儿	篱笆
烂泥巴	捞轻	老气	李扯火
烂牌	捞梢	老鲨鱼	李姆姆
烂条	捞什裹肚儿	老是	里把里
烂心肺	捞垮松	老实巴交	里子
烂眼儿	捞一筷子	老梭	理扯
烂药	捞斋	老挑	理伸
烂糟糟	痨	老头儿伙	理倒
烂渣窝儿	痨病	老鸹	理路
烂账	痨病框框	老凹	理乱
烂障	痨肠刮肚	老外	理论叫
烂字纸兜兜	痨得慌	老盐水	理抹
烂嘴巴	痨死	老么	理须子
滥贱	痨药	老鹰茶	礼信
滥酒	劳神	老鹰叼鸡儿	甪
滥市	劳慰	老指拇儿	甪白
懒得烧虱子吃	涝清	拷	甪肥
懒垮垮	醪糟儿	拷起	甪皮
懒眉死眼	醪糟儿蛋	拷起走	甪脱
懒心无肠	醪糟儿浮子	肋巴	甪薄
揽干	酪	垒尖尖	练
漤	老摆	睞	滕二杆
浪	老辈子	棱棱	滕贴
浪瓷	老表	楞楞	连吃带裹
浪个读	老搭子	楞眉楞眼	连裆裤

连二	两层皮	流汤滴水	陋馊
连盖	两耳矢	流眼抹泪	陋眉陋眼
连锅子	两副颜色	溜	褛
连骗带诓	两隔壁	溜呱	褛二垮三
连三	两口话	溜肩膀	路路
莲花白	两面黄	溜刷	露天坝
莲花子	两娘母	溜熟	睩
鲢巴鲫	两泼	溜酸	睩眉睩眼
脸巴儿	两请	绺	绿霞霞
脸长	两清	绺到	绿荫荫
脸登儿	两刷子	绺得紧	炉炉儿
脸红筋胀	两头春	绺起	驴子
脸面儿	两爷子	绺骚	卤水
脸青白黑	敹	了	乱戳
脸嘴儿	敹起	龙拱车拢	乱鸡窝
凉	潦	龙门阵	乱坤
凉拌	獠	龙七对	乱想汤圆吃
凉背篼	撂	笼	拎不转
凉倒	撂笆子	笼伸展	啰里吧嗦
凉粉儿	撂视	笼笼	啰啰
凉面	撩至	笼笼戏	啰唆
凉舒舒	了	笼笼扎	啰唆客
凉席	林林头	笼起	绺耳胡
梁担	林盘	拢共	绺腮胡
梁子	霖雨天	弄不好的	落
亮	零敲碎打	弄不梭	落地生灰
亮膀膀儿	零头	弄大	落教
亮豺豺	零碎	弄旦丑	落扣儿
亮恍	令倒	弄归一	落眍儿
亮火虫	灵醒	弄你	落屋
亮皮子	灵性	弄啥子	落雨
亮掔	菱角	弄死当睡着	笋篼
亮嗓	铃铛儿	楼梯云	笋儿绳
亮绍	绫薄	漏灯盏	笋筐
亮汤	凌冰儿	漏伏	笋笋
亮头儿	另个	漏黄	萝卜缨缨儿
亮瓦	另个儿来	漏湿口袋	锣儿
亮瓦瓦	领子	漏下巴儿	锣鼓
量	刘前进	漏须子	锣鼓家什
量试	流鼻狗儿	漏眼儿	胴胴儿
量视	流鼻子	搂起式	螺蛳
量视干了	流憨口水	搂是地	螺丝骨
晾衣竿儿	流清口水	喽式	螺丝拐
两把	流水簿子	陋	罗汉菜

麻
麻布洗脸
麻打果子
麻打火
麻袋子
麻翻山
麻和
麻呼呼
麻朒朒
麻杠杠
麻格格
麻革革
麻姑孃儿
麻广广
麻鬼
麻花儿毛根儿
麻筋
麻筋麻肉
麻辣烫
麻了
麻麻
麻麻亮
麻麻鱼
麻起
麻起胆子
麻雀子嫁女
麻人
麻肉
麻纱
麻索儿
麻糖
麻杂
麻子打呵咳
抹
抹脱
抹尾
抹桌帕
嘛
妈老汉儿
妈天官儿

马
马倒
马得焦干
马儿
马干吃尽
马架子
马口儿
马马灯
马门腔
马脑壳
马咬牛
马起脸
马尾云
码
码不实在
码古
码货
码起
码芡
码实在
码味
码子
卖不脱
卖抄手
卖瓜
卖乖
卖吼货
买主
慢摆
慢慢格儿地
慢吞
满坝
满当当
满捡
满十
满斩
蛮
蛮革革
蛮疙瘩儿
蛮力
莽
莽摆起
莽焙起
莽胆大

莽抖
莽掭起
莽海
莽起拈
莽起式
莽起胀
莽事儿
莽娃儿
莽喂起
莽摇
莽长
莽子
铓
铓铓
忙得心慌
忙欢了
忙天慌地
帽儿头
帽结子
帽帽儿
冒
冒靶
冒菜
冒汗
冒火
冒颗子汗
冒皮皮
冒认
冒说
冒酸水
冒胎儿话
冒苔苔
冒听
冒信
冒鸭子
冒杂音
猫儿毛疯
猫儿起
猫儿洗脸
猫儿鱼
猫儿钻灶烘
猫儿抓心
猫猫
毛

毛病
毛病深沉
毛豆角
毛肚
毛根儿
毛根儿朋友
毛狗洞
毛焦火辣
毛脚杆儿
毛毛
毛毛病
毛毛菜
毛毛汗
毛毛盐
毛毛雨
毛起
毛起整
毛钱
毛煞
毛铁
毛头儿
毛躁
毛桩桩
貌煞
卯
卯卯
卯窍
铆得到
茅草棚棚儿
茅舍
霉
霉戳戳
霉到住
霉得哭
霉登项
霉登堂
霉鬼
霉得起冬瓜灰
霉瞌睡
霉老子
霉扑烂醉
霉醒了
煤油灯儿
媒子

27

脉	篾	面面酱	没脉
默	篾笆墙	面面药	没名堂
默着	篾笆子	免得	没想头
默戏	篾刀	免红	没有搞赢
墨墨蚊	篾筐	免青	没有火烤
墨丝镜	篾筷	挽起	没有想过
妹儿	篾夹子	挽袖子	没长醒
妹仔	篾块儿	苗苗	没抓拿
妹子	篾篓篓	瞄到	莫
漫	篾片儿	瞄电影	莫得
闷	篾条	瞄书	莫得慌头
闷棒	篾罩子	瞄一眼	莫得叫
闷吃死胀	密密麻麻	描	莫得嚼头
闷呆儿	蜜糖	矛子	莫得捞捞
闷倒脑壳	迷倒	扰	莫得啥子嘛
闷起脑壳碰	溺	抿	莫得事
闷劲	眉花儿眼笑	抿子	莫得抓拿
闷起	眯	抿嘴儿	莫搞
闷生子	眯不着	抿嘴儿排骨	莫怪
闷声闷气	眯倒脑壳	呡	莫慌
闷响	眯紧	蜜	莫奈何
闷奄奄	眯睡着	蜜蜜甜	莫来头
闷一会儿	眯一会儿	明晃晃	莫老莫少
闷油	眯一盘	明侃	莫楞个
闷仗	咪	明年子	莫忙
焖	咪革	明晚夕	莫名嘀儿
焖锅饭	咪咪	鸣堂叫菜	莫闹
焖鸡	咪咪嘎嘎	名气犯	莫祥
焖生子	咪咪甜	名名堂	莫眼
门当门	泌	命脉	莫眼火
门枋	泌头儿	命凶儿	摸
门槛	米粉儿	命债	摸不到
门槛汉儿	米凉粉儿	没谙倒	摸不到火门
门门	米笋笾	没按倒	摸到
门门门	米米	没当人家的	摸骨
门门上	米筛子	没得	摸摸梭梭
门前清	眠	没得点样子	摸糖饼儿
蒙蒙	绵	没得搞	磨
蒙细	绵扯扯	没得搞眼	磨盘
蒙脆	绵绵雨	没得理	磨皮擦痒
梦脚	棉花草	没得取头	磨凶儿
梦里梦咚	面卡	没改	磨痂
懵懂	面脑壳	没救	磨子
	面面	没老少	磨嘴皮

摩的
馍馍
末末儿
么多
么子
抹
抹了
抹粉
抹粉牌
抹合
抹合烟
抹脱
抹子
漠
漠蛋
漠脑壳
木脑壳
木头
木头木脑
木头人
木走走儿
姆姆
母
母夜叉

纳
拿
拿不过沟
拿不一
拿倒莫法
拿得一
拿过沟
拿话来说
拿横
拿火色
拿脸
拿墨
拿捏
拿去
拿去操
拿顺

拿问
拿一
拿言语
拿洋
乃格
乃个
乃门儿
乃是因为
乃也不是
奶
奶狗儿
奶气
奶娃儿
奶兮兮
耐烦
耐受
喃
煵
渑尿狗儿
南瓜不结
男娃子家家
男子巴叉
难
难逢难遇
难过
难看死了
难捞
难为
闹
闹喝
闹到玩
闹得凶
闹了半年三
闹热
闹麻了
闹噻
闹山雀
闹喳麻了
脑花儿
脑壳
脑壳打得滑
脑壳都大了
脑壳有乒乓
脑门子

脑门囟
脑壳烂
脑壳进水
脑壳打不到掉
恼火
孬药
捞粑
那才怪
那凶
那儿
那儿年生
那哈儿
那哈儿年
那口子
那块
那门子
那起子
那埝
那头
那阵子
那支角
哪
哪儿去
哪改
哪根
哪个
哪年子
哪里哪
哪门
哪们
哪样
哪阵子
内揣
内伙子
内盘
内瓢子
累欢了
嫩
嫩气
嫩水水
恁个
恁个日怪
泥巴仗
泥涝涝

泥鳅儿
泥沙沙
泥水匠
腻
腽
你过场多
你黑扯
你几爷子
你娃
你凶啥子
你咋嘟吼哦
黏
拈
拈不到伙食
拈不到皮
拈胆
拈伙食
拈闪闪
拈坨坨
拈一筷子就走
拈油大
捻花椒面儿
捻子
念到
年生
年纪吧轻
撵
撵不上趟
撵穿了
撵地转转儿
撵丁丁猫儿
撵老山
撵拢
撵路
撵路狗儿
撵趟趟儿
跟拢
碾倒
黏
酽茶
粘冻冻
孃孃
薅呆呆
镍币

捏	**O 251**	牌牌儿	刨钱
捏紧		排	抛撒
捏手捏脚	噢	排解	抛文架武
拧	欧倒	排轮子	抛腻子
拧筋贯骨	欧份儿	排排坐	跑不脱
扭	欧起	派场	跑得脱
扭到费	讴	跘倒	跑偏
扭得出水	怄	盘	跑山猪
扭搔	怄气	盘儿盘女	跑趟趟儿
拗倒不放	怄人	盘盘儿	跑冤枉趟子
拗筋作怪	怄腾了	盘心	拍巴巴掌
拗捏	怄绉绉	盘子	拍倒掌
纽子		滂臭	拍豆腐干儿
牛板筋		滂霉臭	帔帔妹儿
牛滚凼	**P 252-261**	滂烟子臭	批
牛黄丸		搒	批叫
牛牛儿	炰	搒倒	批死
牛皮燥痒	炰的	搒默倒	批一哈
牛皮鲊	炰耳朵	膀箍箍	赔耍档
牛跳马趵	炰和	膀圈	陪倒
牛蚊子	炰呆呆	胖大海	盆盆儿
脓泡疮	炰和工分	胖娃儿	盆盆堰
农家乐	炰红苔	泡	盆盆宴
弄	炰薅儿	泡巴	僻
弄爆	炰泥鳅儿	泡菜	僻拢
弄烦	炰炰菜	泡菜水	僻僻
弄昏一饼	炰豌豆	泡菜坛子	僻僻椅
弄省豁	炰协	泡茶	僻起
弄归一	爬	泡儿	僻倒
弄过去	爬哦	泡毛	僻不拢
弄你	爬开	泡毛鬼	碰
弄倒	爬拉耸	泡木	碰到
弄饭	爬爬虾	泡泡肉	碰端了
弄死当睡着	爬起来痛	泡泡糖	碰面
女花花	爬远点	泡三花	碰碰和
女娃儿	怕	泡绍	捤灰
女娃子家家	怕毛啊	泡酥酥	烹香
女兮兮	怕说得	炮打四门	朋起
暖轿	帕帕儿	刨	朋友三四
挪	筢子	刨不转	捧着
懦汉儿	趴	刨堆堆	疲
	趴使	刨饭	疲了
	扒扒	刨拢	疲塌
	牌方	刨刨	疲沓嘴歪

皮灯影儿	瓶瓶儿	气死血	卡位
皮褂褂儿	瓶瓶儿底底	气腾了	拃
皮面	拼道横	气性	牵肠挂肚
皮泡眼肿	凭	齐扑扑	牵扯
皮皮	凭哪点	齐崭崭	牵襟襟挂绺绺
皮皮翻翻	凭啥子	七股八杂	牵起线线儿
皮条子	婆婆妈妈	七姑孃儿	牵须
皮砣子	坡	七老八十	千烦
皮子造痒	坡坎儿	七翘八拱	千千子
偏滴点儿	坡坡	魋头	千手观音
偏冻雨	破	欺哄黑诈	钎钎
偏斗斗儿	破费	漆黑	扦担
偏门儿	泼	漆黑家	签栏桌子
偏偏	泼烦	漆麻打黑	签签
偏远八远	泼皮	旗旗儿	签签佬佬
便宜	拨	骑马马	欠挨
片片	潽	骑马马肩	欠火色
遍坝	潽湫漫限	汽	欠瞌睡
匾	蒲扇	起	次
匾嘴儿	扑爬	起不到坎	呛人
飘	扑爬跟斗	起打猫儿心肠	炝锅面
飘起	谱谱	起房子	象
飘轻	铺陈	起火	锵锵齐
飘扬	铺当	起鸡皮子	框框
瓢把瓢	铺盖	起坎	藏
瓢儿	铺盖面	起来	藏藏猫儿
瓢儿白	铺盖窝儿	起摆摆	强求
漂白	铺开	起猫儿	墙笆子
漂色	铺笼罩被	起面	墙拐子
票儿	铺派	起气	抢到
瞟	铺窝窝	起头	抢杠
㶿		起心	抢手
撇脸		起泛泛	抢手货
撇脱	**Q** 262–270	起盐水	抢眼
孬		起子	俏荤
孬得很	记性	跒	翘
孬火	气场	恰	翘翻
孬火药	气倒起	掐	翘鬏鬏儿
拼	气都不好气得	掐熄	翘盘
拼断	气鼓气胀	栦	跷脚老板
拼	气管炎	栦栦	跷跷板
拼盘	气裹食	卡	撬二押三
呼啊嘣	气气	卡起	撬撬
瓶把瓶	气起跑	卡起	桥

31

桥起
桥当头
悄悄
悄悄个儿
悄悄话
悄悄咪咪
蜞蚂儿
沃
勤
勤快
勤扒苦挣
轻飘飘
轻巧
晴转阴
青
青冈棒棒
青冈皮
青沟子
青红皂白
青口水
青脸寡色
青篾
青皮
青水脸
青头儿包
青头儿萝卜
青油
清
清不到
清得到
清炖
清风雅静
清福
清候
清花亮色
清静
清丝严缝
清汤
清汤寡水
清汤面
清汤汤
清醒白醒
清一色
清早八早

请神
穷痨饿虾
秋丝瓜
燃
燃壶
燃眉燃眼
焌
焌水
曛曛曛
砌
砌长城
砌盒子
黢
黢黑
黢麻黑
趋趋摸摸
去脱
蚰蟮儿
取
取草帽子
取起
取头
取重
全挂子
圈圈儿
圈圈儿扯圆
圈子
劝不到
缺
缺缺
缺牙巴
裙板
裙边
瞟
瞟端了
瞟冷宝
瞟稀奇
瞟一盘
瞟一瞟

R 271–274

然挖

燃面
染
瓢
瓢毛毛
膁
让手
让一手
绕
绕张
饶
惹
惹不起
惹毛了
热和
热豁豁
热烙
人笨怪刀钝
人不好
人不宜好
人大面大
人户
人花花儿
人家
人来疯
人情账
人熟地熟
人些
人遭不住
认半边字
认不到秤
认秤
认承
认都认不到
认黄
认账
忍不到
忍嘴
任凭
日白
日怪
日诀
日妈倒娘
茸
茸毛毛

肉
肉扯扯
肉腌腌
肉几几
肉麻
肉头
入味
糯揪揪
挼
软不啦叽
软哒哒
软刀兑
软浆叶
软肋
润达达
润倒
偌么大

S 275–296

靸
靸板儿鞋
撒
撒葱花儿
撒锅烟子
撒喇子
撒丫
撒窝子
噻
塞话
赛牙巴劲
腮骨
腮巴儿
腮帮子
腮包子
三大三天
三倒拐
三儿
三花
三花脸
三合土
三夹板
三年半

三娘教子	蚀本	闪黄蛋	晌午
三缺一	蚀不起	闪火	晌午家
三下锅	涩	闪腰	舌头儿颠颠儿
三玄脉	涩嘴	衫衫儿	蛇缠腰
三于三十一	煞搁	伤	射
三灾八难	煞气	伤胃	射拱
散打	煞贴	上八位儿	折耗
散打评书	铩	上把碗儿	赊三欠二
散毒	杀	上半天	舍
散架	杀馆子	上好八好	舍得说
散仙	杀喉咙	上汽	身材孬
散眼子	杀家搭子	上前天	身体孬
伞骨子	杀进去	上熟米	神
嗓缸眼儿	杀拢	上头	神不愣腾
搡	杀一脚	上下格	神操
搡人	杀转来	上元	神戳戳
搡你两句	沙	上灶	神光
丧德	沙虫子	商量	神咣咣
丧起脸	沙革革	尝	神侃
磉磴儿	沙魁儿	烧	神起
扫把	砂糖	烧秤	神说鬼说
扫把根儿	砂锅	烧吹	神头儿
扫把刷刷	鲨鱼	烧煳	审
扫把云	啥	烧呼呼	审倒
扫底	啥子	烧卷了	深沉
扫底和	啥丁	烧拷	深更半夜
扫面子	拾叠	烧腊	榫头
扫扫儿	筛摆	烧来	生
骚	筛边打网	烧老二	生暴暴
骚八狗儿	筛话	烧钱	生得怪
骚摆	筛筛	烧说	生花
骚灯影儿	晒坝	烧心	生姜
骚搞	晒簟	烧阴火	生就
骚枯了	晒干	烧阴阳火	生拉活扯
骚坛子	晒席	哨哨儿	生霉霉
骚堂子	禅	筲箕	生害怕
膆皮	禅哈儿凉	潲缸	生意燃
膆子	禅凉	潲水	生意烫
肇	蝉子	苕	声气
啬	屾	苕眉苕眼	升子
啬味	讪谈子	苕头苕脑	乘
啬家子	闪	少来	乘不住了
塞包袱	闪板	少点子	乘火
蚀	闪道	少来呵我	乘起

剩脚脚	手弯子	耍赖	涮坛子
省到来	手艺人	耍礼拜	双打双个
是对的	手印	耍龙灯	双脚跳
十八扯	手指拇儿	耍蛮	睡不着
十打十年	守	耍门槛汉儿	睡瞌睡
十一路	守倒	耍朋友	睡宽床
狮子龙灯	守闸儿	耍手脚	水
时不时	守门头儿	耍耍	水不搅不浑，人不走不亲
试倒	守嘴儿	耍耍达达	水场合
实打实	瘦灯影儿	耍耍烟	水得很
使劲	瘦壳壳	耍水	水凼凼
使气	书壳子	耍态度	水锅巴
使嘴	输	耍娃儿	水花花儿
识脚拳儿	输家	耍心	水井坊
识趣	舒筋捶背	耍野了	水垮垮
识拳儿	舒里舒气	耍圆似起了	水礼
识手拳儿	舒气	耍伸	水流水垮
湿古淋当	舒眼儿	耍长了	水牌
湿洼洼	数数	耍转	水潜喽
湿窝窝	熟	耍嘴	水色
湿醉醉	熟脸面儿	摔摆	水水药
收不到口口	熟买主	甩	水深
收刀捡卦	熟人熟事	甩伸	水娃儿
收捡	熟油辣子	甩都不甩	水勺勺
收脚子	熟张子	甩翻	水性
收拾	刷把	甩飞叉	水烟杆儿
受看	刷把星	甩钢拌铁	水叶子面
受气	刷白	甩火腿	水煮
受吞	刷刷	甩尖子	水珠珠儿
寿眉	刷脱	甩垮垮	水竹子
寿星老汉儿	耍	甩你	顺口打哇哇
寿缘	耍把式	甩你两皮砣	顺气
手板板儿	耍把戏	甩脑壳	说白
手板儿心煎鱼	耍不起	甩牌子	说不得
手背	耍秤	甩盘子	说不拢
手笨	耍得起	甩死耗子	说扯话
手倒拐	耍法	甩视	说伸抖
手杆	耍光	甩手	说穿了
手紧	耍过场	甩手将军	说大话
手炝脚软	耍哈儿	甩袖子	说得闹热，吃得淡白
手气	耍化学	甩袖头子	说得脱走得脱
手濡	耍横	闩闩	说端了
手手清	耍家	拴	说斗斗
手痒	耍奸	拴倒	说过

说横话	耸	T 297-307	摊摊儿
说客	耸起		摊子
说那头	松活	他娃头儿	溏心蛋
说票子	松捞垮稀	堘堘	糖饼儿摊摊儿
说人户	馊	挞谷子	糖人人儿
说圆似起了	馊龙门阵	踏脚板儿	堂倌儿
说媳妇儿	馊稀饭	踏屑	堂屋
说醒豁	馊主意	塌	堂子
四方	苏气	太岁	堂子头
四环素	素的	太阳坝	汤
四季豆	素打扮	太阳戴枷	汤水
四脚蛇	素瞌睡	太阳膏	汤汤捞捞
四棱四现	素清	太阳烘烘	汤头
丝瓜布	算	太阳经	汤药
嘶声哇气	算罨账	太阳花	汤圆儿开水
撕皮	算呱啦	台面	汤圆粉子
死	酸不溜纠	台台	烫
死背篼	酸纠纠	台子	烫刨花
死扁	蒜苗儿	胎	烫倒
死不开通	蒜头儿	胎不梭	烫饭
死不胎害	蒜头儿鼻子	胎包袱	烫人
死吃滥胀	随	胎倒	烫手
死巷巷儿	随口打哇哇	胎毛儿	趟趟儿
死猫儿烂耗子	随耍	胎神	套近乎
死面	随做二分	抬倒	套套儿
死疲	随在	抬轿子	淘
死皮赖活	笋子熬坐臁儿肉	抬举	淘菜
死气腾腾	笋子烧肉	苔苔	淘神
死㓜㓜	绳绳儿	大	淘神费力
死贴	缩	谈茶	逃学狗儿
死兔儿	蓑衣子	谈嫌	讨
死娃娃	嗦	坛坛儿	讨挨
死歪万恶	索索	弹	讨好卖乖
死瘟殇	梭	弹绷子	讨气
死样子	梭边边	弹驳	讨人嫌
死重	梭边鱼	弹啵啰	忒儿不圆
送菜	梭空空	弹翻	忒儿宝
送饭	梭了	弹花匠	忒儿话
送么台	梭梭头	弹墨线	忒儿不兮兮
嗖	梭脱	弹面	藤藤菜
嗖眉嗖眼	趔趔板	炭花儿	腾
嗖嘴	所以	炭圆儿	腾藑儿
嗖嘴狗儿		摊开	腾倒闹不扯票
扟		摊起	腾空

35

塍塍	跳踊踊脚	偷油婆	推窗亮槅
吞饭	跳房	偷嘴	砣
吞鬼饮食	跳拱	偷嘴狗儿	砣子
吞伙食	跳水泡菜	头	坨
提	跳水兔儿	头把夜壶	驮
提劲	跳颤	头半回	脱不了壳壳
提劲打把	挑	头次	脱不到爪爪
提劲打把擅火车	挑担担儿	头家	脱扣
提口袋	挑挑儿	头节硬	拖
提神儿	挑至	头难	拖斗
提线线儿	挑嘴	头盘	鼾
提虚劲	铁甘蔗	头七	鼾神
蹄花儿	铁将军	头天	
体	铁簧簧	头一向	
体面	铁篱笆	头子	
体朽儿	铁脑壳	透	
梯田	铁石货	投不起	娃
梯坎儿	铁砧	投价	娃儿
剃脑壳	贴	投起的	娃儿伙
剃须子	贴得梆紧	投生	娃儿些
天把天	贴膏药	抖	娃娃
天棒	贴心豆瓣儿	抖摆	娃娃菜
天东雨	听说听教	抖伸	娃娃儿书
天和	挺起	抖忒儿话	娃娃家
天气短	桐油石灰	抖空	娃娃鱼
天一句，地一句	痛诀	抖嚷	瓦罐
甜	痛木	抖堂	瓦块儿
甜皮鸭	痛死血	抖一顿	瓦片儿云
甜烧白	通不管	兔儿	挖
甜丝丝	通不认	兔儿脑壳	挖耳子
甜水面	通另	图	挖连
田坝	通盘亮底	图撇脱	舀
田坝头	通杀	吐	舀油面子
田坎	通泰	吐莽的	歪
添	通天	吐圈圈儿	歪把裂爪
添点子	通烟杆儿	土把碗	歪的
添饭	桶儿	团	歪东西
添油加醋	统	团拢	歪翻山
舔	统共	团生意	歪号
舔肥	统起	团转	歪颈项
调	偷	团团转	歪浑了
调羹儿	偷儿	腿杆	歪人
调侃	偷鸡	退神光	歪歪道理
条子	偷奸耍猾	推	歪文儿

歪嘴儿	望头	稳倒	呜喧喧
踔	往天	稳当	呜嘘呐喊
外后天	往年子	稳倒操	乌棒
外前	旺儿	稳起	乌猫儿灶烘
外头	旺家门	稳起不偷	乌鸦嘴
外外	枉自	稳扎	污
外鳌	胃子	嗡啊嗡	污糟糟
外先	围	瓮	诬
外扎	围围	翁倒	诬叫
弯	围腰	瓮倒热	诬教场合
弯儿格扭	萎	瓮雷	诬教堂子
弯环倒拐	萎倒	瓮子	喔哟
弯挛编旋	萎梭梭	瓮子匠	五马六道
弯酸	偎偎儿	滃子	五脏庙
玩格	维	魍鼻子	屋
玩派	卫护	魍声魍气	屋头
万不谙	微奓	我才不得管	屋檐水
万多个	味大	我告一哈	无底洞
万后天	味道长	我嘿凶	无端端
万金油	味轻	我勒两天	无聊
万万子	喂	我没啷个	无凭白故
万恶	煨	我遭得凶	无事抱经
晚点子	偎	哦	无数八根
晚黑家	偎脚	哦嗬	无抓拿
晚夕	为啥子	哦呵连天	无走展
碗把碗	卫向	哦哟	雾瞎瞎
挽	未必然	饿	雾罩子
挽倒	问个子丑寅卯	饿痨病	误作
挽圈圈	文不谄谄	饿痨饿虾	忤逆
绾鬏鬏儿	纹路	饿喳	忤逆不道
网	蚊刷子	鹅老石	捂
网起	蚊蚊儿	鹅米豆儿	捂气
网丝	蚊烟儿	鹅子石	舞
网网	瘟	窝儿	舞弄
汪往旺	瘟得痛	窝起	舞盘子
王保长	瘟丧	窝窝儿	舞旗旗儿
王濯濯	瘟神	沤	舞钱
望	瘟猪子	炴	舞完了事
望板	瘟症	炴豆豉	武棒棒
望到	温嘟嘟	炴蛆	武辣
望红儿	温开水	恶鸡婆	务毒毒
望翘翘	温水瓶	恶了善罢	
望绿了	温温儿水	呜啊呜	
望天书	温温热	呜嘟嘟	

X 318-333

	洗煤炭	罅开	响器
	洗脑壳	瞎话	响水
稀	洗你娃头儿	瞎眉日眼	想方打条
稀巴五烂	洗刷	瞎子摸团鱼	想方子
稀巴脏	洗水豇豆	瞎支招	想精想怪
稀儿薄	洗眼屎	匣匣	想起想起
稀饭	洗澡泡菜	匣子盒盒儿	想些来说
稀饭牌牌儿	洗猪蹄子	现过现	乡坝头
稀烤烤	下	现抖摆	乡下
稀烂	下矮桩	现花儿	笑得稀烂
稀溜炮	下把下	现在而今眼目下	笑麻了
稀泥巴	下厨	现成饭	笑眯了
稀炝烂	下饭菜	现眼现报	笑人巴撒
稀孬	下话	线线儿	笑说儿
稀瓦瓦	下家	限限	笑死先人
稀洼洼	下叫	闲条	笑嘻了
稀稀拉拉	下课	先不先	笑遭了
稀稀捞捞	下烂药	先人板板	孝手儿
稀脏八脏	下墨	仙健	消
细	下年子	显洋	消饱胀
细糠	下巴儿	相公	消不脱
细娃儿	下炝蛋	相着	消根儿
兮兮	下三烂	相料	消夜
息得好	下数	相因	消账
席胡子	下水	箱箱儿	消肿
戏	下台	镶拢	销息
戏脸壳儿	下头	镶起	捎
戏娃儿	下午家	降	小
喜得好	下细	像头儿	小辈子
喜纳	下乡	像堂	小铲
喜沙	下雨	橡筋	小打小捞
嘻哈打笑	下桌子	象	小乖小乖
嘻壳子	吓	象得很	小鬼
嘻里哗啦	吓瓜	向儿葵	小家八适
嘻起	吓人把撒	香簸簸	小贱
洗	吓孽了	香菜	小九九
洗白	吓腾了	香香棍儿	小块家
洗茶碗	吓死个人	香香	小KS
洗耳朵	虾	香香嘴儿	小烂眼儿
洗盒子	虾猫儿胡	香胰子	小妈生的
洗脚	虾䖟	响簧	小毛头儿
洗筷子	虾虾	响篙儿	小妹儿
洗脸帕	虾子	响排	小面
洗骂	罅	响皮	小拿小铲

小嬢
小钱
小巧
小人
小睡
小汤圆儿
小娃儿
小姨妹儿
小有
小有招呼
小咗
小晕小晕
小仔娃儿
晓得
歇
歇班
歇号
歇口气
歇嘴
斜穿衣
熄
熄火
写
写房子
写号
写生意
写铺子
心厚
心焦
心焦泼烦
心坎儿板板
心口头
心累心跳
心燎肺燎
心欠欠
心痛
心头空蒿蒿的
心窝子
心心
心心黑
心凶
心肿
新鲜
新崭崭

兴
兴究
兴妖作怪
焮
焮倒
焮焦
炘
炘翻
炘寒冷
炘喳
信
星宿儿
星子
腥臭
行头
行灶
姓啥子
擤
擤鼻子
醒
醒场合
醒达达
醒蛋
醒的
醒而豁散
醒豁
醒瞌睡
醒事
醒醒豁豁
醒眼
醒眼子
雄
雄起
雄势
凶
凶惨了
凶巴巴
兄弟伙
兄弟些
胸脯子
胸口儿
休分儿
修理
羞死先人

诱
诱吃
诱皮寡脸
袖头子
修长
朽儿
朽儿场合
朽儿货
朽儿火
朽儿簧
朽杆儿
朽豁
虚
虚火
虚你
虚劲
虚天悬火
睉睉眼
续
续起
须须
须须摸摸
许
许愿
鲜
鲜开水
鲜兔儿
旋
旋掺
旋儿
旋炒旋卖
旋头儿风
旋旋儿
旋子肉
涎
涎答板儿
涎脸
玄
玄摆
玄吊吊
玄火
玄客
玄龙门阵
玄皮

悬
悬得很
悬眉搭眼
悬起
现
揎
揎底
揎拢
揎门
挦
挦毛
血骨淋汤
血沁
血衁儿
血性
血战到底
雪青色
削尖脑壳
迅白
循规蹈矩
俗
学
学得孬
学习文件

Y 334–351

牙巴
牙巴劲
牙长
牙祭
牙尖
牙尖婆
牙尖舌怪
芽芽
鸦雀
丫
丫得慌
丫哩丫气
丫声丫气
丫头儿
轧
押

鸭蛋	眼冒金花	幺不到台	叶子烟
哑巴汤圆	眼皮底下	幺店子	夜不收
哑怪	眼气	幺儿	夜饭
哑巴亏	眼浅皮薄	幺儿火起	夜深
哑水	眼色	幺姑儿	野
鹰	眼屎巴巴	幺姑孃儿	野鹜
蔫	眼水	幺鸡	野猪儿
蔫不唧唧	眼眼儿	幺躲辈儿	吔
蔫耷耷	眼眨毛	幺妹	一坝
蔫叽叽	眼子	幺孃子	一把抓
蔫炙炙	羊儿疯	幺台	一抱
蔫米米	羊儿子	幺娃	一饼
烟杆儿	羊子	幺指拇儿	一饼粘
烟锅巴	阳尘	呹	一并人
烟锅巴嗓子	洋	呹二喝三	一踩九头翘
烟灰	洋不完	呹鸭子	一铲火
烟摊摊儿	洋布	呹呹	一锤子买卖
烟烟	洋铲	腰杆	一串
烟子臭	洋瓷碗	腰杆痛	一大坨
焰火架	洋钉	腰柳	一袋烟
腌卤	洋房子	腰翘	一磴
盐巴	洋格	妖精	一磴楼
盐水	洋画儿	妖精使怪	一滴滴儿
言子儿	洋慌了	妖精十八怪	一吊
言重	洋马儿	妖艳儿	一捵子
堰塘	洋盘	妖艳儿火闪	一斗碗
酽茶	洋盘货	邀约	一堆
酽咚咚	洋石灰	摇昏	一方
厌恶	洋歪歪	要不得	一分皮
厌烦	洋相	要不完	一副挨打相
颜色	洋芋	要不要	一赶
燕二毛	样份儿	要得	一竿竿
燕老鼠儿	样啥	要得嘛	一竿竿插到底
敥	映	要话说	一个把个
眼巴巴	映得很	要来咋子	一根肠子通屁股
眼儿	秧鸡儿	要命	一根筋
眼哥	秧脚田	要哪门	一根笋
眼花儿	痒	要啥子	一拱一拱
眼火	痒得慌	要遭弄	一鼓二扛
眼睛	痒酥酥	舀	一瓜瓢
眼睛大	仰巴叉	舀饭	一哈儿
眼睛下乡	幺	舀舀	一黑了家
眼镜儿	幺爸儿	爷子	一火
眼泪巴撒	幺把根儿	叶子	一火色

一下	衣胞子	药单子	有礼有行
一家	衣衾棺椁	药方子	有啥子事
一脚带	衣姿势之	药罐罐	有盐有味
一拃（搽）	依	药引子	有一些
一坎牌	依还	约秤	游游缓缓
一口价	依教	哟	遇到
一口气	医	哟喂	遇得到
一块人	医治	涌堂	遇端
一帽子远	羼子	由头	遇合
一篾筷儿	椅椅儿	由在	遇邪
一抹二糊	胰子	釉子上来反起	遇缘儿
一扒拉	疑心	油爆爆	玉麦
一盘	易胆大	油大	铪
一盘子一碗摆出来	里头	油糕	芋儿鸡
一炮双响	阴	油房	芋荷叶
一遍遍	阴丹蓝布	油矤矤	芋母子
一泼	阴倒	油光水滑	芋子
一铺	阴倒悖	油渍渍	鱼老鸹
一匍爬	阴倒怄	油脚子	鱼烛
一扑揽子	阴倒日怪	油邋片	雨坝
一人吃了全家饱	阴德	油面子	雨后送伞
一手一脚	阴沟头	油泡子	雨兮兮
一色	阴凉坝	油气	嚘
一趟子	阴秋秋	油浸浸	冤
一头子	阴区区	油水	冤家
一挑	阴山	油油饭	院坝儿
一坨	阴尸倒阳	油炸饼	院院儿
一晚夕	阴梭阳梭	油渣儿	院子头
一莴	阴心子	油蚱蜢儿	鸳篼
一窝	阴阳头	油珠珠儿	鸳鸯水
一窝风	印刷体	油嘴狗儿	圆不拢耸
一五一十	印响	悠	圆范
一戏胡子	银碗儿	悠悠哉哉	圆呵了
一斜一斜	银子	又扑又颠	圆起
一吃	引	又是灯影儿又是戏	圆似起了
一扎	引儿	有板有眼	元票
一钻头	引子	有点贵	原汤
一斩齐	缨缨儿	有点悬	原味儿
尾巴	溇水	有份儿	原先
尾巴上	应承	有根柢	远天远地
臁儿	饮食菩萨	有好多羊子吆不上山	远香近臭
咿儿哟呀儿哟	癞大犯	有叫比天高	远些年生
咿唔呀唔	影影儿	有劲死了	月儿光
倚老卖乖	药	有两刷子	月亮坝

月亮肉	杂	遭火烟子燃	罾
月月子	杂二古董	遭理抹	甑算子
拐	杂烩	遭孽	甑子
拐不伸	杂货铺	遭燃	甑子底底
拐起	杂皮	遭日诀	渣巴儿
越见	杂痞	遭烧了	渣渣
日	咋的喃	遭甩	渣渣面
日别别	咋个	遭摔摆	渣渣瓦瓦
日不拢	咋个起的	遭刷	渣滓
日夫子	咋个样	遭天煞	喳巴
日米米	咋会	遭五雷打	喳吧呐吧
日师	咋哪	遭吓炟	喳闹
匀	咋子	遭凶	喳哇
匀兑	再咋个	遭殃	揸开
匀净	宰	遭洋罪	炸
吭	宰人	遭吆	炸雷
吭不过	宰指	遭整	炸收
吭头	栽	遭唥得稀烂	榨房
吭味儿	栽倒	遭罪	轧秤
运气来登	栽跟斗儿	糟蹋圣贤	轧断
	栽了	凿	押
	栽溺头儿	造	睛
Z 352-376	栽诬	造烂	睛巴眼儿
	栽秧子	造孽	渍
	栽一坨	造痒	眨眼睛
咎	栽一撮	灶灯影儿	鲊
咎开	崭	灶房	鲊海椒
咎脚舞爪	崭起	灶烘	鲊汗
咎脚咎胚	崭衣服	灶火头	鲊牛皮
咎口来	在	灶鸡子	痄
咎嘴	在行	灶门签	摘
砸	在哪些	灶门先	颤
砸倒	在随	灶王爷	颤花儿
扎	仔娃儿	皂角树	颤兢兢
扎板	仔仔	唪得很	颤翎子
扎断	攒	躁挨	颤眉颤眼
扎紧	攒钱	早晏	颤头颤脑
扎劲	攒钱罐儿	早插秧子早打谷	沾
扎鬏鬏儿	遭	早起	蘸水
扎口子	遭不住	早先	蘸蘸儿
扎眉扎眼	遭戳	脏瓦瓦	粘蝉子
扎起	遭得惨	脏兮兮	粘哑哑
扎实	遭得住	侧边	毡窝儿帽
扎雨班	遭欢	侧边说	占到茅坑不屙屎
扎账			

占齐
占起手
站倒
站列子
站拢
栈房
栈栈
展
展劲
展言子儿
蹍
蹍拢
撋
崭
崭豆儿
崭齐
张视
张巴
张花式
张罗
张面
张子
章法
胀
胀饱了
胀伸
胀得很
胀肚皮
胀犊子
胀鼓鼓
胀海了
胀憨
胀慌了
胀眼睛
帐檐子
长进
长醒
长眼睛
掌火
掌瓢
掌瓢儿的
掌瓢师
掌稳
掌灶

砸笨
砸班子
仗火
仗你
仗人
丈把高
招呼
招呼茶钱
招牌
招惹
肇瞌睡
肇死
罩
罩被
罩倒
罩子
着
着着急急
照闲
爪爪
找
找到挨
找话说
找起虱子往身上爬
找钱
找事做
找死
找些龙门阵来摆
遮严
遮遮掩掩
遮遮
褶褶
这档子
这儿
这二年
这个人
这候儿
这回子
这毛儿乃毛儿
这门儿
这塌
这头
折
折耳根

折折
折子戏
真纲
真概
真勒哇
真人
镇堂子
阵仗
砧磕
正尺
正经八百
正南其北
正务
正雄
正做不做，豆腐放醋
蒸笼
争
争倒
争点儿
争气
争上游
争头
争一颗米
睁眼瞎
挣
挣表现
挣数数
挣倒
挣银子
整
整爆
整飚
整不懂
整不醒豁
整出去
整穿
整串皮
整点子
整到耍
整到住
整得巴适
整得凶
整对了
整饭

整拐
整糊
整酒
整来挺起
整烂
整嘛
整哪样
整起
整翘
整起去
整瓢
整人害人
整一块
整晕
整冤枉
支
支脚舞爪
支支皮皮
支招
知客司
知趣
掷脱
糍粑
糍粑心肠
直杠杠
直顾
直顾窜
直见
直扑
直杀
之歪
之亡命
指到
指甲深
指拇儿
指指捔捔
稚雅
止倒
止汗
只难听
旨归
纸飞飞儿
纸壳子
纸钱子

43

纸烟盒	竹根亲	踆圆了	纵止
纸烟金	竹结疤儿	踆圆似起了	皱眉凹眼
中标	竹篓子	赚钱	皱皱
中弹	竹麻	赚腾	总管火
中杠	竹扒	专烧熟人	总还
蛊	竹笋子	转	总还的总还
蛊蛊儿	竹丝瓷胎	转街	总起
蛊蛊果儿	竹筒筒	转哈儿	由
舂	竹丫子	转筋	由由
舂对窝	主火	转经消	揍
舂烂	主人家	转来	揍倒
舂蒜	抓不到缰	转起转起	走
众多家	抓扯	转耍	走不到路
众过起	抓拿	转弯抹角	走菜
众块	抓拿骗吃	转一下	走单行道
众块子家	抓沙抵水	转转儿	走钢丝
钟水饺	抓屎糊脸	转转儿会	走高了
肿眉泡眼	抓天	转人	走狗屎运
周仓	抓周	桩桩	走广
周二周三	爪	装	走过场
周身	爪了	装疯迷窍	走红
周围团转	爪脚爪手	装狗	走经化谈
周吴郑王	爪爪	装瓜	走开
周张	爪爪深	装怪	走了
周正	爪子	装舅子	走哪些
皱	啄	装猫儿识象	走扭
皱皱	啄瞌睡	装闷	走气
昼是	啄梦脚	锥锥	走人户
肘起	啄魃头	着落	走臊对
帚帕	啄一嘴	着着	走头
珠珠儿	啄啄	刺	走线膀子
住塌	踢	刺巴	走眼
柱头	踢一脚	刺笆林	走夜路
拄	踆	自个儿	走一道
拄气	踆倒	自家	走游台
筑	踆筋达斗	自扣	走远咯
触	踆进踆出	字纸篓篓	走踆
触电	踆来踆去	子弹	做
触动	踆起	子子	做得受得
猪	踆瞌睡	子曰	做过场
猪鼻拱	踆实	姊妹家	做怪相
猪二爸	踆兮兮	资格	做红
猪儿啰啰	踆秧歌	资格货	做活路
猪儿子	踆一扑爬	纵久	做假

做空事
做媒子
做梦
做啥子
做生
做事情不盖脚背
做手脚
做作
贼
贼胆大
贼呵呵
贼货
贼肉
贼娃子

坐
醉拳
嘴嘲
嘴嚼
嘴壳子
嘴甜
嘴嘴儿
嘴巴儿
嘴巴儿头
嘴巴劲
嘴皮子
昨二年生
昨黑家
昨年子

昨晚黑
作伐
作揖
坐
坐板疮
坐臜儿
坐地分肥
坐飞机
坐统治
座冈
左
左刮刮
左喉咙
左脚左手

左邻右舍
左声左气
左手边

A

阿不吃 abuchi 溺水被淹或呛水跃命时所发出的声音。歇后语："肥猪儿落水——~。"

阿公 agong 客家语，爷爷：~，吃饭饭。歇后语："~吃黄连——苦也（爷）。"

阿咪 ami 客家语，母亲：~说了算。

阿婆 apo 婆婆。歇后语："~留胡子——反常。"

阿幺子 ayaozi 客家语，指幺儿或独子，龙泉、简阳一带流传甚广。据说是"湖广填四川"移民语的变种。

阿爷 aye 客家语，父亲：~回来了。

爱家 aijia 对某种物品特别喜爱或爱不释手的人：墨玉圈子要打（卖）~。

爱人 airen 惹（逗）人喜爱：玉兰花开，好~。

爱死死 aisisi 极其疼爱，爱得死去活来：狗儿~，玩物丧志！

艾馍馍 aimomo 用艾蒿草与面粉做的馒头：~有股特别的香味。

碍口识羞 aikoushixiu 因怕生或害羞而神情不自然：女娃子初次见面是有点~。

矮 ai ①低人一等：我们凭啥子要~人一等嘛？②形容身材短小。成都童谣："~是~，经得踩；高是高，当柴烧。瘦是瘦，有肌肉；凶是凶，临时工。"③少：我的工资比别人~一截。④低下去，跪下：咋整来~起说了嘛？

矮矮 aiai 矮子：人小东西大，~志气高。歇后语："~骑大马——上下两难。"

矮辈子 aibeizi 晚辈：~新娘。又称"小辈子"。

矮冬瓜 aidonggua ①指个子矮小的人：看坝坝戏，~些挝不上潮。②巴蜀笑星林小东的绰号：~演的"滚灯儿"那才叫绝！

矮夺夺 aiduoduo 低矮，形容个头矮小：~的是哈巴狗儿。又为"矮戳戳"。

矮肩打杵 aijiandachu 矮肩，指背物；打杵，指临时休息时，使用支撑重物的

T字形工具：爬坡上坎儿，～。亦作"矮肩打杵子"。

矮起说 aiqishuo ①令人跪下讲话：见了官只有～了。②卑微相或退（让）一步说：～就～，何必要争个脸红筋涨嗬？

矮人 airen ①戏称下跪者：沈伐扮演武大郎，装起～走路。②低人一等。③矮子。歇后语："～踩高脚狮子——高跷。"

矮一篾块儿 aiyimikuair 就差那么一点：郑浩考大学，就矮那么一篾块儿没拈到"伙食"。篾块儿：竹篾条，喻指厚度。又为"矮一篾筷"。

矮桩 aizhuang 下话：下～，不脸红。

矮子过河 aiziguohuo 喻指安心。歇后语："～——安（淹）了心的。"

岩 ai 读"挨"。①呆：老几的眼睛～板板的，是不是有精神病哦？②不活动，定死：眼睛都～了的鱼，不晓得死了好久了。

岩板 aiban ①船工术语，又称杠子，为长江万州至宜昌航段所特设之工种，职责同二篙：～的人数较多。②死板：～的人，性格一点都不活跃。又为"岩板板、死板板"。

岩腔 aiqiang 岩洞，石腔：～缝缝头有雀雀儿窝。歇后语："和尚坐～——没寺（没事）。"

挨 ai ①无可变动或定了性的东西：品牌衣服定价五百元一件是～的。②被欺打。民间俗语："左眼跳财，右眼跳～。"歇后语："红娘～打——成全好事。"③遭受，被杀。歇后语："～了刀的肥猪——不怕开水烫。"④摸，碰。歇后语："豆腐做的——～不得。"

挨棒棒 aibangbang 宰客，遭到欺诈或不合理收费：差点遭～。

挨背篼 aibeidou 原指象棋将军致死，现多形容陷入圈套、机关，或不能摆脱的陷阱。又称"挨死背篼"。

挨边 aibian 巴边，挨着，沾边，相差一点：称两斤柑子下来，～就五元钱。

挨抻了 aichengliao 抻，读"撑"。惨相。麻将俗语，喻遭（输）惨了：我～！

挨刀 aidao ①遭起：迟到早退必～。②麻将俗语，和牌：二五八都要～。

挨刀的 aidaodi 成都俗语，同"砍脑壳的"：以旧时法场被砍头为其说，喻指调皮捣蛋、无法无天得报应者：～娃娃，夜不归哟！寓意加深：挨千刀的。

挨追打 aiduida 追，读"堆"。①新旧账一起算：梁子结深了，总有一天要～。②被痛打：～还嘴硬。

挨追骂 aiduima 被狠狠地骂：你闯祸，我们跟到～。

挨追时 aiduishi 遭到批评或查办等：无组织纪律当然要～了。

挨钉锤儿 aidingchuir 挨榔头。钉锤儿，指钉钉子的锤子。

挨飞刀 aifeidao 遭误伤：让开点，谨防～。

挨刮 aigua 受批评：仗了笨事，该～！

挨好 aihao 指打的程度，被某人暴打一顿。

挨黑打 aiheida 遭暗算：做了亏心事，憨～！

挨夹石 aijiashi 挨冤枉：难得糊涂，～。亦作"挨矿石"。

挨口水 aikoushui 受人斥骂：背后整冤枉，要～的哦！

挨旷实 aikuangshi 遭遇不测。歇后语："遭了冤枉又～——罪上加罪。"

挨拢 ailong ①靠近：～点，好说话。②挨着：大家～挤热和。

挨门挨户 aimenaifu 户，读"副"。挨家挨户：计划生育是国策，要～地说清楚｜人口普查，要～地登记｜背时的娃娃藏到哪儿了，给我～地找。

挨批 aipi 遭到批评或批判：犯错～。

挨起 aiqi 因犯错误被批评等。

挨屎 aiqiu 损人语，喻被侮辱：比中指拇，说～！

挨头刀 aitoudao 喻指头一个倒霉或受难：总不至于～嘛？

挨头子 aitouzi 受批评，受训斥。挨：被动语，遭受。俗称：挨屎头子。

挨冤枉 aiyuanwang 遭到不明不白地指责或污蔑陷害。

唉 ai 应答词：～，我来了。

唉嘿 aihei 使劲：～一个唑哟！

唉嗨哟 aihaiyo 叹词，呻唤：～嘞，我的妈哟！

哎咳 aihai 开腔说话：吓得人家不敢～。

哎姐 aijie 喻指妈：～又给我们掺米来了。

哎哟喂 aiyowei 痛苦的呻唤声：老几爬起来就～的闹麻了。

哀哉 aizai 去世，出事，完蛋：好久不见，多半～了。

唵 an 感叹词，答应时表疑惑、疑问：～！我咋没反应过来喃？

安 an ①设置、搁置、安放、安排、安装等：锅～起好炒菜。歇后语："羊脑壳～到狗身上——张冠李戴。""鼓上～电扇——吹牛皮。"②形容决心已下：～了心的。③取。成都民谣："瞎子会弹琴，聋子会～名。"④平安。民间俗语："要想小儿～，多少都要受饥寒。"

安点儿哪个逸 andianrnaguoyi 个，读"过"。极安逸好耍，成都人常以近乎于唱腔的声调念之：冬至吃羊肉汤，～。又为"安灯儿逸，安得儿逸"。

安顿 anden 川剧鼓师对一折戏或一出戏的锣鼓设计。

安家 anjia ①娶妻：他四十来岁才～。②建立新居：大家帮着～。

安客 ankei ①安排座位，请客人就座。②麻将俗语，开局时出牌的叫法：庄家～！

安神 anshen 喻指主持丧礼的人在神龛面前叩拜敬神：~、谢坟都是法师的事。

安胎 antai 稳当而舒心地享受：吃~。

安桶儿 antonger ①设置圈套让人钻，皆有请君入瓮之意：给他~的那个人也遭取起了。②麻将俗语，作弊圈钱：人家~你去坐，咋不遭凶嘛！

安骑梁床 anqiliangchuang 迷信之人的一种忌讳，即人睡在床上，脚朝门，形同停丧：~，要不得哈！

安心 anxin 意已决，心已定，成心：~理得。

安逸 anyi ①舒服，舒适：今天天气~｜~嚓？②表示舒心喜悦、幸福美好的心情：马耳门的龙门阵，~！此词常与"巴适"、"惨了"连用，前者意思加深，再次强调，后者递进，而并非贬义，属快乐到极致，使感情更加丰富：龙门山耍假，简直~又巴适｜~惨了！③作反语用：牙痛~了。复句：安安逸逸。喻指极为舒适。

安逸得版 anyideiban 非常满足，高兴得跳将起来。

安桩 anzhuang ①安插钉子：~的人被清查出来了。②麻将俗语，选择座次方位：请你老先~！③安媒，即让人做名义上的媒人：说声~都要来。又为"安庄"。

安坠子 anzhuizi ①盯梢：想给蓝精灵~，没得那么撇脱！②镶嵌：红宝石~好看。

淹 an 读"安"。淹没。民间俗语："兵来将挡，水来土~。"

淹死 ansi 溺水而死：洪水泛滥~了好多人哦！

谙 an ①想到：没~你会发言。②估计，猜想：这种事，~得到就对了。亦作"估谙"。

谙倒 andao 估计、猜测、想当然、假设等：你~的，跟我默倒的是一回事。

谙不透 anbutou 理解不到，谙不到：出了那起子事，哪个都~。

谙倒猜 andaochai 无根据地猜测：凡事不要~。

谙倒说 andaoshuo 想起来说，无根据乱讲：地球要爆了，是不~的嘛！

谙倒整 andaozheng 试着来：~的东西，不晓得有好歪。

晏 an 读"暗"。迟，晚：错峰出行，上班时间~了半小时。

晏哈儿 anhar 过一会儿：这阵忙，请你~再来。

腌得深 andeisheng 藏得隐蔽：老几的银子~。

腌起 anqi 隐藏：私房银子~在｜好吃的东西不准~。

按 an 动词，抓，拿下，运动，按捺：发现犯罪嫌疑人，准备~哈｜事态严重，必须~下去｜洪水一下就~将过来了。歇后语："十个指拇儿~虼蚤——一个也~不到。"

按不平 anbuping 不好处理：八方都在伸手，~的摆不平。

按倒 andao 抓住，抓紧：~，我来宰。

按倒炦的捏 andaopadinie 比喻专找弱者欺负。歇后语："半夜吃桃子——~。"

按过去 anguoqie 去，读"切"。追赶，撵起去：三圣乡开花会，我们~看。亦作"按起去"。

按箕斗 anjidou 按指拇儿印：合同上~，表示认可。亦作"拓箕斗、打箕斗"。

按拢 anlong 到达：等他~都啥子时候了。

按蜞蚂儿 anqimar 教调皮小孩之戏称：老师不得随便~。

按稳 anwen 抓紧，保持稳定状态，不要放松。

按住 anzhu 朝下面撑，逮住，抓紧。

揞 an ①隐藏：这事~不到。②用药面或其他粉末敷在伤口上：~后包好就行了。

暗扣子 ankouzi 藏在衣内的扣子：内衣口袋里缝个~。

暗襻襻儿 anpanpanr 襻襻儿，读"踋踋儿"。暗藏或被遮住的布扣：老式布鞋上都有个~。

暗起 anqi 光线不明，黑暗：天，一直~在。

雁鹅 anwo 大雁，鸿雁：~~扯颈项，一扯扯到东校场。不杀鸡来不杀羊，杀根耗子过端阳。成都童谣："~飞人字，人生一首诗。少年不努力，老来悔恨迟。~飞人字，人生一首诗。寻梦登高去，莫误少年时。"歇后语："~吃莲秆——直脖子。"

案板 anban ①菜板。歇后语："花椒树做~——麻腩腩。"②桌面，黑板：~坏了。亦作"案板儿"。

案子 anzi ①案件：老朱的那个~有点冤枉。②案台：~上放得有先人板板的牌位。③面板：白木~结实。

喤 ang ①鸣：哨哨儿一~就是喊集合。歇后语："斑竹林头扯响簧——~出几个笋（省）。"②响声，响亮，物体发出的声响：那边的叫叫~圆了。歇后语："草鞋敲钟——打不~。"

昂 ang 昂贵，价格不菲：茅台这会儿太~了，剑南春要温柔（便宜）些。

哀怜 aolian 哀，读"熬"。可怜：狼心狗肺的东西，值不得~！

熬 ao 煎熬：～出了头。

熬更守夜 aogengshouye 熬夜：通宵不睡：～最伤身体了。

熬锅肉 aoguorou 回锅肉：将半生肉片放入油锅中熬成灯碗儿状，然后加蒜苗或青椒等，再放少许醪糟浮子或料酒、甜酱等作佐料，最后起锅上桌。

熬锅肉嘴皮 aoguorouzuipi 形容嘴皮很厚。歇后语："～——厚实。"

熬价 aojia 与买主讨价还价，以达到自己最理想的价格。

熬起 aoqi 受煎熬。歇后语："猪油下锅——～。"

熬糖饼儿 aotangbingr 煎糖饼儿，指糖画：～属民间艺术范畴。

坳 ao 山坳，本指山路中难走的地段，现多指山坡度较大的地区：四川山多、沟多、坎多，～也多。亦作"坳坳"。

坳口 aokou 念不顺畅，别扭：写得文绉绉，怪～的。

坳起 aoqi 比喻骄傲自大：你娃读了博士就～了嗦？歇后语："狗屎篼篼儿——～了。"又作"傲起"。

咬 ao 读"袄"，此词又读"鸟"。①发痒：好久不洗澡，一身都在～。②用牙或嘴嚼东西：～住不放。歇后语："蚊子～菩萨——认错了人。""打狗不赢～鸡——怯大欺小。"成都童谣："吃得饱，睡得着，免得蚊子～脑壳。"③污蔑，栽赃陷害。民间俗语："为好不讨好，颠转被狗～。"

咬倒 aodao 咬着。歇后语："夜猫儿～牛——大干。"

咬倒不放 aodaobufang 含着不放松。喻指（错了）死不认账。

咬倒犟 aodaojiang 固执己见，不认账（输）：明明错了，高矮还要～。俗语："咬卵犟。"

咬倒舌头儿说 aodaoshetourshuo 歪曲事实：一是一，二是二，不要～假话。亦作"卷起舌头说"。

咬手 aoshou 祸害伤人：你默倒票儿不～嗦？

B

巴 ba ①贴：~告示。成都民谣："吃了就睡，油才~背。"歇后语："~错门神——反（翻）了脸。"②黏（性）：糍子~不~？歇后语："抓糠壳揩沟子——倒~一坨。"③亲近，依附，紧贴着，体贴，跟随，维护：狗儿~人得很｜你还不要说，骁儿硬是~他们妈呢！

巴巴 baba ①补丁：马耳门的工作服上净是~。②印记，盖章留存，印鉴：支票上要盖了~才取得到钱哈！③膏药，创可贴。④词语后缀：眼泪~｜干~。

巴巴适适 babashishi "巴适"的生动形式，意为舒舒服服：马耳门屋头整得~的。亦作"巴巴式式"。

巴巴掌 babazhang 巴掌，鼓掌。成都童谣："~，油芡粉，你卖胭脂我卖粉，卖到泸州蚀了本，买个猪头大家啃，啃又啃不动，丢到河头嘣嘣蹦！"歇后语："一只手拍~——孤掌难鸣。"

巴边 babian ①挨边，沾边：与本案不~的东西最好不要说。②贴紧：疙瘩亲，说不~嘣又~。

巴儿 bar 吻：乖孙儿来跟爷爷~一个。

巴儿巴儿枪 barbarqiang 竹制玩具小手枪：~对~，开战！

巴不得 babudei ①真心诚意祝愿别人：~他早日康复。②盼望，急（迫）切希望。歇后语："螃蟹上树——（爬）~。"又为"巴幸不得、巴连不得、巴将不得"。

巴倒 badao ①沾光：~人家吃。②粘住：糍粑~烫。

巴地草 badicao ①一种贴着地皮生长的野草草，因根系发达，可作草坪绿化使用。又为"狗牙根"。民间俗语："~的根多，炕耳朵的心多。"②喻指很矮的人。顺口溜："~，红根根，我是家婆的亲外孙。"

巴尔 baer 一点点，形容东西啬味：只有眼屎~。亦作"巴耳"。

巴壳 bakuo 壳，读"括"。粘在物体表面或内层壳上：～的饭成了锅巴。

巴郎鼓儿 balanggur 拨浪鼓。①货郎吆喝之器具：那个摇～的货郎子又来了。②玩具：买个～给娃娃耍｜弄根棒棒穿进竹圈，面上蒙张牛皮纸，再穿两个尿珠子，～就做成了。歇后语："盘古王耍～——老天真。"

巴片儿 bapianr ①附带：搬完仓库，顺便捡点～。②沾光：老几专吃～｜吃了～找话说。

巴起了 baqiliao 粘上：稀泥巴甩在墙上～。

巴沙 basha 强调状貌，为"的"之语意：吓人～。

巴适 bashi 好，圆满，令人满意：这事做得～｜这件衣裳～，我喜欢。又为"巴实"。

巴身 bashen ①贴身：保暖内衣最～。②知心随从：她是还珠格格的～丫鬟。

巴味 bawei 入味：东西～就好吃。

巴心巴肝 baxinbagan 全身心投入：～为儿女些好。成都民谣："山榨子，尾巴长，～来望娘。娘又远，路又长，趴倒栏杆哭一场。"亦作"巴心巴肠"。

巴倒烫 badaotang ①烫到甩不脱：汤圆儿～安逸了。②由仇小豹主演的重庆方言电视剧里的角色：～来了就好说。

疤疤 baba ①疤痕，伤疤：～抠不得哈！②补丁。歇后语："新衣服补～——多余的三十三（喻没有必要）。"

屁屁 baba ①儿语，粪便：踩到～要捡钱。②指肮脏的东西：～脏，不要去摸！③喻指有见不得人的事。

笆笆 baba ①用竹篾条编织成的栅栏。②烂篾席：篾条～难得补。

笆笆门 babamen 使用竹条或藤条子编制的门。成都民谣："茅草棚棚～，玉麦馍馍胀死人。"｜形容门当户对："～对～。"

笆笼 balong 笆篓。歇后语："抠倒黄鳝掉了～——因小失大。"

笆篓儿 balour ①篾篓，一种装鱼虾的竹编渔具：～头净是泥鳅儿。②装渣渣的小竹筐，纸篓：～放在门角头。亦作"笆笼"。

笆子 bazi 竹编物：篾～的洞洞不要编太大了。

粑 ba ①粘，贴，紧紧挨在一起。②招惹：黄劲就是～蚊子。③面粉类食物做的饼：包谷～。

粑粑 baba 馍馍，饼子。歇后语："吃玉麦～打呵咳——爹口黄。"

粑包 babao 紧贴裤子背后的口袋，俗称"屁股包包"：～头揣东西容易梭出来。亦作"巴包"。

粑锅 baguo 食物被粘在锅上：闻到一股煳臭，饭又～了。

53

粑毛色 bamaose 近似咖啡色的颜色：~的料子来货了，赶紧去扯（买）点子。又为"巴毛色"。

粑满 bameng 满，读"闷"。粘满：玉米粥刚一上桌，苍蝇就~了。

粑谱 bapu 靠谱：会上陈蓉的一席话都还~。

叭 ba 猛力吸，使劲抽：先~口叶子烟再说。亦作"吧"。

叭儿亮 barliang 非常光亮，透亮：蜡波头，~！

叭燃 baran （将烟）使劲地吸燃：烟~了不抽，又熄了。

叭叶子烟 bayeziyan 抽用烟叶裹的烟：鬼点大就学到~，不怕肺燃黑嗦？亦作"吧叶子烟"。

爬 ba 读"扒"。抓住东西往上去。歇后语："~树子摘月亮——空淘神。"

坝 ba ①平地，平原：成都是个平原大~。歇后语："月亮~头耍关刀——明砍（侃）。"②一堆：锅碗瓢勺摆了一~。

坝坝 baba 空地，平坝：~头是光的，一个人都没有。歇后语："月亮~头晒笋壳——翘（瞧）不起。"

坝坝茶 babacha 露天饮茶场所：白果林吃~的人越来越多。

坝坝电影 babadianying 在空地或广场里放电影：送文化"三下乡"，要放~。

坝坝会 babahui 露天广场开会：草编节的~热闹惨了！

坝坝头 babatou 平坝里，坝子里面：空~养了一群鸡咕咕。顺口溜："跑马射箭，~见。"又为"坝子头"。

坝坝戏 babaxi 坝子广场里演戏：~看到热闹。

坝坝筵 babayan ①川西坝子节气间盛行的一种民间习俗，晒坝里摆烧火摊子，多以"九斗碗"请客。婚嫁、打殇火也多用此。②成都街头巷尾的冷淡杯、串串香餐饮场所。

把 ba ①量词，表示数量：根~根｜只~只｜张~张｜点~点。②守：我们黑娃儿是~门将军。③停食，不消化：吃多了胃上~起在。

把把 baba ①柄，手把，把子：锄头~｜榔头~。歇后语："买个砂罐打断~——莫提了。"②指个头，身材：当兵哇，~〔读去声〕小了就莫眼。

把把柴 babacai 指几根或挽成小捆的柴火：快当，烧点~水就开了。

把把子 babazi 捆扎东西的数量以一把手能抓住为准。挂面兴卖~。

把墨 bamei 墨，读"没"。拿墨。原指木匠开锯之前走线弹墨，现喻指把握方向，拿主意等。

把门将军 bamenjiangjun ①守门头儿，门卫：大门口有~，我们从后门走。②狗：我家那个黑娃儿，硬算得上是个~！③指旧时大宅门上的黄铜大锁。

把连 balian 全部：今天只有我在家，~都出去了。

把稳 bawen 形容办事细心，稳妥，仔细：老几~，锁了门还要再揸一道（推一下）。

把细 baxi ①仔细、细心：两口子配好了，一个啰唆，一个~。②稳妥，小心谨慎：出门~点哈！

把戏 baxi ①魔术：说起~，协会头肖天是高手。②忽弄人之技法：少在人面前耍~！③喻指小孩：年前，钟祥宇又添了个小~。

把子 bazi 带习惯性的脏话：女娃娃家家说话带~，像啥子话嘛。

八打八 badaba 形容有许多：宣贵琼的兔儿脑壳有~种味道，随便你海。打，放在词中作助词，类似"五打五、陆打陆"。

八大碗 badawan 田席的一种，因席上有八碗主菜而得名：~又叫"肉八碗"。

八登儿胡 badengrfu 胡，读"浮"。八字胡：~翘起了。

八杆子打不到 baganzidabudao 喻距离远，无关系。歇后语：~——隔得太远。

靶子神 bazishen 射中率高，喻指神枪手：找个~来。

霸道惨了 badaocanliao 形容强词夺理、独断专行到极点：老几~！

㧒 ba 铺：~铺理床，关灯睡觉。

㧒单 badan 床单。歇后语："~做洗脸帕——大方。"

㧒铺 bapu 铺床。歇后语："茅厕坎上~——离屎（死）不远。"

㧒窝窝 bawowo 筑巢，建造窝巢：燕子衔泥~。

㧒新床 baxinchuang 喻指小男孩或未婚男青年睡新床：~又叫"压床"。亦作"铺新床"。

罢 ba 作罢：不紧说了，此事就此作~！

罢脚 bajuo 脚，读"觉"。剩余商品：~料｜我把~一哈铲（买）了！

拜茶 baicha 新婚夫妇隔天叩礼谢茶：亲戚老表喊~。

拜大禹 baidayu 一种古老的求子方式，即乞子妇女到禹穴沟里摸一摸血石，便能得子：幺娘~，果真有喜。

拜得客 baideikei 能登大雅之堂，拿得出手的东西，如礼品、礼金之类。喻指大方，不小贱：东西~才体面。

拜寄 baijie 寄，读"接"。过寄，拜义父母：老把子走（去世）了，那娃就~给李家了。

拜客 baikei ①新娘拜见参加婚礼的客人。②泛指见人。歇后语："聋子~——

不闻不问。"

拜四方 baisifang （因站立不稳）喻向东南西北四面磕头：迎众家亲，～客｜初生牛犊～。成都童谣："羊儿下地～，感谢妈妈情意长。'咩咩咩咩'叫几声，就是在喊它的娘。羊儿吃奶抬头望，四脚跪在地面上。妈妈乳汁流呀流，哺育羊儿长呀长。羊儿随娘上山冈，学习本领要自强。一边吃草一边唱：妈妈恩情永不忘！"

跰 bai 跛脚。倒语："脚瞎眼睛～，死鱼棉花街（街读该）。"

跰跰儿 baibair 跛子，瘸子。童谣戏语："远看金鸡独立，近看步兵稍息，走路鸡公啄米，睡觉长短不齐。"成都童谣："月亮光光起，强盗来偷米。聋子听到，～跟到，哑巴喊（逮）到，爪手（去）抓到，萝卜地头扯根葱头来打倒。"歇后语："～端公——坐地使法。""～拜年——就地一歪。""～追婆娘——越追越远。"亦作"拐子、蹊子"。

败 bai 败坏。民间俗语："家吵～，猪吵卖。"

败家子 baijiazi 挥霍家产的后生：死不争气的～。

摆 bai ①说，讲：～龙门阵｜～闲条。②放下、丢、搁倒、摆设等：堂屋头～了两盆兰草。③放置：把筷子～好，准备吃饭。④游逛：回屋就瓜起，要出去～才安逸。⑤摇动，甩。歇后语："鸭子走路——两边～。"

摆鼻子 baibizi 吹牛：一个翀壳子，一个～，两个老几简直骚酷了。

摆茶 baicha 喻称茶宴佐茶之糖果、米粑等食品：主人喊～，即刻招待亲友来客。

摆堆堆 baiduidui 摆摊子：赶场天，沿街～的多。

摆哈儿 baihar 摆谈一会儿，叙旧：老朋友见面多少要～。

摆老实龙门阵 bailaoshilongmenzhen 讲真实的故事。

摆聊斋 bailiaozhai 摆（鬼）故事，说筛话。

摆龙门阵 bailongmenzhen 翀壳子，讲故事，聊天：大家围拢来，一起～。歇后语："飞机上～——空谈。"

摆㩘 baimen 占有全部空间：屋里～了家具｜桌上的文件、资料些～了。又为"摆满"。

摆牌子 baipaizi 摆谱，玩格，耍派：你在这儿～，只有自己吃亏。

摆平 baiping 说服，喻指把事情办好：水厂的事，钟发秀一去就～了。

摆谱 baipu 炫耀，展洋：她好～哦！

摆顺 baishun 摆整齐：把椅椅儿～，免得挡倒路。

摆思思 baisisi 做过场，逗小孩做摇头动作：奶奶看娃娃～。

摆摊摊儿 baitantanr 摆地摊：去春熙路夜市～。

摆枉枉儿 baiwangwangr 摆龙门阵，吹牛。又为"摆王王、摆皇王"。

摆尾子 baiweizi 鱼，并谐音姓氏"余"或"于"：弄了半天，大家都是～。

摆闲条 baixiantiao 说闲话：白果林吃茶、～的人多。又为"摆条"。

摆玄龙门阵 baixuanlongmenzhen 吹牛。又为"摆过龙门阵"。

摆杂 baiza 做过场，名堂，杂七杂八的，可以拿来一谈的龙门阵：《天府龙门阵》里的～多。

摆整 baizheng 修理：自行车蹬不动了，看样子得好好～一下了。

班辈 banbei 辈分：么房出老辈子，～在那儿管起在。

班子 banzi ①早年间，川剧演出队伍不称团、社，而称班。因川剧有昆、高、胡、弹、灯五种声腔，都各自有班，所以唱昆腔的叫"昆班"，唱高腔的叫"高腔班"等。②泛指为执行一定任务成立的组织。

斑斑云 banbanyun 一种呈块状形的云彩。民间俗语："天上～，地上晒死人。"

鳲鸠 banjiu 鸟鸟，斑鸠。歇后语："刺笆林里的～——估估（姑姑）。"亦作"野鸽子"。

办姑姑宴 banguguyan 儿童游戏，办筵席游戏，办家家：～把马铃姐姐喊到。又为"办酒酒儿"。

办陪奁 banpeilian 准备嫁妆，置陪嫁：～还是要体面点。

办招待 banzhaodai 做东，请客，宴请等：我～，你请客（出钱）。

般配 banpei 匹配，相称：他们两个样儿、高矮，都～。

搬 ban 移动物体的位置。歇后语："～起石头打天——不得行。"

搬搬匠 banbanjiang 搬运工："蚂蚁搬家"的～，利实（手脚麻利）得好。

搬不翻 banbufan 吃不了：点一大堆菜咋个都～。

搬滩 bantan 因枯水季节，江河水浅，船只不能航行，只能由船工将货物卸下，从滩上搬到滩下，待船只过滩后再将其装上继续航行：看样子明天又将～。亦作"盘滩、盘驳"。

搬罾 banzeng 网鱼，打渔。罾，一种用木棍或竹竿做支架的渔网：九眼桥底下～来势。

搬庄 banzhuang 喻指博弈、麻将开局之前，掷色子定庄（家）：～下来就开战！

扳 ban 使位置移动，改变方向：朝这边～的那边～，到底要朝哪边～？歇后语："猴子～包谷——～一包丢一包。"

扳不脱 banbutuo 扳不掉，扳不动：太紧了，～。

扳不弯 banbuwan 形容后台硬，底子（根基）厚，旁人无法触动，搞不垮：～就另请高明。又为"扳不翻"。

扳命 banming 命相反转：无须～，命在手中。

扳起叫 banqijiao 出自麻将言子儿，听牌，给人叫劲：老爷子手气真好，一哈儿就～。

扳手劲 banshoujing 比试手腕劲，又叫扳（掰）腕子：他～，整不赢康豆儿。

扳指拇儿 banzhimur 形容拮据、日子难过，寒碜相：过年家喊～就惨了。

扳嘴劲 banzuijing 斗嘴：莫得哪个敢找马耳门～。

跘跤 banjiao 跘，读"半"。跘倒，摔跤：娃娃家～，爬起来就是。成都民谣："儿学走路爹娘教，又怕阶沿坎坎高，走一步来～一跤，嘴在抱怨手揉包。"

拌脚板儿 banjuobanr 走路（去）：汽车赶掉了，只好～劲了。

拌蛮 banman 超负荷硬撑。民间俗语："多衣多寒，无衣～。"

拌桶 bantong 收稻子时用来摔打稻穗（人工脱粒）的大木桶，多成四方斗形：等谷子黄了，就拖～下田。歇后语："～包豆腐——大方。"又为"谷船、打谷桶"。

拌药罐子 banyoguanzi 药，读"哟"。人去世后由孝子摔碎药罐，喻代称人死：寡孽哇，二天连个～的人都莫得。亦作"拌药罐罐"。

瓣瓣 banban ①豆瓣：豆芽～。②花瓣：玫瑰花的～撒了一地。③爪牙。

半打半家 bandabanjia 一半，不成整块：～的，咋个好分嘛!

半塔子 bandazi 塔，读"搭"。半截子：他只有兰力哥哥～高。

半导体 bandaoti 形容脑筋时而短路的人。

半肥瘦 banfeishou 肥瘦兼搭各半的猪肉。又称"二刀肉"。

半瓜精 banguajing 倒机灵不机灵的样子。

半罐 banguan 喻学识不足者：～水响叮当。

半截子 banjiezi ①指东西的剩余部分，一半：～甘蔗。②半大的孩子：～幺爸儿。亦作"半大子"。

半截子话 banjiezihua 说话吞吞吐吐，不直率，不干脆。

半截子幺爸儿 banjieziyaobar 未醒事的崽儿，做事不老到的小青年。又为"半截子幺巴儿"。

半年三 banniansan 即"三年半"，系成都人惯用的幽默倒语。大半天，形容时间长：闹了～，结果是自家人得嘛!

半蔫子 banyanzi ①尚不完全成熟的东西：～茄子，摘不得!②喻指中年男人：～些打麻将，闹吼了!

半中拦腰 banzhonglanyao 中间，喻指事到一半中途停止。又为"半中断腰"。

扮姑姑筵儿 banguguyanr 模仿大人做饭、带孩子的儿童游戏：~好安逸哦！亦作"摆锅锅筵儿、摆姑姑筵儿"。

板 ban 死板；压扁：棉絮（睡）~了，该拿去弹一下。

板板 banban 木板，铁板，板材。歇后语："挡风~做锅盖——受了冷气受热气。"

板板车 banbanche 胶轮架子车，用木板铺制，是以前成都常见的人力运输工具。亦作"架架车"。

板儿板儿 banrbanr ①儿语，脚掌：妈妈，娃娃要洗~。②木板：帕丽湾桥上的~松了。③肚子。歇后语："肚脐眼儿上挨口水——吐（土）~（喻土气）。"

板板鞋 banbanhai 鞋，读"孩"。用木板制作的靸板鞋（拖鞋）：现在穿~的人少了｜穿~的喜欢穿朝元儿鞋的。

板寸头 bancuntou 特指女性无辫之短发：与其说~到男不女，不如说个性鲜明，别有韵味。又为"梭梭头"。

板凳队员 bandengduiyuan 替补、预备队员，因坐在板凳上候场，故戏称之：兰力没当~，教练就直接喊他打组织。

板凳儿 bandengr 无靠背的木凳。歇后语："~倒地——四脚朝天。""三根脚的~——不稳当。"

板相 banxiang ①丑样，含贬义：就你那个~还想当超人？②面无表情的样子：这份儿醉醺醺的~，咋个见人嘛！亦作"板像"。

板眼 banyan ①有板有眼，喻指技艺高超，变化多端或过场多：许青云老师一上台，~就出来了。②办法，门路：这人~多。③花样，名堂：他的~深沉，我们弄不懂。亦作"板眼儿"。

板子 banzi 木板。歇后语："麻柳树镴~——不是正经材料。"

跩 ban ①动弹，挣扎，跳跃，乱动：鱼儿上钩，安逸得~！成都童谣："叶叶开花叶叶青，唱首盘歌请你分。分不清来讲不明，阳雀过山笑死人。什么结籽高又高？什么结籽半中腰？什么结籽棉疙瘩？什么结籽棒棒敲？什么下田不脱鞋？什么田中拐起来？什么田中一筒柴？什么田中~起来？什么田中打石岩？高粱结籽高又高，玉米结籽半中腰，豌豆结籽棉疙瘩，芝麻结籽棒棒敲，牛儿下田不脱鞋，鸭子田中拐起来，乌棒田中一筒柴，鱼儿田中~起来，螃蟹田中打石岩。"②非常用功地读书：作业完成，终于算~伸了。③抵赖，反抗。

跩命 banming ①拼命挣扎：得了鸡瘟在~。②吼叫：你少~，把嘴巴给我闭紧！③拼搏：说穿了，我们人人都在~！

跋脱 bantuo 侥幸梭脱，挣扎逃脱。

跋涎 banxuan 涎，读"旋"。①挣扎出的涎液：泥鳅儿在~。②不服从：调教了半天，还是要~。

跋澡 banzhao ①（河里）游泳：去把河头~的娃娃儿喊回来。②洗澡。歇后语："抱菩萨~——淘神费力。"

棒棒儿 bangbangr ①以棒子作为工具的挑夫：~的生意来了。②木棒。歇后语："柴~洗酒壶——木戳锡（没出息）。"亦作"棒棒"。

棒棒军 bangbangjun 喻指挑夫团体。

棒棒面 bangbangmian 一种像是棍棒的粗面条。又为"筷子面"。

棒棒手 bangbangshou 麻将俗语，黄帮手：~硬。又为"撞撞娃儿"。

棒棰儿 bangchuir ①棒槌，棒子：看到一字认~。②愚人：~脑壳木到住。

棒客 bangkei 强盗，土匪，打劫的人：~下山，莫得好事。亦作"棒老二、老二哥"。

棒子骨 bangzigu ①猪的大腿骨，股骨：~熬汤，补钙。②喻指狗腿子：王保长后头跟了几个背炮火的~。

帮帮 bangbang ①某些蔬菜上面的茎：莲花白~可以泡来吃。②鞋帮：~烂了找针来缭。

帮帮捶 bangbangchui 帮人打架：~打多了，颠转就成帮帮匠了。

帮帮匠 bangbangjiang ①鞋匠，补鞋匠：鞋子小了，找~楦一下再穿。②旧时指受雇于人的人。

帮臭 bangchou 指气味很臭，味道不好闻。帮，表示程度的副词，喻臭得很。

帮倒 bangdao 帮助，帮着干：汽车发不燃，大家都来~揎一下！

帮硬 bangen 硬，读"摁"。形容硬度极强：干胡豆~。

帮干忙 bangganmang 帮忙不求回报，白帮干忙：~的事金梅同志经常干。

帮紧 bangjin ①很紧，缠得非常紧：裤腰带扎得~，解都解不脱。②严，紧闭：门关得~。

帮老 banglao ①指东西太老：笋子~嚼不动。②装腔作势：稳得~。

帮翘八硬 bangqiaobaen 形容极硬：风一吹豆腐干成了~的了。又为"帮橇八硬，帮硬八硬"。

帮重八重 bangzhongbazhong 形容物体很重：~的抬不动。

梆梆 bangbang 梆子，一种敲打器具。歇后语："木鱼变~——还是个挨打的东西。"

梆梆车 bangbangche 旧时以敲击竹梆为喇叭的车辆：~来了，准备上哈！

梆梆匠 bangbangjiang 更夫。梆梆，打更所用的器具：敲梆梆的叫~。

绑倒 bangdao 捆住：拿绳绳儿来把坏蛋~。

膀膀儿 bangbangr 膀子。歇后语："光着~打架——赤膊上阵。"

膀子上 bangzishang ①肩膀上，喻指耳语：~的话听不得。②麻将俗语，喻指观牌之人侧边递话：不要在~叽叽咕咕的。

包包 baobao ①口袋。歇后语："~头的线——弯的。"②包块，瘤子：身上鼓了个~。

包包硬 baobaoen 喻家当雄厚，包里有钱，出手大方：人家哈哥就~，一出手就夯退一饼。

包包梢 baobaoshao ①仅口袋里的钱用：自己吃自己，仅~。②合伙会餐，不预定花销数目，算账时再作平摊：今盘大家干脆吃~！③赌局术语，指限额：愿赌服输，~不来。又为"包包烧、板板梢"。

包包散 baobaosan ①安慰娃儿家的话。小孩被人打或跌倒受伤后，头上冒起了青头儿包（紫青色包块），老人们常用纱布沾青油（菜油）进行揉搓，这时往往要轻言细语地说："~，~，包包包包散散，拿给婆婆看看。"②言语相慰：揉下~就算做工作了。

包包头 baobaotou 荷包里~统了几个烧火钱。歇后语："~揣钉子——个个想露头。"

包包子 baobaozi 一包一包：小卖铺的纸烟卖~。

包吊起 baodiaoqi 吊起包，形容头部受伤起包的狼狈相：一副~的样子，咋见得人嘛！

包谷 baogu 玉米，玉麦：~又叫"包谷子"。歇后语："~雀雀儿——阴倒肥。"

包牌 baopai 麻将俗语，和错了牌（少摸一张牌和了麻和），或做假牌取胜，反给别家交供牌："割麻和就要~哈！"

包起 baoqi 指说漏了嘴，或是自己使自己陷入了矛盾之中。

包拳 baoquan 划拳术语，即划拳人所喊数必须大于或等于自己手上比画的数目，否则即为"包拳"：~罚酒，各人自己来。

包席 baoxi ①办理酒席：婚宴~要提前准备。②喻指饭桌上打喷嚏，或将口中之物喷到席桌上：说笑话嘛，逗得人家~了。

包杂包儿 baozabaor 旧时参加宴席时，用干荷叶之类可包裹食物的东西将少许剩杂物（油炸花生米及腌卤食品等）带回家：~回去呵娃娃。亦作"包渣包儿、包炸包儿、包干盘子、包墩子”。

报盘 baopan ①回话，说清事情始末：喊他来~。②出报表，报销：出了差转来，总该~嘛!

刨花匠 baohuajiang 指手艺差、用不好刨子的木匠。板子刨不平，浪费料，越刨越薄，刨花也就越多。

刨花儿 baohuar 刨子刨出的木屑花。歇后语：“属~的——一点就着。”

刨花脑壳 baohuanaokuo 发型像刨花似的卷起、耸起。多指烫发：郑琳烫了个~。

刨子 baozi 刨刀，推子。歇后语：“木匠推~——直来直去。”

抱 bao 鸡孵蛋。歇后语：“~鸡婆~糠壳——空欢喜。”

抱膀子 baobangzi ①玩牌、下棋时，在一旁参言者：观棋不语真君子，~的人太讨人嫌了。歇后语：“~不眨眼——一心瞎。”②代人出主意，旁边帮干忙、叫劲的人：他~比哪个都快。③麻将俗语，牌桌前替人拿言语，在肩膀侧边出主意：~不嫌注大。又为“告膀子、报膀子”。

抱鸡婆 baojipo ①孵蛋母鸡：~，咯咯咯。歇后语：“~打摆子——又扑又颤。”②一种鞋口较浅，由两片鞋帮絮棉花做成的中式棉鞋，即成松泡状，穿起如孵蛋母鸡般暖和：~棉鞋非（常）热和。亦作“抱鸡婆鞋”。③怀儿婆，孕妇：“~”是取笑大肚子的话。

抱水 baoshui 喻指自由泳：几~就浮过来的人叫“水鬼”。又为“狗刨搔”。

抱窝 baowo ①喻指懒人赖床，或禽畜等赖在窝里。歇后语：“懒鸡婆~——守着摊儿过。”②孵蛋。歇后语：“抱鸡婆~——紧倒不醒。”

抱走线膀子 baozouxianbangzi 麻将俗语，旁观者将上家所要打的牌报给下家听，以免自家失误，满足和牌。

暴躁 baocao 躁，读“糙”。急躁。民间俗语：“性子~，少家教。”

暴里爆颤 baolibaozhan 鼓筋爆颤：~的样子，有失体面。

暴眼 baoyan 鼓眼：大眼迷人，~迷死先人。

爆炒鹅捞石 baochaowolaoshi 鹅捞石：鹅卵石，亦作“鹅老石”。戏言穷思苦想出新招：他硬是把~摆上了桌。歇后语：“~——不进油盐。”

爆肚子 baoduzi 麻将俗语，四归一的和牌：今天手气好，~二条都被我摸到了。

爆蛇蚤 baogeizao 蛤蟆。

爆蛇蚤子子 baogeizaozizi 子子，籽籽。指冬青树（女贞树）的果实，颗粒很小，儿童戏耍时常将子子包在嘴里，用吹管互击：我摘了好多~当子弹。

爆栗子 baolizi 屈中指扣住拇指敲击（别人）额头：输家不摸钱，拿给赢家~。

又为"弹啵啰"。

爆蔫子 baoyanzi 疑似"半蔫子"变音之说。①将要成熟而未成熟：~果子摘不得！②将老未老，喻指小老头儿或年龄超过中年接近老年的人：几个~老头儿，在那儿慢悠悠地打太极拳。又为"爆眼子"。

龅牙 baoya 门齿突出唇外：张~跟李豁豁儿两个打起来了？俗称"~齿"。

龅牙齿咬虱子 baoyachiyaoshezi 比喻碰巧了，形容极其偶然的事情。歇后语："~——碰端了。"

饱 bao 贬义损人语，喻瞎帮忙，相当于"多事"：吃~了，管闲事！

饱觉 baoju 觉，读"局"。饱，满足：死吃滥胀没~。

饱胀 baozhang 温暖，饥寒：他已经是不知~的人了。

饱足 baozu 满足：老几不贪心，晓得~。

保保 baobao 爸爸，干爹：广汉人称干爹为~。

保保节 baobaojie 一种民间传统习俗：每年的农历正月十五这天，四川广汉都要举办一种叫"拉保保"的认亲活动。

保得到米 baodeidaomi 保本：基本上~。

保肋 baole ①猪肋，最好的肉，又为"保肋肉"：割两斤~。②好事，多形容易做之事：几爷子光吃~，骨头留给我们嗦？③肥沃之地：金温江，银郫县，都是~肉。

保娘 baoniang 干妈：~来消灾消难了。

保爷 baoye 义父，监护人，保护人：旧时当~，要兴说那头的哦！

堡坎 baokan 土坎：把~建筑扎实了。

宝 bao ①土气：他娃~筛筛的。②旧时称别人家眷、铺子等的敬辞：~眷｜~号。③珍贵的东西：舍得~调~。④傻，宝器。成都童谣："人家说他，他说他身体好！"歇后语："鹅老石打太阳——~上了天。"

宝儿 baoer 宝器，傻儿：把~照顾好点哦！

宝眉宝眼 baomibaoyan 土头土脑，宝器样：看到~的样子就够了。

宝器 baoqi 土气，讥讽不识理，屡出洋相者。亦作"宝气"。

宝筛筛 baoshaishai 傻乎乎：~的样子咋能登大雅之堂。歇后语："夜明珠垫床脚——~的。"又为"宝塞塞"。

宝头宝脑 baotoubaonao 傻头傻脑：装起~的样子，结果比哪个都还狡诈。

宝兮兮 baoxixi 傻气，土气：若眉若眼，~。

白 bei 喻指茶色变浅：茶水~了换一碗。

白挨 beiai 无故被打或遭批评：瓜戳戳地~一顿。

白饭 beifan 白米饭或无下饭菜的饭：吃～。亦作“光饭”。

白给 beigei 付出无结果不需要回报，落不到实处：是不是～你的。

白犷犷 beiguangguang 颜色白得像油沥锃亮的样子：～的颜色好看嗦?

白话 beihua 假话，说谎：大白天说黑话，黑了家说～｜空口说～。

白欢喜 beihuanxi 空欢喜：～一场。亦作“白高兴”。

白灰 beihui 石灰：～烟子呛鼻子。歇后语：“耗子洒～——打瞎猫（摸）儿。”

白火石 beihuoshi 原指打不燃的火石，现引申为“不顶用的东西”。如指知识欠缺，无所作为的白丁或脑筋笨的低能者：我今天倒霉，遇到～了。

白伙食 beihuoshi 吃白食的人，什么都不懂：弄了半天，老几是个～。

白碱 beijian 石灰。歇后语：“石灰不叫石灰——～。”

白咔咔 beikaka 无盐无味，无油荤：菜～的咋个吃嘛?

白脸二神 beilianershen 喻指顽皮，言行不正：一副～的样子。

白麻糖 beimatang 麦芽糖搓白后制成的麻糖，食用能止咳化痰。成都童谣：“叮叮当，卖麻糖，挓钱来买～。”亦作“麻糖、丁丁糖”。

白毛猪儿 beimaozhuer 喻指常用物品。民间俗语：“～家家有。”

白眉白眼 beimibaiyan 眉，读“迷”。①平白无故，弄不醒豁或无故起事端：～挨冤枉。②无色无味：～没盐没味。

白牛滚水 beiniugunshui 白水煮豆腐：～再加点软姜叶就巴适了。

白帕子 beipazi ①白颜色的手帕：舞～的姆姆些在那儿踿圆了！②白头巾：～裹脑壳，是一种风俗习惯。③长白布：～进染缸，出来就变色了。

白泡子 beipaozi ①滚汤中翻出的泡沫：把~打（去掉）了，汤才亮邵（净）。②反胃吐出的白沫。

白墨 beimei 墨，读“没”。粉笔：～蘸下红墨水就成了红墨了。

白恰恰 beiqiaqia 无味之感：白菜烧豆腐，看到就是～的。

白日青光 beiriqingguang 大天白亮：～的，谅他几爷子不敢咋子!

白肉生疔 beiroushengding 横加刁蛮：～，栽人一坨。

白生 beisheng 形容嫩白健康的肌肤：皮肤好的人就是～。复句：白白生生。

白生生 beishengsheng 指物品显白色或肌肤白嫩：～的就像猪儿一样。

白嗜啦垮 beishilakua 没盐没味，多形容食物不好吃。又为“白死啦垮”。

白耍哈儿 beishuahar 无目的的耍事：你们不打麻将，就等于～。

白网 beiwang 白色的网球鞋：上世纪六七十年代流行穿～。

白盐淡扎 beiyandanza 无盐无味：白水煮老白菜，看到～的其实还好吃。

白油路 beiyoulu ①沥青路：太阳一晒，～就凸起了。②嘲谑剃头匠使用推子的笑话。即在客人脑壳上剃出一道路槽为比喻，而两边未剪到的毛发比喻为梧桐树：两边梧桐树，中间～。

白字 beizi 错别字。歇后语："石灰浆浆写文章——尽是～。"

白字大仙 beizidaxian 文盲或认错字者：～不长记性。

白嘴 beizui 形容光说不做或说话不算数的人。歇后语："耗子吃灰面——～。"又为"白嘴儿"。

百把 beiba 量词，约一百：～亩就是一百来亩（地）。

百百子 beibeizi 以百计的钱，形容许多：～的都给了，还计较尾巴上的那滴点儿。

百分儿 beifenr 扑克牌的一种玩法，以满一百分为最终取胜：打～要对家扣得起手才好耍。

百家饭 beijiafan 喻指许多人家做的饭。成都歌谣："吃了～，长给大家看。"

百家子 beijiazi 百家竹，与毛竹相比节密而干细：～椅椅儿比慈竹的结实到哪儿去了。又为"百家棍儿"。

百日场 beirichang 形容每天都在赶场（集市）：天回镇有～。

百丈 beizhang 牵船的篾绳：南岸牵～，未见漂渡者。

杯杯儿 beibeir ①（玻璃）杯子：～装不下，捞碗来！②酒杯：～头的酒，一口干了。

杯杯酒 beibeijiu 小酌。民间俗语："毛毛雨打湿衣裳，～吃穷家当。"

背 bei ①听力差：耳朵～。②正面的反面：正面看还可以，～面就不好说得了。③多花费：冤冤枉枉挨些～工活路。④搞阴谋：～到整的东西见不得人。⑤披。歇后语："～蓑衣扑火——惹燃。"⑥负重。歇后语："下雨天～棉絮——越背越重。"

背膀 beibang 比喻后台。歇后语："土地老汉儿坐岩腔——～厚（硬）。"

背包挼伞 beibaolaoshan 形容负重多，拖儿带女：～来了一饼。

背背 beibei ①某物体的脊背、背面：捞刀～拍蒜子，快当。②肩胛：一刀砍在～上陷起了。

背船 beichuan 背舟：船搁浅后，船工下河用背～前行。

背倒起 beidaoqi 背后干事，不光明正大：～整。

背篼 beidou ①棋牌术语：炮打翻山遭～。②圈套，机关：不谨防，挨个死～。③背篓：小人背大～。成都童谣："菜花黄，麦子青，城外上坟出了门。爸爸～装三牲，妈妈提篮装春饼。姐姐带的香蜡纸，我揣拐子拿风筝。坟山高高放风筝，保佑娃娃不得病。"歇后语："～头摇锣鼓——乱响（想）。"

背兑时 beiduishi 兑，读“碓”。超级活该，倒大霉：偷鸡摸狗当然该～！

背二哥 beierguo 哥，读“锅”。以背东西为生的人：东西挓上山，请～帮忙。亦作“背老二”。

背工活路 beigonghuolu 费工、费时。形容事倍功半。

背脊骨 beijigu ①人或脊椎动物背部的主要支架：～压弯了。②喻指弱点，暗伤，要害：背后挎人家的～，简直不道德。

背静 beijing 僻静：选个～的地方说悄悄话。

背角栎栎 beijuokaka 僻静之处：贼娃子躲到～在。

背路 beilu 走了弯路，转路：走来走去还是走的～。

背名无实 beimingwushi 徒有虚名，务不了实：说他名声在外好港哇，其实是～。亦作“背名背事、背名背色、背皮背色”。

背皮 beipi ①替他人受过，让人背后指责或拿言语：罗汉请观音，背了些皮。②徒有虚名。又为“背名无实”。

背时 beishi 倒运，遭到挫折，多含幸灾乐祸、活该之意。民间俗语：“发财不见面，～大团圆。”又为“背实”。

背时倒灶 beishidaozao 倒霉到极点，连做饭的灶台都遭霉垮了。顺口溜：“～，遭人讥笑。”

背时鬼 beishigui 倒霉鬼，喻指做错了事遭人骂：你这个～哦！

背书 beishu 比喻检讨：犯了错就要喊～。

背娃娃 beiwawa 吓唬小孩子的话，喻坏人来了：再哭！～的来了。

背万年时 beiwannianshi 背时程度极深，一万年都在倒霉：你这个～的东西！

背油 beiyou 费油，耗油太多：炸油条就～。又为“悖油”。

背子 beizi 背物的脚夫：庙子头的油盐柴米，全靠～背上山。

逼迫 beipo 逼，读“背”。拶，迫不得已：他为何～你去?

鐾皮 beipi ①刀刃在布皮上反复摩擦，使之锋利：刮胡刀瘸了，要～了。②手术前去体毛的说法：衣服脱掉好～。

褙 bei ①把纸或布一层一层地粘在一起：～整。②打，折磨：给我朝死里～！③讲道理，说明缘由：老儿不听招呼，弄来慢慢～。

褙壳儿 beikuor 裱好的布条（将多层布条用糨糊粘制后，晒干成布壳）：垫几层～衬起。

褙整 beizheng 悖整（筑窝）：雀雀儿在～自己的窝窝。

辈数 beishu 辈分。民间俗语：“幺房出老辈子，～高。”

秘密 beimi 秘，读“背”。成都人通常称有所隐蔽，不让人知道的话及事情：～档案｜～活动。又为“背密”。

呗儿呗儿枪 beirbeirqiang 一种能发出呗呗声响的手枪玩具：给娃娃买杆～。

悖 bei 乱整，搞：表坏了拿出去修，自己莫乱～。

悖时间 beishijian 费时间，需要长时间：纳鞋底太～了。

悖盐 beiyan 费盐，盐量使用过度：腌咸菜，～。

焙 bei ①反复推敲锤炼：给我使劲～。②用微火烘烤：～制药材。

焙整 beizheng ①翻来覆去地摔摆，拷问，朝死里弄：老几不招，就给我～！②烘干：～海椒。

本本儿 benbenr ①书本：把～捡好。②获奖证书：～跟奖金一起发。③工作证、资历、资格、医保、驾驶证等各类证件：拿到～笑兮了。

本母子 benmuzi 本钱：不要把我的～蚀了就行。

本先 benxian 原先：～说来你那儿的，结果拿给娃娃拖倒（缠住）了。

奔四 bensi 暗谐"奔向四十（岁）"。以此类推：奔五，奔六。

搌 ben ①蘸调料：紧倒～（佐料），不嫌咸了嗦？②扳动，扯拉：猴子逮到绳绳儿架势～。

挤倒 bendao 使劲拉，拖住，扯住不放：拔河（比赛）时，两边都在使劲～。

绷 bong ①爱面子的一种行为，多指虚伪，假意去做：外面～面子，屋头就当龟儿子。②假冒：不懂何必～起嘛！③摆谱，言过其实：外强中干～劲仗。

绷劲仗 bongjingzhang 夸大实力：死要面子～。

绷酷 bongku 表现酷相（时尚人的气质）。

绷面子 bongmianzi 撑脸面，虚夸：他这个人就是这样，死爱～。

绷起 bongqi ①硬撑，充当，假装冒充：～面子为啥子？②麻将俗语，喻两家或三家都和（有）一样的牌：看样子我们（的牌）是～喽。

绷纯洁 bongshunjie 纯，读"顺"。装作单纯、未经渲染，假装淑女的样子。

绷胸围 bongxiongwei ①鼓起胸部肌肉，表示体魄强健有力。②炫耀自己的经济实力。③穷夸或胡乱吹嘘。

绷嘴劲 bongzuijing ①叫劲：有理不在言高，又何必～嘛！②虚张声势：只晓得～，不敢动真格。又为"操嘴劲"。

蹦蹦叉 bongbongcha 喻指跳迪斯科一类的舞蹈。又为"蹦叉叉"。

蹦起 bongqi 跳高：～来，跳高些。

蹦头蹦脑 bongtoubongnao 摇头甩脑：～跳迪斯科。

嘣嚓嚓 bongchacha 鼓乐声，歌舞之节拍，喻指跳交谊舞：喜欢～的人都来哦！

闭气 biqi ①人死，停止呼吸：人啊！说～就～了。②形容劳累程度，要整死人：搬个家（太累了）要弄～。亦作"到住、恼火、腾了"。

闭倒 bidao 关闭，示意不准说话：～嘴，未必怕人说你是哑巴。

闭紧 bijin 紧紧闭住（嘴巴），瘭（盖）住。

闭眉闭眼 bimibiyan 眉闭眼合：～跩瞌睡。亦作"闭眼闭神、口闭眼闭"。

闭眯活眼 bimihuoyan 半眯半睡的样子：～，装疯迷窍。

闭熄 bixi 掐灭明火，熄灭：烟锅巴一定要～。

闭眼睛 biyanjing 去世，死之婉言：硬是等到儿子回来，他老人家才～。

滗 bi 滤去水汁：淘米水～来浇花。

滗干净 biganjing 用网兜或筷子等隔物，挡住渣滓或泡着的东西，把液体倒净：把汤汤水水～。

比倒整 bidaozheng ①平均主义，照着来。②对着干。又为"比倒操"。

比够 bigou 把钱付够不赊欠。

比刻刻 bikeikei 量取尺度，对照一定的标准。

比起 biqi ①拿出来，比喻把钱放在桌面上，啥子事才好说。②对到，指着：潘驼背儿挠枪给李老栓～。

比舞 biwu 跳舞。歇后语："蚰蟮儿～——弯弯曲曲。"

比现 bixian ①兑现，拿出现金来：说起～，大伙儿笑豁了。②麻将俗语，不赊欠：还是直接～的好。

比牙齿白 biyachibei 让人做完事后故意回避谈及报酬，形容分文没有。

笔端走 biduanzou 笔直（对直）走：过了龙舟路，再～就到帕丽湾了。

鼻脓口水 bilongkoushui 鼻涕、馋口水流起的样子。成都童谣："～，冒充老鬼；牙齿焦黄，硬绷内行。"

毕啵 bibo 模仿子弹出膛的声音。

蔽静 bijing 僻静：找个～的地方摆龙门阵。

蔽门 bimen 秘密，门道不正或采用不正当竞争手段的邪门：有～。亦作"B门"。

壁缝子 bifengzi 墙缝：～头藏得有存折。

壁头 bitou 墙壁。歇后语："～上挂团鱼——四脚无靠。"

壁子 bizi 墙。歇后语："纸糊的～——凭（靠）不住。"亦作"壁头"。

篦子 bizi 梳头用具，指密齿型梳子。民间顺口溜："梳子梳来～篦，风屑虱子哪里（无处）去？""和尚买～——梳（酥）肉。"

弊货 bihuo 非正品或仿品，系来路不清晰，非正规厂家生产的货物。又称"B

货"跟"歪货"，相反则称"A货"跟"行货"。

扁 bia "比啊"拼读。扁平状，凹陷显薄。歇后语："嘴巴儿是圆的，舌头儿是～的——想咋个说就咋个说。""门缝里瞅人——把人看～了。"

扁脑壳 bianaokuo 瘪，形容脑壳有毛病，神经短路的人：方脑壳，要吃药；～，莫奈何。又为"方脑壳"。

扁桶 biatong 椭圆形大木桶，多用于装粮食。歇后语："打就的～——箍不圆。"

扁言 biayan 不切实际的胡编乱造，诋毁他人的言论：他再发～就吆将出去！

扁嘴儿 biazuir 无牙齿所形成的扁嘴巴：～老鸹儿。

编 bian ①按一定程序进行组织、创作等：～故事。②捏造，欺骗：他～我去搞传销。③编织。成都童谣："懒汉懒，织毛毯。毛毯织不齐，就去学～席。～席～不紧，就去学磨粉。磨粉磨不细，就去学唱戏。"

编匠 bianbianjiang ①说客，口才很好的人，也趣称善于花言巧语使人上当的骗子。歇后语："～的嘴巴子——说得好听。"②篾匠：都是手艺人。

编筐筐 biankuangkuang ①编谎话，设圈套：～打烂条的事，你我不得行。②喻想办法：做文章，～我来。亦作"挽圈圈"。

编诓打条 biankuangdatiao 找借口，打主意，常带欺骗性质：～，使人上当。又为"编筐打条、编枋枋，挖楗楗"。

编王王 bianwangwang 找借口，找理由，编故事：呵人哄人～。

边边 bianbian ①边角，阶沿，街边：街～上耍，看到汽车哈！歇后语："大路～上打草鞋——有的说长，有的说短。"②边子，边缘。歇后语："草帽子烂～——顶好。"

边边落落 bianbianlaolao ①边角、角落处：～的地方不好打整。②琐事：～的小事些也够伤神的。

边二 bianer 五斗橱：问下张木匠，打个～要好多钱？亦作"连二"。

边花儿 bianhuar 一只眼睛不对头，斜眼，独眼。顺口溜："～，独眼龙，～嫁给蜈蚣虫。"歇后语："～看告示——一目了然。"

变狗狗 biangougou 喻指小孩生病，取狗名：娃娃家～，不得遭邪。亦作"装狗"。

变牛 bianniu 当苦力：这盘拍戏，莫让老汉儿再～做马了。

半边 bianbian 半，读"变"。半块，一牙：杀～西瓜来吃。

揙 bian 揍，打：考试吆鸭子（不及格），不遭～才怪。亦作"贬"。

69

扁担花 biandanhua 俗称老虎：哪儿拱出来一根～。亦作"大头猫儿"。

扁挑 biantiao 扁担。歇后语："～担灯笼——两头明亮。""一丈二尺的～——摸不到头尾。""嫩竹子做～——挑不起重担。"

煸 bian ①大火烤炒脱水，即把菜、肉等食物放到热油锅里炒到半熟水分散失，或用锅铲压干水分：肉下锅，先～干水汽再炒｜青海椒先～干，再放油盐｜干～黄鳝。②煎熬，刁难：遭虾子～了肯定不服气。

膘 biao 肥肉：啰啰（猪儿）长了～，就拐去卖了。

飙 biao ①液体迅猛地流或喷射。成都童谣："又哭又笑，黄狗～尿，一～～到龙王庙，龙王老爷吓一跳！"②没有命中目标或达到目的：这次考试题，又按～了。

飙了 biaoliao 滑掉，梭：逮～。

嫑 biao 合音合意字，不要：这种事～管为好。

嫑喊 biaohan 不要喊：～了，我来了。

嫑来 biaolai 不要来，表示拒绝：～找我哈!

嫑去 biaoqie 去，读"切"。不要去：有危险，～!

嫑耍 biaoshua 不要去玩：天暗了，～久了。

嫑得 biaodei 不晓得，不知道：一句～就了事了吗?

嫑跟我 biaogenwo 抛弃，用不着跟我：～去。

嫑走 biaozou 不要走：～，二娃留你住。

标志 biaozhi 漂亮：马骁的女朋友之～。复句：标标志志。

别个 bieguo ①指别人："～咋样，你该去问一下叫?"②指自己，"我"（含俏皮亲热味）：～专门给你买的，你看喜不喜欢嘛? 亦作"人家"。

别起 bieqi 用别针等把另一样东西附着或固定在纸、布等物体上：胸前～两朵黄桷兰。

瘪嘴 biezui 瘪嘴，咧嘴，含鄙视、瞧不起之意：说起花哥她就～。

憋憋 biebie 一定是这样，较自信的预见：～出事。

憋到莫法 biedaomofa 实在没有办法：～才找你。

憋慌了 biehuangliao 着急状。因债务缠身或其他原因，想不出更好的办法去解决而不知所措：～的兔儿也要咬人。

憋遭 biezao 断定出拐（意外）：这件事～打倒（做不成）。

憋遭活剐 biezaohuogua ①断定会被活活地剐掉：逮到黄鼠狼，～。②麻将俗语，肯定输钱：昏兔儿上场，～!

噼啦啦 bielala 噼，读"憋"。吊嗓门儿：清早八晨的，就听到师傅带到学生些～地在吼。

镔铁 bintie 马口铁：～筒筒蒸饭，比到刻刻来。歇后语："～做铧口——犁（离）不得。"成都童谣："消痰化食，化食消痰，童儿不忌嘴，～化成水。"

殡 bin ①停柩待葬。②移栽：～苗苗｜～棉花秧儿。亦作"并"。

呼嘣十八震 bingbongshibazhen 呼嘣，读"饼嘣"。巨大的声响，地震：山崩地裂，～。

乒乓 bingbong 读"丙嘣"。喻指脑袋里长的大包，有碍正常思维。

冰巴冷 bingbaleng ①冰冷，像冰一样凉：水～。②天气寒冷手脚受冻：～的脚就伸进铺盖窝头了嗦！又为"冰巴子清、冰巴次"。

冰粉儿 bingfenr 一种刨冰小吃：来碗～心头一下就舒服了。歇后语："六月间吃～——凉（良）心。"

冰次 bingqian 次，读"欠"。①冰凉，冷的感觉：娃儿的小脚脚～。②事办砸锅：人打堆堆仗，照样～！③戏言死亡：我们赶到的时候，老几都～了。又为"冰巴儿清，冰巴子芡"。

迸 bing 读"冰"。向外溅出或喷射，裂开：火星子乱～。

脒口儿 bingkour 裂口，裂缝：咋个的哦？冬天家二娃子的手脚丫子老是～。歇后语："三合泥上起～——干震。"

病咳咳 binghaihai 一副生病的样子。又为"病兮兮"。

病病哀哀 bingbingaiai 受病痛折磨，体质虚弱的表现：见其～的样子，众人皆难受。

饼饼儿 bingbingr ①髻，在头顶或脑后盘成圆形似饼状的头发：婆婆的脑壳后头梳了个～。②大饼：买个～吃就算过了少午。

玻璃 boli 喻指白开水：不要"三花"（茶），来碗～就是了。又为"玻璃开水"。

玻璃耗子 bolihaozi 形容一毛不拔的铁公鸡：～今天想通了，请我们吃鸡——汤！歇后语："～—— 一毛不拔。"

玻丝 bosi ①蜘蛛：变个～缠住你。②蜘蛛网：屋头没人住，到处都起～了。亦作"泼丝"。

钵 bo 钵钵，钵儿，陶盆：鸡吃一撮，狗吃一～。歇后语："缸～头的泥鳅儿——耍团转丨滑不了。"

钵钵鸡 boboji 用钵钵盛装的大碗鸡：凉拌~。

钵钵肉 boborou 大碗肉，喻指肉切得大坨：吃~，喝罐罐酒。

钵碗 bowan 斗碗：一~饭都遭干完了。

钵革 bogei 扑克牌的讹音：打~不准耍赖。

簸 bo 簸动：两~三~，去脱半箩。

簸簸 bobo ①簸箕。儿时的耍事：在~上支根棍棍儿，拴根绳绳儿套在手里，再在~下面放点鸟食，逮麻雀子耍。成都童谣："娃娃不要哭，买个小鼓鼓。鼓鼓叫唤，买个灯盏。灯盏漏油，买个绣球。绣球开花，买个南瓜。南瓜蜜甜，买个桂圆。桂圆有壳，买个~。~没边，买个圈圈。圈圈有洞洞，给你逮虫虫。虫虫咬你，我不管你！"②喻指全部：今个儿打牌，老兰又把乔瑜的~端了。③竹子制的器具，多用于装盛晾晒东西。民间俗语："井底之蛙，只见过~那么大个天。"

啵儿 bor 亲嘴。

啵罗 boluo 弹爆栗，用手指头在对方的额头上所弹出的包块：一个~下去，脑壳上就冒起了青头儿包。

跛箩 boluo 笆箕，尖底的背篓或箩筐：背架上的~。亦作"夹背"。

薄飞飞儿 bofeifeir 形容很薄：这么冷的天气，年轻人都穿得~的，爱漂亮叫！

薄铺盖 bopugai 薄棉被，薄被单。薄，厚之反义。

剥狗皮 bogoupi 喻指要手段骗人钱财：来来来，~"整猪"，元钱一盘。

泼皮 bopi 泼，读"剥"。①淘气鬼：~娃娃简直就是个混世魔王。②懒惰、狡诈者：谨防~娃娃耍奸。

布襟襟 bujinjin 布条，烂布：~留到扎拖把。

布篷 bupong 帆：因讳"帆"谐"翻"音，即作~。亦作"布条"。

不巴瓢 bubapiao 不沾边：不靠谱的事少做，~的话少说！

不巴谱 bubapu 不挨边：~的事情不要说东说西。

不摆了 bubailiao 语气词，表示强烈的赞叹。①愉快指数，很似安逸，不提了，不用说了，幸福无比，特别的好：帕丽湾的景色简直~！②不摆摆了。歇后语："死鱼的尾巴——~。"亦作"不摆喽"。

不踩怪跷 bucaiguaiqiao 做事得法，没有其他坏毛病：表示支持，~。又为"不踩怪叫"。

不存在 buchenzai 没问题：哪个请客都~。

不瞅不睬 buchoubucai ①倒理不理，不予理睬：说了半天他还是~。②显傲气：他～，人家就来个装腔作势。

不当人家的 budangrenjiadi ①不当一回事。②表示赞美，此人不简单，不知不觉中做出令人惊异之事。

不得 budei ①不会：如果事情办好了，我也～绐到你费（找麻烦）！②没有：今天～空，来不到哈！

不得吃你 budeichini 不会让你出钱或伤害你：怕啥子嘛，我们又～！

不得晃 budeihuang 不会乱来：相信他～。

不得空 budeikong 无时间，不闲，没空。成都童谣："骑匹骡子骑匹马，请你鹦哥儿进城耍。鹦哥儿说它～，请你鹦哥儿钻狗洞。"歇后语："三十天的磨子——～。"

不得了 budeiliao 成绩突出，伟大，含骄傲之意，也形容凶残或厉害：～的了不得。

不得怕 budeipa 不怕：我～你！

不得虚哪个 budeixunaguo 不怕：我们～。

不得行 budeixing 不行：这事喊我去，可能～。

不得信你 budeixinni 不相信你：人家为啥子～喃?

不盯 buding 不理睬：她～我。

不犯于 bufanyu 犯不着：～要闹架嘛！

不关风 buguanfeng ①口齿不清：豁豁儿的嘴巴～。②喻指不保守秘密：不给他摆，老几说话～。

不管三七二十一 buguansanqiershiyi 什么都不管：～，只要你还钱就对。

不好 buhao ①生病：妈～了，快些回来。成都童谣："青冈子，皮皮薄，嫂嫂～不吃药。哥哥听见心不乐，请端公，打保福。呜嘟呜嘟吹牛角，当啾当啾啾煞角。"②不舒服：今天人～，周身不安逸。

不警觉得 bujinjuodei 没有注意，没有察觉，不知不觉：～天就热起来了。

不进油盐 bujinyouyan 因豆类蔬菜吸收油盐的能力低。"盐"谐"言"，～喻指固执，听不进别人的话。

不经事 bujingshi 没有事，没啥子，没什么，没关系：跌倒了～，爬起来就是了。

不经使 bujingshi 经不起使用：铁片片做的刀刀儿简直～。

不开腔 bukaiqiang 不说话：～不出气，就像是个闷墩儿。

不赖烦 bulaifan 心情烦躁不安：急躁人，总是～。

不劳你 bulaoni 不麻烦你：这事就～了。

不理 buli ①不管：这事与他不相干，他～。②不看，不理视。顺口溜：

73

"～，～，当猪处理！"

不理不睬 bulibucai 一副看不起别人的样子：骄傲自满，～。

不落板 buluoban 事情落不到实处：事情紧倒～，恼火！

不落教 buluojiao 比喻不讲交情，不守信用，不够朋友：虚情假意，简直～。歇后语："蜂子锥石板儿——～。"

不忙哆 bumangduo 不着急：～，请稍微等一下。

不扭 buniu 不活动，不运动：吃了～就长膘。

不怕得 bupadei 不害怕：你说得再凶，他都～。成都童谣："前拍拍，后拍拍，娃娃洗澡～。拍拍胸，不伤风；拍拍背，不伤肺。"

不然浪个 buranlangguo ①不然：并非如此。歇后语："电灯儿上点火——其实不燃（然）。" ②不然就这样：～说。

不惹 burei 不去招惹，不理：不是～，是惹不起。

不认秤 burenchen 不留情面：老头儿发话，他根本～。

不认黄 burenhuang 翻脸不认人：猫儿风一发，就喊～了。

不是说的话 bushishuodihua 如果不是这样，就这样说：～，硬是说的话。

不甩识 bushuaishi 不理会，不给人面子：群众都～，那就拿到莫法了。亦作"不甩视"。

不胎害 butaihai 喻指造孽者：背时娃娃，死～。

不想啷个 buxianglangguo 非答所问，不想之反语：问他到底想要咋子，他说："～。"

不消说 buxiaoshuo ①不消就是不用、不需要、没有必要、用不着：～用钱。②不用说，不需要告知，多含拒绝之意：这事我已清楚，～得。

不晓得姓啥子 buxiaodeixingshazi 狂妄自大，不知自己到底有几斤几两：老几忘乎所以，真～了。

不歇气 buxieqi 不休息，不停止，一直干下去：要～地干到底。

不虚火 buxuhuo 不害怕：说是～，其实心头还是害怕。

不虚你 buxuni 不怕你：我真～。又为"不得虚你"。

不眼气 buyanqi ①不羡慕，不眼红：东西再好她都～。②不稀罕：她的围巾再漂亮我也～。

不依 buyi 不听劝：劝他，他反而～了。

不依教 buyijiao 不按规矩办事，不听劝说，不讲道理。顺口溜："人～，谨防走邪道。"

不宜好 buyihao 不应该舒适。民间俗语："人～，狗不宜饱。"

不咋不咋 buzabuza 不怎么样。

不长庄稼 buzhangzhuangjia 形容光头，没有头发：头上～。

不长脑壳 buzhangnaokuo 不用心，不动脑筋：伙倒人家闹，～嘛!

不照闲 buzhaoxian 不管：吵架～，怕担责任嗦?

不至于 buzhiyu 不可能，不会：他再莫水平，也～在会上端起（闹事）叫?

不周正 buzhouzhen 周身不舒服，喻毛病多：此人有点～。

不住点 buzhudian 雨不停。顺口溜："今天～，明天晒破脸。"

不自在 buzizai 不舒服。民间俗语："打是亲，骂是爱，不打不骂～。"

不坐新人床 buzuoxinrenchuang 民间习俗，即新床铺好后要用红线围住，不允许任何人坐于床上。

补补连连 bubulianlian 缝补。顺口溜："新三年，旧三年，～又三年。"

补锅匠 buguojiang 旧时成都街头总有补锑锅的民间匠人，他们手上梭着钳子大声地吆喝，其声调优美动人可见一斑："钢铁补眼子，砂锅补底子，水不拉二黄沙补桶子……"

补二火 buerhuo 复二次，重新来过：～的事等于吃"回锅肉"。

补起 buqi 添补上：下回～。

补人 buren ①傻气使人好笑。②说话受听，语言营养。

补转来 buzhuanlai 交回来：请把欠款～。

C

擦擦儿 cacar ①刷子：黑板～。②擦子：橡皮～。

擦尻子 cagouzi 擦屁股，通常比喻帮助他人完成应该做完但却没有做完的事情。尻子：屁股。读"沟子"。

擦黑 cahei 形容傍晚、黄昏的天色：东方发白，做拢～。又为"茶黑"。

夯 ca ①大、宽：～嘴巴，塌鼻子。②敞开，打开。成都童谣："～开闭拢，～开闭拢；闭拢～开，闭拢～开，～～～……"

猜 cai 猜到。成都童谣："太阳升，花儿笑，白兔乌龟比赛跑。小白兔，太骄傲，跑了一程睡大觉。小乌龟，不急躁，一步一步往前跑。最后胜利属于谁？小朋友们都～到。"

猜猫儿 caimaor 猜想，猜谜。

菜 cai ①喻指面容较青，青脸寡色的样子：垮起一张～色的脸。②肉：脸上长小～了。③犹言饭桶，本事不及他人：他在大师兄面前只不过是一盘～而已。④形容吝啬：老几～得很。

菜板儿 caibanr 切菜的案板。歇后语："三十天的～——不得空。"

菜鸽子 caiguozi 只能当作菜肴来吃的鸽子。比喻方向感差，找不到路的人。

才将 caijiang 刚才：你说我这人的记性，～说的话马上就忘了。

财咪子 caimizi 守财奴。歇后语："～骂吝啬鬼——装疯迷窍。"

财神菩萨 caishenpusa ①财主：你真把他当成～了嗦？②喻指财政官员：～来了青苗费就有着落了。

财神坛 caishentan 供奉财神的神坛：～又为"赵公坛"，俗传为封神榜内赵公明的化身。

财喜 caixi ①红包：过年有～。②财。歇后语："灶门前捡火钳——算不上柴（财）喜。"

材料 cailiao ①布料子。歇后语："叫花子穿袍子——可惜了～。"②身材：嫌弃别个～短了哇?

采耳匠 caierjiang 掏耳朵（结、屎）的手艺人。因为这项工作需要扯到耳朵进行。又谓"掏耳师、扯耳匠"。

采青 caiqing 摘青，即在除夕或正月十五日晚上偷摘别人地里的蔬菜：～搞耍，莫去过问。又为"偷青"。

踩 cai ①踏：做君子不当小人，千万不要去～人家的痛脚。成都童谣："瘦是瘦，有肌肉；矮是矮，经得～；高是高，当柴烧！"②捣毁，打掉，铲除：警方又～了一个贼窝。

踩扁 caibia ①死死踏住：一只偷油婆遭～了。②打倒，消灭：上来一个～一个。③麻将俗语，赢：他～了三家。

踩怪叫 caiguaijiao 故意装怪，捣蛋，走扭作对：装疯迷窍～。亦作"扯怪叫"。

踩假水 caijiashui ①踏水，人直立深水中两腿交替踩着水运动的游泳方法：男同学基本上都学会了～。②弄虚作假：一是一，二是二，不准～。③装样子，故作假象：喝酒～，纯属无赖。④说谎话：真人面前最好不要～。亦作"踩水"。

踩桥 caiqiao 新桥修成时所举行的一种上桥仪式：选吉日良辰，请七老八贤前来～。

踩生 caishen 第一个进入刚生下孩子人家的人：前来～的是娃儿的舅老倌儿。又为"逢生"。

踩熟了 caishuliao 熟悉之地：这转的地皮子，马耳门是～的。

踩虚脚 caixujuo 脚，"据哦"拼读。①踩滑脚，踩空：不小心～。②不小心做了错事、坏事：～不怕，改了就是。又为"跩虚脚"。

踩左踩右 caizuocaiyou ①肩舆工人统一步调的对话：～，稳到将就。②指办事不合拍或与人作对闹别扭：做事横顺是～的，简直莫法统一。

彩头儿 caitour 获利或得胜的预兆：买个～碰碰运气。歇后语："三分钱拈个～——只有听先生说的。"

灿 can ①搞明白：～不清楚（了）。②一场。歇后语："一天下了三～雨——少晴（情）。"

惨了 canliao 感叹词，表程度，用法广泛，褒贬皆可用。常作"巴适"或"安逸"的后缀，有快乐到极致的说法，并非都是贬义，加深表述舒心喜悦、幸福美好的心情，即为：巴适～｜安逸～！

惨猫儿 canmaor 彻底失败之惨相：马耳门吊起一副 ~ 相，看来已经输瓜了。又为"惨模儿"。

苍蝇馆子 cangyingguanzi ①贪图蝇头小利且不大讲卫生的小馆子：不讲卫生的 ~ 要整改或取缔。②规模小的餐馆：其实有些 ~ 的菜味道还好。

苍蝇伙食 cangyinghuoshi 不卫生、不健康的饮食：难怪体质朽儿，结果尽吃了些 ~ 。

苍蝇儿屎 cangyingrshi 喻雀斑或黑痣：~ 长在脸上，好脏班子哦！亦作"土痣子、土子子"。

藏猫儿 cangmaor 儿童游戏，捉迷藏：~ 有"救救猫儿、电棒猫儿、沾沾草猫儿"多种耍法。又为"藏藏猫儿"。

操 cao 含义广泛，意为各种方式的展现。①闲游浪荡，混社会。顺口溜："饼子白糖糕，各人码头各人 ~ 。" ②充：月初 ~ 漂亮，月底拉烂账。

操咉 caoang 喻影响很大：经纪人几句话就把大家 ~ 了。

操坝 caoba 操场：~ 上在修跑道。

操背功 caobeigong 喻背书：看哪个 ~ 得好。

操扁卦 caobiangua 一种操打的武术：真正 ~ 的人不得去惹事。亦作"操扁挂，操挂挂"。

操大方 caodafang 显摆阔气：请客多半都要 ~ 。

操大哥大 caodaguoda 哥，读"锅"。社会语言，操老大：自己莫本事，看到人家 ~ 。

操刀 caodao 抓在手里，喻操武艺、担当角色或直接介入某项工作：我亲自 ~ 。

操得拙 caodeichuo 社会语言，喻功夫不到家，不得行：傻脑壳，~ 。又为"操得孬"。

操饿功 caowogong 饿，读"卧"。挨饿之戏说，喻指饿着肚皮工作：今天 ~ ，又要唱卧龙岗了。

操哥 caoguo 上世纪六七十年代成都的一种具有江湖和市井气的角色，指操社会、撵时髦的小伙子。见流行小调："~ 你算了嘛，咪咪咪哆啦……"

操社会 caoshehui 混社会：小伙子滴点大就在 ~ 了。

操神说 caoshenshuo 想到哪儿说到哪儿，不着边际、不负责任地乱说话：~ 乱弹琴，哪个都不喜欢。又为"操油说"。

操心 caoxin 担心：妈又在替你 ~ 了。

操转去了 caozhuanqieliao 倒退，退步，回转去了。操指工作、行为等。

操嘴劲 caozuijing 嘴上功夫，喻指贫嘴：～的是说客，背后使坏的是挢客｜～的遇到不开腔的就喊恼火。歇后语："蚊子咬秤砣——～。"亦作"操嘴巴劲"。

槽头肉 caotourou ①猪颈肉，猪颈项接近头部的肉，因生猪屠宰时脖子处留有淤血，看上去血淋淋的，民间又称之为"血脖肉"：～吃起绵扯扯的。②喻冤大头：让人家砍他～。亦作"枭头肉"。

槽沿儿鞋 caoyanrhai 以白布纳底，黑布做帮子，开三角凸槽的鞋子：背挎斗笠，肩扛枪，～穿起上战场。又为"朝元儿鞋"。

嘈 cao 胃中难受：三月不见肉，心头～得慌。

造喝 caoang 造，读"糙"。把事情或声势造大：屁点大个事，家家户户都～了。

造化 caohua 福气：新媳妇儿都娶回屋了，愣是～不浅。

糙米 caomi 未曾精打碾磨的谷米：～长饭，吃起香。

燥 cao 读"糙"。中医术语，生热：醪糟儿、烧酒都有～性。

燥火 caohuo 中医之说法，上火：炒胡豆儿～。

燥热 caore 使身体发热：避免吃～的东西。

燥辣 caola 泼辣，厉害：那个女娃子～，上来就给人家一个猫儿洗脸。歇后语："生姜遇到红海椒——～。"古作"操剌"。

揍 cao 读"糙"。①自下而上的抄动，搅动。民间俗语："人怕闹，火怕～。"②翻动：拈（菜）就好生拈，不要在碗头紧倒～。③翻东西。成都民谣："叫声大哥笑颜开，兜底东西～出来。～得鸡公喔喔叫，送郎一双靸板儿鞋。"亦作"撱"。

草坝坝 caobaba 草地：成都人喜欢在～头晒太阳。

草草 caocao ①小草，野草：～都蹿倒墙头了，该除得了。歇后语："墙上的～——随风倒。"②拈花惹草：成天就是狗儿麻汤，花花～的。

草鞋 caohai 鞋，读"孩"。草履：捡瓦匠多半穿～。

草鞋花脸 caohaihualian 原指川剧《芦花荡》中的张飞，脚穿草鞋，手执丈八蛇矛。后泛指身穿短打行头饰演草莽英雄的花脸演员，如《铁笼山》中的牛乃成等。

草帘子 caolianzi 用（稻）草做成的有遮蔽作用的器物或门帘。歇后语："～挂在壁头上——不像画（话）。"

草鱼 caiyu 鲩鱼，即一种生活在淡水中，身体筒形，食草的鱼：焯豆瓣鱼用～安逸。

草纸 caozi 以麦草或蔗秆等生产的比较低劣的土纸。

择床 cechuang 择，读"侧"。选择床，怕睡生疏之床。又为"诧床"。

择期 ceqi ①选择日期：出远门先~。②定结婚日子：~又为"择日子"。

择人 ceren ①某件衣服只适合某种人穿：红衣裳~穿。②某种工作只适合某种人干：专业性强，就非常~。③（小孩）只认亲人或熟人带：娃儿~得很。

择嘴 cezui 挑食：~的娃娃长不好。又为"挑嘴儿"。

侧起坐 ceqizuo 斜起坐：~，不礼貌。

慑火 cehuo 慑，读"侧"。害怕，畏惧：你都是歪人，还~哪个嘛？

茶干子 chaganzi 干，读"干部"的"干"。茶杯上结的茶垢：成都人通常以~的深浅来判断茶客资历的深浅。

茶客 chakei 嗜茶之人：成都~喜欢啖三花。

茶母子 chamuzi 保存较浓茶汁的茶水，又为茶之母液：不准把~给我扯干了哈！

茶瓶 chaping 即盛装开水的热水瓶：小心脚，不要把~踢翻了。

茶铺子 chapuzi 喝茶或卖茶之地：北通顺的~刚一开门，老茶客些就拱进来了。

搽粉 chafen 抹粉，打粉。歇后语："猪二爸~——遮不到丑。"

岔肠子 chachangzi 小心儿：长了~的人，心细。

插船 chachuan 停船：因船忌停，故有靠船、~一说。

插牌 chapai 设标记：发现地洞，~作记号。

插香 chaxiang 送礼订婚：啥时~下定？亦作"放定"。

诧 cha ①惊异：一听还有他，立即就~了。②变脸变色，心虚：心头无鬼，你~啥子？③生疏害怕状。

诧开 chakai ①打岔，支开，支使：我们的话还没说，就被他~了。②错开（换零钱）：把钱~一下。

诧生 chasheng 怯生，怕见生人、生面孔：娃娃家没出过门，有点~。

诧兮兮 chaxixi 胆怯的样子，生疏害怕状。又为"诧乎乎"。

叉 cha ①武器：刀棍刀~摆了一坝。②餐具：盘子旁边放~子。

叉靶 chaba 惊疯活扯，多嘴多舌，过分活跃，牙尖。轻浮，嘻哈打笑：这女子太~了。又为"叉巴、诧巴"。

叉叉 chacha ①餐具，刀叉：筷子~摆好了。②晾衣撑物所用的竹竿叉：捞~来支杆杆。成都童谣："丫头子，蛮疙瘩儿，装烟倒茶背娃娃儿，背不动，挨~儿！"③表示错误的符号：赞同画勾勾，不同意就打~。

衩 cha 裤衩，衣襟分叉：早先兴低衩，而今高衩多。

衩衩裤 chachaku 开裆裤：小娃娃儿多半都穿~。成都童谣："~，偷萝卜。狗来了，爬桑树。桑树倒，钻茅草。茅草多，钻碓窝。碓窝烂，钻尿罐。"又为"叉叉裤"。

杈杈 chacha 树丫，树枝。又为"叉叉"。

杈头扫把 chatoushaoba 由树杈或荆竹制作的笤帚。

跐 cha ①踏，下脚，进入：这儿还没有打扫干净，脚又~进来了。②涉水：捞起裤脚~过河。歇后语："鸭子~秧田——搞不赢。"

跐深水 chashenshui 喻指陷得过深，难以自拔：污七八糟~。亦作"踏深水"。

跐水 chashui 蹚水，涉水：~过河。

跐虚了脚 chaxuliaojuo ①失足：~就爬不起来了。②误入歧途：一旦~，就谨防去"状五二"（监狱）。

差 cha ①缺。歇后语："《百家姓》头~第二个字——缺钱。"②麻将俗语，欠：桌子上不允许~钱。

差一篾块儿 chayimikuair 形容尺寸短了，就差那么一点。

镲镲 chacha 小铜钹，一种打击乐器：鼓鼓儿一响，~就要跟到去。歇后语："笛子配——响不到一块儿。"

敞喉咙 chahoulong 敞，读"镲"。大嗓门儿：火炮儿性子~，我看咋个得了。

差事 chaishi 公务：~多锻炼人｜求求你，少去揽点~嘛！歇后语："灯笼壳做枕头——空~。"

孱头儿 chantour ①占小便宜，爱吃抹和、吃白食或软弱无能者：~喜欢吃巴片儿。②喻爱纠缠女性之人：~皆指诱脸之人。亦作"忏头儿、缠头儿、谄头儿"。

缠倒 chandao 纠缠，缠绕，形容估倒扭臊。歇后语："蚂蟥~鹭鸶足——要得脱来不得脱。"

缠丝兔儿 chansitur 成都人喜爱的一种用丝线缠绕的腌卤兔。喻指喜欢紧紧纠缠的人。

掺茶 chancha 泡茶之后二次向茶碗里倒开水：~的人转过来了。亦作"掺茶水"。

掺生水 chanshengshui ①冲冷水：开水里面~，岂不成了鸳鸯水？②掺假：~，专烧熟人！

掺水 chanshui ①掺假，水分重：卖东西~，谨防打烂招牌。②加水：酒~卖，坑人！③喻指做事不实在，作假程度大：黑娃儿做事，~重。④掺茶水：这儿跟前~。

㧟 chan 抽打，用手掌打人：~耳巴子。歇后语："细篾条~人——阴倒痛。"

㧟白杆 chanbeigan ①鱼钩上不挂鱼饵,一般使用滑竿在激流的水中空钩钓鱼,多谓碰运气。②喻指空手挣钱。③麻将俗语：无钱打空仓~。④探友、贺寿等不带礼信（礼品）：老几走人户经常是~。

㧟耳矢 chanershi 打耳刮子：遭~的是流氓。

㧟牛牛儿 channiuniur 抽陀螺：坝子平顺，好~。亦作"抽牛牛儿"。

㧟袖头子 chanxiutouzi 川剧中穿长袖衣人的表演动作，喻给人难堪，不予理睬：那女子跟官人都在~。亦作"甩袖头子"。

长二 changer 长牌的花色之一。此牌共四张，每张两端各有四个小黑点：大爷出的~。

长耳朵 changerduo 兔子的趣称：娃娃过来，给~喂草草。

长杆子 changganzi 喻指高个子：牛高马大的~。

长颈项 changjinghang 鹅。因鹅与"恶"同音，故有此说。民间俗语："家有万担粮，莫喂~。"亦作"大鸭子"。

长客 changkei ①讳称蛇：~就是"梭二爷"。②常来之客：阿庆嫂的~是哪个哦？又为"常客"。

长麻吊线 changmadiaoxian 时间拖延长久。歇后语："胡子工程——~。"

长毛根儿 changmaogenr 长辫子：樊汝霞留的~就打起脚弯弯。

长毛兔儿 changmaotur 喻不修边幅者：看你这个~哦，头发留起那么长！

长牌 changpai 成都地区玩耍的一种长条形的纸牌，一般由八十四张组成，有花色二十一种：~摆起了，打捡十四吗还是乱戳？

长三 changsan 长牌花色之一，每张两端各有六个小黑点：出了~又该出啥子？

长声吆吆 changshengyaoyao 唱名或唱歌、说话等，尾声拖得很长：~地唱川戏。亦作"拖声吆吆、条声吆吆、拖声卖气、长呼呐喊"。

唱 chang 假打，麻痹人的话：听他~还了得。

唱春台会 changchuntaihui 成都民俗，春季播种期所举办的促进生产的活动，又为"唱春台戏"：~热闹。

唱得孬 changdeipie 孬，读"撇"。唱得不好：不嫌他们~，重在参与。

唱对火 changduihuo 唱对台戏：高人不怕~。

唱对台 changduitai 对着干：小人专门~。

唱空城计 changkongchengji 饿肚子，空肚子：进山剿匪那阵，~的时候太多了。

唱堂会 changtanghui 旧时成都家院或公馆中小规模的演出活动，一般为红白喜事饮宴助兴，主人家多系川剧玩友，尚可边吃川菜边看川戏，皆有"戏中餐，餐中戏"的文化渲染：~热闹哦！

唱玩友 changwanyou 喜爱川戏的人聚集在一起自拉自唱，过戏瘾，又为"坐唱"：今天~许倩云老师要来。

唱卧龙岗 changwolonggang 卧，音谐"饿"。饿肚子的趣语，喻操饿功：人家吃胸脑，他却在~。

唱秧歌 changyangguo 插秧时节唱的歌谣：~的味道长。

肠肠儿 changchangr 肠子。歇后语："鸡~放风登儿——看绷断了。"

肠肠儿肚肚儿 changchangrdudur 五脏六腑，喻指内脏：杀房头~摆了一地。歇后语："玻璃肚皮——~都看得穿。"

肠肠捞捞 changchanglaolao 猪下水。

肠头子 changtouzi 肠子的顶端或末端，一般指卤肥肠打成结，一节一节地卖。又为"肠节子"。

场 chang 场镇。歇后语："~后头下雨——背湿。"

场坝 changba 集市：到~上买根啰啰来喂。

场伙 changhuo ①场所：耍横嘛，也要分个~叫！②赌场：~上整人害人的骗术多。③地点：我们干脆换个~说话。

昌盛 changsheng 兴旺，顺心：你哪样不~，要去当讨口子嘛?

敞 chang 晾晒，通风，换气，敞开：东西~一会儿就干了。

敞铛 changchang ①漏斗，斗之类无盖子的物件：安好~东西才不得撒出来。②喊话筒：拵起~朝敌军喊话："缴枪不杀！"亦作"敞敞"。

敞风 changfong 被风吹后感冒。

敞喉咙 changhoulong 大嗓门儿。

敞欢 changhuan 放松心情，愉愉快快，随意玩耍。

敞气 changqi 因密封不严而走气：泡菜坛子~了就容易生花（霜）。

敞起 changqi 让其通风，晾晒：~就晾干了。

敞胸亮怀 changxionglianghuai 敞开胸襟，坦诚：朋友对（好）了，~啥子都说。亦作"敞胸迈怀"。

潮 chao 拙，技术不佳：手艺～。

朝天椒 chaotianjiao 辣椒的一种，果实小，味特辣。顺口溜："金条椒，～，看到大爷要翻梢。"喻指心直口快，言语锋利的人：那嫂子是根～，得理不让人。亦作"朝天辣"。

抄手儿 chaoshour ①双手抄在袖筒里。歇后语："双手插进袖筒里——～。"②馄饨：龙～系成都名小吃。

撤火 chehuo 胆怯，怕：你这个大汉儿还～那个矮矮嗦?

撤飘 chepiao 撤退，撤离：不行就赶紧～。飘，飘走。又为"撤漂"。

嗮 che 歪道理多，形容能言善辩、嘴嚼之人。

车 che ①扭头，转身，移动视线：～开｜～身就跑。②走，离开，撤退，跑，溜：遇见危险赶紧～。③转动、拧：把盖盖～紧免得走气。④削皮：～个梨儿来吃。

车笔刀 chebidao 刨笔刀：捞～来刨铅笔。

车不转 chebuzhuan 喻缺少钱财等而无法正常生活。歇后语："沟头没水——～。"

车车儿 checher 手推车，玩具车之类。

车倒一边 chedaoyibian 转身朝向一边。

车过背 cheguobei 刚转身，车过去，掉头：话不对路，老几～就走了。

车过去 cheguoqie 把头掉向一边：不准看，把脑壳～!

车开 chekai 扭头，转向一边：不好意思紧倒睢，干脆把眼睛～。

车了 cheliao 走了，溜掉：情况不妙，立马就～。

车转来 chezhuanlai ①转过身，回头：～看一下。②接着前面的说，含转折之意：～说。③调换镜头，转一转：～就行了。

扯 che ①借用：找六嬢～点子钱来用。②吵架，吵嘴：他两个～得凶。③迁移：我想把户口～到乡坝头去。④买：上车～票是应该的。⑤喝：～口酒（水）再上路。⑥形容说话打顶章，打头子，桀骜不驯、耀武扬威的样子：老几样子好～哦!⑦敷衍应付。顺口溜："说起来～，～些来丢。"⑧拉扯，拖，拿等。歇后语："～风箱做枕头——空响。"⑨拉起，遮盖。歇后语："半天云头～席子——遮天。"⑩拔。歇后语："～根胡子上吊——虚惊。"

扯把子 chebazi ①扯谎，吹牛：到处～，谨防挨锭子。②提虚劲，耍横：老几~也不觉脸红！

扯布 chebu 买布料：那哈儿~要布票。

扯不拢 chebulong 合不拢，对不上。歇后语："缺牙巴吹火——~嘴嘴。"

扯伸 checheng 伸，读"称"。①放开脚步，对直走：~一趟，跑过河。②拉直：橡皮筋~又弹转来了。③放倒，倒下，中途无间断：~一觉下来，人就舒服多了。④讲明事理：话~了心就平和多了。

扯到 chedao ①牵扯：~根根藤藤动。②关上：你出来时顺手把门~哈！③拉住，抓住，拖到等。

扯倒提 chedaoti 翻筋斗：好久没有练~了。

扯倒跘到 chedaopandao 纠缠不清。又为"扯倒绊倒"。

扯地气 chediqi 粘地气：楼上好晒太阳，楼下好~。

扯垛子 cheduozi 找借口，乱编理由。又为"扯躲子"。

扯朵朵 cheduoduo 扯耳朵。朵朵：耳垂厚实部分。

扯风 chefong ①惊风病：怕~就弄来翁（盖）到。②假冒没有的事，无中生有似风吹过：又在~了哇？故意逗起闹！

扯风箱 chefongxiang ①拉风箱：~吹火。②形容喘气：跑得人家~了。

扯干 chegan 喝干，完结，用完：这个月的工资早就~了。

扯疙瘩儿 chegeidar 胃里的气体从嘴里出来时发出的声音，又为打嗝、横膈膜痉挛：~，喝点热水告（试）一下（就不扯了）。

扯拐 cheguai ①突然变卦，或事情搞砸，弄出毛病、麻烦等：说得好好的咋就~了嘛？②发病：弟娃儿又~了。③出差错：屋头的电视经常~。

扯过去 cheguoqie 拉到一边去，喻拉拉扯扯：扯过来~的，像啥子嘛！

扯画儿 chehuar 说谎：少在我这儿~！

扯横筋 chehuanjing 横不讲理：蛮不讲理~。又为"扯环筋"。

扯谎 chehuang 说谎话，撒谎：学到~嘛！歇后语："对倒棺材~——哄死人。"

扯谎坝 chehuangba ①旧时卖艺、卖药、占卦等人的集聚地：~的东西真假难辨。②耍杂戏、卖杂物的广场：歇后语："~的打药——哄人的。""~的医生——专卖假药。"③说谎之人：~的话听得，耗子药都吃得！又为"扯谎巴儿、扯谎坝儿"。

扯谎捏白 chehuangliabei 编谎话，摆玄，捏造，许不能够兑现的诺言：~，无人相信。捏白，可用"角白、撩白、聊白"。又为"扯白撩谎"。

扯幌子 chehuangzi 搞欺骗：哄人呵人~。又为"打幌子"。

扯回销 chehuixiao 报结果，多指受人之托或办事之后的回报答复：我们等

85

你~哦!

扯火 chehuo 害怕:就两个小鬼子,不要~。

扯火闪 chehuoshan ①闪电:打雷落雨~!成都童谣:"~,摸瘃瘃,一摸摸个光溜溜。"②不负责任地告知,虚晃一阵:救火车拢了,才晓得是有人在乱~。

扯鸡脚疯 chejijuofong 脚抽筋。又为"扯鸡爪疯"。

扯筋 chejin 吵架,吵嘴:门前~不是好事情。歇后语:"裁缝铺头~——争长论短。"亦作"闹架、骂架"。

扯筋角逆 chejinguonie 角逆,读"过孽"。指闹纠纷、吵架打架:~解决不了问题。亦作"扯经格孽、扯筋角孽、扯筋割孽"。

扯烂马褂儿 chelanmaguar 喻撕破脸面:这事弄不好要~。

扯了 cheliao 撕开,撕烂:抓到照片一把就~。

扯买主 chemaizhu 拉客,以鼓动宣传的方式招揽客人:优惠加实惠就~。

扯皮 chepi ①闹架,吵嘴:搒倒就~,何苦嘛!②撕皮。歇后语:"老孃儿吃腊肉——撕皮(~)。"

扯噗鼾 chepuhan 打呼噜:哈儿~的声音,大得就像打闷雷。

扯人气 cherenqi 聚集人气:敲锣打鼓~。

扯师 cheshi 爱与别人争吵或无理取闹的人:今天遇到~,差点走不脱。亦作"扯客、扯筋板儿"。

扯水 cheshui 打水。忌打,便出"扯"字:我们那哈儿在双眼井头~吃。

扯脱 chetuo 甩掉:~不认账。

扯妄妄 chewangwang 扯谎,乱说:东说西说,~。又为"扯王王"。

扯兮兮 chexixi 指样儿流气,能言善辩,显桀骜不驯。

扯胸迈怀 chexiongmaihuai 献媚:~在干咋子?

扯眼睛 cheyanjing 打眼,驱使眼光停留在某处,特别诱人看。多指遇见美女或公益宣传招摇过市,婚嫁等。

扯圆 cheyuan 编圆:故事要~。

扯远点 cheyuandian 往远处讲:再~嘛!

扯指拇儿 chezhimur 形容经济拮据,钱不够用,掰起指拇细算。

陈 chen 陈旧,食物放置时间过长隔了夜:太~了的东西吃了(怕对身体)不好。

陈饭 chenfan ①剩菜剩饭或搁置时间长隔夜的饭:~倒了可惜,捞来喂鸡。②翻老账,抽底火:炒人家的~。

陈古八十年 chengubashinian 形容过于久远的年代或东西老到陈旧：~的东西。

衬耳寒 chenerhan 腮腺炎：得了~，脸部要红肿。亦作"夹耳寒、冲耳寒"。

衬起 chenqi 撑腰：是说他不虚，原来有人在底下~。又为"撑起"。

衬死 chensi 到最低限度：~都不准撤退。

衬堂子 chentangzi 显体面的表述，镇堂：就看到她~了。

抻抖 chentou ①拉伸，抖伸：衣服~就好看。②样子好看、漂亮：小伙子多~的。

皴 chen 读"衬"。皮肤因寒冷干燥而冻裂：抹点雪花膏手就不~了。

成器 chengqi ①成才，成事：娃娃些都~了，我们未必不该老？②认真像样的：这回他终于做了件~的事。复语：成成器器。

城隍 chenghuang 护城河的神。歇后语："土地老汉儿见~——矮得多丨矮起说。"亦作"城隍菩萨、城隍老爷、神隍老爷"。

城隍庙 chenghuangmiao 旧时迷信人为主管某个城或护城河的神，所修建的庙宇。歇后语："~搬家——神出鬼没。""~的石狮子—— 一对。"

程咬金 chengyaojin 喻指长寿者：那个打不死的~也来看热闹了（出自文盲之口）。又为"程妖精"。

秤砣 chengtuo ①说话顶撞，话不饶人：吃了~嚓？②称秤用的铁（石）砣。歇后语："~掉到水头—— 一落到底。"

伸筷子 chengkuaizi 请吃，拈菜：别客气，~。又为"动筷子"。

伸手 chengshou 展开，伸出手，比喻向别人或组织索取（东西或荣誉等）。歇后语："棺材头~——死要钱。"

伸手大将军 chengshoudajiangjun ①伸手派，喻指不劳而获者：光当~，不理事还是要不得。②乞丐之戏称：李家门口坐了几个~。

伸脚动爪 chengjuodongzhua 动手动脚：少在人面前~的。

伸展 chengzhan ①舒展。民间俗语："闲事少管，走路~。"②衣着整齐：要想穿~，裹床席子就了事。③舒服：要~了。④伸直。歇后语："罐罐头发豆芽儿——没得一根~的。"

撑 cheng ①支撑，挺住，稳住：捞杆杆来~起。②扩：~开眼皮好滴眼药水。③使劲：他一~就起来了。④倔强顶人：见过横眉带~的大汉。⑤划（船）。歇后语："肚皮头~船——内航（行）。"

撑持 chengchi 支撑：她努力~着这个家。

87

撑到 chengdao 按住：～，不要它跦。

撑篙竿 chenghaogan 划船：快上船，要～了。

撑花儿 chenghuar 伞：下雨了，快拤～来！又为"撑子"。

撑下去 chengxiaqie ①往下按，压住：把棉花～装。②坚持住：一定要～！

呻唤 chenghuan 呻，读"撑"。因病痛或身体不适等发出的呻吟声：痛得他架势～。

睁开 chengkai 睁，读"撑"。～眼睛看明白了。

憆 cheng 按：装不下，就再往下～紧点。

吃 chi ①动词，形容做某行：子默先生原先是汽车界～饭者。歇后语："～竹子屙笋筐——肚子头编的（喻胡编乱造）。"②用，成都人吃东西时习惯用此字表示使用的餐具：我～筷子，娃娃家～瓢根儿。③要，讨要：事情没有啥子，主要是～个态度｜未必我想～你一块钱嗦？④麻将俗语，喻所要的牌：～起。⑤吞食。顺口溜："东想西想，～些不长。"歇后语："关公～酒——不怕脸红。"⑥浸染，渗入，浃：土漆～到木头里去了。⑦占有。另为"契丫"拼读（吃）之客家话。

吃安胎 chiantai ①原意是指孕妇害怕流产，百事不做，在家里安心休息。现指"养老"，有稳定的经济来源，别无事事，日子过得安稳舒展。②比喻坐享其成，捡便宜：未必你想做一天和尚撞一天钟的～嗦？

吃巴片儿 chibapianr 旧时成都街头卖以片论价的凉拌肺片，有的互相粘连，小的被大的遮住，食客趁老板不察觉便一齐吞下，但只计一片之钱，故称～。后将沾光吃白食引申为占便宜。又为"吃粑片儿"。

吃暴了 chibaoliao 贪污受贿遭披露，贪得无厌被绳之以法。

吃爆诈 chibaozha ①搞诈骗：乱～，多半要把自己弄来网起。②麻将俗语，谎称和牌：～要遭驱除哈！亦作"吃冒诈"。

吃饱嗨喽 chibaohailuo 肚子吃来胀起了。

吃饱了 chibaoliao 损人戏语，喻指无事找事，惹是生非。

吃不起走 chibuqizou 东西紧倒吃不完。多属饭量小或口味不好所致。

吃不梭 chibusuo 吃不消，受不了，承受不住而叫苦：～就闹，哪像我的儿嘛！又为"弄不梭"。

吃不伤 chibushang 经常吃相同的食物而吃不腻，吃不厌。

吃不完的要不完 chibuwandiyaobuwan 比喻财大气粗。

吃得亏打得拢堆 chideikuidadeilongdui 喻指能够吃亏的人人缘才好。

吃得梭 chideisuo 受得住：～就坚持，吃不梭就说话。

吃秤 chichen 耍秤，喻短斤少两：秤不称够，老～。

吃秤砣 chichentuo 喻指铁了心的：遇到～的人。

吃铲铲 chichuanchuan 铲铲：铁铲。什么都别想吃到（因为已经被铲起走了）。

吃得饱 chideibao 损人语，饱食无事干者：～胀得慌，没得事去洗煤炭叫！

吃得海 chideihai 吃得开，喻指有脸面：老几在社会上算是～的了。

吃得焦干 chideijiaogan 焦，很，非常，表示程度的副词。欺负到家。

吃得孬 chideipie 孬，读"撇"。吃得不好，喻能力差：我们是～！

吃得开 chideikai 很有面子，形容能干：～的大忙人。

吃得下去 chideixiaqie 喻指不嫌弃：苍蝇巴过的，他还～。

吃定心汤圆儿 chidingxintangyuanr 吃定心丸：不～心头是甩的（不安定）。

吃豆腐 chidoufu ①调戏，占便宜：他敢吃老娘的豆腐。②豆制品。歇后语："孝子～——里外都白。"

吃独食子 chidushizi 自享其食，独自吃东西，喻独占便宜：他阴倒在～。又为"吃独食"。

吃追 chidui ①吃够：今天杀猪分肉，家家要～。②整得惨：贼娃子被逮到，肯定要遭～。

吃饭 chifan 喻指工作：郑凯在邮电部门～｜鄙人在成都文艺界～三十余年。

吃反应 chifanying 看反应的快慢如何。

吃福席 chifuxi 参加婚庆、生日、寿宴之类的吃喝。亦作"吃福喜"。

吃飞醋 chifeicu 莫名其妙的嫉妒，吃醋。

吃胼胼 chigaga 儿语，吃肉：想～了哇？

吃干了 chiganliao 霸道，能力强：好强的人～。

吃干胡豆儿 chiganfudour 逗乐语。即用手握拳轻轻抬打对方的下巴，使其下牙碰击上牙发出声响，犹如嚼胡豆：我们来要～（的游戏）。

吃整笼心肺 chigenlongxinfei 整，读"耿"。比喻全部独吞：～的人不好打堆得。亦作"吃整头心肺"。

吃个人熟 chiguorenshu 人缘关系好：～好办事。

吃个态度 chiguotaidu 形容态度端正：～好。

吃果果 chiguoguo 儿语，吃水果。成都童谣："排排坐，～，你一个，我一个，还有妹妹缠住我。果果甜，果果香，吃了果果想一想：谁播种？谁育秧？种果的叔叔在何方？"

吃裹搅 chiguojiao ①吃混堂，混同别人吃白食：现在店头打拥堂，谨防有人～。②占便宜：到处～，打烂仗。又为"吃裹饺"。

吃混糖锅盔 chihuntangguokui 混糖锅盔：见后文。寓意趁乱偷吃：瞄到（看到）哈！～的又来了。"混糖"与"混堂"谐音，相当于北方话中的"趁浑水好摸鱼"。亦作"吃混堂锅盔"。

吃红蛋 chihongdan 成都民间的一种风俗习惯，即生了娃娃之后讲究吃一种红糖煮的蛋。

吃海嘍 chihailou ①形容面子大，吃得开：老几在成都～。②吃舒服了：今天在雁宁别墅～。又为"海伸了"。

吃加班茶 chijiabancha 喝别人剩下的茶：喝口加班茶再走。

吃讲茶 chijiangcha 在茶馆举行的一种解决民间纠纷的方式：～，讲理信。

吃交 chijiao ①吃东西的范围广：北门一转的馆子～了。②喻指一方势力大：东门一坝，老几～了。

吃酒 chijiu 喝酒。民间俗语："～不吃菜，各人心头爱。"歇后语："戏台子上～——喝风。"

吃酒碗 chijiuwan 吃席：黄成章在中江老家请～。

吃九斗碗 chijiudouwan 赴喜宴，吃席：走，亲家那儿～。亦作"吃九大碗儿"。

吃开水 chikaishui ①喝开水：～的，请稍等。②吃醪糟儿蛋的别称：娃娃满月兴～。

吃空气 chikongqi 玩笑话，什么都别想（吃到）：～的意思就是莫眼火。

吃宽面 chikuanmian 以吃较宽的面条，斥人脸皮厚。民间俗语："不要碱（脸），～。"

吃雷 chilei ①私吞财物：～的人查出来了。②为人传话时，有意或无意地把话省略、隐瞒起：他真会～。亦作"淘沙、匀钱"。

吃饛饛 chimangmang 儿语，吃饭：幺儿，～了。

吃抹和 chimohuo 原指吃东西不给钱，白吃，引申为占便宜：～，打裹搅。

吃跑堂 chipaotang 到没有固定摊位或座位的地方就餐：要想撒脱（方便）就～。

吃票子 chipiaozi 挣钱，赚钱的俗称：巴登靠模仿秀～。亦作"吃钱"。

吃碰 chipong ①麻将俗语，碰牌：他喊了～就依他的。②碰壁：十处求人，到处～。

吃起 chiqi ①麻将俗语，收上家的牌成排列组合：双排扣（八饼），～！②吞没，中饱：缴获的东西遭他打来～了。

吃气质 chiqizhi 喻指个性特点及风格：客人吃装修、吃态度，老板～、吃管理。

吃魁头 chiqitou 喻指各种形式的占便宜。亦作"捡魁头"。

吃笋子熬肉 chisenziaorou 民间俗语，指用竹片打人：悖头子些，想～慌了哇？

吃烧白不打底子 chishaobeibudadizi 谐"日烧白不打底子"音，意为"吹牛不打草稿"，趣指说弥天大谎：当真他是～的嗦？

吃赏午 chishangwu 吃午饭。赏午，源于旧时赏吃午饭的民间传说：留客人～。亦作"吃饷午、吃少午"。

吃耍耍饭 chishuashuafan 一边玩耍一边吃饭，喻不认真吃饭：娃娃家就爱～。

吃书茶 chishucha 喻在茶馆里边喝茶边听评书，或看其他曲艺演唱：～的时间拢了。

吃水 chishui ①耗水：糙米～，煮饭时要掺够（水）。②涉水深度：洪水已超过～的红线了。

吃通 chitong 棋牌术语，大获全胜：宝官今天又～了。又为"通杀"。

吃头 chitou 吃意：没有～。

吃透 chitou 摸熟，喻彻底明白：～了就熟能生巧。

吃脱 chituo 花掉：老几一顿饭～的钱要买一辆轿车了。

吃玄钱 chixuanqian 忽视安全做危险的事，做不正当生意，挣黑钱。

吃油大 chiyouda 吃肉，多指美味佳肴、筵席等。

吃鱼吐刺 chiyutuzi 刺，读"字"。①喻指得利不能全部归为己有：～，不能让他一个人独吞了！②形容有所得必有所失："～"说来容易，赚了的（钱）喊吐点出来就恼火了。

吃诈钱 chizhaqian 诈骗别人的财物：～的老几遭逮了。

吃长饭 chizhangfan 喻生长发育期饭量大或特别能吃：娃娃儿开始～了。

吃转转儿会 chizhuanzhuanrhui 若干人轮流坐庄请客或付饭钱：我们～，不兴平摊。亦作"吃转转儿饭"。

吃准 chizhun 摸透，准确无误，掌握住：这次一定要～了才行动。

吃自己 chiziji 各人出钱买单：没有必要喊人招待，还是自己～好。

齿齿 chichi 齿状物：钉耙～遭磨癫了。

齿轮儿 chilenr ①好朋友，喻指不容分离的紧密状：王刘幸与马一总是上下一路，形同～。②形容紧密合作者：如同～，难得拆散。

翀 chong ①吹牛，吹嘘。②说话爱顶撞：说话老是直杠杠的，为啥这么～喃？③指气味辛辣：冲菜好吃，就是～鼻子。

翀拳 chongquan 谎话，不切实际地玄摆。

翀壳子 chongkuozi ①说筛话，摆笑话，吹牛聊天：老几～不打草稿。歇后语："乌龟打屁——～。"②谎话，以虚语欺人。又为"吹壳子"。

翀水 chongshui 掺水，添加水，稀释：蜂蜜太甜了，要～喝。

充其量 chongqiliang 到了极限：～就是这样。

冲 chong ①很快地向前走：看她～起走的样子，是不是你惹人家生气了？②拔高，生长（快）：树子朝天上～得好快。

冲菜 chongcai 经特别制作的气味浓烈刺鼻的青菜：吃点～，鼻子一下子就通了。

冲冲糕 chongchonggao ①喻指俸禄：为官不为民操劳，枉吃朝廷～。②蒸糕：～的铺子当门又排起了班。亦作"蒸蒸糕"。

冲起冲起 chongqichongqi 生气的样子：他果然是～就来了。

冲天炮儿 chongtianpaor ①一种升上天开花的烟花爆竹：嗖的一声，～就飞上天了。②成都人称幼儿的一种束辫样式：～扎起有点好看。

重起摞起 chongqiluoqi 垒得很高：桌上～堆满了翻过的书｜床上～都是堆的铺盖棉絮。

宠祸 chonghuo 搬弄是非，进谗谤人，惹麻烦：宠尖卖乖，～讨好。

宠尖婆 chongjianpo 喜欢翻嘴（搬弄是非）、爱说闲话、挑拨离间的人。又为"阐馋婆"。

抽 chou ①推上（下），扶，抬：车子在梭（下滑），大家帮倒～一下｜～老爷下坎｜～上台。②凑份子，撮合，帮衬：老三结婚，还望兄弟伙些～起哈！③喂：病人要慢点喂（吃），不要架势～。④取：过去抓壮丁，讲的是三丁～一，五丁～二。⑤把夹在中间的东西取出。成都童谣："～中指，辣辣皮，怀中揣起十二皮。"⑥打。

抽抽 chouchou ①抽屉，匣子：不要打开～乱翻东西。②鬼之讳言：遇到你的～了！

抽底火 choudihuo 揭老底、揭短：两人毛了，互相～。亦作"抽老底子、抠底火"。

抽翻 choufan ①推翻，打倒。②醉倒：寇宏兄弟又遭（酒）～了。

抽疯 choufong 疯癫病。歇后语："～的公鸡——老走歪歪道。"

抽活 chouhuo ①恭维，捧场：～人不要本钱。②凑合，扶持：大家帮忙～一下。③帮助：话虽难听，其实人家在～我们。

抽筋 choujin 痉挛。歇后语："猪蹄子～——爪了。"

抽来立起 choulailiqi 使人无台阶可下，下不了台。

抽闷棒 choumenbang 挨黑打：~的人遭逮了。

抽起 chouqi ①抬上，举起：东西放立柜上，请帮忙~一下。②捧场；帮忙抬举，做别人的后盾：是兄弟，就要给别个~哈！又为"扎起"。

抽耍耍烟 choushuashuayan 指偶尔抽一抽，像搞耍似的。

抽条 choutiao ①喻指小孩变瘦长个子：娃娃~饭量大｜胖娃儿变瘦了，正在~。②生长迅速的植物：竹子~节节高。又为"抽条条"。

抽正 chouzhen 转正，升职，由副职变为正职：老马好不容易~，就喊"下课"了。

臭假寒酸 choujiahansuan 一副装模作样的样子，寒碜：~，阴阳怪气。

臭坤 choukun 乱摆谱，忽弄人之穷酸相。

丑 chou 事没办好，过场多，形象不好，样子难看：~人多作怪。

丑乖丑乖 chouguaichouguai 丑而乖巧样。

瞅哈 chouha 看一眼，瞅一下：让我~新媳妇儿。

锄把子 chubazi 锄头：~在门背后僵倒在。

出格 chugei 超出规定范围或违反某种制度等：话说~了。

出去 chuji 去，读"及"。让人走开：喊人~，多不礼貌喃！

出麻子 chumazi 出麻疹：~是一种急性传染病，娃娃家最容易遭。亦作"出天花"。

出气筒 chuqitong 发泄物，受气包：娃娃又不是你的~。

出事 chushi 发生事故：早不~晚不~，哪晓得今天就遇端了嘛！

出堂 chutang 将饭菜卖出饭店：~的回锅肉好了。

出脱 chutuo ①麻将俗语，输掉："今天又~几大百。"②去掉，完结，死亡：地震~了好多人。③损失：一把火下去，茅草棚棚儿就~了。又为"除脱"。

出血 chuxue 捐资，出钱：喊~的事，马耳门跑得风快。

出言语 chuyanyu 出言伤人，骂人：人是讲理的，嘟个兴~喃！

出字 chuzi 立字据：夸下海口，当然要~立据。

除干打净 chugandajing 把该扣除的全部扣除：~算下来，还落得到几个来揣起。

诌 chu 读"刍"。耳语，悄悄话：紧倒~耳朵，有啥子好事嗦？

绉 chu 读"刍"。①织出皱纹的丝织品：~纱好看。②大针大线地缝制：剪了的裤脚边，要先~（锁边）一下才能穿。

焆 chu ①突然损坏，烧断：保险丝~了｜灯泡~了。②冒：啥子火炮儿哦！~一下就煞搁了。

焆花儿 chuhuar 火药喷发出的烟花（火焰）：地转转儿（爆竹），~花儿好看。

焆泡儿 chupaor ①冒气泡儿，喻热量大：火炭丢到水头都要~。②回声，答话，结果：马瓜娃子在股市上投了么多的银子，没见~就莫眼了。

杵 chu ①扫兴，顶撞：说话光在~人。②以物戳地：~拐棍儿。③戳，捅，沾。歇后语："癞疙宝爬香炉——~一鼻子灰（比喻自讨没趣）。"④挨近，靠近：两个人走路不要~得太近了。

杵杵 chuchu 无尖之物：毛笔写成了光~。

杵倒 chudao 支撑倒：~走，免得栽跤。

杵起 chuqi 比喻僵持，发窘。歇后语："独凳儿上打屁——~了。"

处拢 chulong 抵拢，到面前：~才认到是你哥哥。

矑 chu 瞅近看：看东西~得那么近，眼睛肯定遭了。

堲 chua ①尿撒在地上。歇后语："站在河边~尿——随大流。"②洗刷，冲洗：水开大些才~得干净。歇后语："尿桶板子——两边挨~。"③淋，浇：才遭~了一场雨。

揣 chuai ①怀揣着。歇后语："胸口儿上~棉花——心软。"②带。民间俗语："官当大了身上不~枪；作家当大了身上不~笔。"

揣起 chuaiqi ①把钱揣在兜里。②喻指怀孕。又为"揣倒"。

揣起来 chuaiqilai 藏起来：文件看了赶紧~。

揣热和 chuaireihuo 捂暖和：炻红苕在怀怀头~了。

揣事 chuaishi 记事于心，记在心头，心里惦念着：学到心头~。

船子 chuanzi 托盘，茶船：这个茶碗差个~就配成套了。

穿 chuan ①穿戴：冬暖夏凉，~衣起床。民间俗语："歪戴帽子斜~衣，长大不是好东西。"②话说透明：把话讲~了，鬼都不怕。③看彻底，看透：啥子事都瞒不了老把子，早就遭看~了。

穿鼻子 chuanbizi ①给牛鼻子上穿绳子：牛，要~才听话。②爱美之人为赶时髦，在鼻子上打孔穿（戴）鼻戒（指）：电影头的印度美女不仅是~了事，还兴穿肚脐眼儿呢！③喻指一贯顺从之奴相。顺口溜："喊咋子就咋子，牵起走就~。"④引申为学生受管教：~（发蒙读书）那哈儿，福娃才五岁。

穿穿儿 chuanchuanr ①一种细长的小鱼：帕丽湾的河沟头有好多～哦！②跑江湖者：羊皮大衣甩给～去倒（卖）。③倒爷，二道贩子：几个～在荷花池编生意。④托儿，以不正当手段揽客的人，喻指房托、医托等。亦作"川川、串串、窜窜儿"。

穿花儿 chuanhuar ①泼皮一类的小混混。②形容什么都没有。

穿牢 chuanlao 穿牢实，套结实。

穿牛鼻子 chuanniubizi 喻指小孩到学校读书：娃娃遭～了哇?

穿生意 chuanshengyi 喻指穿来穿去的所谓生意人、二道贩子，生意场合来回倒卖。

穿梭 chuansuo 走动极勤：人来人往像～。

穿堂风 chuantangfong 广而告之：吹～。

穿通城 chuantongcheng 从城东到城西或南至北间的贯通：下水道要～｜刚～转来，歇口气再说。

穿心 chuanxin 过心：红苕烂～了，咋个吃嘛！

穿衣 chuanyi 原料表面蒙上一层用淀粉调制好的糊状物：炸酥肉要～。

串串儿香 chuanchuanrxiang 成都流行的一种小火锅，以竹签穿成串串菜进行烫食。食客美啖时，尚有香油味碟、干海椒碟子及各种饮料伺候。吃完之后，均以竹签数数为依据付账：～的麻辣烫，经济实惠安逸得跩！

串起 chuanqi 连在一起，联合谋事：～整人，不怀好心。

铲铲 chuanchuan 读"钏钏"。否定词，啥都没有，犹言"零"或根本不信：他都占先了，我还去个～｜锅底都朝天了，喊我吃个～！

床笆子 chuangbazi 放在床上当床板用的竹篾笆：～烂了用布缭，那拿篾匠来咋子喃?

闯鬼 chuanggui 遇见倒霉的事：莫名其妙就～了哟!

炊炊儿壶 chuichuirfu 壶，读"浮"。①一种壶中开孔，生桴炭火烧（少量）水的铜（锡）壶：～烧水快当。②农村中吊在柴火灶门前取热水的陶壶：～头的水热了，倒去洗（脚）。亦作"吊壶、炊壶、茶壶"。

炊二哥 chuierguo 趣称厨师，伙夫，炊事员：油烟子把～燃惨了。

吹 chui ①比喻事情不成功，告吹，完结。歇后语："大风天卖炒面——～了。"②喻指恋爱受挫或婚事未办成：他俩的婚事～了。③还清债务，抵消，冲账：去年的账～了哈！④麻将俗语，欠账相抵：上盘的账～了。⑤吹冷：中药太烫，～一下再喝。

95

吹吹打打 chuichuidada 吹打乐，多见于民间流行之红白喜事。成都童谣："蚂蚁儿蚂蚁儿来来，大官不来小官来，～一路来。"又为"吹吹嗒嗒"。

吹吹儿 chuichuir 口哨，哨子。又为"叫叫儿"。

吹打 chuida ①奏乐：先是一阵～，然后幕就拉开了。歇后语："八十老汉儿学～——上气不接下气。"②捧场：亏得周围团团转邻居一阵～，铺子才开张。复句：吹吹打打。

吹号 chuihao ①集合，召集，组织活动：房东兄今天在都江堰～，喊朋友些都要去哈！②形容酒量大，直接抱起酒瓶喝酒，多为喝啤酒。又为"打组织"。

吹火筒 chuihuotong 用于吹火（助燃）的竹筒：～抱反了，咋吹得燃（火）嘛！

吹糠见米 chuikangjianmi 立刻见分晓，喻指做事马上可以收到效益：立竿见影，～都是我喜欢的。

吹壳子 chuikuozi 吹牛：马耳门最会～。又为"翀壳子"。

吹手 chuishou 吹鼓手。歇后语："～上席——吃的胀气饭。"

吹账 chuizhang 麻将俗语，相互抵消，账务了清：～了哈！

捶心坎儿 chuixinkanr 喻指心痛，无赖之举：娃娃哇这阵不管严点儿，二天就喊你娃～！

锤锤儿 chuichuir ①铁榔头或木槌：小～。②棒槌：歇后语："鼓手的～——打在点子上。"

春 chun ①年轻，喻青春气息：小伙子～得很。②穿戴年轻化：哥子今天好～哦！

春饼儿 chunbingr 春卷儿：～好吃，就是（摊得慢）不赶口。

春秋 chunqiu 季节：刺笆林里的斑鸠，不知～。

拙 chuo 读"戳"。①不如人，用于自贬："～是～，有工作。"②笨：手艺～。③不好：我这手字写得～。④不大方：啬家子些就是～。

拙得伤心 chuodeishangxin 形容愚笨之人，笨得恼火。

戳 chuo 捅，夺，戳烂，挑起事端：屎不臭，挑起来臭，背后有人～。

戳客 chuokei 捣乱分子，破坏者。民间俗语："十个说客当不到一个～。"又为"夺客"。

戳锅漏 chuoguolou 借把锅捅漏之意，喻惹出事或干蠢事闯祸，工作出纰漏或老出差错的人：好端端的，偏偏遇到个～，看嘛事情搞砸咯。歇后语："灶烘头生笋子——~。"

戳拐 chuoguai 做错事，出差错，捣乱，闯祸，惹到麻烦的意思：老是~就不单是人笨了。

戳火 chuohuo 毁掉，了结，喻事办砸锅：哦嗨！这下~了。

戳脱 chuotuo ①特指断送生命：记得周胖哥是咋个~的不？②消灭：几个棒老二又遭~了。③事办砸：看嘛！好事又遭你~了。④丢掉：贪耍把工作给~了。

跐脚 cijuo 踮起脚（脚尖着地）往前头看。

跐脚舞爪 cijuowuzhao 形容猴跳舞跳：~地跳圆了。

瓷碗儿 ciwanr 用高岭土烧制的碗。歇后语："耗子啃~——口口是瓷（词）。"

次次 cici 每回，每次：说起捐款，~他都带头。

葱葱蒜苗儿 congcongsuanmiaor 小菜，喻指琐事：~的小事。又为"葱子蒜苗儿"。

葱子 congzi 葱。歇后语："~拌豆腐———青（清）二白。" "~炒藕——洞洞穿洞洞。"

凑哈儿 couhar 聚集，添加，伙倒：我也来~热闹。

凑堂子 coutangzi 凑人数：不仅是来~，而且还要提意见。

粗苴苴 cugeigei 表面粗糙，不平整：麻布口袋，~的。

刷白 cuabei 刷，"醋啊"拼读。惨白，多指脸色不带血色：耗子突然间钻了出来，吓得寇真妹妹脸~｜~个脸哦，像鬼一样。

窜窜儿 cuancuanr 翘趄：打个~下来，就弄不清方向了。

窜窜趺趺 cuancuandiedie 踉踉跄跄，趺趺撞撞，形容走路不稳：寇胖娃儿喝醉了酒，就~地站不稳。亦作"窜窜倒倒、窜筋趺倒、偏偏倒倒、偏偏跩跩"。

窜耳胡 cuanerfu 胡，读"浮"。络腮胡：长~的人多半心都好。

汆 cuan 煮肉，即把食物放在沸水里稍微一煮：~汤。

汆汩 cuandan 将原料放入滚水中煮断生后待加工：肉~后再加蒜苗儿炒，就成了回锅肉。

氽汤 cuantang ①把食物放在开水里稍微煮一下就捞起：经过~的原子，肉嫩得多。②喻指不纯正，不地道的口语：老几说的是~（椒盐）普通话。

翠 cui 颜色鲜明：~生生的。亦作"翠泛"。

脆嘣嘣 cuibongbong 酥脆之感：炒胡豆~的，嚼起来香。

脆臊 cuisao 煵得香脆的肉臊：~吃起有嚼头。

撮 cuo 吃白食：饿慌了，~上一顿再说。

撮撮帽 cuocuomao 鸭舌帽：那个戴~的是特务。

撮箕 cuoji ①打扫卫生或撮垃圾等用的簸箕：拿~把渣滓撮起走。②撮粮食的用具：再来一~口袋才装得满。③形容嘴嘲，说话不文明：张起一张~嘴，尽吐脏话。④喻指肚腹：他吃那么多，简直就是一个饭~。

搓 cuo ①揉搓，搓洗：打点洋碱把血印子~一下。顺口溜："幺姑娘，~衣裳，一~~个棒棒糖。"②搓合：~麻绳儿。③麻将俗语，玩牌：抓紧时间~两把。④揉。成都童谣："慢慢~，轻轻揉，月亮出来包伤口，太阳出来接骨头。"

搓不圆 cuobuyuan 比喻不能自圆其说。歇后语："干泥巴做汤圆儿——~。"

搓麻麻 cuomama 麻将俗语，打麻将：~当是活动脑子。

搓衣板 cuoyiban 洗衣板：炟耳朵跪~。

错开 cuokai 换小钞，调换：把十元的票子~一下。

错 cuo ①磨，打磨：娃娃晚上~牙齿 | 半夜~牙巴，总是白天没有吃饱嘛！

D

大把 daba 量词，以手抓东西的多少来计数：吃喜糖，抓一～。

大板板脸 dabanbanlian 国字脸，方脸，平板脸：～好化妆。

大不嗨嗨 dabuhaihai ①对周围的人毫不在意，马大哈。②做事马虎，大而化之：～丢人现眼。

大吃小 dacixiao ①棋牌术语，大压小：皮蛋QQ砸六点，～。②大欺小。成都童谣："～，来不到！"

大胴胴 dadongdong ①大个子，身体壮实、魁梧者：一个二个～家的。②喻指物品大个：～冬瓜要杀开（开零）卖。

大堆 dadui 体积大：灶当门有一～柴火。

大凡小事 dafanxiaoshi 大小事项：屋头的～都由她主火。

大汉儿 dahanr 大个子，形容身材高大：～过来帮一把。亦作"大汉子"。

大喉咙 dahoulong 声音大：一个喉咙大，一个～，看你们哪个港！

大价钱 dajiaqian 比喻昂贵。

大块 dakuai ①架子大，装模作样，自以为是，盛气凌人的样子：老几～得很。②粗心大意：～就仗笨。③大大咧咧：一副～的样子。亦作"大不块块、大不嗨嗨、大不奶胎、大儿化之"。

大老二 dalaoer 小偷：～脸上又没有长字，哪个晓得嘛！

大笼大垮 dalongdakua 衣着大套，极不合身。

大脑壳 danaokuo ①有权势、名望的达官贵人：人家老汉儿就是～。②斧子的别称：～劈柴来势。又为"毛铁"。

大嬢 daniang 大姨（妈）。成都童谣："星宿子，星宿子，关门炒豆子。豆子香，请～，豆子臭，请大舅。大舅不来幺舅，幺舅不来关门咒。咒得幺舅不出门，咒得家婆肚皮痛。抓把米来包块粽，家婆吃了就不痛。"

大蜞蚂 daqiema 牛蛙。

大清早 daqingzao 清晨，一大早：奶娘～就出门了。

大生 dasheng 满整十岁的生日：与～对应的有小生。亦作"整生"。

大声破嗓 dashengposang 声嘶力竭：～吼啥子！

大声武气 dashengwuqi 放开嗓门儿（讲话），说话声音很大：轻言细语要不得，硬要～地吼！亦作"大声高气、高声大气"。

大十字 dashizi 十字街口：～那边有举旗旗儿的。

大套 datao 宽大。往大处说，往大的方面说。

大天亮 datianliang 清晨时光，日光出正。成都童谣："月亮走，我也走，我跟月亮打烧酒。烧酒辣，卖黄蜡，黄蜡苦，卖豆腐，豆腐薄，卖菱角，菱角尖，尖上天，天又高，好磨刀，刀又快，好切菜，菜油清，好点灯，灯又亮，好算账，一算算到～。桌下趴个大和尚，捞起棒棒撵一趟。"又为"大天白亮"。

大团结 datuanjie 指十元钱一张的人民币。

大鹅蛋 dawodan 喻指得零分：（考试）得了～，还好意思说。亦作"零蛋"。

大小 daxiao 长幼：君臣父子，进了家门就要分～。

大鸭子 dayazi 鹅之别称：我们喊～叫"偎偎儿"。亦作"长颈项"。

大枕头 dazhentou 可睡两人的圆形枕头，里面装米糠或稻谷，两头绣有荷花：～形同大木棒，故又称为"棒棒枕头"。

大指拇儿 dazhimur 大拇指，老大。成都童谣："～哥，二指拇儿弟，中间三，后老四，幺嘟巴儿，不争气！"亦作"老指拇儿"。

大嘴老鸦 dazuilaowa 鸦，读"挖"。比喻特别能吃白食和能说会道的人：～，说话叉巴。

嗒 da 口舌作声：架势～嘴儿，是不是心头不安逸嘛？

哒 da 语气词，作"了"用：这片地的庄稼，都被毛虫咬光～！

搭 da ①配搭：割净肉兴～骨头。②放，披：衣服～在肩膀上。③架：牵线～桥。歇后语："～起梯子上天——没门儿。"④支。民间俗语："～起梯子捞挂面（趣称面条太长）。"⑤乘、坐：～龙船。歇后语："恶婆娘～飞机——歪上了天。"成都童谣："月亮弯弯像条船，合江亭边～花船。花船宽，花船长，坐起花船喜洋洋！花船开，花船快，坐起花船好自在。"⑥罩，盖：～件衣服睡，免得着凉。

搭伴儿 dabanr ①结伴：～同行。②伴宿：我们干脆～住算了。

搭白 dabei ①乱插话：人家谈正事，你去～，不就是逗起在闹！②为接近他人而找话说，喻套近乎。歇后语："癞子死妈——不～。"

搭带头 dadaitou 带头：搭配的人或物。①配销次品：割坐臁儿～，哪个兴的哦！②旧时指携带前夫子女改嫁。

搭个手 daguoshou 帮个忙。成都民谣："为人难开求人口，望你先生～。你不搭手我不走，拼个老鸹等死狗。"亦作"搭块手"。

搭伙证 dahuozheng 上世纪六七十年代极困难时期发给个人的一种粮食凭证，凭此可以在单位伙食团搭伙吃饭。后指"成都粮票"：凭～买饭票。

搭仆爬 dapupa 跌跤：十字街头～，分不清东南西北。又为"搭扑扑"。

搭野白 dayebei 借故搭话：～的人真是讨厌。亦作"搭飞白"。

搭子 dazi 麻将术语，同桌玩友：老～。

达拢 dalong 到达：坐56路（公交车）一下就～沙河大桥了。

跶 da 跌倒，摔倒：～了一跤。

跶倒 dadao ①摔跤：美羊羊乖，～了都没有喊痛。②喻犯错：哪里～就从哪里爬起来。

挞谷子 daguzi 收割水稻，打谷子：～抬拌桶来。

挞桶 datong 脱粒谷子的拌桶：现在都用滚筒脱粒机了，累人的～便搁在了一边。

奋 da ①垂下。顺口溜："猪二爸，耳朵～。"②低头，埋着头：～起脑袋装瓜（傻）。

打 da ①表示行为的动词，做，走：～哪儿去? ②形容词，比方，假比：～个谜语。③敬酒：善长同志刚才又～了一圈。④转让：铺子刚刚～出去。⑤切、割、剖等。歇后语："菜刀～豆腐——两面光。"

打喝了的 daangliaodi ①名声在外：马耳门这个经纪人，在川内演艺界是～。②喊明叫响，光明正大：不是悄悄地干，是～。

打拗卦 daaogua 喻不合流，闹别扭：遇事就～，二天哪个还敢找他。

打跰跰 dabaibai 独脚跳。成都童谣："～，跳过街; 跳过街，打跪跪。"

打摆手 dabaishou 招呼人。成都童谣："街街走，～。"

打板板 dabanban ①指挨打，用板子打屁股。②学打金钱板。

打板板球 dabanbanqiu 挥舞板子（本质球拍）打球。板球用羽毛制作，像键子。

打帮锤 dabangchui 帮别人打架，又为打群架中的助战者：～的娃娃还有边花儿跟窝窝儿他们几个。复句：打帮帮锤。

打包攻 dabaogong 一种打架斗殴的方式，即紧紧抱住近似于摔跤。

打饱嗝 dabaogei 打嗝，喻吃饱饭后翻胃气：都～了还在胀（撑）。歇后语："钟馗～——肚皮头有鬼。"

打褙壳儿 dabeikuor 壳，读"阔"。用糨糊把旧的布条一层一层地粘贴在平坦的木板上，然后晾干：～做鞋子。亦作"打布壳儿、打壳子"。

打比说 dabishuo 打比方，假如：~你去了趟三倒拐。

打边鼓 dabiangu 侧边上帮忙、扎起：~的人可多了。

打飚腔 dabiaoqiang 跑调：左喉咙，唱歌~。

打标枪 dabiaoqiang 拉（屙）痢疾。即泻肚时，大便像水一样喷射出来：肚子痛，~。又为"打镖枪"。

打脉 dabing 打烂，打裂：脑壳遭坏蛋打~了。脉：脉口，裂口。亦作"打迸，打开花，打冒烟儿"。

打玻板 daboban 放幻灯片：~看《小白兔跟大灰狼的故事》。

打不伸 dabucheng ①计较得失，缩手缩脚：众个教他，手都还是~。②麻将俗语，计较输赢：光赊账，~嗦？③舅子，趣称妻子的兄弟：大邑县的人把弯子叫作~。

打不出喷嚏 dabuchufenti 喷嚏，读"愤嚏"。遭受冤枉，有理说不清，喻指吃哑巴亏：老几吃了亏反而~。

打不过调 dabuguotiao ①指时间不合适。②反应迟钝，脑袋不灵活，摸不着魂头，死板，不灵活：脑壳~。又为"打不到调"。

打不湿 dabusi 弄不湿：~就打不脏，扭不动就扭不干。

打不脏 dabuzang 弄不脏：干净水，~衣服的。

打猜猜 dacaicai 猜测，猜想，估谐：蒙着口袋~。歇后语："隔口袋买猫儿——~"

打撮撮 dacuocuo 临时顶替：我耽搁一下，帮我打哈撮撮哈！亦作"顶倒、打撮撮火、打撮撮鱼、撮一头"。

打敞 dachang ①敞开：掀开盖盖，~。②不套罩衣：毛衣~穿。

打伸 dacheng ①伸直：脚~，好穿袜子。②慷慨大方：马耳门的手是~了的。

打艳拳 dachongquan 说谎话，无中生有：他在~未必你也跟到闹？

打杵 dachu 指抬（背）物临时休息时，使用支撑重物的T字形工具：棺木抬起~。亦作"打杵子、拐杵子"。

打捶 dachui 斗殴，打架：~格孽的娃娃不乖。民间俗语："两口子~是常事，隔壁子劝的是多事。"成都童谣："张大哥，李大哥，出门朋友多。你~，我来拖；你拍手，我唱歌。有饭大家吃，有酒大家喝。"歇后语："瞎子~——大家都不松手。""猪~——光使嘴。"

打捶角逆 dachuiguonie 打架斗嘴。

打春 dachun 立春，天气转暖：~下来，花菇就该起芽芽了。

打打行 dadahang 练武打之行当。多谓武术界或川剧团里的行话。

打倒 dadao ①引申为工作出错，失败，丢失，生意整垮做不成等：饭碗~。

②掉头，转身。歇后语："牵倒不走，～倒退——犟牛。"

打倒葱 dadaocong 栽跟头，倒栽葱。成都童谣："斗虫虫，咬手手，虫虫飞到家婆菜园头；吃了家婆一棵菜，气得家婆骂'精怪'；吃了家婆一棵葱，气得家婆～。"

打得伸 dadeicheng 手掌完全伸开，比喻慷慨大方：人家请客～。

打得滑 dadeihua 形容脑壳灵光，小聪明：弹子盘脑壳～。

打得粗 dadeicu 过得简陋，粗犷，生活或工作能力强，能够适应环境。

打灯笼 dadenglong 照灯笼。歇后语："半天云头～——高照（招）。"

打底子 dadizi 铺底，垫底：蒸排骨最好用红苕或洋芋～。又为"攞底子"。

打吊线 dadiaoxian 跟踪：派人～。

打叠停当 dadietingdang 处理妥当。

打店 dadian 住旅店，歇客栈。歇后语："乌梢蛇～——长（常）客。"

打顶张 dadingzhang ①彼此顶牛，互相对立，顶着干。②麻将俗语，顶（跟）着上家的牌打（出牌）。

打定张 dadingzhang 麻将俗语，防止出牌之后变动张子的打法：血战到底～。

打胴胴 dadongdong 打光胴胴的简称，指不穿衣服，光着上身：大庭广众下～，极不雅观。亦作"打光把肋儿、打光董董、打侗侗、打董董"。

打逗凑 dadoucou 在别人忙得不可开交时去凑热闹，添乱子：添麻烦，就是～，人家肯定就不欢迎。又为"打斗凑"。

打毒 dadu 除去毒素，去毒，排毒：绿豆还有清热、～的功效呢！

打趸卖 daduimai 整批卖出：东西～就相因（便宜）。

打趸买 daduimai 东西整批买进：图便宜就～。

打堆 dadui 也叫"打得拢堆"。互相接纳，成为好友：吃得亏，好～。

打堆堆 daduidui 聚集，围在一起，伙倒玩耍或看稀奇，或讨论问题等。

打硬百 daenbei 扑克牌的一种玩法，近似于"甩二"：午间休息我们～。

打嗯腾 daenteng 不乐意，喻中途停顿，松了一阵：你都闪了板，人家不～才怪了呢！

打儿窝 daerwo 喻指向窝中掷石或投钱币，中者即可生子。成都童谣："拣起石头～，定会打出小哥哥。"亦作"打儿洞、打儿岩、打儿崖"。

打发 dafa ①了结，安顿：早点儿～娃娃睡，就好安心要了。②遣：～人送去好了。③嫁女：郑家小女～给了马村的马老么。④送给：新郎大大方方地～送亲者一人一只新碗。⑤施舍：善人见了告花子，多少都要～几个。

打翻天印 dafantianyin 过河拆桥，忘恩负义，恩将仇报：老几的翅膀长硬了，敢~了哦!

打飞 dafei ①吓跑，打跑：二流子遭~了。②麻将俗语，输钱：人和钱都遭~了。

打飞白 dafeibei 与不认识之人搭话，乱招呼人：哥子~一整套。

打粉 dafen 抹粉，搽粉，化妆。歇后语："棺材头~——死要脸。"

打粉火 dafenhuo 川剧中神仙、妖魔鬼怪等特别人物出场，身后都有一团烟雾随锣鼓节奏出现。旧时又没有现代设备如烟雾机等，所以，打杂师一般都要学会~的技艺。即用磷与硝以及松香等物合成，神仙、妖魔鬼怪出场时，打杂师打出的粉火，缕缕青烟，飘拂飞扬。若没打好，又是浓黑烟又是火苗蹿，这样就会被人称之为烧阴阳火。

打个铲铲 daguochuanchuan 气话。①不愿意继续干：兔子都跑了，还~！②麻将俗语，喻无法再玩下去的意思：膀子莽抱（报）起，这牌还~！

打个左 daguozuo 调换：我的房子给老罗的~。

打更 dageng 失眠之借语：昨夜不晓得咋的，我又~了。

打瓜 dagua 将剩余物品一次卖出或全部搜刮，多见赶场天廉价趸买（剩余不多的）便宜菜：哪个来，红若=卖｜~的东西要相因得多。又为"打刮"。

打官司 daguansi ①告状，诉讼：你莫怕，~告他。②小孩游戏，结草斗胜：走，扯官司草~耍。

打惯伺 daguansi 因袒护过多，长时间养成的不良习性，一时难改。

打滚 dagun ①加倍，翻一番：~成了跟斗利。②娃娃家耍脾气，赖（躺）在地上来回地跂：耍横~哇？看你妈回来咋个收拾你！③比喻长期置身某种范围内。亦作"打滚儿"。

打滚龙 dagunlong 到处混吃混喝，视同叫花子：~的烂眼儿。

打过广的 daguoguangdi 出过远门，见过世面，见多识广者：人家在江湖上~，哪怕你这几个虾子娃娃。

打过河 daguohuo 转手买卖，多指投机倒卖商品赚钱：旋买旋卖~，小钱就到手了。

打裹搅 daguojiao 吃抹和，占便宜，搅和等：~腾倒吃。

打哈儿滚儿 dahargunr 打个滚儿：钱放在股市头~就翻一番。

打哈哈 dahaha ①假笑：空口~，笑死个人。②哈哈大笑。歇后语："哑巴~——说不出来的欢喜。"③虚假承诺，假应答：乱~。

打黑猫儿 daheimaor 摸黑：煤油灯熄了，只有~。

打滑 dahua ①油腻吃多了，肠胃不好的表现，多指拉肚子，腹泻。②事情办砸，失手，工程流标等。③地滑站不稳。

打恍子 dahuangzi 虚晃一下：马玲不认真听课，到一边～去了。又为"打慌、打晃"。

打伙 dahuo ①合伙，伙着做事：～做事｜～成一家。②一起出力、出钱：大家～凑份子。复句：打打伙伙。

打火 dahuo 扑火，灭火。

打呵咳 dahuohai 呵咳，读"豁咳"。①张口欠伸，打呵气：～，瞌睡来了｜～要传染，不信就告（试）。歇后语："老孃儿～—— 一望无牙（涯）。""狗～—— 一张臭嘴。"②招惹女性：诱皮寡脸，乱～。③干不好的事：伙倒招摇撞骗的人乱～，总要背时嘛！又为"打呵欠"。

打挤 daji ①形容拥挤。②挤在一处：我和妈老汉儿～住在一起的。

打机 daji 搞假，作弊，扯谎，乘人不备出手：乔瑜打牌最喜欢～了哈！

打几个家的滚 dajiguojiadigun 翻若干倍：～岂不成了利滚利了吗？

打急抓 dajizhua 事到临头才开始动手、行动：临时～的事，都有点皮面光。

打假岔 dajiacha ①转移话题，故意把话岔开或把真相掩盖起来：我们谈正事，少来～！②用语言或行为欺骗人，说假话，找借口，做假：老几故意在那儿～。川剧《目莲戏》中，目莲之母刘氏四娘因斋戒时开了荤，在地狱中饱受百般折磨。其中，有小鬼用钢叉掷其身体。旧时表演这折戏时，头三天便登出广告，说这段戏中的武器均用真刀、真叉等，大肆渲染其血腥刺激，吸引观众眼球，同时也表明演员技艺水平的高超。不过，大多数在表演钢叉掷刘氏身体时，为了绝对保障演员的生命安全，均用假叉。于是，～便成为成都人喻做假之俗语。亦作"打假叉""打尖"。

打尖 dajian 吃零食，正餐之前吃点点心之类的东西充饥：～，垫肚子。

打金钩钩 dajingougou 小孩间的信誓：互用幺指对勾，口中念念有词，相互承诺，表示守信永不反悔。成都童谣："金钩钩，银钩钩，保守秘密打钩钩；你不说，我不说，保证大家都不说。"

打金章 dajinzhang ①旧时的武术擂台赛，按奖章分类有蓝章、银章和金章：青羊宫花会期间要～。②"金"谐"惊"音，故比喻惊慌：看到梭梭（蛇）就～嘛！亦作"打经章"。

打圈 dajuan ①母猪发情：猪～，配得种了。②比喻只说不做。歇后语："老母猪～——光使嘴。"

打敲敲儿 dakaokaor 敲，读"考"。长牌的一种玩法。

打空仓 dakongcang 麻将俗语，身上不揣钱来玩牌。

打空手 dakongshou 失礼之表现，两手空着去探视病人等：走人户不带礼物，未必～，我做不出来哈！亦作"打甩手"。

打烂 dalan ①换小钞，钞票找零：帮我把耿票子（百元大钞）~一下嘛！②打碎、打坏：霉到住了，一大早就把碗~。成都童谣："黑不拢笼耸，猫钻灶孔。太上老君，~水桶。"

打烂砂锅问到底 dalanshaguowendaodi 形容钻牛角尖。

打烂水桶 dalanshuitong 喻指事情办砸。民间俗语："不懂装懂，~。"

打烂条 dalantiao ①凑合，做傻事：振作起来，不能再~了。②喻指出馊（坏）主意：一个~的家伙。

打烂仗 dalanzhang ①落魄：关老爷还有~的时候呢！②到处骗吃、骗喝，喻指滚龙之类的社会渣滓：混世魔王到处~。

打来吃起 dalaichiqi 把别人的东西据为己有：借了人家的东西紧倒不还，猫儿起麻起的，想~嗦？

打来哑起 dalaiyaqi 让人开不了腔，无从争辩：一句顶心的话，就把老几~了。

打老庚 dalaogeng 结交同龄朋友：找我~的基本上都是儿时的同学。

打理扯 daliche 乱来一气或懒散等：上班~就要挨起。

打李子 dalizi 口吃，结巴。歇后语："说话——吞吞吐吐。"

打滑 dalia 滑，读"俩"。①滑脱，丢失：刚到手的活路，又~了。②麻将俗语，错过和牌的机会或打错了牌：看嘛！二万遭~了。③把快成功的事情搞砸，犹如东西摔坏：许多好事都遭莽子弄来~。

打摞边鼓 daliaobiangu ①假支持，假心假意地做事，摆担子：组长都~了，其他人不跟着闹才怪。②起哄：伙倒闹，是不是想~嘛？③不帮忙，反打岔：正事不做，~却扎劲得很。

打啰啰 daluoluo ①说话不清楚：结巴子说话~。②哆嗦，发抖：啥子胆子哦！看到耗子都在~。

打麻纱 damasha 搓麻绳。成都童谣："张打铁，李打铁，打把剪刀送姐姐。姐姐喊我耍，我不耍，我要回家~。"

打麻扎 damaza ①趁别人转眼的工夫行事：~，混堂子。②不小心，不谨慎：一~就出乱子。

打麻子眼儿 damaziyanr 黄昏时刻：天都~了，快些走。亦作"麻麻黑"。

打冒诈 damaozha 欺诈，行骗：他~拈伙食遭逮了。

打猫儿心肠 damaorxinchang 喻指在女人身上使坏心肠，整人害人或存歹意。歇后语："耗子别左轮（手枪）——起了~。"

打梦觉 damongjuo ①脑筋突然短路而疏忽致误或忘记什么，喻粗心大意：一~就闯祸。②偷空抽身，开小差：上班时间没有哪个~的。又为"打梦脚、啄梦脚"。

打米碗 damiwan 做饭舀米的量具，比喻准绳，有衡量的标准，有主意，能把握住环境：心中有个~。

打泌头儿 damitour 溺水：潜水~。又为"栽泌头儿"。

打摩登儿粉 damodengrfen 摩登儿粉，即时髦女郎用于打扮的粉：要脸上不显皱纹，就要~。亦作"打摩登儿"。

打脑壳 danaokuo 酒醉上头，头重脚轻的样子：跟斗儿酒~，晓不晓得嘛!

打闹年鼓 danaoniangu 春节玩锣鼓：说起~，几爷子扎劲慌了。

打泥巴仗 danibazhang 喻指栽秧男女在田间唱完山歌之后，互掷稀泥，戏耍寻乐，后发展为玩泥打仗：其实我们小时候也经常~耍。

打喏喏 danono ①因害怕、寒冷、恐吓而使说话含糊不清：吓得~。②随声附合：每次开会都~，自己也没有主意。

打配合 dapeihuo 相互合作，配合工作：老同志积极~的态度值得称赞。

打皮 dapi 去皮。多指削掉黄瓜、冬瓜等蔬菜的皮。

打偏偏 dapianpian 偏偏倒倒，走路或站立不稳。成都童谣："家公家婆，骑马过河。家公落水，气倒家婆；家婆告状，气倒和尚；和尚念经，惊动观音；观音打鼓，惊动老虎；老虎下山，捡顶皮毡；皮毡戴起，就~。"

打平伙 dapinghuo 凑钱吃饭，或购物下来大家平摊费用：AA制就属于~。亦作"碗头开花、盘子头开花、见筷子出钱"。

打飘飘儿 dapiaopiaor 无把握的投资：眼看他那几个鬼打钱都拿去~了。

打破锣 dapoluo 敲破锣，喻持不赞成主张或反对意见：走开! 请不要在这儿乱~。

打铺盖 dapugai 揣被子，掀铺盖：睡觉不老实，半夜家直顾~。

打噗鼾 dapuhan 打呼噜。歇后语："没睡~——装迷糊。"

打启发 daqifa ①原出自四川总督赵尔丰下野后策划兵变所用口令。即乱兵借军库空虚，饷银不能按时发放，便肆意抢劫、掠夺财物：散兵游勇乱~。②现多指占便宜，吃魁头之类：正事不做，只晓得~。

打秫秫 daqiaqia 抽空，打时间差偷空做事：我是~出来的哦!

打亲家 daqinjia 认亲：想~的无缘分，不想的嘛又遭拉了保保去。

打秋风 daqiufong 占便宜，混吃喝：成天~岂不成了告花子。

打圈圈 daquanquan 挽圈，缠绕。歇后语："灯草~——莫扯（喻不要胡扯）。"

打让手 darangshou ①照顾，优惠：蒲国金买大丰的房子，想喊钟老板~，不晓得行不行? ②略放一马：多谢大哥~才有今天翻梢的机会。

打燃火 daranhuo 用恶劣的态度对人训斥：仗了大笨，他不~未必喊我去?

打绕张 daraozhang ①不正面交锋，旁敲侧击绕起来。②麻将俗语，划船战术，绕起出牌，避免点炮。

打热帕子 darepazi 为就餐客人递热毛巾：到成都公馆菜吃饭，人家是先上茶、~，然后再说点菜。亦作"打帕子、递毛巾"。

打伞 dasan 撑伞。歇后语："驼背子~——背湿（背时）。"

打散 dasan 换小钱，找零：老人头（百元大钞）刚刚~，就只剩几块（元）了。

打三合土 dasanhuotu 合，读"活"。使用煤渣、黄泥巴和石灰三种混合物来铺地面：现在都不兴~了，铺路直接用沥青跟沙石就可以了。

打闪闪 dashanshan 发抖，脚软：脚~。

打上眼 dashangyan 原指把人或物放在眼里，喻看得起：他眼光高，根本就没把我们~。

打水漂漂儿 dashuipiaopiaor ①儿童游戏，即用瓦块之类的石块甩水漂，以远者为胜：~真好耍。亦作"打片子"。②喻投资失败，钱泡汤，有去无回。

打霜 dashuang 下霜：~天。

打太极拳 dataijiquan 相互推诿：定了的事情还要~嗦？

打台面 dataimian 为绷面子，展示实力而做的事情。台面：指在公开场合的举止很注意分寸，照顾到彼此的脸面。

打体育 datiyo 育，读"哟"。指参加体育活动：~，懂生活。

打掉 datiao 互相交换（位置）：要得好，就~。又为"打调"。

打条 datiao 出主意，想办法。歇后语："城隍老爷~——全是鬼点子。"

打铁 datie 打铁匠的简称。成都童谣："张~，李~，打把剪刀送姐姐，姐姐留我歇，我不歇，我要回家学~。一打金鸡来报晓，二打鲤鱼跳龙门，三打桃园三结义，四打四季保安宁，五打五子来登科，六打禄位要高升，七打天上七姊妹，八打神仙吕洞宾，九打五龙来治水，十打童儿拜观音。"

打头 datou ①打扮，扮相：他那副~，让人实在看不顺眼。②赌场抽头：赢钱他~，输钱他打油（溜掉）。

打头子 datouzi 截断话头进行斥责，或以势压制别人：~，带把子。又为"处人、撬头子、短纤口"。

打哇哇 dawawa ①逗小孩动作，手心捂嘴连拍发出哇哇哇的声音：做个游戏~。②迎合他人或装傻卖乖讲奉承话：他~是装疯，你~是看笑说儿。③打假叉，故意遮掩，随便应付：随口~。歇后语："小孩子~——说了不算。"

打望 dawang 瞭望，眺。又为"打望望儿"。

打望天凿 dawangtianchuo 读望天书：~，当望天猴儿。

打围鼓 daweigu ①一种曲艺类击鼓表演形式：街对门~，我们去看。②喻指川剧爱好者闲时聚在一起清唱：唱玩友~，多半都在茶铺或院坝头。

打瞎 daxia 斥人眼光短浅：几个小钱就把你的眼睛~了嗦？

打牙祭 dayaji 阴历腊月初二、十六的民间习俗，泛指吃肉或聚餐加菜，也为偶尔吃一顿好吃的。歇后语："正月十五~—— 一年一回。"

打眼 dayan 显眼，惹人注意：像你琳姐那样~的人，特别扯人眼睛诱人看。

打眼眼 dayanyan 打孔，钻洞子。歇后语："皮球上~——泄气。"

打阳尘 dayangchen 打扫灰尘，打扫卫生：过年~。

打野 daye ①无正式工作，游手好闲四处瞎逛：到处~，岂不成了野鹜。②捞外快：有本事~，就不怕人耻笑。

打一头 dayitou 走一趟，晃一眼，去看一下，即待片刻或短暂的停留：我们去金梅她们银杏园~就走。

打饮食 dayinshi 使积食消化：屎脬子壳壳~。

打阴砣子 dayintuozi 趁混乱场面偷着打别人：~的跑了。亦作"打偷偷捶、打偷偷火、打冷捶、打冷掟子"。

打约 dayo 约，读"哟"。约会：改天~哈！

打涌堂 dayongtang 形容人多而拥挤，犹如潮水涌流一般：顾客多来~。又谓"打拥堂"。

打雨点子 dayudianzi 打雨点，飘小雨：外头在~。

打圆凿 dayuanchuo 说好话：当面~，背后打破锣（说坏话），面子硬是挣够了。亦作"打圆促"。

打杂师 dazashi 旧时川剧班演出，舞台上没有幕布，且是独特的"一桌二椅"的写意手法，检场以及给演员饮场（现场喂水）等事，均由检场者现场完成，故称~。一个好的~，除了需要勤快、机灵外，还要懂得戏。否则，桌椅的安放次序，跪垫何时抛出等事宜，便成为问题。

打脏 dazang 弄脏，整脏，东西上沾上污垢：衣服~了。

打炸雷 dazhalei 打大雷，霹雳雷。歇后语："半天云头~——惊天动地。"

打张 dazhang ①喻指上水船人力不胜，船身外张：船~，不要慌。②理睬：小病不~嘛，谨防拖成大病哈！

打整 dazheng ①打扫，整理，收拾：~卫生。歇后语："黄泥巴捏的——天晴落雨都难得~。"②对付，收拾。民间俗语："不要命的好~，不要脸的就不那么松活了。"③呵哄：两根棒棒糖就把娃娃些~了。④打发：一碗面就~了。亦作"打挣"。

打中张 dazhongzhang 麻将俗语，出位于中间的牌："心头慌，~。"

打组织 dazhuzhi 球场术语，组织指挥：明天篮球比赛，任崇锐~，李清华当后卫。

打转来 dazhuanlai ①杀回马枪：狡猾的敌人又~了。②还手：人家打了你们不对，你们~就更不对。

打转身 dazhuanshen 掉头，回头走。歇后语："走拢船码头（渡口）~——是想不过。"

打转转儿 dazhuanzhuanr 绕圈子：丁丁猫儿，~。歇后语："老牛推磨——原地~。"

打攉攉 dazhuozhuo 发抖：一根耗子就把你吓来~，硬是一个胆小鬼哦！

打嘴巴仗 dazuibazhang ①成都一民间风俗，即新女婿刚上新娘家门时，要受到讥讽挖苦，考验其思辨能力和敏捷程度：新姑爷有肚量，不怕~。②吵架：~有劲，做活路就莫劲。

打左 dazuo 交换，调换：同意~就不要嘴嘲（反悔）。

带 dai ①养育，照顾：~娃娃儿。歇后语："鸡~鸭儿——帮干忙。"②带领。文联俗语："宁~千军万马，不~歌舞耍杂。"

带把子 daibazi 嘴巴说话不干净，语言粗鲁不文明：他啊，说话老是~！

带带 daidai 绳子，带子。成都童谣："~，蛇咬脚，你变乌龟我来捉。"亦作"带带儿"。

带儿 daier 养育儿女。歇后语："百岁~——难得。"

带过 daiguo ①造下罪孽：多积德，少~，为人之根本。②替人受过：他替人~，是冤枉的。

带幺 daiyao 麻将俗语，搭子组合中的一张牌均为一或九的数。

带息 daixi 影响，牵连。

带胁 daixie 连累：自己犯的事，自己去乘倒，何必~他人嗬？亦作"带絮"。

带长 daizhang 夸大事实：~的话就叫添油加醋。

逮 dai （读去声）逮到、抓、拉、握、捉住等：~贼娃子。歇后语："坛子头~乌龟——手到擒来。"

逮电报猫儿 daidianbaomaor 一种捉迷藏的玩耍方法：被抓人只要喊"电报"二字，就能顺利逃脱。

逮耗子 daihaozi 抓老鼠：猫儿~（的游戏），来不来？

逮蹴蹴猫儿 daijiujiumaor 一种捉迷藏的游戏：在逃跑的过程中，只要蹲下就算躲过，均不能被抓。又为"逮跍跍猫儿"。

逮矇儿 daimengr 儿童游戏，捉迷藏：要~的这边来，跳橡筋的那边去。歇后语：“操坝头～——无处藏身。”又为“逮猫儿、藏猫儿、矇猫儿”。

逮藏藏猫儿 daiqiangqiangmaor 藏藏，读“墙墙”。捉迷藏：孟颖、小毛，还有我们姐，约好了今晚在37幢～。

逮雀儿 daiqueer 捉麻雀：～耍哇，谨防二天（写字）手手抖哈！

逮水爬虫 daishuipachong 抓一种在水里爬行的昆虫：大观堰头好～。

逮偷油婆 daitouyoupo 抓蟑螂：～要放诱饵。

逮贼娃子 daizeiwazi 抓小偷：昨晚有人喊～。

单被子 danbeizi 薄棉被：天热了，换床～来?

单边 danbian 走神，想到一边：脑壳～。

单打一 dandayi 一个对一个：～下来看比分。

单单儿 dandanr ①收据，单据：把～捡好，回去好报账。②布单，床单，单子：侧边台台儿挠～遮一下。

单调 dandiao 瘦削：美女个子高，～得好。复句：单单调调。

单吊 dandiao 麻将俗语，听其一张与自己手上相同的牌：～九万。亦作“单耍”。

单飞 danfei ①单身，未婚青年。②独立完成任务。

单脚利手 danjuolishou 形容没有负担之人：～好做事。

单另 danling ①另外：这事～再说。②单独：他一个人～来的。③棋牌术语，重新：这盘不算，～来过。亦作“通零”。

单行道 danxingdao 麻将俗语，只有一家要这种花色的牌：运气来登，走～。

担 dan 挑。歇后语：“～砂罐跸跟头儿——没得一个好的。”

担担儿 dandanr 担子，挑子。歇后语：“剃头匠的～——一头热。”

担挑挑儿 dandiaodiaor 挑挑儿，读“叼叼儿”。挑担子：～卖杂货。亦作“担箩筐，担挑子”。

担怕 danpa 恐怕，担心：野生动物不保护好，~好多都要绝种咯。

耽过 danguo ①耽误：有病～不得。②请假：明天我有事，想～一下。

啖 dan 吃，慢咗：你们慢慢～，我先走了哈！成都童谣：“早晚刷牙切莫忘，切忌酸冷少～糖。牙齿雪白坚又牢，吃起饭菜喷喷香。”歇后语：“蛇～鼠，鹰～蛇——一物降一物。”

啖香香 danxiangxiang 儿语，吃香香，吃好吃的。

撢 dan ①拂尘。歇后语：“电灯杆绑鸡毛——好大～（胆）子。”②焯，入沸水略煮：马齿苋～一下，凉拌安逸！

撢脑壳 dannaokuo 壳，读“阔”。理发或修剪头发：现在～都叫“美容美发"了。亦作"掸脑壳"。

掸懂 dandong 弄清楚，搞懂。反之为掸不懂，搞不懂。

掸抖子 dandouzi 用鸡毛做的掸灰尘的用具。歇后语："～打人——筋痛。"
"～沾水——湿毛（时髦）。"又为"掸帚子"。

弹娃儿 danwar 脑袋不大开窍、不大懂事、好耍的小孩。皆用以形容不实在的
人。

弹子盘 danzipan 轴承，借转动灵活之意来形容人的脑瓜子聪明够用：～脑
壳。

胆水 danshui 点豆花儿、豆腐的卤汁，如同窖水：～点的豆花儿比石膏点的嫩
气。

汩 dan 将菜在开水锅里烫一下，很快捞起。

淡泊 danbei 泊，读"白"。清淡，等闲。民间俗语："说得闹热，吃得～。"

淡瓦瓦 danwawa 形容味淡。

当 dang 做。歇后语："玉匣记（东晋道士许真君编著的一本预知祸福、趋吉
避凶的书）～枕头——梦啥说啥。"

当顿 dangden 代替饭：啃个锅盔就～了嗦?

当客 dangkei 做客：天天～吃福席。

当门 dangmen 门前：门～说过的话，咋转眼就忘了嗬?

当面鼓当面锣 dangmiangudangmianluo 当面明说：～的，大家都明白。

档档儿 dangdangr 用木头做成盆状的，有长柄的粪勺或舀水的工具。歇后
语："瓢羹儿舀粪——不是个～。"

档子 dangzi 舞台幕布：拉～。

凼凼 dangdang ①圆形的深沟或沤肥的小坑：～头有蛆儿子。②水坑，也泛指
坑：水～。亦作"氹氹"。

挡倒 dangdao 挡住，遮到或拦住等：～老幺，不要他撵路。

挡头 dangtou 床头遮栏，栏杆：拉线（开关）就在床～上。

刀刀儿嘴 daodaorzui 喻指说话不饶人：即便是～，也不可畏惧。

刀儿磨得风快 daoermodeifongkuai 麻将俗语，有备而战，喻大干一场，猛
割（和牌）：～，一来就吃三家。

刀儿肉 daoerrou 腌制好的腊肉、酱肉，形同条块状：～看到都安逸。

刀儿匠 daoerjiang ①屠夫，旧时以卖猪肉等为生的人：口子上有个叫贾一刀
的～。②比喻麻将高手（刀儿磨得快）的凶残相：～割牌凶。

叨 dao 骂，绝人：小娃娃儿不要学着～人。

叨嘴 daozui ①唠叨：～婆。②挑食：～娃娃不好生吃饭。

到住 daozhu 到头，到顶，表示到了最高程度：把人整～的坏家伙。

道道 daodao 印痕，路子。歇后语："缺牙巴啃西瓜——～多。"亦作"路路"。

道横 daoheng 章法，规矩，本事等：老几的～大着呢!

道理 daoli 约束。理，拘束。民间俗语："人横有～，马横有缰绳。"

道谢 daoxie ①谢绝：啬家子请客，～了!②致谢：吃了主人家的饭，该说声～再走咖!③逝世之讳称：王太婆，张大爷给你～来了。

倒 dao 铸造，将铁水等浇入模子成型：～铁锅。

倒床 daochuang ①睡觉：太累了，～就睡。②病重，卧床不起：～不起。

倒倒和 daodaofu 和，读"浮"。麻将俗语，推倒和：我们来打～。

倒硬拐 daoenguai 硬，读"摁"。突然转弯：走得好好的，咋一下就～了嘛?

倒硬桩 daoenzhuang ①僵直倒下，硬叱叱地倒下。通常为川剧武生或习武人的一种基本功（技巧），系舞台技艺之一。转义为技巧高：～是高难度的动作。②结结实实地摔了一跤：啪嗒一下就～了。③硬着头皮遭受损失：这盘亏了，逼到人～。又为"倒硬人儿、倒僵尸"。

倒饭 daofan ①倒胃口，饭溢出。歇后语："甑子爆箍箍——～。" ②好事打倒，丢人现眼：事做得太～了。③借喻失业：他的技术在那儿，～了仍然饿不了饭。④喻失误，糟糕，戳出：这一着就～了。

倒瓜不精 daoguabujing 假聪明：凭啥子说人家～的嘛? 又为"倒憨不痴"。

倒拐 daoguai ①转弯，拐弯：倒右拐转右弯，倒左拐转左弯，转弯～搞不赢 | 抵拢～。歇后语："长安桥（温江区一桥名）～——蒜市（温江区一街名，谐音算事）。"②出错，中途变卦或改变办事方向寻找其他途径：几爷子～了，事情憨憨办砸。

倒拐子 daoguaizi 胳膊肘儿，手肘。歇后语："～撞人——筋痛。" "～长毛——老手。"亦作"手拐子、手拐拐"。

倒茧皮 daojianpi 指甲周围脱开的细长的皮或倒刺，碰到会痛：～好生扯，免得流血。又为"倒篢皮、倒欠"。

倒毛 daomao 比喻翻脸不认人。歇后语："抱鸡婆栽跟头儿——～。"

倒欠 daoqian 倒差：账算下来你还～别个几十块。

倒瓤 daorang 指瓜果熟透之后，瓤子已经开始变腐（烂）。

倒糖饼儿 daotangbingr 将熬制成焦灼状的红（蔗）糖倒在案桌的油石板上，

插上一竹签，冷却后即可食用。糖饼儿又称糖画，系民间艺术的种类之一。通过艺人们的巧手还可绘制出关刀、龙等各种图案，然后将其插在草桩上招摇过市。一旦被孩子们看见了，艺人就会将一竹篓放在你面前，里面存有一至五十不等的牌子，使一小钱便可摸上一手，运气好的摸到大数便喜笑颜开。还有一种转轮方式可任其选择，即用手刨动案桌上转盘上的竹签，待箭头所指图案的糖饼儿就归自己：等～的来了，我们去转（买）个大龙哈！又为"转糖饼儿、铸糖饼儿、糖画"。

倒贴 daotie 倒补：娃娃跟你，不～几个咋个办喃？

倒右拐 daoyouguai 往右拐弯：～的地方有指路牌。亦作"倒右手"。

倒栽桩 daozaizhuang 倒立，翻转身体，喻指武生头朝下练功：翻跟斗要练～。

倒桩 daozhuang 倒下，身体栽倒，喻指被酒醉翻。

倒左手 daozuoshou 往左拐弯：汽车～了。亦作"倒左拐"。

得儿转 derzhuan 很快地旋转：牛牛儿护得～。"得儿"表程度语气词。用途较广泛，喻很、极等。

得行 deixing 应答语。同意，可以，能够办到。形容能干：你还～呢！

得意慌了 deiyihuangliao 得意到了极点：穿件新衣服～。

得应 deiying 答应：咋不开腔喃？～到嘛！

顿 den 放，搁：把砂锅～倒那儿。亦作"垛"。

敦敦儿 dendenr 高跟鞋：～穿起好洋盘。

等到哈 dengdaoha 在川语中含有很大的玩笑成分，喻戏谑味十足：我要去？你～！

等哈哈儿 denghahar 等一会儿：～我去找她。

等舠了 denghouliao 等待的时间太久，呈口干舌燥之惨相：太阳坝头～。

等于圈圈 dengyuquanquan 等于零：说了半天～。

登 deng 表示程度的最高级。①麻将俗语，犯瘾到极点：牌瘾来～了。②顶点，显强烈或更好。歇后语："三月间的樱桃儿——红～了。"亦作"登了"。

登笃 dengdu 笃，读"犊"。形容身材高大，体魄健壮，结实丰满：～的小伙子。复句：登登笃笃。亦作"敦笃、笃实"。

蹬 deng 踩。歇后语："矮子～高脚狮子——高跷。"

蹬打 dengda 拳打脚踢，形容能把握环境，站住脚。

磴磴儿饭 dengdengrfan 盒子饭：～一敞气，皮面上就有一层硬壳壳。

凳凳儿 dengdengr ①板凳：桌子～摆归一就喊请。②鞋后跟，多指高跟鞋：～那么高，看踎倒脚。

凳子 dengzi 无靠背，供人坐的板凳：圆～｜方～。

灯草 dengcao 做煤油灯灯芯使用的一种海绵状的草。民间俗语："说得轻巧，吃根～。"歇后语："一根～——无二芯（心）。""～打鼓——不响。"

灯草绒 dengcaorong 像灯草一样柔软的布料。

灯杆 denggan 电桩，电线杆：～上头有人。

灯笼火把 denglonghuoba ①照明之物：进山洞必须打～。②紧俏之物或难以得到的东西：打起～都找不到。

灯笼裤 denglongku 形似灯笼的大裤脚的筒裤：穿～的小丑出场了。

灯台 dengtai 立式台灯。歇后语："一丈二尺高的～——照得到别个，照不到自家。"

灯影儿 dengyingr ①皮影戏。民间俗语："～会走路，全靠线线在。"歇后语："～子上饭馆——人多不吃食。"②骨瘦体弱之人：一个～，一个罗汉儿，竟是鲜明对比。

灯盏 dengzhan 小煤油灯。成都民谣："月亮月亮光光，芝麻地头烧香。烧死麻大姐，气死幺姑孃。幺姑孃，不要哭，转个弯弯就拢屋。幺姑孃，不要哭，买个娃娃打鼓鼓。鼓鼓叫唤，买个～；～漏油，买个枕头。枕头开花，接个干妈；干妈脚大，打个卜卦；干妈脚小，二龙抢宝——抢起就开跑！"歇后语："～无油——火烧心。"

灯盏窝儿 dengzhanwor 喻像小灯碗一样的回锅肉：炒～要加甜酱跟蒜苗儿哈！亦作"灯盏碗儿"。

地坝 diba 院子：天热，请～头坐。

地包天 dibaotian 下齿包住上齿：买个狗狗儿是～。

地皮风 dipifong 喻指谣言：扯～的人遭逮了。

地瓜儿 diguar 凉薯。歇后语："木马山的～——又白又嫩。"

地老鼠儿 dilaoshur 鼹鼠：地滚子是～的别称。亦作"地瞎子"。

地皮子 dipizi 地方：西门一转的～，子默先生比哪个都踩得熟。

地塌 dita 地方：～变了找不到人。歇后语："叫花子捡银子——没得～放。"

地摊摊儿 ditantanr 无正规店铺，就地摆摊叫卖物品的摊子：但凡影响市容市貌的～，都要遭取缔。

地转转儿 dizhuanzhuanr ①陀螺：牛牛儿就是～。②形容个子矮：长得莫得桌子高，像个～。又为"地转子"。

递 di 传递，传送：～张帕子擦桌子。

递点子 didianzi 递眼色暗示：乱～。亦作"挤眼睛、眨眼睛"。

递拱子 digongzi ①暗示：有人在旁边～，就不虚火。②麻将俗语，出主意：侧边～，就要挨头子。

递话 dihua ①传话，带话：李家新～给裴亨喜，准备哪天约到老同学去协进母校。②恫吓：～给他，看他要咋子？

递拢 dilong 递到面前，送货上门：将就惯了，碗要～手上他才吃（饭）。

递条子 ditiaozi 传递纸条：上课给女生～，人家要笑。

的夺 diduo 指急促的脚步声：穿高跟鞋走路，～～的。复句：的的夺夺。又为"嘀嘀哚哚"。

滴滴儿大个 didirdaguo 丁点儿大：不要看到橘柑儿子～的哇，吃到还怪甜的呢！

滴点儿 didianr ①很少一点，极少量：～都不记仇。②形容很小。成都童谣："小蝌蚪，～，水里游，不害怕。它去听水声，它去会鱼虾，它去逐清波，它去摘浪花。一天又一天，蝌蚪长大啦，甩掉尾巴换新衣，长出四只小脚丫。忽然有天跳上岸，试试那个大嘴巴。要做农民好朋友，专吃害虫保庄稼。"又为"丁点儿"。

滴点儿嘎嘎 didianrgaga 东西啬味，少得可怜：病人只吃了～。亦作"丁点儿噶噶儿"。

弟娃儿 diwar 弟弟，趣指小兄弟。歇后语："老九的～——老十（实）。"

蒂蒂 didi ①嫩芽，幼苗，瓜蒂：老姐子栽的丝瓜都起～了。②喻指弱小，幼年。民间俗语："黄瓜才起～，就要翻船了嗦？"

抵 di ①到达：你们～拢草堂寺，我们再通电话哈！②抵住，挡住，顶：有我在这儿～起，你先走。歇后语："乌龟背石板儿——硬～硬。"③抵消：功过相～，办不到！④抵押，抵当：先拿块玉去～到，有了钱再赎回来。⑤交换：两张兔皮不可能～得到一张狗皮。

抵垮 dikua ①比下去：歌咏比赛，二班遭一班～了。②推倒，掀翻，挤垮：墙遭大货车～了。

抵拢 dilong 靠拢，到头：找文联嗦？～巷巷儿就到了。

抵拢倒拐 dilongdaoguai 替人指路之俗语，喻朝直走到底，然后再转弯：～就拢了。亦作"抵倒倒拐"。

抵满榫 dimansen ①满打满算，完全到位：～只有千把块（钱）。②下满注：

最后赌一把，全部押来~。③语言过头，无走展：老几话说来~了。

抵门杠 dimengang ①顶门杠：这个~太重了。歇后语："麻秆儿做~——经不起推敲。"②喻指顶梁柱：他是我们屋头的~。

抵起 diqi ①顶住，掩护：二班~，一班先撤。②顶替：他抓了个冒牌货来~。③抵挡。

抵事 dishi 顶事：土狗愣是~，贼娃子都不敢来了。

底底 didi ①底部：瓶瓶儿~漏了。歇后语："碗~的豆子——粒粒（历历）在目。"②无把握，心中无数：心头没有~，咋个敢接活路嘛！

底火 dihuo 老底：抽不得人家~哦！

底下 dixia ①下面：鼻子~就是路。②私下：~说的话不算数。亦作"脚底下"。

底下人 dixiaren 下属，手下，奴仆：这事喊~去办了就是，何必要劳驾您老嗬？

掂 dia ①提：~起裤子走。歇后语："马尾拴豆腐——~不起来。"②捉：摸狗儿抓错了，按倒人家~。

垫 dian 代替，填补：饿了先吃点东西~一下。

垫起 dianqi ①脚尖着地立起：~脚走路。②麻将俗语，帮忙垫钱：这盘是宋建朝帮我~的。

电棒 dianbang 手电筒。歇后语："~点烟——不燃（然）。"

掂 dian 用手测重量，掂量：请你~一下它有好重？

颠倒 diandao ①掉个头：车子~开。②调换：就这么一下，就~了。③翻转：把瓶子~过来，才看得到落的啥子底款。④易地而处。民间俗语："要说公道，打个~。"

颠颠 diandian ①尖尖上，顶端。②街口、巷子口等。

颠转 dianzhuan ①反而：你这一说，~成了我的错了。民间俗语：为好不讨好，~被狗咬！②调头，车转：~身来。

癫冬 diandong 糊涂，木脑壳，呆状：~了，分不到东南西北。复句：癫癫冬冬。又为"颠董"。

癫子 dianzi 精神病患者。歇后语："~说话——东拉西扯。"

点把点 dianbadian ①很少，一点点：剩~（饭），干脆一家一口把它加了。②喻指差距：只差~就撵到他了。

点灯儿 diandengr 亮灯，开灯：不~看不到。

点豆子 diandouzi 种豆。歇后语"田坎上～——一路。"

点蜡 dianla 点红烛，喻结婚，办喜事：好久～，通知一声哈！又为"点大蜡"。

点炮 dianpao 麻将俗语，放炮：牌家出的牌被别人和了称之为～。

点杀 diansha ①指定宰杀。该词出自成都好吃嘴儿，特指成都餐饮业或郊区农贸市场，对鲜活之鸡鸭现杀现买的经营方式：沙河堡那边有～的鸡咯咯卖。②定点捕杀。③点名批判或错误严重被清点理抹。

点水 dianshui 揭发、指认，出卖、告发。

叼嘴 diaozui 挑食：～娃娃不乖。亦作"挑嘴"。

叼嘴婆 diaozuipo 挑食者：又来一个～。

刁唆 diaosuo 教唆挑拨，进谗言：自己做自己的，不受旁人～。又为"叼唆"。

刁嘴 diaozui 使嘴巴劲：嘴嚼嚼，找个～的来跟你打盘口水仗。

吊 diao ①侦察，跟踪：他喊我把你～到的。②吊儿郎当：小伙子些莫要～，有人喜欢有人要。③悬挂。歇后语："半天云头～碓窝——高春（中）。"

吊顿 diaoden 断炊：忙得来～了。

吊二八百 diaoerbabei 指为数较多的钱：马骁讨媳妇儿，没有～的见面礼就莫法归一。

吊二话 diaoerhua 讲怪话，发牢骚：二杆子～。亦作"说吊话、说夹夹话"。

吊二活甩 diaoerhuoshuai 办事不踏实：～的，就属于靠不住的那种人。

吊命 diaoming 维持生命，不至于马上死掉：给吃滴点儿饭，是在吊命嗦?

吊起 diaoqi ①物体悬挂在空中：集装箱被～了。②放在一边不予理视，饭菜跟不上趟：老板，我们都吃来～了哈！

吊起嘴巴说 diaoqizuibashuo 乱说：默倒在屋头哇，～惯了。

吊甩甩 diaoshuaishuai ①不稳当，办事不牢。②形容吊儿郎当，品性很糟糕的那种人。

吊盐水 diaoyanshui 吊盐水针的简称，即从前打吊针（打点滴）所输液体多用生理盐水（稀释），故源其说。输葡萄糖就叫"吊葡萄糖"。又为"吊盐水瓶瓶儿"。

钓票 diaopiao 票已售完，到影剧院门口买富裕票：川戏票整翘了（已售完），干脆就去～好了。

掉 diao ①交换。顺口溜："舍得宝来宝～宝，舍得珍珠换玛瑙。"②脱，落。

掉幺 diaoyao ①落后，排在最后：功课老是～，觉不觉得脸红哦? ②麻将俗语，断幺：～是两番牌。

跌脚头 diejuotou 顿脚。歇后语："端公～——魔（没）法。"

丁 ding 指极小的事物：～～卯卯的琐事，交给李妈办了就是。

丁点儿子 dingdianrzi 滴点儿，量极少：白菜豆腐乳焦咸，要～的吃。亦作"丁丁巴尔"。

丁丁猫儿 dingdingmaor ①蜻蜓。民间俗语："～，吃尾巴儿。"歇后语："～仰起飞——抓天。"②小孩子梳的朝天小辫子：～的翘鬏鬏，婆婆看到打哈哈儿。亦作"虹虹猫儿"。

丁丁然 dingdingran 话语坚定，喻说话、做事情很肯定，引申执意去做：说得～的，咋没有看见你做喃?

丁丁糖 dingdingtang 成都一家有名的老字号，制作糕点糖果时丁丁作响。

丁老头儿 dinglaotour 老成都儿童游戏，画一"丁"字做老者的眉毛鼻子，以各种数字做他的身体的各个部分，最后拼成一幅人面相。

丁是丁卯是卯 dingshidingmaoshimao 各是各的，互不相干：～，不要混为一谈。

丁星 dingxing 东西：那个～｜啥～哦?

钉 ding ①停留：电梯～在了七楼。②掷入：一刀～在了门板上。③缝：～纽（扣）子。④盯梢：把他给我死死～到。⑤用钉子捶打进别的东西里。歇后语："石头上～钉子——硬斗硬。"

钉锤儿 dingchuir 榔头，铁锤。成都童谣："徒弟娃儿，炒豆芽儿，炒不熟，挨～！"

钉子木匠 dingzimujiang 指手艺不精湛，或不懂做榫斗等传统工艺，只能靠钉钉子做活路的木匠。

叮倒 dingdao 蚊虫叮咬：蚊子～起大包。

钉倒 dingdao 过于饮食，暴饮暴食，胃中积食：黑娃儿又吃～了。

盯 ding 看，瞧，目不转睛：他～倒女娃子，眼睛就神了。歇后语："月亮坝头～芝麻——观点不明。"

盯倒 dingdao ①盯住，监督，追踪，守候等：给我～，我去喊人。②只限于，死守：只晓得～这件衣服穿。③看到：眼睛～哈，这跟前有个水凼凼。

顶包 dingbao 替人顶罪：找人～，罪上加罪。亦作"顶雷"。

顶顶 dingding 屋顶，头顶：脑壳～。

顶顶董董 dingdingdongdong 顶董的复句，喻指声音大而急促的脚步声、敲击声：楼上整得～的，在咋子哦? 又为"叮叮咚咚"。

顶杆杆 dinggangan 喻指主力队员，单位骨干：这哈儿正是四十来往岁的人在～。

顶起 dingqi 对着干，打顶章，顶住：你来～。

顶上家 dingshangjia 麻将俗语，跟着上家出同样花色的牌。

顶子 dingzi ①顶戴：他不弄个～来戴起就不死心。②屋顶：～漏了，喊（请）捡瓦匠来收拾。

顶嘴 dingzui 斗嘴，争辩，含有不服气的意思：给老人～可谓不孝。亦作"犟嘴"。

鼎锅 dingguo 深铁镶：～烂了，耳畔在。

定盘心 dingpanxin ①秤杆的起点：这杆秤的～不准。②喻指主见：跟无～的人打交道，要帮到展下秤砣（多留个心眼）。

定数 dingshu 定律，人为力量无法变动之天意。

定庄 dingzhuang 麻将俗语，通过掷色子之大小定出庄家来。

定张 dingzhang 麻将俗语，筒、万、条中选择一桥（一种花子）牌，出牌后不允许再作调换的玩法。

掟 ding 扔，掷：捡块土巴～野狗。

掟飞标 dingfeibiao 胡乱指责，栽赃陷害：老几毛了，乱～。

掟起去 dingqiqie 扔过去：捡起石头就朝野狗～。

掟子 dingzi 拳头。

叮啊咚 dingadong 声响，用重锤敲击或高跟鞋走在地板上发出的声音。

丢 diu ①投，甩，抛物的动作。歇后语："井头～石头——扑通（不懂）。"②丢手，给，放手（去做）：石老板超脱，板鸭生意基本～给了儿子。歇后语："瞎子打架｜瞎子打婆娘——～不得手。"③下，放：水开了，～面。

丢不脱手 diubutuoshou 放心不下，寓意没有找到接班人：把自己看大了，当然就喊～啰！

丢伸 diucheng 无压力状态，放松，放开：～耍。

丢单飞儿 diudanfeir 武功之技巧，视如身轻如燕，多用于杂耍。

丢刀 diudao ①事情办砸，手艺拙：上阵就～。②丢脸，丢面子：我推荐的你，不要给我～就行。

丢底 diudi 揭底，喻献丑。歇后语："歪嘴儿婆娘照镜子——当面～。"

丢翻 diufan ①甩翻，放倒，倒地，击败：全兴队把哪个队～了？②麻将俗语，输钱：～就撒漂。③死亡：咋半夜家遭～的?

丢份儿 diufenr 丢面子，丢人现眼，降低身份：男人要绷起，随时随地都不能～。亦作"掉份儿"。

丢卡子 diukazi 武术、体操、舞蹈中的一个动作，两腿向相反方向分开，成一直线，臀部着地：～又叫"劈叉"。

丢人现眼 diurenxianyan 扫人面子，丢人脸面：噇嘴狗儿，～。

丢骰子 diusezi 掷色子：轮到你～了。

丢心 diuxin 放心：她总是～不下这个跛脚幺儿。

东矔西矔 dongquoxiquo 东张西望：～找啥子?

东夺西戳 dongduoxichuo 喻指惹是生非：不～惹点事出来，他归一不到。

东拱西拱 donggongxigong 东跳西窜，到处乱跑：～，打不到方向了。

东拉西扯 donglaxiche 东说西说：～没有名堂。

东拉十八扯 donglashibache 转移话题，指东说西：壳子大仙，～。

东弄西弄 donglongxilong 整理，修理：～地还是整不好。

东摸西摸 dongmoximo ①到处寻找：～照样找不到。②喻耍流氓：他在人家身上～的。③磨洋工：～学到偷懒。

东西烫 dongxitang 形容事情棘手，麻烦多，也指人心凶：老几的～，惹不起。

东想西想 dongxiangxixiang 过于忧虑，形容思想负担过重。民间玩笑："～，吃些不长!"

东一架西一架 dongyijiaxiyijia 排列不整齐：他们放的风筝，～的。

东一下西一下 dongyixiaxiyixia 极不稳定状：～的，不晓得他在做啥子。

东指西指 dongzhixizhi 胡乱指挥：～，摸不到火门。

冬瓜胖娃儿 dongguapangwar 形容胖得出奇，犹如冬瓜一般。

冬瓜灰 dongguahui 冬瓜皮上的那层白灰毛，类似霉灰。民间俗语："霉得起～。"

冬天家 dongtianjia 冬季，冬天来临的时候：～打阳尘，夏天家不害瘟。亦作"冷天头"。

懂起 dongqi 醒事，知晓，明白：老几～了我们就不多说了。

冻疤儿 dongbar 冻疮。冻伤红肿状。又为"冻呗儿、冻包儿"。

冻桐子花 dongtongzihua 油桐树的果实要经过天寒地冻才开花。引申为天冷，春寒来临。民间俗语："放牛娃你不要夸（得意），三月间还～。"亦作"冻树苞子"。

洞洞眼眼 dongdongyanyan 窟窿：～不好补。

动祸事 donghuoshi 谐音：董祸事。闯祸、惹祸、惹是生非：只晓得～，不晓得揩屁股。亦作"惹祸事、捶祸事。"

动手动脚 dongshoudongjuo ①出手打人：你少在这儿~地哈！歇后语："冬月间生的——冻手冻脚（~）"②耍流氓：~，死不要脸。又为"动脚动手"。

动烂事 donglanshi 把事情搞砸：他来就要~。

动手 dongshou 开干：早些~早些收工。

揰 dong 东西放在液体里又迅速拿出来。歇后语："懒人洗衣裳——水头~一下就捞起来。"

兜兜 doudou ①衣服口袋。②筐子，篮子：~里装满了葡萄。③株，根：竹子~老枙兜。

篼篼 doudou ①竹篮：掺~买菜。②走亲戚所提的小竹篮，里面装有面或肉等礼物：快把~捞进来。亦作"篼篼菜、篼篼礼"。

逗 dou ①逗乐相戏：不要把娃娃给我~哭了！②喻指深层次的玩笑，含欺哄、骗等：原来是~起耍的嗦？③聚集，凑在一起：~起了钱再说做事哈！④接榫：~错了膀子。

逗倒闹 doudaonao 开玩笑，扯淡，招惹他人。民间俗语："~，不扯票。"

逗瓜 dougua ①老成都儿童游戏，含有"逗傻瓜"之意，先识拳，然后赢家数人抛掷篮球或者帽子等，输家一人追着去抢。②玩弄手腕戏耍他人。

逗人爱 dourenai 招人喜欢，使人爱戴。民间俗语："~，死得快；讨人嫌，活千年。"

豆 dou 吝啬，过分看重小利：老几~得很。亦作"小家巴式、抠眉抠眼、抠搜、狗气、夹骨、狗眉狗眼"。

豆瓣儿 doubanr ①上司信赖器重的人：贴心~。②死心塌地的追随者，同伙：几个~伙倒在闹事。③用红海椒加少量蚕豆瓣制作的辣椒酱：清油~炒扁豆。歇后语："~拌海椒——辣上加辣。"

豆瓣碟子 doubandiezi 使用豆瓣做调料的蘸蘸儿（味碟）：白肉蘸~。

豆豆儿 doudour ①豆子。②水痘。③小珠状圆形物。

豆粉 doufen 芡粉：做圆子放点~肉就嫩。

豆腐干儿 doufuganr 儿童游戏。将纸折叠成形同"豆腐干"的四方形，在地上拍打见输赢：赢几个~不打紧，手都拍痛了。又为"拍豆腐干儿"。

豆腐帘子 doufulianzi 不结实，不经使的门帘或窗帘。

豆腐乳 doufulu 乳，读"卤"。经过发酵酿造的豆制品：白菜~还是辣味的安逸。

豆花儿 douhuar 豆花，即黄豆浸泡发胀磨成豆浆，再放入锅中烧开，加胆水搅拌凝固而成。民间俗语："～不点不成团，人不培养不成才。"

豆芽瓣瓣 douyabanban 五线谱：简谱搞懂了还要学认～。

豆叶黄 douyehuang 豆天蛾的幼虫。歇后语："～——吓人不咬人。"

逗 dou ①凑：～钱打平伙。②对碰，作对，争斗。民间俗语："男不和女～，山不比水秀。"③连接。歇后语："黄瓜打大锣——半节～不拢。"亦作"斗"。

逗不够 doubugou 凑不齐：钱～。亦作"斗不拢"。

逗十四 doushisi 长牌的一种玩法：打纸牌还是～好耍。又为"逗十四"。

斗大 douda 像斗一般大。

斗地主 doudizhu 一种三人玩扑克牌的方法，起源于上世纪90年代。

斗斗 doudou ①烟斗，吸烟用具装烟叶的部分。歇后语："烟杆儿～——心黑。"②喻门路。歇后语："丈二长的烟杆儿——摸不到～。"

斗硬 douen ①兑现。民间俗语："工钱不～，要死无人问。"②照章办事：年终考评要～。

斗鸡 douji 成都儿童游戏，手抱一膝一腿，另一腿独立单跳，两人相互斗撞。

斗鸡公 doujigong ①喻指好吵架、打架之人：他是班上出了名的～。②斗鸡：不出几天，斗鸡娃儿就变成了～。

斗拢 doulong 拼凑，连接在一起。

斗篷 doupong 斗笠，成伞形的雨具：戴起～好遮雨。歇后语："戴起～打伞——多此一举。""～烧了边边——顶好。""～丢了——帽（冒）失。"

斗碗 douwan 大的钵碗：拑～来装（盛）汤。顺口溜："气人不气饭，端起～慢慢干。"

就是 doushi 就，读"豆"。表强调肯定语气：～不可以去！亦作"斗是"。

独叱叱 duchichi 独此一家，独门，一个等。

独吘 duyun 自个儿吃，自己享受。

独米米 dumimi 只有一个仁：这种红米子花生净是～。

独独蒜 dudusuan 独头（瓣）蒜：～焯鳝鱼。

笃实 dushi ①身体健壮，墩笃，结实：周胖娃儿身体～得很。②分量够：～地海（吃）了一钵碗。复句：笃笃实实。

嘟 du 噘嘴：么乖乖～起嘴巴在怄气哇？

焯 du 读"毒"。一种用油煮的烹饪方法：滚油里加入作料，添水煎成浓汁，放进主食微火煮熟入味：~豆腐。

读望天书 duwangtianshu 读书时望着天或别处，喻不专心学习或嘴里出声却不知读的什么内容：~，当望天猴儿。亦作"打望天凿"。

肚囊儿皮 dunangrpi 腹部的皮肤：油水吃多了，~就鼓起了。亦作"肚皮子"。

肚皮 dupi ①肚子，腹部：那边有个大~佛爷。歇后语："蚕子的~——尽是丝丝。"②肚量：~大不见得肚量就大。

肚皮头 dupitou 肚里。民间俗语："乌龟的肉在~。"

肚脐眼儿 dujiyanr 脐，读"挤"。肚脐。歇后语："~上挂钥匙——开胃（味）。"

肚子 duzi 作为食物的猪、牛、羊等的胃：卤~。

赌 du ①激人用语，泛指争输赢：蜂窝煤黢黑，~你去把它洗白。②赌博：再去~就不要归屋！

赌运气 duyunqi ①碰运气：~，多半是银子打水漂漂儿。②棋牌术语，凭运气赌输赢：今天~有搞。

赌咒 duzhou 发誓：见不得哪个~发誓的。

堵打 duda 对打，堵住打不放过，喻指打群架。

端豆腐 duandoufu 儿童戏语，手捧头部使人悬空：~安逸嗦？

端端 duanduan 直端，表示顺着一个方向不变。亦作"对直、拉伸"。

端端个儿 duanduanguor ①保持直立姿势：郑茂同学~的站在那儿。②朝着一个方向笔直走：~对直走。

端起 duanqi ①"端起架子"的省略语，意为打断对方说话，极不礼貌地对待：一副~的样子，很讨厌。②叫板，发难，针锋相对，给对方一个下马威：他不买账，就给他~。

端阳 duanyang 端午节。成都童谣："雁鹅雁鹅扯颈项，一扯扯到东校场，不杀鸡来不杀羊，杀根耗子过~。""石榴花开月儿黄，雄黄醉酒过~。手提粽子泡鸭蛋，上门去看丈母娘。"

端甑子 duanzengzi 从头顶上截取，引申义为挖墙脚：~，是不是在逗起闹？

端直 duanzhi 一直向前：到跳伞塔，人民南路~走。又为"对直"。

断会 duanhui 断绝关系，断交，不来往：不来耍就~！亦作"休会儿"。

断手 duanshou 俗称贯通手心的横断掌纹之手：~整人，筋痛。

断思念 duansinian 断想法：背水一战，后退~。

断香烟 duanxiangyan 喻断绝后代：弄来弄去，~的是各人。

短膀膀儿 duanbangbangr 短袖衣：穿～好精神哦！亦作"短膀子"。

短杵杵 duanchuchu 短棒棒：～打人筋痛。

短打 duanda ①短兵器：长的～他都来。②短的武术服装：老操哥穿一身对门襟～就出场了。③短衣：冬天操～的多半都是爱漂亮的女娃子。

短毛根儿 duanmaogenr 短辫子，鬏鬏儿：梳～有精神些。

短一截 duanyijie 少：他的银子（工资）比人家的～。

短子 duanzi 短处：为啥他开不到腔，原来是有～拰给人家捏到在。

箭倒 duandao 拦住，截获，扎断。

对 dui ①正确：～的就是～的，错的就是错的，人要认账。②好，痊愈：病～些了哇？③夸奖词，不错，引申为好人：他这个人各方面都～｜新来的罗书记～得很。④针对：～着干，只有你吃亏。

对班 duiban ①对时班：我两个倒～。②喻指两人抬的轿子：坐～上青城山。亦作"二姑噜"。

对不到扣儿 duibudaokour ①无法证实，落不到实处的事：～的事就不必多说了。②话不对路，多指谎话：老几不老实，话咋个都～。③对接不上：管子的丝口小了，～。

对穿对过 duichuanduiguo ①穿透：射他一个～。②擦肩而过：眼睛瞎了哇？～都没有看到。

对倒 duidao 对着。歇后语："～镜子作揖——自家恭维自家。"

对倒整 duidaozheng 对着干，对峙：～有伤和气。

对端 duiduan 对准：针眼眼要～，线才穿得进。

对对和 duiduifu 和，读"胡"。麻将俗语，成对子的和牌。

对对子 duiduizi 双数，指一对一对的扑克牌：我摸的牌咋净是～哦！

对家 duijia ①喻指相互扣手做事的搭档：～能干。②棋牌术语，同一家（组合）的牌友：～的牌太孬。

对勒嘛 duileima 应答语，认为正确：～，就是答应了人家哈！

对门襟 duimenjin 中间对开的中式布扣衣裳，一般指马褂子：那个吃铁吐火的王光荣，最爱穿～的红马褂了。

对门坡 duimenpo 对面的山坡。民间俗语："火烧～，雷打板凳脚。"

对门户 duimenfu 户，读"父"。门对门的邻居：回家去见～。民间顺口溜："冬瓜花，南瓜花，～，打亲家。"亦作"对门适户"。

对门子 duimenzi 对方，街（室）对门，门对门：我们～住的是黄明他们一家。成都童谣："斑竹桠，苦竹桠，～来打亲家。"又为"对门儿"。

对头 duitou 应答语，肯定，要得：这样做就～了。

对日 duiyue ①对答，面对面地说：她两个在～。②两人商量：等他们～好了哆。

对账 duizhang ①核对：经常～就免得整来糊起。②对质：他不老实才来找你～。

对直梭 duizhisuo 朝着一个方向滑动：～就不得出轨。

对子 duizi ①对联：这副"大肚能容容天下难容之事，慈笑颜开笑天下可笑之人"的～巴适。歇后语："蛰珠子爬～——网字（枉自）。"②婚配：他两个结成了～，我们就是一家人了。③对手：拳击比赛开始，一个～一个～的来。④麻将俗语，指同样的两张牌：七～做成了。

㪟 dui 整批，全部：把那捆豇豆～买了。

㪟卖 duimai 整批地卖出：批发商品讲～。

㪟买 duimai 整批地买进：蔬菜大户来了，洋芋要～。

㪟账 duizhang 秋后算总账：跟小日本儿算～的时候到了。

碓起 duiqi 重起，垒起。

碓窝 duiwo 捣（舂）碾细物的器皿，石臼。歇后语："河中间放～——中江县。""顶起～跳舞——吃力不讨好。"又为"对窝"。

碓嘴 duizui 吵架，辩论，讲理。

堆头 duitou ①形容堆积物品的数量或体积：这些东西～还不小。②喻指身体：莽子的～要人比。

堆堆 duidui 计数单位，一堆一堆或凑拢一堆：数～。

堆堆大 duiduida 个头大：这拨人当中要数房忠的～。

墩 dun 叠：东西码起一～又一～。

墩子 dunzi ①厨房用具，切菜的木墩，菜墩，案板：把菜～搬过来一下！②指餐饮行业专门切菜的师傅。又为"墩墩儿"。

墩子肉 dunzirou 猪坐墩（屁股）上的肉。

蹲倒 dundao 跍下，隐藏：赶紧～，不要被发现了！

多暗八暗 duoanbaan ①天色、灯光灰暗。②时间滞后。又为"多晏八晏"。

多半 duoban 估计就是，含假设和猜想之意：你这个事情～有希望。

多半天 duobantian 许久，老半天：我在大街上等他～都不来，我就走咯。亦作"多久"。

多吃三碗菜的 duochisanwancaidi 喻指舅子，即特意为新娘的弟兄多做的三碗饭：～是要被奉为上宾的。

多而不少 duoerbushao 多少有点儿：说起打拳吗？我～会两手。

多年生 duonianshen 年辰已久，许多年：大画家杨远是我们～的朋友。

多少子 duoshaozi 许多，很多：今天我们约起上街，买了～衣服。

多晚八晚 duowanbawan 很晚：这个儿～才回屋，让妈老汉儿好担心哦！

多想去 duoxiangqie 很想去：我～北京的。

多夜 duoye 形容很晚：～了还不睡。

多远八远 duoyuanbayuan 很远，大老远。又为"多远跋远"。

多早八早 duozaobazao 形容时间太早，很早。又为"多早拔早"。

哆 duo ①语气词，表示别急或再说的祈使语气：请你把话说清楚～！②木鱼声。歇后语："和尚敲木鱼——～（多）、～、～！"

哆嗦 duosuo 身体颤抖，发抖状：看到一根青皮梭（蛇），吓得娃娃打～。

挅 duo 戳：～你两哈（下）。歇后语："猴子～蜂窝——倒挨锥。"

挅背脊骨 duobeijigu 指着别人的后背议论或恶意伤人：当倒不说，背倒～。

挅开 duokai 开业，开张，开始，打开：铺子～就来电（喻生意好）。

挅客 duokei 专门翻嘴，惹是生非，找别人茬的人。民间俗语："十个说客当不到一个～。"

挅烂 duolan 戳烂，整坏，喻指不负责任的做法：～了事。

挅烂天不补 duolantianbubu 不负责任，撂摊子，事情搞砸也无所谓：成都人批驳捏造事实者常用～来形容。

挅燃 duoran 启动发动机，开车、开机：你去把车～等到我。

挅脱 duotuo 搞掉，戳脱，使之不成：硬是把人家两个的好事给～了。

躲禅书 duoshanshu 禅书：经书。躲避上经课，溜到一边玩耍。喻指工作不积极，偷懒：逮到几个～的。

朵朵 duoduo ①儿语，指耳朵：娃娃打嗝儿，牵～。②花骨朵儿：～花儿开。亦作"朵朵儿"。

垛 duo ①蹲，搁下，放置物品：把盅盅儿～在炉子上。②摞，叠：几～布都遭雨水淋湿了。

E

额髅 eiou 额头。歇后语："~上长包——额外负担。"

硬 en 读"摁"。①软的反义词，死板僵硬不协调：太婆些跳舞，手脚简直是 ~ 的。歇后语："抱鸡婆爬楼梯——脚炝手软嘴壳 ~ 。"②肯定语：就是，~ 是。

硬邦邦 enbangbang ①精神抖擞。顺口溜："人是铁，饭是钢，两碗下肚 ~ 。"②势力雄厚：人家的后台 ~ 。

硬场面 enchangmian 川剧界称锣鼓为硬场面，一般由小鼓、堂鼓、大锣、大钹、小锣、唢呐组成。

硬叱硬棒 enchienbang 动作僵硬，不灵巧：这帮老头儿舞剑愣是 ~ 的呢！亦作"硬叱叱、硬枝硬杆、硬伸硬杆、硬翘翘、硬戳戳"。

硬斗硬 endouen 强者相斗，火拼。含有不服输之意。又为"硬逗硬"。

硬杠子 engangzi 有关政策规定，限定的条件：五十几（岁）的马耳门，今个儿遇到 ~ ，一刀切（退居二线）。

硬壳壳 enkuokuo 物体表面较坚硬的壳。

硬抠 enkou ①扑克牌的一种玩法。②执意去做，估倒来。

硬是 enshi 就是，硬像是，认定了的，当真：~ 莫得走展嚜？

硬是港 enshigang 赞誉声，喻优秀者：老几 ~ ！

硬是说的话 enshishuodihua 就是这样：不是说的话，~ ，坚决不得改（变动）。

硬是霉到了住 enshimeidaoliaozhu 喻倒霉透了：出门遭狗咬，~ ！

硬是凶 enshixiong 使人信服之说法：罗伟掰手腕 ~ 。

硬是悬 enshixuan 差一点（就出事）：弄不好 ~ 。亦作"硬是玄、玄火"。

硬手 enshou 手气好。麻将俗语，指手气特别好。

硬扎 enza 有劲，多形容老人身体健康。马云鹏八十好几了，腰板儿都还~呢！

硬肘 enzhou ①多指老人身体健康，精力旺盛，体质好。民间俗语："饿得新鲜，穷得~。"②资本雄厚：人家包包~，惹不起。③理直气壮：腰杆~｜后台~。④质量高。歇后语："烂招牌的剪刀——~。"

硬走走儿 enzouzour 僵硬而滑稽的动作，如同灯影儿走路：寇老八耍的灯影儿都是~。

樱桃儿 entaor 樱，读"恩"。樱桃：~好吃，树难栽。又为"恩特儿"。

鹦鹦儿 enenr 鹦鹉。歇后语："百灵鸟碰到~——会唱的碰到会说的。"

摁 en ①踩在硬物上的难受劲儿：鹅卵石~脚。②找麻烦：这儿不~人那儿就~人，咋个的嘛？

而今 erjin 现在：王保长发话了，现在~眼目下是抓壮丁儿。

二 er 不正规，不资格，相比差矣。多形容外行：随便找个莽子去抵到，就不怕老几~得凶嗦？

二辈子 erbeizi 下一世、下辈子：她说~跟我，不是逗倒闹又是啥子喃？

二不挂五 erbuguawu ①手艺拙，不精通：~的（人），就不要喊去了。②工作马虎：~，吊儿郎当。③歪斜不正，不正派：~，陋习重。④不合规矩，不正规：做了些~的事。⑤衣冠不整。民间俗语："~斜穿衣，长大不是好东西。"又为"二不垮五、二甩甩"。

二兮兮 erbuxixi 不正经的样子：咋找个~的对象哦！

二冲二冲 erchongerchong 不假思索，信口开河，比喻爱出头露面表现自己或态度不好：老几说话~的，真想甩他一耳矢。歇后语："斤肘肘儿跶澡——~的。"

二出二出 erchuerchu 要出不出，似现非现：今天的太阳像是~的样子。

二大二大 erdaerda 倒大不大。

二刀肉 erdaorou 半肥瘦的猪肉：割肉时，第一刀下去是肥肉，第二刀就是肥瘦兼搭的~。

二多不多 erduobuduo 倒多不少：饭~剩一口，下顿又要热。

二多二多 erduoerduo 看起来很多，又不属最多：~的。

二个 erguo 下一个，第二：吃了一个吃~。

二杆子 erganzi ①粗野、莽撞或不务正业的人：~绷豪爽。②技艺差或某些方面不成熟的人。歇后语："~挑大梁——朽儿火。"又为"二毬货"。

二话 erhua 牢骚话：到处吊~，只能证明自己拙。

二花脸 erhualian 川剧界泛指不以唱功为主，在做、念、打方面有一定造诣，类似京剧的架子花脸：该～上场了。

二黄二黄 erhuangerhuang 手艺不怎么样，不熟练，近似于黄帮。

二晃二晃 erhuangerhuang 粗心大意、不踏实不认真的人：错就出在～上。又为"二晃晃"。

二黄皮 erhuangpi 喻指中年人：掰手腕子，青皮输给了～。

二回 erhui 下一次。成都童谣："肚肚痛，打鼓送，一送送到毛家洞。捡个钱，吃个碰，～乖乖再不痛。"

二昏二昏 erhunerhun ①不大清楚，似懂非懂：喊个～的来，咋个说得清嗬？②半醒半醉：喝到～的咋个谈事嘛？③不大清醒：他都是～的了，就不要说他老妈了。

二架梁 erjialiang 喜欢卖弄、炫耀而无实在本事的人：听他架势唱（说）嘛，到头来还不是个～。亦作"二甲粮"。

二甲皮 erjiapi 喻技艺不精却又自充能干的人：～的颤翎子。

二精灵 erjingling 有点小精灵的样子：一看他娃就晓得是小聪明的～。

二荆条 erjintiao 海椒的一种。歇后语："～的海椒——辣。"

二快二快 erkuaierkuai 时快时不快。

二懒二懒 erlanerlan 倒懒不懒：人耍疲了，就生出～的毛病来咯！

二郎腿 erlangtui 一条腿架在另一条腿上的坐姿：～跷起，一副满不在乎的样子。

二流芡 erliuqian 敷芡，即将芡粉（水豆粉）调汁后拌在菜肴上，以及菜肴装盘后沾满汁水：～炒出来的肉片嫩着呢！又为"码芡"。

二麻二麻 ermaerma 微醉相，似醉非醉的样子。又为"二晕二晕、二醺二醺"。

二码裾 ermaju 比喻短得不合身的衣裤，又为不同的两种码子衣服套起穿：短衣（裤）遮长衣（裤），穿件～。亦作"二马驹、二马裙、现一级"。

二面黄 ermianhuang 两面呈黄色：～的煎饼好吃。又为"两面黄"。

二盘 erpan ①下一次：这鸡的味道不安逸，～不来了。②重新来过：这盘输了，再来～。

二起子 erqizi 两种不一样的东西：这个比～的好看。亦作"那起子"。

二十一 ershiyi 喻指时间长久。民间俗语："肉管三天，汤管十七，骨头要管～。"

二甩二甩 ershuaiershuai ①吊儿郎当，满不在乎：工作不能～的。②不稳妥，不确定：事情弄得个～的，大家都虚火了。又为"二甩甩"。

二四八月 ersibayue 喻指春秋季节。民间俗语："～乱穿衣。"

二炭 ertan 未曾燃烧透的煤炭，二次使用：煤堆堆头刨（捡）～。

二太公 ertaigong 船上指挥，系掌舵人：有～掌舵，船就稳当了。

二踢腿 ertitui 二踢脚。歇后语："～——两响。"

二筒 ertong 麻将牌中的"饼"，成都人叫"筒子"，"二饼"即为～。见牌面上的两个大圆饼，使人很容易联想到人的双眼，为此又喻指"眼睛"。

二通二通 ertongertong 倒通不通，半通不通的样子：～，知其然不知其所以然。

二天 ertian ①过一两天，改天：有话～说。②以后，将来：～见了面，就无须说客套话了。③下次：～来请教哈！

二歪二歪 erwaierwai 不资格，不正规：这东西看上去总觉得有点～的。

二晚夕 erwanxi 下一个晚上，隔一段时间：～再来看您。

二五二六 erwuerliu 横眉竖眼的样子：～的样子怪吓人的。

二些年 erxinian 那些年：～说的话他都搞忘了。

二像二像 erxiangerxiang 不完全像：大黄鳝跟梭老二两个有点～的。

二心不定 erxinbuding 迟疑不决的样子：果断点，不要～。

二醒二醒 erxinerxin 办事不认真，爱开玩笑：老几～的，分不清他到底要做啥子。

二趾拇儿 erzhimur 脚板上的二趾。民间戏言："～长，先死爹，后死娘。"

二指拇儿 erzhimur 食指：～指到人家骂。

二跩二跩 erzhuaierzhuai ①有点洋盘的样子：老几～的，展洋得很哦！②似动非动地扭晃身子：学跳舞的人～的。

儿菜 ercai 小青菜头：～要泡成半生的才好吃。

儿麻婆 ermapo 婆婆妈妈翻弄是非，不断唠叨、嘴嘲的人。又为"孩儿婆"。

耳巴子 erbazi 扇耳光：冒失鬼遭了两个～就规矩了。又为"耳刮子、扇耳矢"。

耳报神 erbaoshen 通风报信者：隔墙有耳，小心～通风报信。

耳朵 erduo ①锅把手：火把锅的"～"烧烂了，得换个新的。②替人听话或传话者：他是婆婆的～。

耳门 ermen 耳部正中，声音进入之处。引申为"话多"，俗称爱摆龙门阵或说大话的人：灌～的又来了。又为"耳门子"。

F

发 fa ①生：～干疮子。②发财：国国这回子～了。③洋气：戴副墨丝镜，显得好～哟！④泡：～木耳。

发颤音 fachanyin 喻指乱说话：不要在这儿～。又为"发杂音、发陡音"。

发财 facai ①大得钱财：恭喜～，红包拿来。民间俗语："～不见面，背时大团圆。"②讳言"毕、完"：～关门，明天请早！

发财了 facailiao 过年期间，成都民间忌讳说"没有了"，便为之改称：大吉大利，～！

发风丹 fafongdan 因气候变化，身上起的热毒子子。

发干火 faganhuo 无名生气发火：鬼火冒的～，都叫莫名堂。

发干烧 faganshao 身体发热，民间俗语："穷骨头～。"

发干呕 faganou 打嗝，呕未达到发吐的地步。

发开 fakai 发胀，经浸泡之后的物品：木耳～了好炒肉片儿。

发矇 famong 反应迟钝：你不答应人家，在～嗉?

发梦癫 famongdian 夜游症，形容胡乱表态，糊涂。歇后语："贼娃子发～——不打自招。"

发票 fapiao 结婚证：老几是先上的车（结婚），后扯的～。

发气 faqi 生气：～伤肝。

发痧 fasha 中暑：～多半头要昏。

发水 fashui ①注水，蔬菜、水果或干货等经水浃（浸）泡后而膨胀：～猪肉｜发了水的菜叶子看起来新鲜得很哦！②东窗事发：黑了心的整，早晚都要～。

发吖 fania 撒娇：娃娃又在～了。又为"放丫"。

发叶子 fayezi 成都人冲泡茶时的习惯说法：～要鲜开水｜王大爷侧边添碗～!

发籽籽 fazizi 身上长疮：水土不服，娃娃身上多半都要～。又为"发子子"。

发杂音 fazayin 乱说话：只有他一个人在～。

发招 fazhao ①充当召集人，主动出马邀约等：抗震救灾搞义演，子默先生一～，巴蜀笑星都来了。②麻将俗语，指组织者：只要有人～，老姚就参战。

翻 fan 动词。翻起，翻转，重新变过来，爬等。歇后语："乌龟～门槛儿——该栽｜早迟要栽。"

翻白眼儿 fanbeiyanr 喻指鱼、鸡等动物死亡：鱼都～了还拿来卖嗦？

翻不过坳 fanbuguoao ①喻指事情做不成功：～就拿话来说！②病重即将去世：看样子老几今年～。亦作"翻不过坎"。

翻斗儿车 fandourche ①垃圾车：他开～都跑了两趟了。②喻指能言善辩之人：你嘴嘴儿嚼，总整不赢那个～嘛！

翻二轮 fanerlen 形容生意好，已经是两轮人用餐了。亦作"翻台"。

翻房子 fanfangzi 迈开介绍人或故意把中间人甩在一边，直接与对方接洽（谈生意），江湖上认为这是极为恶劣的犯忌行为：都晓得的，老三～又不是一两天的事了。

翻盖 fangai 一种硬壳包装的香烟：～熊猫儿（烟）巴适。

翻过坳 fanguoao 喻事情成功。又为"拿过沟"。

翻毁 fanhui 反悔：下了聘礼就不准～。

翻胶线 fanjiaoxian 一种"翻花绳"的儿童游戏，玩者多为女孩子。一人或两人将胶线或花绳绷于双手，绷套勾挑，变幻出各种花样或图形。又为"翻绞绞、翻花、翻豆腐、翻花铺盖、翻天花板、翻米彩花儿"。

翻筋斗儿 fanjindour 翻跟斗：锣鼓一响，～就先出场。歇后语："半天云头～——总要落地。""刀尖上～——玩命的事。"亦作"翻跟头儿"。

翻坎 fankan ①越过坎儿：大雨下了一晚夕家，塘头的水都～了。②超过一定界限：马云鹏是资格的八十～的老革命。③表示渡过某种难关：这盘要～，难啰！又为"翻坎坎"。

翻盘 fanpan ①变卦：不守信用，撕毁合同。②改变局势。

翻砂美女 fanshameinü 老美女，喻指已经过了气的女人。

翻山 fanshan ①翻越山岭：上山下乡，～过岭。②过头了，走向反面，喻指超越某种界限：把人逼～了，谨防出事。

翻稍 fanshao ①翻身，形势反转，情况向好的方向逆转过来：政策好了，穷得烧虱子吃的人都～了。顺口溜："二哥二哥莫心焦，穷人二天要～。"②麻将俗语，输而复赢：今个儿终于～了｜借钱～赢一包包。又为"翻梢、捞梢"。

翻天暴涨 fantianbaozhang ①形容价格等胡乱飞涨：旧社会的物价就～过。②猛增：洪水～。

翻天印 fantianyin 过后不认：打～。

翻网 fanwang ①一种迈开介绍人的犯忌行为：做事就～，那是三莽子的德性。②鱼跃过网：渔网要慢慢拖，小心鱼儿～。

翻嘴 fanzui 多嘴多舌，牙尖，翻话：～会激化矛盾。

烦 fan ①调皮：娃娃家～一点儿也好。②烦闷，泼烦，心情不好，烦躁：不要去惹她，老几心头～。民间俗语："眼不见，心不～。"

烦得很 fandeihen 调皮捣蛋，喻影响他人，遭人讨厌或厌恶：狗儿到处屙屎，～！

烦烦躁躁 fanfanzaozao 烦躁之复句，即烦闷急躁加剧，引申为讨厌：你这人咋～的喃？

疲 fan 恶心欲吐：架势～胃，好难受。亦作"翻"。

返潮 fanchao 回潮：～现象严重。亦作"疲了"。

方 fang 拒绝，不理睬，使人难堪：厚脸皮不怕哪个～。亦作"受方、遭方"。

方方车 fangfangche 川剧硬场面由小鼓、堂鼓、大锣、大钹、小锣五方组成，特点各不相同，一个人能掌握这五方技艺，就叫作方方车。车，为转（川音为车），意为每方都可为。

方起 fangqi 被人训斥或拒绝，拿脸色给别人看，比喻遭受难堪：遭～了下不了台。歇后语："脑壳上顶升子——～。"

方脑壳 fangnaokuo 脑筋死板，不灵活。

方子 fangzi ①药方：济堂药店的～叫得到胡（好使）。②棺木：赶紧招呼抬～的人稳倒点。

房 fang 后代支系：保佑子孙代代荣，保佑弟妹～～好。

放 fang ①同意与男方结亲：老汉儿一句话，就～她嫁人了。②放飞。歇后语："城墙上～风登儿——出手不低。"

放敞 fangchang 敞开无关拦，仍其自由行动，任意玩耍，含有解放思想，甩掉束缚之意。

放敞马 fangchangma ①不加约束，不施管教：娃娃家～，谨防出事。②放开心情，自由玩耍：澳大利亚天远地远的，儿子不就是～吗？

放吊 fangdiao 水稻由叶梢中长出穗来。民间俗语："六月六，谷子～出。"亦作"放镖、出吊、出线"。

放翻 fangfan 打倒，打趴下：大比武上，他就一连～了两块大汉儿。

放黄 fanghuang 失言，不守信用，说话不算数或指事情告吹：黄帮做事只有～。

放火炮儿 fanghuopaor ①放鞭炮：搬新家兴～。②引申为贺喜，恭喜：娃娃满月吃红蛋，该给你～哦!

放宽心 fangkuanxin 安慰语，让人开心，心情舒畅：～些! 啥事不要往心里去!

放烂药 fanglanyo ①背后说人坏话：阴倒～。②出坏主意：～的人没有好下场。亦作"下烂药、弹烂药"。

放面 fangmian 煮面：成都习俗中忌讳"煮"字，便称～。

放耙子 fangpazi 放宽原则，原谅：关系到民生的问题，哪个敢随便～! 又为"放大水耙子"。

放起 fangqi 搁着：成都习俗中忌讳"搁"字，便称～。

放枕头 fangzhentou 成都民间一习俗，闹新房时，将枕头放在瓢兜里，意为早生子：～，还要加个沙魁儿在瓢兜头。

访 fang 访问打听，调查了解：～一下邻居就晓得马耳门的为人了。

飞 fei 表示程度的副词，很、非常、更加等：～起来吃人。

飞叉叉 feichacha 像飞一样快，形容架势很大，快跑。又谓惊风活扯、疯疯癫癫、慌慌张张的样子。

飞呱啦 feiguala 感叹词，跑掉，飞啦：逮的麻雀又～!

飞皮 feipi ①毛边，即将脱落的物件表皮：～都没打整干净，验收不合格就要遭取重。②人之死皮层：这儿的天气干燥，身上的皮子都是～翻翻的。

飞天玄火 feitianxuanhuo 形容此事无谱，八字没有一撇。

飞天夜叉 feitianyecha 不受管束之人：不守本分的～｜天兵天将里有～哇?

飞条 feitiao 江湖言子儿，即一种"口口相传"的技能，多见评书之师承方式。

飞蛾儿 feiwor 蛾，读"涡"。架架车侧助拉者：老爸拉中杠，儿子拉～。

飞雄势 feixiongshi 喻特别有精神：看到～，其实不然。

飞雨 feiyu 下小雨：外面又在～了。又为"下毛毛雨、下细雨"。

飞锥 feizhui 纺线的锥针跑偏，引申为失败，被打跑、打垮、完蛋：老几还没有挫拢，就遭打～了。

扉扉儿 feifeir ①纸扉扉，小纸单、纸条等：哪个要黑你，二指宽的～就喊你娃脱不到爪爪。②发票：那个～要领导签了字才作得到数。③药单子：中药～捡好，不要弄丢了!又为"扉子、飞飞儿"。

非 fei 很、特别、非凡，成都话中表示程度的副词：～巴适。

135

非好 feihao 非常好：妈妈～，你就放心了叫！

非红 feihong 喻指颜色鲜艳，非常之红。成都童谣："红凤凰，黄凤凰，粉笔墙上画凤凰。画凤凰，画凤凰，画个～的红凤凰。"

非近 feijin 距离很近：看到～哇，望山跑死马！

非冷 feileng 非常之冷：衣服穿少了，～。

非冷八冷 feilengbaleng 这个鬼天气，～的！

非尿贵 feiqiugui 戏称东西昂贵：奢侈品～。

非热八热 feirebare 喻天气炎热：～的天。

非烫 feitang ①形容温度过高，热度大，烫得不能忍受：鸡汤～。②形容事情复杂，棘手：～的活路遭你我摸到。

非痛 feitong 非常之疼痛：遭马蜂子锥到了，～！

非歪八歪 feiwaibawai 态度极其恶劣，极不礼貌，多形容粗鲁之人。

非凶 feixiong 凶猛，态度很恶劣，一副凌驾于他人的样子。

非痒 feiyang 形容痒得难受：遭墨墨蚊咬到了，～！

非远八远 feiyuanbayuan 非常之远：～的咋个去嘛？

非重 feizhong 形容物品过重：箱子～，挪不动。

绯红 feihong 潮红，深红而滋润，形容特别有姿色的样子：羞得她脸巴儿～～的。

悖 fei 读"费"。调皮：小时候～的娃儿，长大一般都有出息。

悖到住 feidaozhu 顽皮到了极点：野娃娃，～了。又为"悖得很"。

悖头子 feitouzi 喻指十分调皮的小孩或顽劣之人：两个～裹（耍）到一堆了。又为"费头子、喹鸡子、肇八狗儿、迁烦儿"。

费 fei ①失去，耗费，伤害：电脑打（玩）凶（久）了，～眼睛哦！｜说话～精神。②顽气，淘气：再～，谨防挨打的哦！

费神 feishen 劳神，焦心，耗费精神：写作～。

肥 fei 指有钱：老几～得流油。

肥大块 feidakuai 肥肉：吃片～就腻倒了。

肥登了 feidenliao 肉厚，喻指大胖子：福娃那个～的样子，看到就逗人爱。

肥胴胴 feidongdong 肥肉或肥胖的样子：伙食好了，一个二个长得个～的。亦作"肥垛垛"。

肥溜溜 feiliuliu 肥圆了：～的猪儿，该杀得了。

肥缺 feique 极稀少之物：帕丽湾真还成了～之地。

分把钱 fenbaqian 小钱：原来的～当这阵的元元子用。

分儿不分儿 fenrbufenr ①无钱，多形容分文没有（不见）的寒酸相：搞了半天还是～嘛？②让人做完事后故意回避谈及报酬（钱财）或不拿钱说事，俗语又称"比牙齿白"：～，钱不钱的事情，王小川（做了活路）经常遇到。亦作"分不分"。

分龙雨 fenlongyu 偏东雨：夏天～最多。又为"天东雨"。

喷痰 fentan 喷，读"愤"。抗议，来脾气，发不满之言：捞倒就～，没有脑壳（喻不动脑筋，听信他人）！

喷嚏 fenti 嚏喷，形容鼻子受刺激，鼻气急喷：妹儿架势打～，是不是感冒了？

份儿 fenr 样子，样份儿：要做出那个（妖艳儿的）～来，才像那家子人。

份份子 fenfenzi 量词，一份东西：粉蒸肉兴～的卖。又为"碗碗子"。

粉 fen ①奉承之意：老几把～打到人家后颈窝上了。②特指化妆用粉：黑娃儿咋个都不受～。③化妆，粉饰：猪八戒咋个～，都～不出个人样来。

粉牌 fenpai 艺人或说书人展示曲目的告示牌：今天的～有人翻了。

粉起 fenqi 粉饰，恭维，抽起：场面上需要有人～。

粉燃 fenran 不客气的口吻，骂人，打燃火：他敢端起，你就～！

粉子 fenzi ①漂亮女人，有姿色的姑娘，源于"红粉"美女。②饭：因忌"犯"音，故名：带双筷子来操～（吃饭）。③米粉：～面。

粉子坨坨 fenzituotuo 糯米粉揉成的面坨：醪糟儿煮～安逸。

甮 fong 不用：东西～了，别个晓得捡。

风簸箕 fongboji 风车，特指扬弃谷粒中杂物的农具：小石子～是打不干净的。歇后语："抱鸡婆跟到～转——吃壳壳。"亦作"扇车、风谷箕、风米箕"。

风车车儿 fongchecher ①风动转轮玩具。成都童谣："青羊宫吃凉粉儿，嘴巴辣个红圈圈儿。三大炮，胀肚肚儿，回来买个～。"②以风车喻指见风使舵的人：隔她远点，粘到了默倒你也是～。③川剧演员媛凤所扮演的喜剧人物：这场戏有"廖疙瘩儿"跟"～"，接到就该"梅老坎儿"跟"晾衣竿儿"。

风丹 fongdan 荨麻疹：发～。亦作"风包、风疙瘩儿、风块、风斑"。

风登儿 fongdengr 风筝。歇后语："拆了房子放～——只顾风流不顾家。"亦作"风伸、风吹、风圈儿"。

风风儿 fongfongr 消息：马耳门病了好久了，咋滴点～都没有听说喃？

风风火火 fongfonghuohuo 急急忙忙，非常着急的样子。又为"风风落落"。

风快 fongkuai ①形容速度似风一样快：撵山狗跑得～。②锋利：刀儿磨得～，才好片腊肉。

风嚎嚎 fonghaohao 嚎叫的风势：外头~的，赶紧回屋。

风水天 fongshuitian 风雨天，雾气天：~潮气重。

风屑 fongxue 风皮，风癣，头皮癣：洗头液有祛~的。

疯 fong 耍劲儿大，兴致高，安逸：你的幺女在爷爷那儿耍~了哈！

疯叉叉 fongchacha 疯疯癫癫的样子。又为"疯诧诧"。

疯扯扯 fongcheche 精神恍惚，语无伦次：~地打胡乱说。

疯式麻木 fongshimamu ①癫狂之人：惊风活扯，~。②装疯卖傻，神经质的人：神婆~地又在兴妖使怪了。③过于活跃，故作炫耀之言行：老几~的张狂得很。亦作"风湿麻木"。

缝缝 fongfong ①裂开的小口子，旮旮桽桽，缝隙等：指甲~｜表链的~头最能藏污垢。②门缝。歇后语："隔倒门~看人——把人看扁了。"

封封儿 fongfongr 以纸封裹钱财作礼品，红包：过年兴给娃娃家封~（压岁钱）。

封喉 fonghou ①病危伤重：这病严重了，弄不好要~的。②锁喉，毙命：一剑~。③说不出话来：一句话顿时气得他~。

封皮 fongpi ①封条：门口贴了"禁止入内"的~。②包装纸：拆了~才看得到盒盒里头到底装的啥子。

封起 fongqi 封，读"奉"。以虚假方式给人奉承赞许，即北方人所谓的"灌迷魂汤"。又为"讽起"。

封印 fongyin 喻指旧时除夕之夜打小孩：不听话嘛，三十晚夕就给你娃~！

蜂糖 fongtang 蜂蜜。歇后语："吃~说好话——甜言蜜语。"

蜂子 fongzi 蜜蜂。成都童谣："~~嗡嗡，飞到姐姐房中。牛运胭脂马驮粉，问你姐姐肯不肯？呸呸！打你~油滑嘴。舍不得爹，舍不得娘，舍不得姊妹哭一场。"歇后语："出窝的~——满天飞。"

凤头儿鸡 fongtourji ①鸡冠像孔雀簇羽的鸡：奶奶家的~通人性。②喻指梳高盘头发型者：（梳）~和长毛根儿是两个不同的味道（样子）。

凤爪 fongzhao 熟鸡爪：成都的泡~别有一番味道｜~下酒安逸！

否儿 four ①否定，不认同，取消：提案遭否儿了哇？②反悔：想否儿了吗？可能没有那么撇脱！

忽闪忽闪 fushanfushan 忽，读"浮"。扯火闪，一闪一闪：~的电光，好吓人哦！又为"惚兮惚兮"。

煳锅巴 fuguoba 煮煳了的锅巴：哪来的一股～味儿？

煳焦 fujiao 焦煳状：～了的东西，你说咋个吃？

糊 fu 读"富"。①使人糊涂，弄不明白：越说越～。②昏，混乱，模糊：～成一锅粥。

糊起 fuqi 喻指脑壳不清醒，模糊不清，办事抓不着头绪，弄来绞起。歇后语："米汤头洗澡——～～的。"复句：糊起糊起。

糊汤 futang 清汤变混浊或成糊状的汤：芡（粉）放多了就要～。

胡豆 fudou 胡，读"浮"。蚕豆：折耳根拌嫩～。歇后语："城隍菩萨吃～——鬼炒。""油炸～——干脆。"

胡豆瓣儿 fudoubanr （用蚕豆瓣、红海椒加清油、花椒制作的）辣椒酱：锅巴蘸～，辣菲儿辣菲儿的，简直不摆！歇后语："～生蛆——拐（坏）味了。"

胡豆青 fudouqing 喻青胡豆颜色。成都童谣："大姐脸粉白，二姐显紫色，三姐人耐看，四姐巧打扮，五姐如牡丹，六姐赛天仙，七姐水灵灵，八姐爱死人，九姐～，十姐拜观音。"

胡瓜 fugua 南瓜。歇后语："～进微波炉——一下就煝了。"亦作"荒瓜"。

胡琴儿 fuqinr 胡琴。歇后语："瞎子拉～——卖唱。"

胡子巴叉 fuzibacha 胡子多，喻指胡须长短不一，不修边幅的样子：～像个野人。又为"胡子巴沙"。

胡子一抹 fuziyima 贬义词，指占便宜：吃完饭，～就走了。

胡子桩桩 fuzizhuangzhuang 胡茬：满脸～，没有剃干净。

富泰 futai 富贵相：胖又长～了。复语：富富泰泰。又为"富态"。

核核 fufu 读"浮浮"。水果核，桃核、杏核等：这个气柑的～太多了｜玉麦～。

壶壶儿 fufur 读"浮浮儿"。壶：～头的酒没剩好多了。

壶瓶碗盏 fupingwanzhan 碗筷、杯盘、壶碟之类的用具：赶紧把～收拾停当啰！

复二火 fuerhuo 重来过，二次重复：今年考试小仔儿都是～了。

敷 fu ①添加，帮贴，补贴：买冱货一般都要～点折耗。②安抚，赔偿：把人整到了肯定要～汤药费。

敷秤 fuchen 疑分量不够，然后到公平秤检验一下：老几的秤杆子软兮兮的，不～的话就不得行！

敷折耗 fushehao 补足分量：筐子除了要～。亦作"敷秤、抛秤"。

敷汤药费 futangyofei 药，"与哦"拼读。伤了人赔偿医药费，多属自己蹚到

139

的事，属无奈之举：不～就走不到路。

戽水 fushui ①浇灌，用手或器物向外排水：～养苗。②奉承：看到人家屋头有大壳帽（当官的），～的人就多了。

拊耳矢 fuershi 护耳矢，打耳光子：拊你两耳矢。

浮不住 fubuzhu ①承受不起：压力太大，都喊～了。②叫苦，受不了：～这种话不要在我们面前说。

浮薸 fupiao ①浮萍，即漂浮在水（塘）面上的水生植物：～鱼要吃。歇后语："水上的～——扎不下根。"②水葫芦（浮莲）：～可以捞来喂猪。歇后语："水上的～——东游西荡。"③钓鱼的渔线或渔网上穿挂的漂浮物：鹅毛杆杆做～。亦作"浮漂子"。

浮起 fuqi 漂浮起：水头～的是啥子哦？

浮上水 fushangshui ①挣表现，假积极：但凡～的人，同学们都看不起。②巴结上司或讨好有权势的人：说她～，你不信还不得行！歇后语："下河淹死，上河捞尸——～。"

桴渣儿 fuzhar 木材燃烧后留下的松泡的木炭：闭～不盖好坛子，就要燃起来。歇后语："～走路——走一路，黑一路。""吃了～——黑了心。"又为"麸炭、桴炭、桴炭子"。

麸子 fuzi 麦麸：～面要用粗粮票买。

护短 fuduan 护，读"拊"。帮助遮掩短处（缺点或不足之处）：～会助长娃娃儿家的劣习。

护盘 fupan ①股市语，注入资金使股指提升：权重股～大盘翻红。②维护，保护：学生娃娃遭二流子欺负，老师赶紧去～。

护食 fushi 保护食物：狗狗儿～凶。歇后语："舔沟子带～——太霸道了。"

护娃娃 fuwawa 护短：婆婆就是～。

护心油 fuxinyou 保护心脏的油，喻指命根子：这下挖了人家的～。又为"附心油"。

伏贴 futie ①屈服：耗儿见了猫儿就～。②听说听教：～的娃娃好管（理）。复句：伏伏贴贴。又为"服帖"。

佛手 fushou 用于抠背的一种竹制用具：我的～哪去了？亦作"抓挠、不求人、孝手儿"。

付茶钱 fuchaqian 成都人常以吃茶说理的方式调解或处理纠纷，如积怨消除，输理者便要～。

呼儿嗨哟 fuerhaiyo 呼，读"浮"。热火朝天。

斧头 futou 纸牌中的"十一点"：丁丁儿（三点）配～，斗起十四点。

嘎 ga 语气词，可根据具体的语言环境表示丰富的语态。

嘎叽 gaji 声响：椅子脚脚踵断了，～一声响。

格 ga 读"嘎"。挡住，阻碍之意：筷子横起伸，把人家～住了。

胴胴 gaga 读"嘎嘎"。儿童语，多指猪肉之类的荤食物：妈妈，要～！玩笑话：吃你娃的～！成都童谣："麻子麻，炖～，罐罐煨，筷子夹，一夹夹到麻～。"亦作"嘎嘎"。

街当门 gaidangmen 街门前，街对门：我们家的～是茶铺。

街街 gaigai 儿童语，上街。成都童谣："～走，摆摆手；摆摆手，牵起走。"

街沿 gaiyan 沿街的坎，人行道：走～上，看到（注意）汽车哈！亦作"阶沿"。

街沿边边 gaiyanbianbian 街沿边上：你在～上站到等哪个？

该背时 gaibeishi 应该受到惩罚或报应。

该椒 gaijiao 客家人所说的海椒，辣椒：嗨（吃）不嗨～？

该哈 gaiha "该是哈"的合音，含提示、询问等意思，多为女孩之用语：就是这个样子的，～！

该歪 gaiwai ①厉害，有理由发脾气：惹不起，你～！②叹词：～，看你歪个啥名堂！

盖 gai 遮掩，捂：有些事情是～不住的。

盖不严 gaibunian 严，读"年"。①不能完全罩（遮）住：瓶瓶儿～就要走气。②口风不紧：～就翻船！③处理不彻底，事件泄露：那起子事，你～的！亦作"康不严"。

盖盖儿 gaigair ①盖子：要跳河嗦？府南河又没有康～。歇后语："敞～的汽油桶子——见不得火。""蒸笼的～——受气的。"②瓶塞：～松了要跑气。

盖面菜 gaimiancai ①上等品，可供一观者：~不像堂咋个要得喃！②放在碗盘等表面上做面子的主打菜或品牌菜：咸烧白成了这家小馆子的~。亦作“碗面子”。

盖碗儿 gaiwanr 喻指盖碗茶：成都人玩的是~泡“三花”。

改 gai ①变动，改动：修~章程。②调换，错开，找零钞：把耿（大）票子~开才好用。③裁剪：把灯笼裤子~成管管裤。

改刀 gaidao 起子：~有多种多样的。

改敲子 gaiqiaozi 中途变换工作，改行的人：他原来是个~。

改师 gaishi 旧时川剧界褒称编剧为~，意指无论何戏终要经文人之手润色，才能化为己有。

改天 gaitian 今天以后的天数：好好个儿休息，~来看您。

改锥 gaizhui 梅花起子：钳子不好使，挓~来。亦作“锥子”。

解 gai 读“改”。①锯。歇后语：“半天云头~板子——天一锯（句），地一锯（句）。”②弄开,用手拨，松开。歇后语：“厨师~围裙——不做了。”

解匠 gaijiang 木工分类，以手工锯木料或解大木头为业的人：拉（使用）立马锯的~来了。歇后语：“~的锯子——有来回。”亦作“镲匠”。

解料 gailiao 将原木的豁（表）皮去掉，锯成板材的过程：~打家具。亦作“镲料”。

解交 gaijiao 劝解。歇后语：“瞎子打锤——要睁眼子来~。”

解焦 gaijiao 解除焦（忧）虑：~遇到牛黄丸。

解扣儿 gaikour 扣儿：结。比喻帮助解决困难，清除麻烦：~的人来了。又为“改扣儿”。

间 gan 读“干”。①指数量：一~屋。②里。歇后语：“八月~的石榴——满脑壳的红点子。”③隔。歇后语：“城隍庙打院墙——~鬼。”

疳疮 ganchuang 疥疮。民间俗语：“穷生虱子富生疮，背时倒灶生~。”亦作“疳疮子、干疮子”。

竿竿 gangan 竹竿：~长了锯一节。歇后语：“竹竿撑船—— 一~插到底。”

竿蔗 ganzhe 甘蔗：土~泡稍，洋~好撕皮。

杆担 gandan 用长竹竿做成的担柴草的用具。

干 gan 表示行动的多音字。①做：看你~的事哦！②挡住，隔开：把~隔拆了我们就是一家人。③吃：你喝酒，我~饭。④没有水分或水很少，与“湿”相对。歇后语：“剃头不用水——~刮。”

干熬 ganao 有病不医治，过抗：病得深沉了，~就要戳拐！

干帮忙 ganbangmang 帮忙不求回报，白帮忙：～的事，他仍然在做。

干绷 ganbong 以板鸭用竹片撑开风干时的形状，比喻硬撑、硬充。歇后语："椒盐板鸭——～。"

干煸 ganbian 食物放置锅中炒时，用锅铲压干水分：二嬢做的～鳝鱼最好吃。

干孱 gancan 分文不出反而捞取好处。歇后语："伸手派——～。"

干跐 ganci 无水润滑擦动，干擦。歇后语："洗澡不用水——～（甘孜）。"

干打雷 gandalei ①光打雷：～，不下雨。②空话，口号式的没有结果的讲话。

干咚咚 gandongdong 干稀饭，干货，需费力搅动的物质：水泥～的搅不转。

干饭 ganfan ①多音字，读"干部"的"干"。吃饭：哥老倌～没有？②读"干净"的"干"。稀的反义：你喜欢吃稀饭喃还是～？歇后语："～泡米汤——还原。"

干胡豆儿 ganfudour 炒熟的胡豆。歇后语："～下酒——显牙巴劲。"

干干的 gangandi ①没有水分或水分很少，跟湿相对：衣服～。②稀的反义词：～一碗两口就刨了。

干隔 gangei 隔墙，栏杆，遮挡物：～一拆就是一家人。

干贵 gangui ①贵重，稀少：东西～，人不～嗦！②难得请动：再不去人家那儿，就该说我们脚板儿～了。

干呵咳 ganhuohai 形容无济于事的献媚或闹着玩的挑逗行为：打～。

干吼 ganhou 没人附和的叫唤：～一阵等于零。歇后语："鬼扯筋——～。"亦作"干闹"。

干混 ganhun 做空事：～一阵没有结果。

干捡倒 ganjiandao 拾起别人丢失又未寻找的东西：没人要，～！

干筋火旺 ganjinhuowang 性格倔强，脾气大，常形容瘦人。又为"干精火旺"。

干豇豆 ganjiangdou 以失去水分蔫瘪的豇豆喻瘦长之人。

干筋筋 ganjinjin 干瘦：不要看马云鹏～的样子哇，精神比哪个都好。又为"干朽儿"。

干筋筋瘦壳壳 ganjinjinshoukuokuo 形容人很瘦，近似皮包骨头。民间俗语："～，一顿要吃八钵钵。"

干咳 gankei ①无痰的咳嗽：～恼火。②形容讲话或吼闹无人理视：～一阵，还是自讨没趣地各自走了。

干溜 ganliu 不加汤：肝片儿还是～好吃。亦作"干熘"。

干盘子 ganpanzi 腌卤之类装盘的食品，如豆腐干、花生、胡豆及猪耳朵、拱

143

嘴儿等：下酒的～，多为拼盘。亦作"摌盘子"。

干焦焦 ganqiaoqiao 焦焦，读"憔憔"。丢失水分而干枯：郑凯买的气柑，划开就是～的。又为"干憔憔"。

干啥子 gansazi 干什么：你到底要～？

干沙沙 ganshasha 干，水分、油分少，不滋润，如同沙子一样：饼干吃起～的。

干烧 ganshao ①烧菜不放水或掺水少：～鱼。②干热，喻指火体质或发烧不出汗。民间俗语："穷骨头，发～。"

干酥酥 gansusu 形容食品或物件干透，干燥松散泡酥：衣服晒得～的了。亦作"干苏苏"。

干朽儿 ganxiur 干而瘦，形容骨瘦如柴之人：～还有个歪号叫"晾衣竿儿"。

干向倒 ganxiangdao 眼睁睁地看倒，眼巴巴地望倒。

干鸭子 ganyazi ①形容不爱喝水的人。②不识水性的人：看到人家浮水，～些心头咋不慌嘛！③腌制较干的鸭肉：风干的～好下酒。又为"干鸭儿、旱鸭子"。

干瘾 ganyin 不是真正意义上的过瘾：过盘～算了。

干哕 ganyue 干呕，恶心。

干挣 ganzheng 比喻胡喊乱叫。歇后语："虾子爬田坎——～。"

干子 ganzi ①迹印，因锈蚀、氧化所留下的痕迹：污～｜铁锈～。②水垢，尿垢：尿～｜水～。

赶 gan ①吆，驱赶：像～鸭子一样的过吆嗦。②比：李建平～温成端跑得快。③送。歇后语："叫花子～死人礼——钱少话多。"④某个时候去，逛。歇后语："瓜娃子～庙会——东张西望。"

赶场 ganchang ①形容人多：文化宫看灯会，人多得就给（跟）～一样。歇后语："三六九——看人。"②赶集，上（农村的）农贸交易市场买东西或做买卖：～天人多。成都童谣："张大娘，王大娘，邀邀约约去～。赶了上场赶下场，回头转去点高粱。高粱不结籽，回去栽茄子。茄子不开花，回去栽冬瓜。冬瓜不生毛，回去栽红苕。红苕不牵藤，饿死大娘一家人。"歇后语："二五八——看人说话。"亦作"逢场"。

赶车 ganche 原指赶马车、牛车（牲口）之类，现通常以汽车代替，泛指乘车，坐车。

赶功 gangong 用功。成都童谣："亮火虫，亮火虫，尾巴后面吊灯笼。飞到西，飞到东，一飞飞到我家中。灯笼亮，不怕风，嫂嫂读书好～。"

赶花会儿 ganhuahuir 逛花会，看花展。成都童谣："藏猫猫儿，钻洞洞儿，走板板儿，过桥桥儿。一走走到城门洞儿，翻过坎坎～。歇后语："二月间～——平分。"

赶酒 ganjiu 参加婚宴：茂茂和娇娇的～日定在明年三月间。

赶口 gankou 好吃送饭，爽口受吞，能满足食欲：饿慌了，啥子东西都～。

赶礼 ganli 送礼，多指婚嫁、生日或生小孩送贺礼：沈伐先生大寿，～的人络绎不绝。亦作"赶月、赶礼信、赶人情"。

赶拢 ganlong 紧赶慢赶，到达：好不容易～了，他又走了。

赶盘子 ganpanzi 修面，刮胡子：～怕络耳胡。

赶人亲 ganrenqin 串亲戚。亦作"走人户"。

赶晌午 ganshangwu 赶着做午饭：正在～他就回来了。

赶水 ganshui 撵时髦：小妹儿也学着～了。

赶水货 ganshuihuo 稀奇之物，多形容冒牌货，热炒热卖的东西：～其实并不相因。

赶水泡菜 ganshuipaocai 泡至半生熟就捞起食用的菜。亦作"洗澡泡菜"。

赶趟趟儿 gantangtangr 撵时间，跑趟子。亦作"撵趟趟儿、撵趟子"。

岗 gang 在岗位上自始至终坚守，名词作动词用。

岗够 ganggou 保证时间符合规定，多指在岗（上班）时间。

岗起 gangqi 端起，不害怕，替他人打帮帮锤（打抱不平）。

钢火 ganghuo ①钢质与硬度。歇后语："烂招牌菜刀——～好。"②形容本事大，超强厉害，有主宰力的能干人：老几的～没有马骁旺。

刚合适 ganghuoshi 刚刚好，十分合适：蒋木匠戳的榫头斗上去～。又为"将合适"。

缸钵 gangbo ①大于碗的陶制器皿：娃娃甩石头，打烂一个大～。②粗大结实的钵。歇后语："扁挑担——两头都撯。"复句：缸缸钵钵

戆 gang 憨态，愣：～头～脑。

港 gang 很棒，了不起，在行，强，洋气，逞能等：～翻山了！

杠 gang ①围着走，转耍，散步，逛：我准备到荷花池去～一圈。②麻将俗语，杠牌：四归一～起。

杠杠 ganggang ①肩章上的横杠：两根～一颗星是少校。②划痕，压印，细条状印记：脸上的～好深咯！③线条：裤缝上有根红～。④界限：大家都不准超过这根白～哈！亦作"路路"。

杠上花 gangshanghua 麻将俗语，碰牌亮牌后，轮到再摸同一张牌起杠，或四归一直扑后的和牌就叫"开花"，即为～。

杠上炮 gangshangpao 麻将俗语，开杠之后打出的牌点了炮（被别人和了）。

杠炭 gangtan 用青冈木烧制的木炭：火盆头加点～。

杠一转 gangyizhuan 围绕某地转一圈，走一圈，喻指散步、观光等：饭后～好消食。歇后语："老人公舀米汤——大～。"

杠子 gangzi ①木杠，较粗的棍子：打杵要顶到～上。②某航段特设工种，职责同"二篙"，为船长之助手：～的人数多哦！亦作"岩板"。

告 gao ①实验，尝试。民间俗语："是钢是铁，～才晓得。"歇后语："竹林盘头～犁头——寸步难移。"②揭发，告诉：你敢欺负她，我要～老师。

告哈儿 gaohar 试一试：～再说。亦作"诰一哈、告一盘"。

告花子 gaohuazi 沿街讨饭的叫花子。民间俗语："～嫌稀饭馊。"歇后语："～夸祖宗——自己没出息。"又为"讨口子"。

告口 gaokou ①伤口愈合：东不生肌，西不～，横顺弄不好。②喻指麻烦结束或工作按时完成等：待工期～就发奖金。

告马口儿 gaomakour 对台词时，事先进行商量，准备好：拉幕前他们要先～。

膏药 gaoyo 外用中药的一种，用油加药熬炼成胶状物，涂在布或牛皮纸的一面，贴在患处：虎皮～治风湿给跌打损伤。歇后语："胡子上巴～——毛病。"

高矮 gaoai 非，无论如何，一心一意，就是，一定，执意等：听说是去会展中心，妹儿～要一路。亦作"横顺、红黑、红还"。

高矮一路 gaoaiyilu 一道。歇后语："田坎上点豆子——～。"

高才 gaocai 高手。歇后语："云中挂剪刀——～（裁）。"

高长子 gaochangzi 高个子：～弯腰杆恼火。

高磴磴儿 gaodendenr 高跟皮鞋：～穿起，人就像伸展了许多。亦作"高敦敦儿、摩登儿鞋、磴磴鞋"。

高底 gaodi ①高处，某处，那里，上面：麻烦哥老倌把～的东西取一下！②到底：他～要做啥子？

高高大大 gaogaodada 高大壮实：这娃～的，敦笃哦！

高儿 gaoji 高上，高头，高位，举高：手捞～。

高肩打杵 gaojiandachu 高肩，指抬物；打杵，指临时休息时，使用支撑重物的T字形工具：～，歇哈儿再走。亦作"高肩打杵子"。

高脚鸡 gaojuoji 喻指穿短裤脚的人：老几穿的裤儿太短，活像一只～。

高客 gaokei ①成都人对耗子的戏称：梁上有～，小心挂的香肠、腊肉遭啃。

②贼：年关要到了，看（防）到～偷东西哦！

高耸耸 gaosongsong 高大，魁梧：她硬要找个～的大汉儿，点都不般配。

高头 gaotou ①高处，上面：把～的东西拿下来。歇后语："八仙桌～放尿罐罐儿——不是个东西。"②指此事，这儿跟前：问题就出在这～。③上司：出了事，瞒了～却瞒不了底下。亦作"高上、上头"。

高香 gaoxiang 高规格、高档次的香蜡制品：烧～，祈福保平安是成都民间之习俗。

高一篾片儿 gaoyimipianr 篾，读"迷"。比喻高人一等。歇后语："楼板上铺席子——～。"亦作"高一篾块儿"。

搞 gao ①弄：～不来就不要逞能｜这东西不是娃娃家乱～的哈！②搞掉，除去：要～掉他，还不是大哥一句话。③办：弄不懂这事咋～了。④玩耍：我们也来～一下。

搞不赢 gaobuying 没有时间，没空，忙着呢，多显推诿。

搞不到作 gaobudaozuo 没有希望，喻指做空事：整了半天都～。

搞伸 gaocheng 打理顺当：样样事要～确实不容易。

搞伸抖 gaochengtou 伸抖，读"称钭"。弄清楚，理顺，摸准确：事情要～得先把人找到。

搞到作 gaodaozuo ①得到，到手或问题解决了，取得了成绩等：有没有～？②麻将俗语，喻赢牌：好久没有～了。又为"搞到事"。

搞得河翻水涨 gaodeihuofanshuizhang 弄出惊天大事来：要～他才高兴嗦？

搞惯喽 gaoguanlou 喻长期养成坏习惯或不良德性：丢三落四～。

搞紧 gaojin 赶快，赶紧，抓紧，搞起势等。

搞快些 gaokuaixi 搞快点儿，赶快：～，汽车要开了。

搞落了 gaoluoliao 搞丢了：不小心把手机～。

搞那个灯儿 gaonaguodenr 此词意义比较空泛，含贬义，可理解为"名堂"、"偷盗"等：贼不呵呵的，肯定在～。

搞刨了 gaopaoliao 比喻忙个不停或手忙脚乱。歇后语："锅头煮汤圆儿——搞泡（刨）了。"

搞刨式起了 gaopaoshiqiliao 做事理不到头绪，手忙脚乱：慌慌张张～。刨式，"刨是"。又为"搞刨咯"。

搞起 gaoqi 赶快，搞快点：时间要拢了，～！

搞起势 gaoqishi 搞快，赶紧，抓紧。又为"搞起式"。

搞啥子嘛 gaoshazima 干什么：你们到底要～？

搞耍 gaoshua 不认真地做事，无目的，无责任感：生意场合常有"～找钱"一说。又为"搞着耍"。

搞臊喽 gaosaolou 事情搞乱，出差错：把好端端的事～。

搞台子 gaotaizi 搞小动作。

搞头 gaotou 油水，利益所在：油水大，有～。

搞朽儿喽 gaoxiurlou 搞砸了：不认真就～。

搞眼儿 gaoyanr 搞头，喻有希望的事或物：今天晚上有～（肉吃）。

搅屎棒 gaoshibang 搅，读"搞"。比喻到处搬弄是非的人。

隔 ge ①隔开，间隔，距离等。歇后语："骡马市倒拐——～羊市（阳世）不远了。"②隔阂：彼此间的那个～消除了。

隔壁子 gebizi ①隔壁邻居。歇后语："～打灯笼——各照各。"②指具体称谓的人：我们～那个老几（实际指马骁）。又为"两隔壁"。

隔壁子家家 gebizijiajia 隔壁人家或指邻居：下午到～去喝茶。

隔锅香 geguoxiang 戏称到别人家吃饭的小孩子。即成都人的诙谐用语，吃别家的饭总比自家的香，尚带眼气、羡慕之意：娃娃家就爱吃～。

隔哈儿 gehar 隔一会儿，间隔一段时间，等一下：不忙，～再说。

隔好久 gehaojiu 问答语，需要多长时间：到底要～？

隔口袋买猫儿 gekoudaimaimaor 喻指蒙人行为。歇后语："～——摸不准。"

隔了八百年 geliaobabeinian 喻指拖延时间太长：事情～都没有办好。

隔一帽子远 geyimaoziyuan 隔得很远或出入太大：望山跑死马，～。

隔一阵 geyizhen 间隔一段时间：打针喊痛，～就对了。

疙瘩儿 gedar ①结，棉絮、纤维等卷成的坨状物：带带打起了～，紧倒解不开。②皮肤上凸起的包块或肌肉上结成的硬块：肚子上长了一个大～。③结仇：两家人又在莫名其妙地挽～。④果子或小球状的东西。歇后语："风吹梨子树——～碰～。"⑤佝偻病患者，或人蜷成一坨的样子，多形容驼背：～要正伸，挝门板来！⑥矮人，巴蜀笑星廖小宣的别称：廖～演王保长硬是像堂。

疙瘩亲戚 gedaqinqi 像无数绳子上挽的疙瘩一样多的亲戚，指远亲。

疙兜 gedou 树被砍或折断后所留下的桩头：树～｜老～砍来当柴烧。

疙里疙瘩 geligeda 凸凹不平：老棉絮摸到～的，是不是该弹得了？歇后语："额头上埋地雷——～"

虼蚤 gezao 跳蚤：臭虫～都要吃血。成都童谣："从大依小，免得生～；从小依大，免得说闲话。"歇后语："铺盖头的～——顶不起一床棉被（喻能力有限）。""牛鼻子上的～——自高自大。"

咯哧咯哧 gecigeci 嚼东西时或物件所发出的声响：竹椅子摇起～地响。

格棱包鼓 gelingbaogu ①青筋暴凸，鼓青包的样子：他脑壳上咋净是～的哦！②凹凸不平：～像癞疙宝，看到都烦。

格式 geshi 资格，架势：闹嘛！我倒要看下你好～？

格式在 geshizai 喻指志气，精神，品格等。民间俗语："人穷～。"

格外 gewai 另外，以后：～说。

格子 gezi 纸上的方格，喻指书写（文章）：爬～。

该是嘎 geshiga 该，读"嗝"。就是如此。用反诘的语气表达出来的肯定之意。嘎，表强烈语气的后缀。

该是嘛 geshima 应答语，就是之意，表强调肯定：毛林组织我们去欧洲耍，～？

该是哈 geshiha 表强调之意，肯定句：他耍了一个女朋友，～！

给 gei ①付。歇后语："吃包子～面钱——混账。"②和：我～孟颖都是毛根儿朋友。③跟，同：《散打笑星——抽底火》～《成都故事》都是大家喜欢的书。歇后语："泥鳅儿～黄鳝交朋友——滑头对滑头。"④交给：《龙门阵当饭》的校样早就～了出版社。

割 gei 读"给"。割开，使用利刃划动：把肉～开。歇后语："三斤肉做成两刀～——斤半（筋拌）又斤半（喻棘手难办）。"

跟 gen ①棋牌术语，意为随后：出牌就～，看哪个凶！②同：老乔～王跃他们，原先都是住到珠峰宾馆那个院坝儿头的。亦作"跟了"。

跟班儿 genbanr ①跟班的人：人家当面叫他二爷，背后却喊他～。②撵路的娃儿：婆婆后头有～。③衙门听差，堂倌，佣人等：乱耍威风嘛，他还不是一个～狗！④追随者：小弟是大哥的～。又为"吼巴儿"。

跟着 gendao 着，读"倒"。跟到，撵，追随：～师傅操，免得挨飞刀！歇后语："月亮～太阳撵——沾光。"

跟斗 gendou 筋斗，跟头儿。歇后语："甲鱼翻～——四脚朝天。"亦作"跟斗儿"。

跟斗儿虫 gendourchong ①孑孓：～又叫"沙虫子"。②旧时川剧戏班专指只会翻跟斗而不会唱戏的演员：～想改行，不那么容易。

跟斗儿扑爬 gendourpupa 跟斗连着跟斗，比喻心急火燎的样子。又为"跟头儿扑爬、跟斗儿匍爬"。

跟斗儿酒 gendourjiu 杂牌烈性酒，度数较高，川人开玩笑认为喝这种酒易醉，走路易栽跟头而故名：～喝惯了，吃别的酒还不安逸。

跟即 genji 跟到，马上：你们先走到，我～就到。

跟屁虫 genpichong 喻指寸步不离。

跟前 genqian 面前。成都童谣："两个蚂蚂儿两张嘴，四只眼睛八条腿，有人打它～过，扑通扑通跳下水。"

跟张 genzhang 麻将俗语，跟到上家打出同类的张子（牌）。

哏唥咣啷 genlinguanglang 金属碰击声，喻指说话大套，让人无从理解：老几～的不晓得说的啥子。

根 gen ①条，只。歇后语："杀一～猪过年——样啥都有。"②棵。歇后语："三～梅子树砍了两根——还有一根正梅（霉）。"

根把根 genbagen 形容数量少，一两根：～白头发扯了就是。

根根 gengen 根系，根子：扯到藤藤连到～。歇后语："屋檐下的冰条条——～在上头。"

根根畔畔 gengenpanpan 琐事缠绕，泛指事情复杂，皮畔多。

庚拎刚啷的 genglinganglangdi 本指带广东腔调的，后泛指操外地口音的：广起广起，～。

羹羹 genggeng ①粥：煲点～喂娃娃。②肉汤。顺口溜："细肉～臊子面，吃了抹嘴再摸（掏）钱。"③残羹剩饭：潲水～喂猪好。

更见 gengjian 更加：今年七八月天还～热。

哽 geng ①强咽，浑吞：慢慢吃，别～到了！②吞之不下：拿给汤圆～住了。③喻指贪得无厌，东窗事发：老几进去就没有出来，多半是吃来～到了。

整票子 gengpiaozi 整，读"梗"。大票面钞票。又为"梗票子、耿票子"。

整笼心肺 genglongxinfei ①以笼为单位计量买卖猪、牛、羊之内脏。②形容贪得无厌的心凶之人：小心哦，王保长吃～不得打闪板的哈！

耿直 gengzhi 直率，直爽，豪爽，爽快：～朋友。又为"梗直"。

梗 geng ①整个，囫囵：百元的～票子打不烂（换不开）。②堵：遇到滑坡，一下就～住了。

弓弓儿 gonggongr 弓（箭）。歇后语："城隍庙头拉～——射（色）鬼。"

弓起 gongqi 弯腰：跳拱开始了，该你～我们跳。

弓子 gongzi 箭弓，也指弹棉花的绷子。

躬 gong 弯曲，弯腰：大家作揖我～腰。

躬背子 gongbeizi ①驼背，罗锅。歇后语："～走路——背起包袱在。"②蚂蚱：～跳到灶台上了。

躬腰杆 gongyaogan 蜷身，弯腰：～，捡东西。

躬腰驼背 gongyaotuobei ①弯腰驼背：老八路马云鹏，八十几了都还硬肘得很，硬是没有～的哦！②奴才相：看到当官的，臭虫那副～的样子就来了。

供 gong 供奉，供养。民间俗语："一人～三口，累得你气吼；一人～五口，累得爬起走。"

拱 gong ①钻，贸然进入：从这儿跟前～进去｜～过来～过去。歇后语："裤兜里～蝎子——爱咋蜇咋蜇。"②（多音字）内讧。民间俗语："槽内无食，猪～猪。"③突起事端：七翘八～的搁不平。④走：～进～出。用身体撞动东西或拨开土地等。歇后语："猪朝前头～，鸡朝后头刨——各有各的门道。"

拱翻 gongfan ①用嘴揎翻：猪把圈～了。②推翻：政权拿给几爷子～了。

拱进拱出 gongjingongchu 打进打出，走进走出。

拱圈 gongjuan 指畜生破坏圈栏：～抢食。

拱一坨 gongyituo 表面凸起一坨。

钩 gou ①修面：盘子～好了没有？②画脸谱：～来～去竟～成了张飞脸。

钩钩云 gougouyun 一种呈钩子般的彩云。民间俗语："天上～，地下雨淋淋。"

钩钩子 gougouzi ①简称钩子，形容使用伎俩进行哄骗。②钩钩针：拈～来钩花边。③鱼钩：大小～都整齐了，好钓鱼。亦作"钩钩"。

钩炉灰 gouluhui 锅炉渣滓：～面（铺）地。

勾兑 goudui 原指调酒，川人现广泛运用于人际关系，如调解、游说、交换、勾结以致男女关系等等，含义宽泛，褒贬皆有。

勾儿麻汤 gouermatang ①麻麻眨眨，乱七八糟：做些事哦！流汤滴水，～。②勾奸耍滑的事情：他们那些～的事情说不清楚。又为"沟儿麻汤"。

勾勾儿针 gougourzhen 勾引，采用欺骗手段使别人上当：托儿就是～。

勾腰驼背 gouyaotuobei 弯腰驼背：人老了，～的。

购 gou 伸（手）：东西再放高点嘛，～得手去拈。

够得摆 goudeibai 缘由复杂，够得说，慢慢摆谈。类似用语，"够得学、够得吞"。

够份儿 goufenr 够格，好看：样儿真～！

够整 gouzheng 比喻够收拾，够修整。歇后语："碓窝棒棒做磬锤儿——～。"

狗 gou 吝啬：～得很。

狗夹夹 goujiajia 吝啬鬼：一副~的样子看到都讨厌。

狗儿 gouer 小狗：喂~，真要喂起感情呢！

狗眉狗眼 goumigouyan 吝啬，过分看重小利：那人~的。亦作"小家巴式、抠眉抠眼、抠搜、豆、狗气、夹骨"。

狗刨搔 goupaosao ①一种类似狗游水的很难看的游泳姿势：游不来泳就学~。②喻指技艺水平低：~，胡乱整！

盬子 guzi 南瓜形的烹饪用具，一般用沙土烧制：把~头的鸡煨炖些！

估 gu ①估计：这堆白菜，~一下要好多钱？②强迫：她不干，你就~倒来。

估谙 guan 估计，猜测：你~一下，这堆洋芋有几斤？

估吃霸赊 guchibashe ①横行霸道，强行抢夺，俗语为"马倒来"：土匪进村，~。②蛮横无理，强词夺理：一言堂的官僚主义作风就是~。

估着 gudao 着，读"倒"。强迫，逼迫：不容分说，姐姐硬搋个酸橘子~给我。亦作"马倒、恨倒"。

估肇 gushao 肇，读"哨"。故意肇事：冲收费站~的几爷子已遭逮了。

姑姑筵儿 guguyanr 小儿游戏，办家家。又为"姑姑宴儿"。

姑尼儿 gunir 小姑娘：她还是一个~家。民间俗语："三个~一台戏。"

姑孃 guniang 女儿：~刚走，儿就回来了。

姑孃家 guniangjia 姑娘：~秀秀气气的。

姑婆 gupo 爷爷的姐妹：~跟爷爷在说悄悄话。

骨豆儿 gudour 花骨朵，含苞待放的嫩芽。比喻茁壮成长的青少年。

骨头 gutou ①困难之事：人家吃肉，我们啃~。②骨骼：一把老~仍敢挑担子。

骨子 guzi 支架，支撑物品的骨架：扇~｜伞~。

谷草 gucao 稻草。歇后语："下雨天背~——越背越重。"

谷吊吊 gudiaodiao 谷穗。民间歌谣："远看小妹白蒿蒿，赛过田中~。心想变个油蚱蜢儿，飞来搂住你的腰。"亦作"谷子吊吊、谷吊子"。

顾惜 guxi 爱惜：新衣服不~穿，两下就弄脏了。

跍倒 gudao 跍，读"咕"。蹲下：有板凳不坐，要~咋子！

跍堆堆 guduidui 蹲在一起：~摆龙门阵。

跍倒屋头 gudaowutou 待在家里：~写呀写，不写出毛病才怪了呢！

鼓鼓 gugu 小锣鼓。成都童谣："幺姑娘儿不要哭，买个娃娃打~。"

鼓丁爆颤 gudingbaozhan 凸出厉害，甚至到开裂的程度：看他脑壳上~的青筋哟！亦作"鼓丁暴涨"。

鼓鼓儿 gugur 锣鼓：～一响，川戏就开演了。

咕 gu 突出，凸。成都童谣："我走家婆门口过，舅母喊我进屋坐。裹杆烟，空心心；倒碗茶，冷冰冰；吃碗粉，十几根。家婆喊我吃点心，舅母在外～眼睛。"

咕丁暴眼 gudingbaoyan 眼睛凸出：～的，是不是得了甲亢哦。亦作"咕睛暴眼"。

咕起二筒 guqiertong 瞪眼。二筒，麻将的筒子，以此牌比喻眼睛：～把人家盯倒。

咕眼棒 guyanbang 眼睛凸出：得了甲亢，二天不是脖子粗，多半就是～。

瓜 gua ①傻，呆：他是一个～儿。②不懂的：真有点～！③瓜类：冬瓜，南瓜，西瓜等。

瓜不兮兮 guabuxixi 傻样：看他～的哇，其实老几阴倒狡诈。又为"瓜不希希、瓜兮兮"。

瓜撮撮 guacuocuo 傻乎乎，傻里傻气。又为"瓜拙拙、哈拙拙、瓜戳戳"。

瓜到住 guadaozhu 傻到了极点：老几瓜不里兮，～了。

瓜得很 guadeihen 傻到头：瓜兮兮的～。

瓜儿 guaer ①傻瓜。歇后语："～活了九十八——虚度年华。"②瓜果：～熟了。

瓜耳皮 guaerpi ①一种用毡子做的瓜皮帽，无边沿，似西瓜皮：戴～的磨刀匠又来了。歇后语："穿西服戴～——倒洋不土。"②旧时男人戴的分瓣小帽：他把纸钱揣到～头就又在喊买主了。又叫"毡窝儿帽"。

瓜翻山 guafanshan 傻得过于，超出了想象：捡了芝麻丢西瓜，简直～了。

瓜葛亲 guaguoqin 远亲：哪家多二不少都有点～。亦作"疙瘩亲"。

瓜瓜 guagua ①呆子，傻瓜：不要以为人家是～。②儿语，瓜果：买个～哄娃娃。成都童谣："金～，银～，田头瓜棚摘～。～打倒小娃娃，娃娃痛得喊妈妈。"

瓜进不瓜出 guajinbuguachu 商务活动或买卖中常见的一种装傻现象，即利己或不予付出的行为。

瓜了 gualiao 傻了，憨态：看到女的就～。

瓜迷瓜眼 guamiguayan 傻样：～把我们盯倒。又为"瓜眉瓜眼"。

瓜女子 guanüzi 傻女子。成都人也常将此词作褒义用：～，妈还望倒你在哦！

瓜起 guaqi 傻乎乎地呆立在那儿，发愣，不知所措：人家打麻将，他在旁边～。

瓜孙儿 guasenr 不懂事的孙子。成都人说此话多为（褒义）开玩笑：～过来，婆婆爱一个。

瓜娃儿 guawar 傻子，戏弄老实人的称谓：～才借钱。亦作"宝器、瓜瓜"。

瓜娃子 guawazi ①傻瓜，憨憨，闷墩儿。顺口溜："宁给聪明人提鞋，不跟～同财。"②用于褒义，系一种爱称：马～非常孝顺他妈老汉儿。亦作"哈宝儿、刘前进"。

瓜兮流了 guaxiliuliao 形容憨态，傻到住：清鼻子流起，～。

呱啦 guala 感叹词，完蛋：雀雀儿飞～！

剐 gua 剐：莴笋把叶子～了，叫我咋卖嘛！

剐油 guayou ①去掉油腻，刮油：吃青菜～。②剥削：保长甲长都拱出来～了。③吃魁头，占便宜：老几尝到了甜头，又回来～了。歇后语："鸡脚杆上～——穷慌了。"

刮 gua ①用刀等把物体表面的东西去掉：把皮子上的毛～干净。歇后语："鸡肠子上～油——有也不多。"②搜刮：星期天回家去～妈老汉儿。③麻将俗语，喻赢：～昏兔儿！④剐剖：～黄鳝。

刮风下雨 guafongxiayu 麻将俗语，喻指规矩繁多，新花样百出。

刮痧 guasha 揪痧。成都民间的一种治疗方法，多用调羹、银圆、铜钱或特制的刮子，蘸上菜油或特制的～油，在患者的某些部位的皮肤上刮，使局部皮肤充血，以减轻病症：～之后，人要舒服多了。

寡摆 guabai 干摆，只说：饿着肚子～空龙门阵。

寡淡 guadan 无味，淡味单一：没盐没味，太～！

寡毒 guadu 狠毒。凶残，凶悍，凶狠，毒辣：手段～，没有人性。

寡骨脸 guagulian 脸上无肉，净是骨头：寡骷髅儿对～，莫得谈闲头。

寡咸 guahan 盐味很重或光是咸味：东西～，当真盐巴不要钱了嚓！

寡苦 guaku 单一的苦味：一个～味，咋个吞得下嘛！亦作"焦苦"。

寡孽 guanie 残酷，可恶，狠毒，坏事做绝，丧尽天良：～之人该敲砂罐（枪毙）。亦作"寡毒、刮毒、恶绍、恶杂、武辣"。

寡说 guashuo 只说不做，讲空话。歇后语："指拇儿发电——～不拗（动）。"

寡味 guawei ①没盐味：～的菜，难吃！②单一的味道：～十足。

挂飞挡 guafeidang 飞挡：想象中的（汽车）飞速挡位。喻指跑得快，没有耽误时间：听到马耳门病了，我就～来了。

挂挂钱 guaguaqian ①旧时过年间，将铜钱穿成一挂作为压岁钱。成都歌谣："拜年，拜年，给你一串～。"②一串一串的小钱，也称一吊钱：才得人家两个～，就把你的眼睛打瞎了嗦！③形容外慧内憨，像不哩叽的人：～，刘前进。顺口溜："颠翎子，假洋盘，二百五，～。"

挂角 guaguo 角，读"郭"。①占据一角：莫得座位就～。②喻指多余的人：未必我是这个屋头～的嗦？③从很狭小的地方望去：～相望。

挂角亲 guaguoqin 远房亲戚：说起吃九斗碗，疙瘩亲的～些都跑来了。

挂耙 guapa 耙子，铁耙。歇后语："～脑壳——铁梳（特殊）。"

褂褂儿 guaguar 衫子，夹袄，褂子：～遭扯烂了。

乖 guai 形容漂亮可爱。成都民谣："小姐～，嫁秀才，坐轿去，骑马来。"

乖儿 guaier 乖孩子，宠儿：～来帮婆婆做事。

怪 guai ①很不好。与难连用：～难吃｜～难看。②托词，谦虚姿态：～不好意思。③表示好的程度，很：～安逸｜～巴适。

怪焅焅 guaicuocuo 怪样子。歇后语："秧鸡子不长尾巴儿——～。"

怪得很 guaideihen ①不好看，非常之怪，奇怪得很：那个人～。②下流：跟着别个女娃子撵，～！

怪眉怪眼 guaimiguaiyan ①奇怪：这个娃娃就爱吃些～的东西。②丑陋，样子难看：老几长得个歪瓜裂爪～的，还说是伸展，呵得到哪个嘛！③下流或面部表情不正派：捞倒就动手动脚，～的！又为"怪眉日眼、怪头怪脑"。

怪物 guaiwu ①流氓：逮到～！②罕见之物。歇后语："洋房子走路——～（屋）。"

怪像 guaixiang ①怪模样：被酸得～。②奇怪的现象，预兆：水倒起在流，是啥子～？

怪诈诈 guaizhazha 语言龌龊或行为不检点。又为"怪杂杂"。

拐 guai ①出差错，出毛病：～了！出门忘记带钥匙了。②歪（斜，跛）起走：踏了一跤起来，就～起走。③转弯：他～进宽巷子就不见人影了。

拐杵子 guaichuzi 拐棍：蹿蹿儿喊拿～。亦作"打杵、打杵子"。

拐拐上 guaiguaishang 拐弯处，倒弯处：金家坝～就是市文联大楼。歇后语："成都人请客——～吃茶。"亦作"口子上"。

拐棍儿 guaigunr ①手杖，拐杖：乖孙儿，把～递给婆婆。歇后语："穿钉鞋杵～——稳上加稳｜把稳又把稳。"②工具（书）：买本字典当～，就学得起走了。

拐棍儿倒起杵 guaigunrdaoqichu 拐棍颠倒过来杵，喻指不知天高地厚、老少不分的人。

拐把子 guaipazi 把子，读"笆子"。工字状绕线器：风登儿都飞了，还要～咋子喃?

拐枣儿 guaizaor 拐枣树的果实。因形同拐棍弯儿疙扭，故而得名：～泡酒可以除风湿。亦作"雷爪爪、梨拐拐、拐子"。

拐子 guaizi ①纸牌（长牌）"五点"的说法：他出的～，你出啥？②拐棍儿：二娃子，递下～给老爷子。③跛脚，蹒跚儿。歇后语："～进医院——治脚（自觉）。""～走路——左右摇摆。"④拐枣：～又叫"弯捞捞"。

关 guan ①关心，关照：有人～就好。②关闭：～着门窗。③发放或领取（工资）：～饷。④配茶：只管上坐，这边有人～。

关火 guanhuo ①管事，掌握关键、要害，及权力之人所能够的决断。②说话算数，起作用，拍得到板。

关拦 guanlan 关住，遮拦：马耳门说话无～，老是控制不住自己。

关钱 guanqian 关月薪，发放劳务费：一～就先把饭票买了，再说别的。

关起 guanqi ①一种将钱物交中间人保管，以示公证的做法。主要是为避免赖欠、耍赖等，多见博弈、赌局中：来来来，大家先～再说。②交付定金，钱暂时无从拿取：合同一签，钱就遭～了。③股市术语，遇重大事项而停牌，资金就此冻结：买到ST的票，去就喊～。

关饷 guanxiang 发薪金，领工资，领月薪：明天就～，今天先借两个来用。

关不到风 guanbudaofeng 遮拦不到：门牙掉了就喊～。

观火拿脉 guanhuonamei 决策，定夺：科学的东西，请个风水先生来～，未必搞得定。

灌耳门 guanermen 强求别人听信自己的话：～你可以不听。又为"灌耳门子"。

灌脓 guannong 化脓，生脓疮：耳朵～了，赶紧去医。歇后语："嘴巴上生疮——～口。"亦作"灌了"。

灌香肠 guanxiangchang 制作香肠：将肉块拌上佐料，然后用套管灌进肠衣里，并用绳索扎成节，晾晒风干后便可蒸煮食用。

灌蛇头指 guanshetouzhi 指甲沟发炎、灌脓：～，指拇儿肿起多高。亦作"灌指甲颠"。

罐 guan 陶罐。民间俗语："哪个虫下哪个蛋，哪个窑烧哪个～。"

罐罐儿 guanguanr 罐子，多以砂土烧制：叮咚一声响，楼上的～打倒了。亦作"罐罐"。

管 guan ①过问，关心，理会：他才不～三七二十一呢！②相当，顶用，值：寇宗芙那个翡翠牌牌儿还～得到两个钱。

管管儿 guanguanr 水管，钢管，输液管，喉管等管子。

管家婆 guanjiapo 管家庭琐事的妇人，现多指婆婆妈妈爱唠叨者。歇后语："~的鸡蛋——有数。"

管钱 guanqian 值钱：收藏家的那些瓶瓶儿罐罐儿（瓷器）些就~。

管事 guanshi ①中用，顶事：我们雪雪（宠物狗）最~，听到生人的脚步声就吼圆似起了。②管理事务：~和不~的，年终都应该有个说法。

惯 guan 姑息，溺爱。民间俗语："~儿不孝，狗爬灶。"

惯伺 guanshi 伺，读"市"。溺爱，孽爱，娇惯，迁就：再~下去（的话），二天人就要飞上天了。歇后语："鹅老石流脓——灌石（~）。"又为"惯使、惯实、惯失"。

馆子 guanzi 餐馆：成都人习惯把街头不卫生的小餐馆叫作苍蝇~。

广耳石 guangershi 鹅卵石：河坝头拣个~。

广广 guangguang ①老广，喻指湖广来四川的人，引申为外地人或乡巴佬：~比你我能干。歇后语："~唱京剧——南腔北调。"②对象。成都民谣："嘟个哩个嘟，春熙路上吊~，吊到缝件花衣裳，吊不到就哭一场。"③外行：他是~懂不起。④喻容易上当的人：洋花椒，麻~。

广眉广眼 guangmiguangyan 土头土脑，喻土气：~把人家盯倒咋子？亦作"广头广脑"。

光 guang ①什么都没有，无：他给了我一个~扁扁儿。②只有某一种东西：~吃稀饭嗦？③只顾：~喊马儿跑，不给马儿吃草。歇后语："~打雷不下雨——虚张声势。"

光坝坝 guangbaba ①空坝子：~头搞军训，不怕晒哦。②寸草不生之地：盐碱地简直就是一个~。

光板板 guangbanban 刨光的地板或形容板子上面什么都没有：捡回一块~。

光膀膀 guangbangbang 手臂裸露：三月间操~，冷皮不冷心。

光耳石 guangershi 光，谐音"广"。多指土头土脑的人：~娃娃来了一拨。

光杈杈 guangchacha 光秃而无树叶的树枝：芙蓉树修成了~。

光杵杵 guangchuchu 物件磨平的样子：剩了一根~。

光胴胴儿 guangdongdongr 赤身裸体，身上一丝不挂：打~洗澡。又为"光董董、光巴捞儿"。

光光 guangguang 光亮。成都民谣："月亮光光，芝麻烧香，烧死麻大姐，气死幺姑孃。"

光光生生 guangguangshengsheng 表面光滑，光亮，干净。语气重于光生的复句。

光架架 guangjiajia 形容只剩下一副架子，什么都没有了：房子烧成了～。

光架架儿 guangjiajiar 喻指身着一件背心：穿个～就上街了。

光脚板儿 guangjuobanr 赤脚，不穿鞋袜的光脚丫子：打了一双～到处跑。

光壳壳 guangkuokuo ①空壳：剥完花生，就剩一堆～。②蝉蜕：蝉子爬出来飞了，树上只剩一个～。

光眉光眼 guangmiguangyan 喻指光头、脱发者或长发突然剪成了短发：整得个～的真难看！

光生 guangsheng ①表面光滑，光洁。歇后语："快刀打豆腐——两面～。"②形容皮肤好看、人干净：～的娃娃逗人爱。③喻处理得当：两面都抹得～。

光刷刷 guangshuashua ①落光叶子，形同刷把的树杈。②形容头发脱落、稀少。

撗 guang 擦，抹，打：先～他两耳矢，把神光退了再说。

撗鼻子 guangbizi 擦鼻涕：用袖子～。

撗耳巴子 guangerbazi 打耳光，被人打脸：被人～不是好事。

逛耍 guangshua 转耍，游览：到少城公园去～。

逛一转 guangyizhuan 转一圈：不想排班哇，等～下来绿豆糕就喊明天请早（喻买完了）。

国防身体 guifangshenti 形容身体健壮：刘平老弟是～。

国际龙门阵 guijilongmenzhen 大笑话或夸张得使人不相信的话：摆～的人来了。

归 gui 归属，属于。炮耳朵感叹："我～婆娘管，婆娘～儿子管，儿子～媳妇儿管。"

归除 guichu 珠算术语，打算：上下五除二，小九九对大～。

归一 guiyi 结束，完结，好，妥帖：事情弄～了就脱手。又为"归易"。

归一不到 guiyibudao 形容遇到麻烦事，摆不平，脱不了手。

归拢 guilong 集中，汇总：文件～。

归总 guizong ①合并，凑拢，总起来说：一句话～，是你们无理取闹。②共计：大小人～算，要摆十打十桌。

柜柜儿 guiguir 柜子，立柜：～头的衣服拿给耗子咬烂了｜～锯了脚脚当箱子用。

规规矩矩 guiguijuju ①懂规矩，老老实实，听说听教：～做人。②姿态端庄。

规矩 guiju ①完结，结束：饭吃～了，我们侧边要！②约束之条件，章法：无～不成方圆。

皈依伏法 guiyifufa 喻听说听教：死歪万恶的老几已经变得～了。

鬼 gui ①鬼浊，诡诈，坏，指动歪脑筋，鬼祟阴险之人：偷儿越～，警察越不怕。②作褒义词，为机灵、点子多：看不出小不点儿还挺～的呢！③鬼神，妖魔鬼怪。歇后语："钟馗开栈房——～都不上门。"

鬼才子 guicaizi 有特殊才能者，习惯用"鬼才"比喻：成都昵称"～"的人历来就多。

鬼场合 guichanghuo 合，读"活"。比喻乌七八糟的地方。歇后语："城隍庙打牌——～。"

鬼戳鬼戳 guichuoguichuo ①行为诡秘，鬼鬼祟祟：那人～的，注意到点哈！②犯神经，鬼使神差：她不晓得咋的，就～地跑到人家屋头去了。又为"鬼戳戳"。

鬼吹神吹 guichuishenchui 天花乱坠地乱说，欺骗：妈就遭别个～地哄去买了假药。

鬼扯 guiche 瞎胡闹，胡乱说，理不清道不明：～我不扯。

鬼打钱 guidaqian 为数不多的钱：就那两个～还想娶媳妇？

鬼大爷 guidaye 未知的，或马不实在的人：你都弄不醒豁，喊我去找～啊？

鬼丁哥儿 guidingguor 猫头鹰：～的眼睛晚上尖（亮）得很。亦作"鬼灯哥"。

鬼鬼儿 guiguir 棋牌术语。①扑克牌之大小鬼：摸到一对～笑兮了。②长牌之"黑七"：摸到七个小黑点的牌就叫"～"。

鬼过场 guiguochang 形容鬼毛病多：做些～给哪个看？

鬼话 guihua 不正经的话：听个～就倒霉｜见人说人话，见鬼说～。

鬼画桃符 guihuataofu 胡乱书写：～乱画一气。

鬼火冲 guihuochong 心里烦躁，无名起火，发怒。歇后语："阎王老爷吃烟——～。"又为"鬼火起、鬼火冒、发干火"。

鬼精灵 guijingling 精灵鬼：人小鬼大的～。

鬼灵精 guilingjing 耍小聪明：丁点大个家的就学到～的样子。

鬼眉鬼眼 guimiguiyan 阴险、狡诈：～阴倒干坏事。又为"鬼眉日眼、鬼迷日眼"。

鬼脑壳 guinaokuo 形容鬼点子多，脑筋够用：不用担心，～些有办法。

鬼撵起来了 guinianqilailiao 形容做事慌张，心神不定，犹如鬼在追赶。

鬼头鬼脑 guitouguinao 贼头贼脑：～到处瞧。

鬼样子 guiyangzi 不修边幅，稀脏邋遢之难看相。

鬼饮食 guiyinshi 半夜的小吃：九眼桥吃～。

棍棍儿 gungunr 棍子：痛打落水狗，～棒棒儿一起上。歇后语："电线杆杆当火柴～——大材小用。"

滚 gun 滚开，滚动。歇后语："盘（螃）蟹夹豌豆——连爬带～。""豌豆子下河——顺倒～。"

滚边儿 gunbianr 用特制的装饰花边或布条裹住衣服、鞋口，床单、蚊帐及窗帘、门帘的边：裤脚～，不得走（掉）线。亦作"滚边边、锁边儿"。

滚蛋 gundan 民间去风毒的土办法，即用熟鸡蛋套在银圈子中，放在小孩儿头部来回滚动：～扯了毒，蛋都要变颜色。

滚刀 gundao 一种烹饪刀法，切菜成多菱形：红萝卜切成～才好烧肉。

滚滚儿 gungunr ①轮子：自行车～遭钉子锥了。成都民谣："有了方向盘，不愁没得钱。只要～转，不愁油大饭。"②圆环：铁环～整扁了。亦作"滚儿滚儿"。

滚龙 gunlong 喻指有流氓习气或到处骗吃、骗喝、打烂仗的无赖之人：混世魔王烂～，都是社会渣滓。又为"滚龙匠、滚筒、忏头儿"。

滚身儿 gunshenr 中式对襟的紧身棉袄或无袖的紧身小（夹）袄：把那件粑毛色的～递给我一下。歇后语："长衫子改～——取长补短。"亦作"滚身子"。

滚水 gunshui 开水，沸水：小心～烫倒人！歇后语："～锅里煮螃蟹——看你横行到几时。"

滚铁环 guntiehuan 喻指骑自行车：～锻炼身体。

锅巴 guoba 饭痂：煳～｜不想吃～，何必围到锅台转。成都童谣："棋盘花，开大朵。妈煮饭，我烧火。铲到～捏给我。"

锅儿不是铁倒的 guoerbushitiedaodi 原意为："不要认为～。"用以批评骄兵、轻敌者。

锅锅儿落落 guoguorlaolao 指厨房炊具：忙了半天，～还没有收拾。

锅盔 guokui 经炕制烘烤的烧饼，或有嚼劲的发面饼：川北凉粉儿夹～，安逸！歇后语："墙上挂～——中看不中吃。"又为"锅块、锅魁"。

锅瓢碗盏 guopiaowanzhan 指炊具、酒具一应俱全：～都搬来了。

锅烟子 guoyanzi 锅底灰，油烟：～炝人。

锅蒸 guozheng 米粉在油锅里炒制后，加糖掺水收敛而成团的甜食，上桌前如再添之果脯、核桃、花生米、芝麻等，口味更佳：八宝～，酒米饭。

哥老倌 guolaoguan 对大哥的尊称：好久没有看到～了。

哥子 guozi ①兄长：成都人称～皆含有一种敬意和尊重在里面。成都民谣："张～，李～，出门有路子，有饭大家吃，有酒大家喝。" ②旧时尊称对方：请问～尊姓大名？③成都袍哥间互称：你～先请！

各人 guoren 各，读"过"。各个人，各自。成都童谣："鸡公叫，鸭公叫，～找到～要。"民间俗语："一个鼎锅一个盖，～娃娃～爱。"歇后语："～的米下～的锅——哪个怕哪个。"

各吃各 guochiguo 自己吃自己的东西，AA制：～，莫奈何！

各操各 guocaoguo 单操，各人做各人的事：白天～，晚上伙倒睡。

各说各 guoshuoguo 意见不统一：几张嘴巴～。

鸽子 guozi 鸽，读"郭"。一种善于飞行的鸟。歇后语："大雾天放～——有去无回。"

个挑个选 guotiaoguoxuan 一个一个地仔细挑选，形容经得起挑剔检验，质量好：我买的广柑儿，那硬是～的。又为"个挑个打"。

葛 guo 读"过"。搓丝相合，缠绕：多股丝线～成一股。

割肉 guorou 割，读"捆"。①买肉：～回来剁圆子。②股市俗语，无可奈何地忍痛卖掉蚀钱的股票，即高买低卖：忍痛～。

割麻和 guomafu 麻将俗语，乱和牌，做假牌取胜："～要兴包（牌）的哦！"

割牌 guopai 麻将俗语，和牌：善长兄又～了。

割头把 guotouba 麻将俗语，开局第一把牌就听和：～的人笑兮了。

角角 guoguo 角，读"郭"。①角落：一头钻进死～。②一角，边角：撕个～当记号。③小钱，小钞：找回的钱净是～子。

角角头 guoguotou 墙角边，死角处，角落：怕啥子嘛？未必～有鬼！

角逆 guonie 读"郭孽"。闹矛盾，起纠纷，打架，吵架：打锤～。歇后语："公鸡～——头对头。"又为"角孽，割孽，搁孽"。

过拗 guoao 喻指技艺等过硬：新都冠生园的东西硬是～。

过不得 guobudei 不好受：成都人不吃海椒硬是～｜皮子造痒，～嗦？

过场 guochang ①花样儿，喻不如意而奇怪的表现：娃娃家的～多。②敷衍或做个样子给人看：做事走～。

过得 guodei 喻生活状况比较好，舒心，舒适：～过不得，只有自己才晓得。

过得坳 guodeiao 过得硬，经得起检验。歇后语："铁匠铺的买卖——样样～。"亦作"过得鳌"。

161

过得旧 guodeijiu 经受住时间的考验，或指勤俭节约的传统习惯。民间俗语："东西图个新，人要～。"

过话 guohua 传播闲话。歇后语："斤肘肘儿亲嘴儿——～不过事。"

过二黄 guoerhuang 几经冲泡的茶叶水：把～的倒了，重新换浓茶来。

过哈哈儿 guohahar 等一会儿，隔一会儿：这阵人多，～来好些。

过脚 guojuo ①指戏剧表演之动作：小宣的～是做够了的。②掩饰：谨防他有～。

过经过脉 guojingguomei ①吐露真情，传递点子，讲透彻：人家都把～的话讲了，你还不醒事，就怪不得哪个了哦！②精华，精粹，关键之处，形容细微的观察：李昌元审案，那硬是～莫得抖摆。③清楚，仔细：～讲认真把细。又为"过筋过脉"。

过气 guoqi 过时，不适合现状：已经是～的人了，咋个都绷不起咯！

过手 guoshou 经过自己的手传递：～就捡钱。

过说 guoshuo 喻只动口，说说而已：不动手，光在～嗦！歇后语："老孃儿唱戏——～。"

过心 guoxin 没熟透：没有煮～的鸡蛋叫溏心蛋。

过一向 guoyixiang 过一阵：他正在气头上，我们～再来｜～成都东门的地铁就通了。

过瘾 guoyin 有嗜好的人对某种东西迷恋或执意享受的过程：咋还没有～就喊走了嗦？又为"过把瘾"。

过油 guoyou 在油锅里将已加工成形的原料加热至熟，或炸成半成品：做酥圆子必须～。

裹 guo ①在一起玩耍、谋事等：我们经常～在一起耍。②同流合污，混搅：不要跟到烂眼儿～。③绕：～成一团线坨坨。

裹不拢 guobulong 拒绝语。不能在一起玩耍或做朋友。

裹袋儿 guodair 旧时拴在腰间或裤带上的钱包。歇后语："拆～做大襟——改邪归正。"亦作"裹兜儿"。

裹得拢 guodeilong 彼此志向、脾气相投，能够走到一起，耍得到一堆。

裹脚 guojuo 缠小脚，喻包脚布。民间俗语："王大娘的～（布），又臭又长。"

裹纸烟 guozhiyan 手工用纸裹制的香烟：安逸！叶子烟不吃了，抽～。

果果 guoguo 儿童语，果子。童谣："排排坐，吃～。"

哈 ha 语气词（重音在后）。①往往放在句尾，表示请求，有一定的戏谑成分：明天我们去看新媳妇儿~？②傻，笨：~娃儿｜张眼镜儿~戳戳的。③"好吗"之合音：该是~？④提醒对方注意：天气热，谨防中暑~！

哈宝儿 habaor 傻瓜蛋。又为"哈巴儿，哈波儿"。

哈戳戳 hachuochuo 傻，瓜兮兮，神癫癫，天真：不要紧说人家~的。又为"哈拙拙、哈不戳戳、哈屎戳戳、哈绰绰"。

哈儿 haer ①傻儿：《~军长》是刘德一先生主演的。②很快，一会儿：禅~凉。

哈哈儿 hahar ①一会儿：不要哭，妈妈~就回来了！②笑声，打哈哈：幺妹讨人喜欢，全靠~得得圆。

哈哈儿去 haharqie 等一会儿去：我要等~（广场），（电影）开头有广告加演片。

哈喉 hahou 东西陈腐变质，味道不正，刺激喉咙的哈臭味。

哈口 hakou 形容食油或含油食物日久变坏的味道：~的东西致癌哦｜腊肉都~了还要吃嗦？

哈口气 hakouqi 出口气，歇一会儿：等他~再（接到）说！

哈气 haqi 出大气。歇后语："张飞~——自我吹须（嘘）。"

哈起整 haqizheng 干莽事，打（害）人无轻重，朝死里整：老几黑了心的~。

哈事 hashi 蠢事，傻事，事情办砸：莽子干了~不敢回屋。

抲 ha ①刨动，扒拉，翻动：锅头的菜，帮我~两铲。②动词，挠胳肢窝：逗不笑就~夹子窝儿。③用艺术的方法或手段把观众逗笑：马耳门又把大家~笑了。

抲不转 habuzhuan ①搅不转：~，我来！歇后语："砂锅头炒胡豆儿——~。"②办事不得法，一团糟，办不了：~，就证明你能力差。

抲叽咕 hajigu 搔腋窝，逗乐：随便你咋个~，任崇锐他都不怕痒。

163

拾开 hakai 刨开，翻开，掀开：～看一看。

拾笆 hapa 笆子：拐～来刨树叶子。亦作"哈笆子"。

下下 haha 下，读"哈"。每次：倒霉的事他～都遇到。

下数 hashu ①心中有谱，有一定的规律：说穿了，只要他有～就行。②次数：没有～，就码不实在。③喻指无轻重：断手（掌纹成一线的手）打人没有～。亦作"哈数"。

下把下 habaha 一下子：马耳门的问题，～搞不清楚。

鞋 hai 读"孩"。穿在脚上走路的鞋子。歇后语："～头长草——荒（慌）了脚。"

鞋底板儿 haidibanr 鞋底。歇后语："一嘴吃个～——心头有底。"

鞋鞋儿 haihair 儿语，鞋子：妈妈给我买的新～。亦作"鞋子"。

鞋子 haizi 北方人搞不懂成都人咋个把"鞋子"叫"孩子"。歇后语："卖了～买帽子——顾脑壳不顾尾巴。"

海 hai ①名词用作动词，拼命（使劲）地、大量地吃：进馆子～一顿。②大，莽。成都民谣："生意做得～，半夜出公差。"

海底捞 haidilao 麻将俗语，和最后一张牌：我来它一个～。又为"捞海底"。

海耳 haier 大耳：～罐｜～缸。

海缸 haigang 形容很大的缸子：～盛水作消防用。

海椒 haijiao 海外引进的辣椒品种：客家人管～叫"该椒"。民间俗语："熟地栽生姜，生地栽～。"歇后语："～命——越老越辣｜越老越红。"

海椒面儿 haijiaomianr 辣椒粉。歇后语："砒霜拌～——又毒又辣。"

海九斗碗儿 haijiudouwanr 吃福席。九斗碗：用九个大的斗碗盛佳肴。四川农村一种常见的民间习俗，多以坝坝宴的形式举办红白喜事。

海味十锦 haiweishijing 加海鲜味的十锦菜，即用十来种原料经过烧、烩等烹制方法而成的美味佳肴：宴席打头菜是～。

海盅 haizhong 大的搪（陶）瓷盅。

嗨饭 haifan 吃饭：他们管吃饭叫"～"，有点笑人嘎？亦作"海饭"。

嗨嗨 haihai 感叹词，量视，鄙视，愤瘀：批评官僚作风，未必你敢～！

嗨起 haiqi 形容使劲：大家一起～。

嗨得 haidei 吃得：老几好～哟！

嗨呀咗 haiyazuo 感叹词，喻指使劲，加油。

害瘟 haiwen ①称生病：～的人一身都是炟的。顺口溜："冬天打阳尘，春天不～。"歇后语："～不吃药——等死。"②遭瘟疫：鸡～了。③喻指做事疲遢，不来劲：没精打采地，当真～了嚓？

寒毛 hanmao 汗毛：他胸口上有～。亦作"苦毛儿、苦毛子"。

寒心 hanxin 心灰意冷，伤心：娃娃不喊妈，太～了。

衔 han 读"含"。用嘴含（叼）：～块冰糖在嘴头。歇后语："苍蝇儿～秤砣——操嘴劲。"

憨不纽揪 hanbuniuqiu 瓜不兮兮：鼻脓口水，～。

憨痴痴 hanchichi 憨痴，傻乎乎：老几装成一副～的样子，想蒙混过关。

憨吃死胀 hanchisizhang 无节制地吃喝：暴饮暴食，～。又为"憨吃哈胀"。

憨等 handeng 无休止地等待，无结果地等待，干等、白等。

憨憨 hanhan ①傻儿：～，就是成都人喊的"瓜娃子"。②脑出血后遗症：他咋弄成～了喃？

憨口水 hankoushui ①熟睡之后嘴角处自然流出的唾液：娃娃儿的～把枕头帕都打湿了。②引申为迷恋女色之馋相：那个瓜娃子看到长毛根儿就流～，是不是有病哦？

憨懒 hanlan 形容带憨状的懒人：～之人，一事无成。

憨扎劲 hanzajing 傻呵呵地出大力气：屋头当懒人，帮别个却～。

憨胀 hanzhang 吃东西无节制：死吃～。

陷 han 读"旱"。①投，陷入，被骗，无可奈何状：钱都～到工地上了。②股市用语，熊市吃药（一时卖不出去），股票被套：这盘～深了｜周胖哥刚买的（股）票又遭～起了。③堵车：大件路上货车多，车子经常遭～起。

汗鲊鲊 hanzhazha 汗液淌出，粘一身：～的快去洗个澡。

熯 han 微火煨制：～熟的饭跟炈熟的饭，两个比一下就晓得了。

撼 han 用物件打人，插进：谨防给你娃～到身上。

撼仗 hanzhang ①好处：这么样子使劲，未必有你的～？②整整，劲仗大：有本事的人～大。

旱菜 hancai 苋菜。歇后语："～炒苦瓜——赖倒红。"

旱起 hanqi ①东西变黏糊：面～了就不好吃了哦！②堵塞：车子在华西医院的地下车库里～了。

旱鸭子 hanyazi 不识水性，不会游泳的人：他们是～，只有看到我们水中欢。

咸 han 读"寒"。盐味道。民间俗语："～吃萝卜淡操心。"

喊不到 hanbudao ①本事太大或是太顽皮，旁人完全无法约束，无法阻挠其执意要干的事，呈不听劝、固执状。②机会多得顾不过来，显得意傲慢：老马的股票来电，有点～的劲不到了。

喊茶钱 hanchaqian 喻指茶客相互之间的一种礼节性表示，即在茶馆里高声告诉堂倌某某人的茶钱由自己付：那人舞起票子在为老太爷～。亦作"招呼茶钱、敬茶钱、开茶钱、会茶钱"。

喊黄 hanhuang 叫苦，叫累，喊退绺，因承受不起所发出的怨言。

喊慌了 hanhuangliao 喻指认错人：对不起，我～。

喊拢 hanlong 招呼拢来：我给你们两个～，你们自己谈。

喊明叫响 hanmingjiaoxiang 说透彻，让人清楚，明侃，挑明：～地说，免得二天吃哑巴亏。

喊天 hantian 喊救命：房子都烧成光架架儿了，你去哪儿～。

喊醒 hanxing ①交底，直言不讳让人心知肚明清醒白醒：这事早就给他～了的，但他还是不听劝。②麻将俗语，说明白，大家照规矩来：～的鬼不害人。

喊醒说 hanxingshuo 直截了当地如实告知，讲清楚：～，你娃头儿当官莫眼火。

夯 hang 堆积，使用，夯实基础等：搞个千把平方米的装修，是要拿点钱来～哦！

夯实 hangshi 筑牢，打好基础：土坯墙要～了。

炕 hang 喘粗气：累得人架势～。

炕那个 hangnaguo 棋牌术语，吃掉那个子：先～马再动炮。

炕哪个 hangnaguo ①批评人：你要～嗦？②吓唬哪个：少拿老板来～。

炕退 hangtui 吓退，吓跑，凭借实力或气势将他人哄走。

绗 hang 长针缝纫：～件棉袄给娃娃穿。

行道 hangdao 行业：他哥子走错了～。民间俗语："人不亲，～亲。"

行势 hangshi ①在行，得行，非常棒，厉害：IT行业中数他最～。②自以为是：不怕你再～，强中更有强中手。亦作"行式"。

行市 hangshi 行情：～有逆转趋势。

巷巷儿 hanghangr 巷子，胡同：～那头就是蜀风园。歇后语："～头拰竹竿——直来直去。"

巷道 hangdao 巷子，走廊：～头碰到个熟人。

好昂 haoang 指东西昂贵，价位高：奢侈品店的东西～哦！

好喐 haoang 响声很大：破地基的机器～哟！亦作"好响"。

好吃 haochi 喜欢吃：～的人不见得好做。

好吃狗儿 haochigour 喜欢吃零食的小孩：饼干拿给~馋完了。

好吃嘴儿 haochizuir 喜欢美食，讲究吃法的人：矮冬瓜的火锅店一开业，~些就牵起串串来打涌堂。歇后语："~聊天——讲吃不讲穿。"

好端端个儿 haoduanduanguor 上好的：几爷子耍得~的，一句话不对就拷起来了。

好港 haogang 喻指能干：他到底有~，我得去会一下。

好吓人 haoharen 非常吓人：血骨淋啕的~哦！

好呵人 haohuoren 呵，读"豁"。喻骗人：医托些~哟！

好久 haojiu 什么时候：~就是指"哪块时候"。亦作"啥子时候"。

好生 haosheng ①好好地：年终到了要~总结。②小心，注意：~走，看地上（有水）滑哈！复句：好好生生。亦作"好个儿"。

好生点 haoshengdian 注意点，把细点：这儿跟前有个水凼凼，~走哦！

好耍惨了 haoshuacanliao 好玩极了：成都~！

好耍得跋 haoshuadeiban 喻玩耍的程度极愉快：打水仗，~！

好叫 haoshan 应答词，喻同意：参加老干部活动，~！

好死了 haosiliao 非常满意，安逸。

好太哦 haotaiwo 好大哦：那个东西~！

好歪 haowai ①形容海椒辣：这根海椒~哦！②形容不讲道理的吼叫或盛气凌人的样子：耍脾气的人~哦！

好心好肠 haoxinhaochang 同情心强，好心人：~，最爱帮忙。

好凶 haoxiong ①愤怒状：老几~哦！②形容有本事的人：试一试他到底有~。

好意思 haoyisi 讽刺语，斥人不知羞耻：两口子的事，还~拷出来摆。

好造孽 haozaonie 好悲惨。歇后语："菜花蛇咬到蜞蚂儿——~。"

好走得 haozoudei 形容脚力强：老几~哦！

嚎盘 haopan ①愤怒，怒吼，形容不满意的指责。②号叫。

嚎丧 haosang 哭丧。歇后语："坐轿~——不识抬举。"

嚎天嚎地 haotianhaodi 号叫，大声哭闹，耍横。

篙杆 haogan 篙，读"豪"。①撑船的木杆或竹竿：撑船拿~来。②筷子的讳言：添双~，加副碗。歇后语："~打水——此起彼落。"亦作"毫杆、檬竿、篙竿"。

篆篆 haohao 一种放在沟渠里捕鱼的、有倒刺的竹笼子：鳅鱼拱~，进得去，出不来。歇后语："泥鳅儿钻~——进退两难。""黄鳝钻~——有进无出。"亦作"篆子、倒须篆、篆篆儿"。

豪强霸道 haoqiangbadao 横不讲理，仗势欺人：~，死歪万恶。

号 hao 占。歇后语："舔沟子带护食——完了。"

号到 haodao 占先、抢先确定，守到，等候之意。

耗儿鱼 haoeryu 一种尖嘴、独刺、无鳞、块头小的海生鱼类，成都人多以此鱼烫（涮）火锅。

耗儿药 haoeryo 老鼠药。常见叫卖该药的顺口溜："~，~，耗子吃了跑不脱！"

耗子 haozi 老鼠。民间俗语："龙生龙，凤生凤，~生儿会打洞。"歇后语："~爬玻璃——没得抓拿"。又为"耗儿"。

耗子洞 haozidong 成都一小街名：~的卤鸭子，那才叫不摆了（好吃）。

镐倒 haodao 拿在手里，掌握（控制）住：不管怎样，先把那人（或东西）~再说。

镐得圆 haodeiyuan 玩得转：路子广，遇事就~。

镐刨 haopao ①乱挖掘：老几些~一阵，也没见到啥子名堂。②形容做事马虎，不认真：那么简单嗦？~一下就走了。

蒿蒿 haohao 草本植物。①艾蒿、青蒿：这深山林子里，随便扯把~都是药。②鼠曲草：又叫"棉花草"。亦作"艾花儿草"。

蒿蒿馍馍 haohaomomo 一种用嫩鼠曲草汁加糯米制作的饼状食品：~多在清明时食用，并用于祭祀。亦作"艾蒿馍馍、清明馍馍、棉花草馍馍"。

嫶 hao ①捞：不晓得咋的，过于聪明的人反而在股市上~不到钱。②揪，摸，抓：小白猪那娃儿，在桌子上~一把（钱）就射（跑）得无影无踪了。

嫶拨 haopao 拨，读"刨"。①抓拿，应付：钱少了~不转。②乱整：搞了些胡乱~的事。

黑 hei ①下黑手，背后伤害或心狠手辣做事绝：容嬷嬷就是一个~心婆。②天色变暗：天都~了，该回屋了。③黑色。民间俗语："乌鸦笑猪~，自己不觉得。"④暗害，暗算，或指整人凶残，心狠手辣：背后~人，谨防遭雷打。

黑办 heiban 暗害，喻心狠手辣：他差点子就遭特务~了。亦作"黑起整、黑整"。

黑不聋耸 heibulongsong 漆黑一团的样子。又为"黑不拢耸"。

黑不溜湫 heibuliuqiu 黢黑的样子。亦作"黑不溜纠"。

黑戳戳 heichuochuo 形容天黑，无阳光：天~的，雨要来了。亦作"黑霞霞"。

黑豆腐 heidoufu 魔芋做成的豆腐。歇后语："酸茄子煮～——合色。"

黑尽 heijin 天色完全黑了下来。

黑锥 heiju 锥，读"狙"。使坏，乱要价：今天割肉（买肉）遭刀儿匠～了。

黑了 heiliao 晚上：～请到我屋头喝酒。

黑了家 heiliaojia 家，后缀感叹词。天黑以后。歇后语："～开车没灯——路难行。"

黑起搅 heiqijiao 使劲搅动：煮稀饭不要～。

黑起势 heiqishi 使大劲：～整！

黑起吆 heiqiyao 架势挥舞吆喝：墨墨蚊凶，要拖扇子～哈！

黑起整 heiqizheng 使尽浑身力量，调动全部手段，朝死里弄。

黑黢黢 heiququ 黢黑，漆黑：天～的，快落雨了。亦作"黑漆漆"。

黑黢麻拱 heiqumagong 黑得来简直看不见。亦作"黑区马拱"。

黑耸耸 heisongsong 形容很黑且不好看的样子：～的怪难看。

黑晚夕 heiwanxi 晚间：明～过来耍。

嘿 hei 叹词，表示招呼或提起注意：～，你走了咋又转来了喃?

嘿惨了 heicanliao 吓惨了：不晓得从哪儿突然拱个耗子出来，把她～。

嘿多页 heiduoye 许多页：～，估计要看一天。

嘿多面 heiduomian 许多篇幅：～，紧翻不完。

嘿多件 heiduojian 件数多：我有～衣服。

嘿多种 heiduozhong 品种繁多：～，你到底买哪样?

嘿多人 heiduoren 许多人：看到～她就不好意思。

嘿乖的 heiguaidi 乖巧，即对喜爱之物或人的一种说法：这个娃娃～。

嘿嘿 heihei ①后缀词，嘴嚼，反抗，反对：抓醉酒驾车，几爷子不敢～！②不以为然的议论：～啥子? 未必你真的没有错?

嘿么 heimo 表程度副词，很，怎么，许多：米糠里有～多的糠虱子。

嘿起 heiqi 使劲：～吼。

嘿起式 heiqishi 架势：～转。亦作"嘿势"。

嘿起说 heiqishuo 不厌其烦地紧倒说，不停地说：只听到他在～。

嘿容易 heirongyi 很容易：事情看似恼火，其实～办。

嘿是起 heishiqi 使劲、加油之类的鼓劲语：～地吼。

嘿死个人 heisiguoren 吓死个人：～了。

嘿想 heixiang 非常之想：我～妈老汉儿。

嘿唷 heiyo 叹词，表示使劲之呼声：～一个唑。

很似 hensi 愣是，相似：～撇脱。

恨堂子 hentangzi 原作店堂走（上）菜之速度要求，现提醒办事应迅速，强令：动作麻利，～快。

恨住 henzhu 强迫：～一个全部都虾了。

横 heng 不顺眼：～眉～眼地看着他。

横起扯 hengqiche 比喻蛮不讲理。歇后语："缺牙巴啃猪蹄子——～｜横扯筋。"

横起走 hengqizou 无所顾忌，目中无人的意思：那娃是个不怕哪个～的人。

哼 heng ①舌根与鼻音拼合出的音，表示不满意或不相信：～，恶人居然先告状！②低唱：～段川戏来听？

哼哈 hengha 支吾，半说半不说：～半天说不清。复句：哼哼哈哈。

轰 hong ①打：朝着寨门～两炮。②吓唬：他在～你，不要怕。③围攻，起哄。

轰退 hongtui 吼着、闹着，连哄带吵，把别人吓退：～一饼。

烘烘儿太阳 honghongrtaiyang 暖烘烘的太阳：晒点～好。

烘笼儿 honglongr 旧时冬日成都民间的一种取暖手炉，通常是用竹子编成一提篮，篮内置一陶盆，盆内置柴灰，灰内埋点燃的木炭，可长时间地维持一定的温度：有没有～蹄花儿买？歇后语："冬天的扇子，夏天的～——无用。"又为"烘篓儿、烘笼子、火笼"。

红 hong 名声大：戏演～了，人也就喊不到（骄傲自满）的要不完了。

红不说白不说 hongbushuobeibushuo 不容分说：他～的，上来就是一耳矢。

红扯扯的 hongchechedi 喻指肉未断生，有血色：肉切开看到还是～。

红封封儿 hongfongfongr 红包、喜封：婚礼送～讲究双数。

红黑 honghei 喻指无论怎样。歇后语："刘备的兄弟——～都是对的。"

红还 honghuan 非，一定。亦作"红黑、高矮"。

红口白牙齿 hongkoubeiyachi 信誓的表白，表示说话算数：～，未必是假话？

红萝卜 hongluobu ①胡萝卜。成都童谣："～，呡呡甜，看到看到要过年。过年没得钱，卖了萝卜买汤圆。"②喻指紧俏之物或特殊的人。民间俗语："离了～，就不办席了嘛！"

红配绿苕得哭 hongpeilushaodeiku 喻土气得很：～，你晓得不嘛？

红轻 hongqing 少放辣椒：一个要红重，一个喊～。

红头花色 hongtouhuase 形容健康状，多指老人的容貌。

红重 hongzhong 多放辣椒：吃辣椒凶就叫～。亦作"宽红"。

红重味酸 hongzhongweisuan 辣味重，醋多，喻指食物里多放辣子和醋：（喊堂）中桌凉粉儿、凉面各一碗，～！

哄 hong ①欺骗：摸了就摸了，你在～哪个? ②好言相诓：把娃娃好生～到，免得闹。

哄人 hongren 骗人。

候倒 houdao 等候，望着：在此～。

喉咙管儿 houlongguanr 喉咙：～发炎，声音就哑了。

猴 hou ①喜欢，迷恋：寇婆婆就喜欢～牌（玩）。②调皮：～嘛! 看跌倒了不是。

猴皮筋 houpijin 橡皮筋，橡筋绳。歇后语："大胖子跳～——软功夫。"

猴三儿 housanr 猴子或猴子般的相貌：老～。亦作"猴秋子"。

猴跳舞跳 houtiaowutiao 犹如猴子一样好动不安静，形容乱蹦乱跳：一天到黑～的，简直坐不住。亦作"猴头猴脑、猴爪舞爪、猴跳马跶。"

赈 hou 喻指贪欲，心厚：心～之人不得满足。

后跟儿 hougenr 脚或鞋袜等接近脚跟的部分：鞋～。歇后语："四股叉子扎脚～——不知那股出事。"

后颈窝 houjingwo 颈窝，颈后凹下处：牙齿痛得来扯到～。歇后语："～——摸得到，看不到。"

后头 houtou ①后面：～还跟了个吼巴儿嗦? ②里面（后变重音读"吼"）：矮子～充高人。民间俗语："外面绷面子，～搅糨子。"歇后语："牛踩乌龟背——痛到心～。"亦作"以头、吼头"。

后爪爪 houzhaozhao 后脚，或畜禽的后爪子：猫儿的～跟前爪爪一样凶。

后啄啄 houzhuazhua 啄，读"拽"。后脑勺，脑袋后半部上凸起的地方：你～上长了眼睛嗦? 看得那么清楚。又为"后拽拽、后脑啄、后脑啄啄"。

齁 hou 哮喘：～凶了人就接不起气。

齁巴儿 houbar 患哮喘病的人，因其病发作时发出"齁儿、齁儿"的喘息声，故名。歇后语："～咳嗽——没得痰（谈）头。"又为"齁包儿"。

厚脸皮 houlianpi 形容厚颜无耻：～不怕挨刮。

厚实 houshi 厚重，薄的反义：笔件～点的棉衣好防寒。

吼 hou ①高呼，喊，吼叫等。成都童谣："一根粗绳儿，中间系红旗，裁判一挥手，声声加油急。你拉我过来，我拉你过去，紧张又激烈，红旗左右

移。～声冲云天，胜负难定局。要想得胜利，看谁心最齐。"②叫唤，吼
倒，喻指大声武气地怒指他人：你～噻。

吼巴儿 houbar 跟班儿，堂倌，佣人，衙门听差等：～变老板儿，是这候儿常
见的事。亦作"跟班儿"。

吼货 houhuo 凭叫卖出货：卖～拼嗓音大。

吼人 houren 骂人，嚼人：好生说，不要学到乱～。

吼圆似起了 houyuanshiqiliao 激动状，大声武气地说话，架势吼闹。

花 hua ①情动意乱：心～意乱。②花费：钱要省到～。

花搭子 huadazi 麻将俗语，喻牌不按筒、条、万顺序或一、二、三组合进行排
列：插～。

花刀 huadao 综合刀法：耍～的跟舞花剑的有一拼。

花儿古董 huaergudong 杂七杂八：搞了些～的东西，乱七八糟摆了一坝。

花骨豆儿 huagudour 待开放的花蕾。歇后语："有了～——不怕不开花。"
也为"花骨朵儿"。

花古灵当 huagulingdang ①喻指花色品种多，看得人眼花缭乱：～地非常刺
眼。②杂乱：看到～的（衣服），真不晓得买哪件好了。亦作"花鼓铃铛、
花不溜揪"。

花姑娘儿 huaguniangr 瓢虫：成都人把"花壳壳虫"叫作～。亦作"豌豆儿
虫"。

花花绿绿 huahualulu 绿绿，读"陆陆"。喻指颜色鲜艳：五颜六色，～，眼
睛都看来眯起了。

花尖子 huajianzi 俗称额头或眉头高：老马的～高。

花椒 huajiao 麻椒。歇后语："八两～四两肉——麻肭肭。"

花脸 hualian 净角：热不死的～，冷不死的小旦。

花脸巴儿 hualianbar 稀脏污糟的脸，或使用涂抹化妆品不当所形成的花脸：
洗了～，搽个红脸巴儿。成都童谣："～，偷油渣儿，婆婆逮倒打嘴巴儿，
爷爷逮倒扯毛根儿。"

花猫猫 huamaomao 老虎的俗称：动物园去看～。亦作"黄猫，猫猫"。

花牌 huapai 棋牌术语，指扑克牌的听用：摸到～可以和任何一张牌组成对对
子。

话壳子 huakuozi 耍嘴皮之人话多：～的话硬是多。亦作"话婆子"。

划 hua 破、割、剖：～篾条。又为"华"。

划棒棒拳 huabangbangquan 行酒令的一种，即两人各拿一根筷子，边敲边

说："棒棒棒棒——鸡；棒棒棒棒——虫……"依此类推，规则是鸡吃虫，虫食棒，棒打虎，虎吃鸡，四物循环相克，以决胜负：我们来～好吗?

划不着 huabuchuo 着，读"戳"。有损于自己或他人的说法，不划算：东西买贵了，～!

划船 huachuan 麻将之战术。①怕手中的牌被别人和掉，即打熟张或绕起出牌：打跟张，～了嗦? ②打迷惑战：口中喊～，其实并非如此。

划得着 huadeichuo 合算，划算：你说～就～，不给你争了。又为"划得戳"。

划甘蔗 huaganzhe 老成都青少年游戏，即一人随意握甘蔗中段，其余人依次手挨手，往上轮番移手，定出轮次后，再由握最高者用刀先划，以削皮为止，多划者多得：～的板眼多，握刀后要先在甘蔗上面绕一圈再往下划。

化 hua ①变化：看到稀饭～成水。②融化：冰糕揣～了。③失去，丢掉，没有了：银子说～了就～了。

化学 huaxuo 学，"徐哦"拼读。变化，搞阴谋，耍诡计：耍～。

滑 hua 即将肉丝或肉片等放入沸水中片刻后捞出，再放入旺火高温油中滑炒之：～肉片。

滑竿儿 huaganr 一种轻巧灵活、简便，可躺坐的两人抬的交通工具，采用十分光滑的竹竿绑扎而成。"滑"，即含"快"之意：上青城（山），坐～。歇后语："巷巷儿头抬～——直来直去。"

滑刷 huashua 溜刷。

滑丝 huasi ①喻指事情办砸锅：事情咋个～的，得有个说法。②滑扣，脱扣：螺丝～了，当然车不紧。

怀怀儿 huaihuair 怀中。歇后语："～头揣烤红苕——烧心。" "～头揣冰棍儿——一下凉到了心里。"

欢 huan 表语气，加重程度：郑宇结婚摆九斗碗，把妈老汉儿忙～了。

欢喜溜啰 huanxiliuluo 特别欢喜：娃娃考上川大，全家人～!

换汤不换药 huantangbuhuanyo 换来换去都一样，喻根本不变：～，假到住。

环顺 huanshun 横顺：说起逛街，她～要跟起来。

环是 huanshi 还是：～没有搞对。

还价钱 huanjiaqian ①还价：～，还是要看人。②进行报复：他惹了祸，人家找他～。

黄 huang 事情告吹。

黄帮 huangbang ①外行：两路拳打下来，就晓得他哥子是～。②生手，做事生疏：马路杀手多半都是～。亦作"黄棒"。

黄到住 huangdaozhu 完全生疏：都是些～的瘟殇。

黄的 huangdi ①黄金，金钱：硬通货都是～。②不懂事理的黄帮：找了些～来凑数嗦？③外行。歇后语："六月间的包谷——～（喻外行）。"

黄瓜起蒂蒂 huangguaqididi 比喻人年轻或事情刚刚开头。

黄喉儿 huanghour ①指喉咙：遭呱啦！李老师的～被拉伤了。②猪牛的喉咙管，呈黄色，多以水发胀后撕片待用，系成都人烫火锅时最为喜爱的一道荤菜。

黄话 huanghua 不切实际或不对路的话：开黄腔，说～。

黄黄 huanghuang 蛋黄：你吃白白，我吃～。

黄荆条子 huangjingtiaozi 一种编筐、篮用的荆条藤。旧时私塾先生常用以斥打不听话的学生。民间俗语："不打不成人，～出好人。"

黄辣丁儿 huangladingr 一种形同泥鳅，身上带刺的小鱼。

黄了 huangliao 告吹：～就算了。

黄篾 huangmi 篾，读"迷"。竹子析去竹皮余下的部分：～编晒席。亦作"二黄篾"。

黄泥巴涝涝 huangnibakaokao 黄稀泥：～沾到身上了。

黄皮寡瘦 huangpiguashou 面黄肌瘦：饿得来～，皮包骨。

黄鳝 huangshan 鳝鱼：刮两斤～来吃。成都童谣："～死了一根柴，蚂蟥儿趴倒不起来。虾子公公来吊孝，螃蟹背枋子上门来。丁丁猫儿来帮忙，花蛾蛾上街去买菜。灶鸡子来把道场做，蚂蚁子就要拉去埋。泥鳅赶忙来打洞，螺蛳哭得嘴歪歪。"歇后语："乌龟变～——解甲归田。"

黄山儿 huangshanr 黄鼠狼：～偷鸡凶。亦作"黄水狼"。

黄师傅 huangshifu ①门外汉，外行：～又叫"老外"。②手艺笨拙的司机：～给黄帮是一回事。

黄手黄脚 huangshouhuangjuo 外行：～的不要来。

黄糖 huangtang 红糖：～饼｜～煮醪糟儿蛋。亦作"水糖、砂糖"。

黄鱼 huangyu 无票乘车：帮我搭个～去西门？

皇城 huangcheng 旧称蜀王府周围：～一转有金河围倒在。

皇帝牌 huangdipai 一种用纸牌形式玩耍的儿童游戏，即分皇帝、元帅、清官、小偷、强盗等十二张牌，摸牌者就充当其牌上人物角色进行玩耍：长牌是大人些打的，我们来耍～。

恍 huang ①粗心大意，惹事，飘荡等：十打十八（岁）了，还～得很。②仿佛，很快地掠过：～如梦境。

恍恍 huanghuang 做事不动脑子，打恍的人：遇到～就砸锅。

恍兮惚兮 huangxifuxi 惚，读"浮"。①不踏实：小川做事总是～的。②心神不定：疑神疑鬼，～，咋能担此重任。③恍惚：抑郁症害得她经常是～的。又为"恍儿惚兮、恍恍惚惚"。

晃 huang 贪玩，不干正经事，不负责任，乱来。

晃眼儿 huangyanr 粗略一看，睃，瞟一眼。

晃眼美女 huangyanmeinü 猛一看上去像美女。

谎壳儿 huangkuor ①空壳，秕壳：花生打趸买，谨防有～。②说谎者：～骗不过精灵人。③徒有虚名而无真才实学，到处晃来晃去不实在的人：遇到～咋个办哦!

回 hui ①返潮，潮解，东西受潮变软：麻花～了就不好吃了｜锅巴～了就不脆了哦! ②回禀：此事不～怕惹出麻烦来。③转去：事办煞搁，赶紧～。

回潮 huichao ①潮解：米花糖～了就不脆了。②技能减退：手艺～。

回锅肉 huiguorou ①四川名菜，将煮好的肉切片再炒的菜肴：～有蒜苗儿回锅、青椒回锅好多种，你吃哪种? ②以肉回锅喻指老是沿着旧的轨道思考和生活，或走回头路、来回做事、搞复试等：考试不及格，骁儿又该吃～了。又为"熬锅肉"。

回锅肉嘴皮 huiguorouzuipi 形容肥厚的嘴唇。

回龙凼 huilongdang 犹如龙回头的漩涡凼：～有大漩涡。

回礼 huili 女方送陪奁到男方家：过礼就需～。

回笼瞌睡 huilongkuoshui 睡醒后又再睡第二觉：～又为"回笼觉"。

回笼馒头 huilongmantou ①馒头未蒸熟或欠火候，再蒸第二次。②馏馒头。

回笼捉鸡 huilongzhuoji 麻将俗语，未和的牌又和了转来。

回去 huiqie 转去：你妈在找你，快些～了。亦作"回及"。

回神 huishen 回过神，指事后才反应过来。歇后语："事后诸葛亮——～。"

回头客 huitoukei 再次上店堂的客人：叶兵双流的醉螃蟹（铺子），多半都是～照顾倒在。

灰包蛋 huibaodan ①盐蛋：～包得好的要数绵竹包的蛋。②皮蛋。歇后语："王大娘的～——变了。"

灰不拢耸 huibulongsong 灰尘扑满，稀脏邋遢。又为"灰巴拢耸"。

灰灰 huihui ①四代以下晚辈娃娃：寇婆婆五世同堂寿宴，～儿、末末儿都蹦起来了。②灰尘，阳尘：好久没有抹桌子了，净是～。成都童谣："青石板，搓瓦灰，一擦一磨起～。瓦灰细，擦铜器，一绞一扭擦把细。擦得好，擦得快，我替奶奶擦烟袋。烟袋擦得黑又亮，妈妈说我好劲仗！"

灰毛儿 huimaor（卤）豆腐：买几块红～下饭。歇后语："豌豆颠煮～———青（清）二白。"亦作"灰毛"。

灰面 huimian 面粉：卖～的见不得卖石灰的（喻面粉和石灰货色形同而实异，故彼此往往相互嫉妒，见了面就拿言语给脸色）。歇后语："湿手抓～——甩不脱。"

灰扑扑 huipupu ①灰色：～的天，像是要下雨。②灰尘扬起：看你搞个卫生哦，整得到处都～的。

浑冻冻 hundongdong ①混浊：井水～的。②糊涂，不明事理：不长脑壳，那么大了还是～的。亦作"昏董董"。

浑身是戏 hunshenshixi ①喻指八面玲珑：肥婆～，搞得傻儿如醉如痴的。②全身上下处处有动作可观：许倩云一出场，～。

荤豆花儿 hundouhuar 添加了肉臊的豆花：～吃起又是一个味道。

荤十锦 hunshijing 肉肴为主烹饪的什锦菜：烧～。

横 hun 读"魂"。来脾气，蛮不讲理，无理取闹：耍～的娃娃在地上打滚儿。

横跋竖跋 hunbanshuban 耍脾气，又吵又闹，吵闹不休：～不依教。又为"横跋顺跳、横跋竖跳"。

横道线 hundaoxian 人行道上画的线条。

横筋 hunjing 讲歪道理：扯～。

横牛 hunniu 脾气倔强或蛮不讲理之人。意同"犟拐拐"：成都老百姓把头上长两个旋儿的人比喻为～。

横起走 hunqizou 形容面子大，吃得开：老几是西门上～的人。歇后语："螃蟹走路———～。"

横竖 hunshu 反正：～都看不懂。

横竖都一样 hunshudouyiyang 咋个都是一个样子：反正～，没有挑选的余地。

横顺 hunshun 横竖：～说不清。

横跳一丈顺跳八尺 huntiaoyizhangshuntiaobachi 极言暴跳不服：哪个把他惹倒了，高矮（硬）要～。

混 hun ①苟且地生活：年纪轻轻地过～就不好了。②梦：昨晚黑～到你了。亦作"混老二"。

混混儿 hunhunr 喻指混世魔王：这儿跟前不欢迎～。又为"混混娃儿"。

混寿缘 hunshouyuan 混日子：年纪轻轻的就～，二天老了咋个办！

混糖锅盔 huntangguokui 经糖面混制的锅盔。成都面饼的一种，红糖、菜油混合在面粉中烤制而成。

混眼睛 hunyanjing 敷衍，打发时间：看哈儿电视～。

昏 hun 胡乱计算：～进不～出，咋个的哦？

昏戳戳 hunchuochuo 喻指头昏：～地出门，怕栽跤。

昏咚咚 hundongdong 头昏眼花，头重脚轻的样子：～的站不稳。

昏乎乎 hunfufu 乎乎，读"浮浮"。昏沉沉，喻头晕：脑壳～的，就不要骑车了。

昏死 hunsi 晕厥致死或指生气到极点的程度：气～。

昏兔儿 huntur ①比喻头脑不清醒，不明辨是非的人。②麻将言子儿：刚～！

昏昏浊浊 hunhunchuochuo 浊浊，读"戳戳"。①昏晕：吃了安眠的药，脑壳就～的。②头脑不清醒：老几～的，咋个能开车嘛！

魂头 huntou 源头，把柄：初来乍到摸不到～。

魂头都没摸到 huitoudoumeimodao 遇到突发事件，让人一时难辨真伪或不知所云：～，当然搞不清楚了哂！亦作"火门都没有摸到"。

活跳活跳 huobanhuotiao 形容鲜活：～的鲤鱼。

活路 huolu 事，工作。民间俗语："～比命长。"

活甩甩 huoshuaishuai ①转动灵活，多形容不牢靠。歇后语："螃蟹的眼睛——～的。"②喻话不实在：说得个～。

活摇活甩 huoyaohuoshuai 不稳定，快散架：那把椅子坐起～的，肯定是榫头松了。

活做 huozuo 鲜菜略炒之：炒份～莲花白。又为"活捉、活焯"。

河坝 huoba 河，读"活"。堤坝。歇后语："元通场（崇州一场镇名）的～——木市（没事）。"

河坝头 huobatou 河滩。歇后语："～的土地——管得宽。"

河沟 huogou 小河，沟渠。成都童谣："万条小溪汇成河，大海之水靠江河。～流水哪里来？春雨山泉甘露来。庄稼缺水无收成，花草无水要干枯。万物靠水来生长，人畜靠水来生活。爱水就是爱生命，无水世界命难活。"

合拢 huolong 并拢，合在一起。

货郎子 huolangzi 货郎：听到巴郎鼓儿响，就晓得～拢了。成都童谣："一个～，担个货挑子。摇个铃铛子，走到大院子。惊动小姑子，问她买啥子。梳子红绳子，篦子钢夹子，圆的小镜子，还要花绸子。"

祸坨坨 huotuotuo 爱惹祸者：一个闯祸的～。

和 huo 多音字，读"活"。①附和：～倒闹，不扯票。亦作"伙"。②和气：家～万事兴。

和不来 huobulai 因性格等原因，不能在一起生活或工作：～肯定就搞不到一块儿。

和牌 huopai 长牌的花色之一，共四张，每张两端各有一个小红点和三个小黑点：出两张或两张以上牌时，必有一张～哇?

和稀泥 huoxini 无原则地谦让：乱～，丧失原则。

和转 huozhuan ①搅转，使其均匀，多指拌菜和面。②麻将洗牌。

何犯于 huofanyu 何，读"活"。何苦，犯不着，何至于此：都晓得男不和女斗，你又～此呢?

荷包蛋 huobaodan 荷，读"活"。去掉蛋壳的溏心蛋，因常加之醪糟，又为醪糟儿蛋。成都童谣："包包包包散散，莫让妈妈看见，明天早上起来，煮个～蛋。"

荷包头 huobaotou 衣包里面：幺娃得了几个酥心糖，赶紧捞到～统起。

荷叶枕头 huoyezhentou 周边多有荷叶形装饰布料的小枕头：娃娃睡的～。又为"棒棒枕头"。

蠚 huo 读"活"。刺，扎，蜇：这件新毛衣好～人哦!

蠚麻 huoma 荨麻，带刺的一种野草：～锥到人，火辣辣地痛｜～垫鞋子，是不是除湿哦？歇后语："惹不起～惹秧子——按倒爬的捏。"又为"蠚麻子"。

㕦 huo 读"豁"。骗取：～～哄哄不老实。歇后语："纸糊的棺材——～死人。"

㕦别个 huobieguo 哄人，持怀疑态度：不要逗到闹～。

㕦鬼 huogui 欺骗，哄人：他虚晃一枪就溜了，是不是在～嘛?

㕦嗨 huohai ①哈欠：瞌睡来了就要打～。②招惹女性，献媚。亦作"㕦嗐、㕦咳"。

㕦咳连天 huohailiantian 连续打哈欠：～，瞌睡兮兮的样子。

㕦㕦咳 huohuohai 形容性格开朗，随和。常用于贬义，指胡乱应承，凡事都和稀泥，一团和气，从无鲜明立场，充当老好人。

㕦㕦笑 huohuoxiao 喜笑。顺口溜："你吃人家～，人家吃你双脚跳。"

㕦钱 huoqian 骗人钱财：卖假药～的。

呵人哄人 huorenhongren 欺骗，忽弄人。成都童谣："~，烟杆儿斗斗烫人；长大不是好人，早晚要成犯人！"

呵我的哦 huowodiwo 感叹句，骗我哟！

呵嘴巴 huozuiba 找零食吃，填嘴，喻指不计食品味道如何，只要能填肚子为原则：嚼点香香~。

喝茶 huocha 喝，读"豁"。①品茗闲谈：没得事就去口子上~｜人民公园~，去不去嘛？②以其休闲方式引申为退休，卸任，离职，不担责任："下课"了就去~。

喝风 huofong ①什么都得不到，白跑一趟：人家都走了，你去~哇？②敞风，走气，变味：~的泡菜，味道不周正。

喝开开 huokaikai 儿语，喝开水：娃娃乖，~。

喝麻了 huomaliao 喝醉酒，多形容醉酒汉儿：寇胖娃儿今儿个又~。又为"喝麻喽、喝麻咯"。

喝蓑衣酒 huosuoyijiu 形容酒喝得慢，不爽快。"蓑"与"梭"谐音，慢慢梭，故而引之。

喝弹了 huotanliao 酒醉后语无伦次，甚至醉翻倒桩：~的人往往不晓得自己姓啥子。亦作"喝麻了"。

豁 huo ①傻：~皮娃娃，看到都恼火！②裂开：跰进医院才把扯~了的耳朵缝好。③缺口：衣服又遭拉~了。

豁不兮兮 huobuxixi 傻样，笨手笨脚：老栾二，~。

豁皮 huopi 指原木表皮不成材的那一层：垮点~当柴烧。

伙 huo ①打伙：~起的东西，一家一半。②结伙：~倒好人学好人，~倒端公学跳神。③混合：鱼腥草和胡豆~拌好吃。

伙倒 huodao ①混在一起：小米~大米吃。②合伙，一同：~悖（费）。

伙倒熬 huodaoao 与某种东西混合，一起熬制。

伙倒闹 huodaonao 大人吼教小孩的话。原指大群顽皮的小孩纠结在一起，无票想混入演出场所之喳闹，现喻指借势起哄或乘机闹事：~，不扯票！

伙倒整 huodaozheng 一起干事：男女搭配~，显得格外轻松。

伙起 huoqi 掺和，混合在一起：米粉儿与芝麻面儿~吃。

伙子 huozi 小伙子，泛指青年男人：她和几个~在一起。

火巴眼 huobayan 急性结膜炎（患者）。因上火或感染造成眼睛充血发炎而眨巴厉害。歇后语："麻布匠生~——织（值）不得。"

火把钱 huobaqian 千把元钱：只要~就解决问题。

火铲 huochuan 锅铲，洋铲：炒肝片，几~下去就要起锅。

179

火火子 huohuozi 俗称千元一扎的钱：这阵关饷，基本都是讲～。

火门 huomen ①炉灶的门：打开～加点柴。②比喻起事的开端，门道，路子：生来乍到，摸不到～。③原因，原委：老几上任还没有摸到～就被弹翻了。

火炮儿脾气 huopaorpiqi 性急脾气躁，易爆发：老几的～来了，是劝不到的。

火嫖嫖 huopiaopiao 嫖，读"瞟"。火辣辣，大火燃人嫖面的感觉。亦作"火嫖火辣"。

火嫖火辣 huopiaohuola 火辣辣。①形容皮肤瘙痒，燥辣似火或灼伤后的感觉：油烫到手上～的。②烦躁，难受：心头～的。亦作"火嫖火燎、火烧火辣"。

火起 huoqi 毛起，来脾气：你还没说两句，他就～了。又为"起火"。

火钱 huoqian 指在茶馆里用火（煮食）而交付的钱：炖肉、熬药，都要给瓮子匠付～。

火钳子 huoqianzi 火具，夹柴（炭）火的铁钳：灶房头的～找不到了。歇后语："～打人——烫到痛。"又名"火钳"。

火三轮 huosanlen 机动三轮车：～钻巷子得行。

火色 huose ①火候，形容火之大小：鸭子还是血骨淋啃的，看样子～就不够。②蘸火：炼钢需看～。

火闪 huoshan ①闪电：～大，雷声小。②虚晃一枪：一招～就把人夺退了。亦作"霍闪"。

火烧钱 huoshaoqian 形容数量极少的钱：穷大方的人，都莫得几个～。

火烧天 huoshaotian 朝（晚）霞的天气。民间谚语："荞子不怕连夜雨，麦子不怕～。"

火头子 huotouzi ①香蜡头子：接到～点。②未灭的烟头：赶紧把～掐（熄灭）了哈！③麻将俗语，喻指手气好：～旺。

火旺 huowang ①（炉）火大：～好炒菜。②劲头大。③急躁。

火尾子 huoweizi 火焰，火苗：～蹿起来把锅锅儿把子都嫖到了。

火焰天 huoyantian 连续晴天大大热。民间俗语："麦出～，谷出雨绵绵。"

火窑裤 huoyaoku 男人内裤：老头儿穿的红的～。

J

鸡肠带 jichangdai ①针织细带：～做鞋带巴适。②很细的裤腰带：～拴惯了，皮带绔起还不安逸。

鸡蛋壳儿 jidankuor 鸡蛋壳：花瓶的瓷胎跟～一样薄。

鸡咯咯 jiguoguo 儿语，鸡：～下蛋咯噔儿咯。成都童谣："大月亮的小月亮，～叫天刚亮。嫂嫂起来推糯米，哥哥起来学木匠。奶奶起来烧锅灶，爷爷起来把牛放。姐姐起来打兔草，我也起来背书忙。"

鸡公 jigong 公鸡。歇后语："逼倒～下蛋——强人所难。""～穿草鞋——过拖。"

鸡公车 jigongche 旧时农村多见的类似鸡公样子的人力独轮（木架）车，可载物搭人，在狭窄地段推着走极为方便：～上坐了个新媳妇儿。歇后语："堂屋头推～——进退两难。"

鸡公屙屎头节硬 jigongwoshitoujieen 形容做事不彻底，只有开端，不能坚持。

鸡叫鸭叫 jijiaoyajiao ①喻指人多嘴杂：好生说，不要～乱议论。②怪叫，胡乱地叫唤：三女一台戏，硬是～地闹麻了。亦作"鸡叫鹅叫"。

鸡毛店 jimaodian 卖杂货的小铺子，经营小菜饭的小馆子，可以歇脚、住宿。

鸡皮绉 jipizong 绉，读"纵"。形容丝绸的皱纹细如鸡皮：扯几尺～，做裙子穿。

鸡婆鞋 jipohai 比较臃肿的棉鞋，因无盘扣，又称懒人鞋。

鸡下巴儿 jixiapar 鸡的下颌。成都人常以此作为贬义词来形容那些乱插嘴、搭话的嘴嚼者：马耳门老爱接嘴，是不是～吃多了？

鸡爪爪 jizhaozhao 鸡脚：～啃多了，手都是爪（读抓去声，意为抖）的。

叽咕 jigu ①刺激腋下夹子窝搞笑：哈～。②唠叨声：会上不说，底下却～完了。复句：叽叽咕咕。

叽叽咕咕 jijigugu 聒噪：～地闹麻了！歇后语："口袋头装茄子——～的。"

亦作"叽叽呱呱"。

叽里咕噜 jiligulu 叽咕。①语音不清：小崽儿~开始翻话了。②私语，议论：不晓得几爷子~在旁边说啥子？亦作"叽叽喳喳"。

几副颜色 jifuyanse 几个人，含有戏谑成分。颜色，此处代指"人"。

几根毛 jigenmao 喻指少许的头发。又为"几根猫儿毛"。

几盘 jipan 多少盘，玩耍次数，游戏圈数：电脑还要玩~哦？

几板斧 jibanfu 能力不及或没有两下子：~一甩就莫眼了。

几分皮 jifenpi 几元钱，多少钱。成都人乘坐三轮车时常用语：到春熙路，~？

几哈点 jihadian 搞快点：时间要到了，~！

几个家的 jiguojiadi 量词，几样东西：很有~罐罐打烂了。

几七几八 jiqijiba 七八个，喻指钱之数量大：做得那个（杂嚣）样子，又没有人要你~。

几下 jiha 下，读"哈"。①催促，赶快，抓紧时间。②一两下：~就完了的事，非要放到明天来做，是啥子意思嘛？亦作"几哈"。

几爷子 jiyezi ①蔑称一些人：他们~在使坏。②数量不多的几个人：~安逸，把麻将桌子搬进了屋。

机耕道 jigengdao 喻指乡间能通过农用机械的道路。成都童谣："爷爷当年上学堂，弯弯山路像羊肠。来回要走几十里，汗水打湿破衣裳。爸爸当年上学堂，弯弯山路换新装。山路变成~，一路欢歌喜洋洋。今天我们上学堂，车站就在家门旁。大巴接送多周到，嘀嘀嘀嘀到学堂。"

机盒子 jihuozi 麻将俗语，机器作弊：这台机器太歪了，光洗~。

挤 ji 麻将俗语，迫使别人打出自己想要的（杠）牌：三筒打断，~二筒。

挤拢 jilong 使劲靠拢：你~来咋子？

极品 jipin 成麻将俗语，和牌最高翻：老几又割了个杠上花的~。

甬胡豆 jifudou 胡豆，读"浮豆"。将炒过的胡豆用调料进行炮制：~加点花椒给（跟）豆瓣哈！

忌酸 jisuan 不放醋：老爷子要的素面红重，~。

剿 ji 续：把断了的绳子~起来。

鲫鱼背 jiyubei 喻旧时石板铺至道路中间的街道：你说这路凸起像不像~嘛？

急不急 jibuji 问话，着急不：这事~？

记性 jixing 记忆力：~好，忘性大的人哪里找？

加班茶 jiabancha 放置时间很久的茶，隔夜茶或别人喝过，又将就再喝的茶。

加杯 jiabei ①尽兴：~添菜算我的。②添杯：来了客人再~。

加紧 jiajin ①抓紧，加快：棉衣急倒穿，要～缝。②使之紧迫，急缺：鞋码子断货了，～上货。

家搭子 jiadazi 家人在一起自娱自乐：～打牌照样认真。

家法 jiafa ①家规：这件事办得不合～。②旧时家中惩罚人的刑具：不听话，拿～来！

家公 jiagong 公公：生成是个舅子命，想当～万不能。成都童谣："黄丝黄丝蚂蚂，请你～家婆来吃朒朒。大官儿不来小官儿来，吹吹打打一路来。"

家公鞋 jiagonghai 老式棉鞋：抱鸡婆鞋给（跟）～，穿起都热和。

家机布 jiajibu 手工制作的土布：～厚实得很。

家家 jiajia 名词后缀，指明其属于某类人，多指小孩子：女娃子～。

家门儿 jiamenr 同姓同宗的人，本家：～，近况如何？

家婆 jiapo 特指奶奶：成都人管爸爸的妈叫"～"。也有媳妇儿跟着自己儿女叫的。成都童谣："家公～，骑马过河。家公落水，气死～。～告状，惊动和尚。和尚念经，惊动观音。观音打鼓，惊动老虎。老虎下山，捡顶皮毡，老三戴起，直打偏偏。"

家头 jiatou 家里：～有人找。

家屋 jiawu 家当。歇后语："裁缝的～——针挣的（真正的）。"

荚背 jiabei 紧贴背部的背篼：背起～去赶场。

夹袄子 jiaaozi 有里子的上衣或双层的短袄子。歇后语："长衫子改～——取长补短。"

夹底锅 jiadiguo 厚底锅：买了相因柴，烧了～。

夹夹 jiajia 夹子：钢～。

夹脚夹手 jiajuojiashou ①因怯场或怯生而手足无措：诳生就～。②做事拘谨，顾虑多，不敢放手干：～多为手打不伸。亦作"尖手尖脚、歇脚歇手、小手续脚"。

夹口 jiakou 味道苦涩，涩口。

夹米子 jiamizi ①核桃之类的果实，夹在壳中剥不出：～核桃最好用钢夹子掏（来吃）。②倒生不熟的夹生饭：高原地塄的饭一般都是～。

夹啬 jiase 吝啬：～之人手打不伸（喻舍不得用钱）。

夹磨 jiamo ①严要求，训练培养：这个乖娃娃倒是～出来了。②受苦：今朝多吃苦，免得二天受～。

夹沙 jiasha ①夹心：～肉最好用喜沙。②喻掺杂假货：东西包来回，保证不得～添假！

夹衫儿 jiashanr 夹袄，短褂子：外套里面有～。

夹臊 jiashao 说话中带有刺激并使人难堪的词语：嘴巴～。又为"夹稍"。

夹舌子 jiashezi 口吃，结巴：～吐词不清，说话过啰。亦作"夹舌头儿，结巴子"。

夹石 jiashi 替人背冤枉罪：老几挨了～不说，还遭弄下课了。

夹肢窝儿 jiazhiwor 胳肢窝，腋窝，腋下：他娃最怕人家哈他的～。歇后语："～长毛——老手。""～生疮——阴毒。"又为"夹子窝儿、夹窝"。

枷担 jiadan 牛枷，牛等犁田或拉东西时架在脖子上的器具。顺口溜："不会撑船怪河弯，不会使牛怪～。"歇后语："门槛上搁～——枷（家）门儿。"

袈襟儿 jiajinr 背心，褂子。又为"袈巾儿"。

驾簸箕云 jiabojiyun ①腾云驾雾：神仙会～。②形容异想天开：他真会梦游西天，～。

架架儿 jiajiar ①架子，梯子，框架：一把火把房子烧成了光～。②背心：有人把"半肩"叫"褂褂儿"，又有人叫"～"。

架架车 jiajiache 即两个胶轮的木制架子车，是以前成都常见的运输工具。见敬畏之言："七十二行，～为王！"亦作"板板车"。

架子 jiazi 骨架，撑架。歇后语："断了～的伞——支撑不开。"

架子猪 jiazizhu 正在生长期的猪。歇后语："卖了肥猪买～——来一槽的去一槽。"

价钱 jiaqian 喻条件：做事不兴先讲～。

贾淑芬儿 jiashufenr 李伯清《散打评书》中的一个人物，喻指他爱人。"贾"音同"假"，泛指小市民。亦作"贾素芬儿"。

假 jia 虚伪，不诚心：你娃头儿～（得很）！

假巴意思 jiabayisi 虚情假意，假惺惺：他～地在走过场。

假比 jiabi 当真的比喻，假如。成都童谣："～我是科学家，我要发明新雷达。有了这种新雷达，车祸从此不再发。～我是一医生，我要人类不生病。爷爷奶奶都长寿，人人健康又聪明！"

假诧 jiacha 假岔，虚晃，有意打断别人的谈话。

假场合 jiachanghuo 虚假之地，诱骗他人上当的场合，置景道具。

假打 jiada ①假装，假象，做假状，说假话，故弄玄虚的虚伪表现：少在这儿跟前～！②《～》是李伯清先生1994年在《散打评书》里表演的段子。

假到住 jiadaozhu 做假到了极点。到住：底线，一定程度。

假哥 jiaguo ①比喻不真诚待人或做事虚伪者。②喻指爱搬弄是非、好闲荡、摆阔气的年轻人。歇后语："要面子的～——绷起在。"

假过场 jiaguochang 假意周旋，走过场。歇后语："木脑壳丢翳子——～。"

假精灵 jiajingling ①不懂装懂，装腔作势：～！理他算输。②无真才实学又好表现者：默倒他是能干人，结果却是半罐水的～。

假老练 jialaolian 冒充老练：绷～。

假眉假眼 jiamijiayan 眉，读"迷"。装假，假象，假情假意：～的，不真心待人。亦作"假巴意思"。

假批 jiapi 胡乱推测：不要～。

假洋盘 jiayangpan 虚假的显示和展露：何必当～喃?

圿圿 jiajia 皮肤上汗迹所留下的污垢，也指一般污垢：摸到颈项搓～。

见不得 jianbudei ①不能相见。歇后语："瓦上的霜——～太阳。"②看不惯，不愿看，或嫉妒相处难。③不能让人看见或知道的事。

见雀雀儿就康 jianquoquorjiukang ①看见麻雀小鸟就用筛子罩住。康，含逮、捉之意。②玩牌戏语，见要牌出现便跟及和牌：寇婆婆打麻将是～哈！③此句现已超脱了本意，比喻此人能干，什么都能做。

见天 jiantian ①保不到密，曝光：啥子事都遭他弄来～了。②亮相：一～就散伙。

见外 jianwai 生分：都是熟人熟事，不要～。

见子打子 jianzidazi ①看见啥子（什么）说啥子：兵来将挡，水来土填，～不在话下。②反喻指做事无计划，无步骤：～，搞得手忙脚乱。③麻将俗语，见牌就碰吃或和（牌）之：～，连和两把（牌）。

笕槽 jiancao 一种竹制取水的工具。

毽儿 jianr 毽子：扯把鸡毛，包个铜钱，就做个～。成都童谣："一个～，踢两半儿，打花鼓儿，绕花线儿。里踢外踢，翻脚弯腿，八仙过海，九九一百。"

贱皮子 jianpizi ①斥人自寻责打：～，讨打！②不要脸面之人：她刚挨了骂，莫得好一哈儿又嬉皮笑脸起来，硬是个～！

尖 jian ①聪明。成都童谣："成都人，生得～，认字认半边。"②喻耳目及嗅觉灵敏，或挑食：狗的鼻子最～了。

尖耳朵 jianerduo 尖起听，偷听，属"听壁脚"一类词：隔房有耳，谨防～。

尖尖 jianjian ①成锥形物体的顶端：大头针的～锥人哈！②植物末端之处：成都的那种短节子甘蔗，泡稍得来～都咪甜。又为"颠颠"。

尖梭梭 jiansuosuo 形容物体的尖端像梭镖。

尖嘴 jianzui ①挑食：～狗。②话婆子：～老孃儿。

尖嘴猴腮 jianzuihousai 形容相貌丑陋，阴险狡诈，游手好闲不正经之人。

尖嘴幺姑儿 jianzuiyaogur 喻指伶牙俐齿、能说会道或挑食的妇人。

间 jian 一定的空间或时间里，指时候。歇后语："正月~的龙灯——吃宝（饱）。"

趼巴儿 jianbar 趼子，因摩擦生成的硬皮或死皮：脚~。又为"趼巴唧，老趼"。

剪彩 jianchai ①比喻有收获、有盈利，取得效益。②获得好处：老将一出马，多半都要~。③麻将俗语，赢家：今天~的又是老爷子。又为"捡彩"。

剪脚子 jianjuozi ①剪掉多余的毛发，修边幅，引申为收拾残局或烂摊子。②了结后遗事。建筑词汇，特指清扫之类的收尾工程：~的事情要把细点哈！又为"捡脚子"。

剪子 jianzi 剪刀。歇后语："百尺竿头挂~——高裁（才）。"

捡 jian ①收拾，打扫，收捡：吃完饭把碗~了哈！②赢钱：今天输赢不大，只是小~了滴（丁）点儿。③选取，挑选：恭维人，肯定尽~好的说。④拾。成都童谣："巴巴掌，油煎饼，~到铜圆买个饼。吃一半，留一半，放到姐姐枕头边。耗子拖到洞边边，猫儿衔到灶门前，狗儿叼到茅房边，鸦鹊啄到树尖尖。"⑤学别人：好人不学，尽~坏人样子。

捡倒 jiandao 收拾起，放置好：不穿的衣服~立柜头上。

捡的娃娃当脚踢 jiandiwawadangjuoti 任意挥霍轻易而来的钱财。麻将俗语，没把赢来的钱当回事：今天随便海（吃），总还是~。

捡懒 jianlan 偷懒：想~哇？不得行！

捡漏 jianlou ①收藏圈行话，泛指淘宝一类。②补漏，捡瓦。同"拣漏"。

捡炞和 jianpahuo 捡便宜，活路轻松，通常指别人辛勤劳动之后，给自己留下很容易去做的事。又为"捡炞炞"。

捡钱 jianqian 挣钱，形容生意做得好，钱来得容易，就像捡到的一样：股票一涨，就喊~。

捡顺 jianshun ①收拾好：屋头的东西要~，免得看到乱七八糟的。②将问题摆平，把事理顺办好，落实到位：大丰自来水爆管，钟发秀一去就~了。③治乱：不怕几爷子兴风作浪，警察一到就~。

捡瓦 jianwa 整修房子上面的瓦，补漏。如是"亮瓦"（玻璃瓦）烂了，就叫"捡亮瓦"。又为"捡房子、捡漏"。

捡相因 jianxiangyin 买便宜、价廉的物品：买魁头，~。

捡药 jianyo 照处方买药。歇后语："没病~——自找苦吃。"

捡药单子 jianyodanzi 按照处方单捡药，比喻照单采购物品。

戬翻 jianfan ①打倒，消灭，战胜：功夫在身，~几爷子莫问题。②麻将俗语，取胜：终于把他们～了。

将才 jiangcai 刚才，刚刚：～说的话，这阵就忘了。又为"将将、将将儿"。

将对 jiangdui 麻将俗语，二、五、八成对的牌。

将合适 jianghuoshi 刚好。歇后语："江大爷给何老蔫两个——江何氏（～）。"又为"将合式、刚合适"。

将军 jiangjun ①象棋术语，致命的进攻：炮打翻山，～抽车。②逼问，诘问：自己遭～，莫怪人家话难听。

将军不下马 jiangjunbuxiama 一锁名，指开锁后钥匙不能取出：～也只是锁得到君子，锁不到小人。歇后语："～——各奔前程。"

将军箭 jiangjunjian 指路牌：看到～就晓得路了。

将就 jiangjiu 一种勉强随和的态度，极不情愿又无可奈何，继续，凑合等：这鞋子还可以～穿。

将息 jiangxi ①疗养，调养：病后要慢慢～。②麻将俗语，休战修整：手气孬，～几天再说。

降番 jiangfan ①麻将俗语，降低和牌的番数：～不做大牌了。②降低级别，不愿擢升：马耳门主动～的目的是为了腾出时间搞创作。

犟拐拐 jiangguaiguai 形容性格倔强，听不进别人意见，爱钻牛角尖的死心眼：无巧不成书，偏偏遇到个～。又为"强拐拐、牛黄丸、犟遭瘟"。

犟起 jiangqi ①牛起：～三股经。②身体不适的征兆，多受寒凉所致：身上～在。

犟嘴 jiangzui 顶嘴，对嘴，含不服气之意：错了还～？又为"强嘴"。

犟德性 jiangdeixing 喻指脾气性格怪的犟性子：哪晓得，三娃这个～（的脾气）在这儿跟前还派上了用场。

讲比说 jiangbishuo 比方说：～，读书就像爬山一样。

讲礼 jiangli 行礼，喻指讲礼节：走人户不～，拿给人家（取）笑！

讲理 jiangli 评理，喻指调解，讲清道理：两家不和，要有人出来～。

酱酱 jiangjiang 酱，糊状的调味品：豆腐～｜肉～｜蘸蘸儿成了黄～。

浆浆 jiangjiang 较浓的液体或糊状物。歇后语："耗子偷米汤——～（刚刚）糊嘴。"

糨子 jiangzi 浆糊：稀饸饸～粘手。歇后语："耗子偷～——只够糊嘴。"

僵 jiang 僵持，僵硬：事情弄来～起就不好办了。

僵疤儿 jiangbar 凹凸不平的疤痕："疤痕贴"治～。

僵起了 jiangqiliao 僵持不下：话～，要人来解扣儿。

僵手僵脚 jiangshoujiangjuo ①手脚被冻僵，动弹不得的样子。②喻指被约束限制，才能不好施展。③形容无资金支持的窘迫感。

姜 jiang ①生姜。顺口溜："晚吃萝卜，早吃～，不进医院有健康。"②形容老辣，老到：～还是老的辣。

姜巴儿 jiangbar 嫩姜。

姜母子 jiangmuzi 姜种，老姜：～发芽了赶快栽。

交 jiao 遍，全，完：成都的亲戚老表太多了，硬是走不～。

交割 jiaoguo 交换，交接，对换：工作要认真～。

椒盐 jiaoyan ①甜咸麻味，多为花椒与糖盐的混合物：中心场的～麻饼儿，绝对安逸！②不纯正的：电视头说～普通话，仍然有效果。

椒盐普通话 jiaoyanputonghua 川味普通话：～，北方人照听不误。

焦 jiao ①急，心燎泼烦：穷人莫要～，勤俭就翻梢。②东西烧煳，干：锅都烧～了，未必饭没有煳？③形容思虑过多，焦愁。

焦煳 jiaofu 煳，读"浮"。表东西烧煳的程度很厉害。

焦干 jiaogan 干货，多形容含水分过少的物品或食品。

焦咸 jiaohan 咸味很重，极咸：～八咸的，当真盐不要钱了嘛？亦作"浇咸、椒咸"。

焦黄 jiaohuang 像礁石一样的黄色、铁锈色，也指牙垢。民间俗语："牙齿～，冒充内行！"

焦苦 jiaoku 苦味十足。

焦眉烂眼 jiaomilanyan 忧虑过重，萎靡不振。

焦人 jiaoren 烦透了，使人着急、焦虑：～得很。

焦湿 jiaoshi 湿透，常形容衣物等被雨水打（淋）湿：衣服～。又为"焦粑湿、焦湿八湿"。

焦酸 jiaosuan 形容酸味很重。

焦稀 jiaoxi ①路面淌水：下雨之后，路面～。②水分过重，掺水太多：～的稀饭。

焦心 jiaoxin 焦急忧愁，操心。常与"泼烦"连用，表示思虑过多，心情烦躁：～泼烦的就是放心不下。

轿轿儿椅 jiaojiaoryi 供小孩坐的竹椅：我来摇～。

浇熄 jiaoxi 用水灭火。又为"浇灭"。

嚼 jiao ①咬，磨：萝卜干焦干～不动。歇后语："狗吃豌豆儿——刴起牙巴。"②嘴强，好辩：说起扳嘴劲，数后院那老几最～。

嚼干胡豆儿 jiaoganfudour ①吃生胡豆：～下酒。②喻牙齿上下相碰：请你～。

嚼顺 jiaoshun 吃顺了，马倒吃，可以任意摔摆。

嚼死 jiaosi 敲定，确定：～了的事竟会变？亦作"嚼准、咬死"。

嚼头 jiaotou 咀嚼之后对味道的分辨和感觉：旋子牛肉有～。同类词有"啃头"。

嚼牙巴 jiaoyaba 信口胡说或议论，进谗：当面不说，背后～，最要不得了。亦作"干嚼筋、嚼舌根儿"。

嚼牙巴劲 jiaoyabajing 比嘴劲，喻嘴上功夫。又为"嚼舌头"。

叫咕咕 jiaogugu ①蟋蟀，蛐蛐：南瓜地头好逮～。②因"教"与"叫"同音，故趣称"教师"：～为人师表有啥不好？③纺织娘（一种青色昆虫）：～爱吃南瓜花。又为"叫姑姑、叫姑子"。

叫花子卖米 jiaohuazimaimi 引申为物之量少。歇后语："～——只有这一升（声）。"

叫叫儿 jiaojiaor ①口哨，哨子。歇后语："电线杆上吹～——响（想）得高。"②旧时川剧班泛指演员的嗓子。嗓子好（或嗓音条件好），被称为有～，嗓子不好（或嗓音条件不好），称为没得～。亦作"吭吭儿"。

叫圆了 jiaoyuanliao 老是叫唤，喻不停地打鸣。歇后语："三斤半的鸡公——～。"

绞 jiao ①缠绕，绞在一起：不要把话～起说。②束，做量词：几十～家的玫瑰花，尽都用到婚宴上了。

绞起 jiaoqi 纠缠到一块儿。

铰 jiao 剪，摘取：～指甲。

铰不动 jiaobudong 剪不动：纸壳子太厚了，～。

铰铰 jiaojiao 小铜镲：锣鼓配铰铰，镲锵配～。

剪脑壳 jiaonaokuo 剪，读"铰"。剪头，理发。歇后语："城隍老爷～——鬼头鬼脑。""～的徒弟——从头学起。"

搅 jiao ①搅动：水拿给几爷子～浑了。民间俗语："水不～不浑，人不走不亲。"②混：莫伙倒不三不四的人～。

搅浑 jiaohun 搞昏头：难为你们不要吵了嘛！脑壳都～了。

搅搅 jiaojiao 勺子：这个～短了点。

搅酒 jiaojiu 慢咛状，话下酒，喝酒时常伴随划拳、猜谜等游戏。

搅起 jiaoqi ①掺和，混在一起：牛奶跟豆浆最好不要～烧。②勾搭：他们两个～在。

搅骚 jiaosao 捣乱：姐姐在做正事，不要去～。

接二连三 jieerliansan 连续不断：闻到腥味儿，苍蝇儿蚊子～的飞来。

接鸡下巴儿 jiejixiapar 乱插话，紧接别人的话说：你敢接话婆子的鸡下巴儿?

接招 jiezhao 承接，接住：QQ上有人～了。

接嘴婆 jiezuipo 喻指爱接别人话头的人：～，鸡下巴儿吃多了！亦作"接嘴狗儿、接话虫、接瓜瓢儿"。

节巴儿 jiebar 茎节：一刀砍在竹～上。

节节 jiejie 一截一截：甘蔗砍成～好吃。

揭盖盖儿 jiegaigair ①股市术语，揭顶，突破最高点：沱沱儿（沱牌舍得）可能这盘要～了。②揭开盖子：干脆～通盘亮底。歇后语："刚～的蒸笼——气大。"③示意掺茶：茶碗～放在茶船边上，则表示需要加水了。亦作"揭盖子"。

揭盖子 jiegaizi 指别人代付了茶钱，即使自己不喝也要揭起茶盖，在茶水里荡一下，以示谢意：懂其礼貌，须～。

借房子躲雨 jiefangziduoyu ①暂且栖息：暂时～，二天搬了新房就对了。②喻指寄人篱下，抬不起头：～是啥子感觉，吃过苦的人才晓得。

解恨 jiehen 舒服，满意等。

姐儿妹子 jieermeizi 姐姐妹妹，成都人对亲戚姊妹的叫法：过大年，～些都来了哦！

结巴子 jiebazi 口吃者，结巴：～喊倒车（止不到的停不下）……倒、倒、倒……倒到岩底下去了。歇后语："～讲话——反反复复。""让～念绕口令——强人所难。"亦作"结巴儿"。

结梁子 jieliangzi 江湖用语，喻结冤仇：他～，为啥找你出气?

进 jin 间：老刘那间铺面有三～深。

今年子 jinnianzi 说话时的这一年：～老茂准备办（喜事）了。亦作"今年个儿"。

今盘 jinpan 这次：～猪儿喂肥了，又要买个好价钱。

斤把斤 jinbajin 量词，喻一两斤：～、两把两的东西，就不必紧讧了嘛!

斤瓜 jingua 斧子：～的叫法有点稀奇。

斤头 jintou 斤两。歇后语："选了尺码又挑～——得（德）高望重。"

金宝卵 jinbaoluan 比喻贵重的东西：捡个娃娃当～！又为"金包卵"。

金刚钻儿 jingangzuanr ①利器：捞起～不愁没活路做。②喻有本事：没有~，哪敢揽瓷器活儿。

金钩钩 jingougou 拉钩立誓约的一种方式。朋友互赠信物或盟誓之后，幺指相钩，口中念念有词，认定决不反悔。成都童谣："~，银钩钩，拉钩上吊（一百年）不许要（退还）！"

金瓜 jingua 南瓜。成都童谣："小弟弟，年纪小，提着水桶把苗浇。瓜苗长得壮，瓜苗长得好，秋收季节到，遍地~跑。"

金瓜弹子 jinguadanzi 喻指五颜六色的玻璃球，常见于跳棋中。

金瓜木 jinguamu 木脑壳，呆痴相，神起发瓜：傻到住的~。

金贵 jingui ①昂贵，珍贵，贵重。②娇嫩，娇惯：贵族学校（培养）出来的娃娃，也不见得有好~。

金箍箍 jinkuku 箍箍，读"绔绔"。金项链，金手镯：~比银箍子漂亮。

筋瓣瓣 jinbanban ①婴儿做戏：乖乖儿，做个~给爷爷看。②抽筋状：一副~的样子，看到都恼火。③皱纹分明：老得~，全靠花打扮。

筋筋跸跸 jinjinpanpan 绳索缠绕，乱七八糟，形容琐事缠身。又为"荆荆跸跸"。

筋痛 jintong 钻心般地疼痛，非常之疼痛：断手打人，~！又为"净痛"。

筋头儿 jintour 动物的筋：~肉有嚼头。

筋肘肘儿 jinzhouzhour ①木偶。歇后语："~挨刀——痛木了。"②身材精瘦、矮小或衣着紧缩短小者：穿起弟弟的衣服就变成~了。又为"斤肘肘儿"。

尽摸 jinmo 尽喻一直、老是。架势摸：婆婆~好牌。

仅雄 jinxiong ①风光，耀眼：在我们那幽，一般穿件花格格衣服就~了。②仅够了，满意，巴适：清早八晨的，啖点豆浆油条就~了。

紧 jin 让、等：~他说。

紧倒 jindao 老是，一直，时间太长：他~不回来，咋个办？歇后语："~天干不下雨——多晴（情）。"

紧摆 jinbai 不歇气地摆（龙门阵）：拈菜吃饭，不要~。

紧倒谙 jindaoan 一直在猜想，猜测：~还是猜不到。

紧倒编 jindaobian 不停地说好话，纠缠：~还是莫眼。

紧喝 jinhuo 随便喝，多指胜酒力者喝的时间长：客都走完了，你还好意思在那儿~。

紧绺倒 jinliudao 紧倒纠缠。

紧它 jinta 让它，随它去：都是大人了，~去好了。

紧想 jinxiang 长时间思考：车到山前必有路，用不着~。

紧扎 jinzha ①形容松紧度，多指衣裤贴身或空隙小：长筒袜～又热和。 ②结实：马骁的肌肉～得很。

襟襟 jinjin 布片。民间俗语："穿～，挂绺绺。"

襟襟吊吊 jinjindiaodiao 形容衣服破烂。

襟襟绺绺 jinjinliuliu ①布片片：～挂了一屋子。②琐事：净搞些～的事情。

齼牙 jinya 牙齿过敏：吃了酸的喊～。

谨防 jinfang 当心，小心：～把你拿去卖了都不晓得。

精 jing 光，精气，气质展现。

精蹦 jingbong 活泼，跳颤，蹦蹦跳跳，精力旺盛：许妈都喊是七老八十的人了，结果还～得很呢！又为"筋蹦"。

精贵 jinggui 稀罕之精品，特显物以稀为贵。

精叫唤 jingjiaohuan 大声呻唤：骨头断了，痛得老几～！

精精神神 jingjingshenshen 有精神：鬼毛毛（头发）一剪，就～的了。

精灵翻山 jinglingfanshan 形容特别机灵的人，多指机灵鬼儿。

精灵鬼儿 jinglingguir 小精灵，喻人聪明：一踩九头翘，是个～。

精瘦 jingshou 喻指瘦人：～老人福分好。

精头儿 jingtour 精华部分，精粹：保肋肉就是猪的～。

惊 jing 冷热急剧收缩状：鸡蛋煮熟后放进冷水里～一下，好剥皮（去壳）。

惊半半 jingbanban 一惊一诧，神经兮兮的样子：听到叫"狗儿"的名字，她就～的。

惊诧 jingcha 惊恐，失色：看见啥子了？咋就那么～嗬！复句：惊惊诧诧。

惊疯活扯 jingfonghuoche 过分惊慌，疯疯癫癫、神经兮兮的样子：老几～的闹麻了，是不是神经病哦？又为"惊风火扯、惊风忽扯"。

惊呜呐喊 jingwunahan 大声吼叫，喧闹，多属受到某种刺激。

惊抓抓 jingzhuazhua 惊呼状：门口～地在吼啥子？又为"惊喳喳"。

经得嚼 jingdeijiao ①食物放在嘴里，经得起长时间的咀嚼。②慢吞。

经得磨 jingdeimo ①喻死纠缠：他硬是～。②喻寿命长。

经得整 jingdeizheng 经得住考验或坚持久：老几～。

经使 jingshi 使，读"是"。①证明物品结实牢固，经久耐用：不锈钢碗太～了。②经穿，磨损慢：牛仔裤～。亦作"经事"。

经饿 jingwo 顶饿：玉麦馍馍吃了～。

经佑 jingyou ①用心呵护，照顾，照料，伺候。歇后语："老母猪迈门坎——～肚皮。" ②饲养：忙啊！～了几根猪儿就喊走不脱。③管理：茶坊要人~。④护理：全靠护士孃孃~得好。

经脏 jingzang 经得脏，耐脏，即便是脏的都不容易看出来：蓝黑料子布就~。

净捞儿 jinglaor ①除去成本，全部刨干打尽的纯利润。②精肉，净肉，干货：二娃喜欢整~。

净是 jingshi 全是：锅里~肥肉。

净赚 jingzhuan 除去毛利的纯利润：掰下指拇儿，~20%。

劲仗 jingzhang ①气势：好大的~哦！②架势，干劲：说起出去耍，他的~比哪个都大。③劲头足，厉害。歇后语："王泗营的金兰烟——大~。"

颈项 jinghang 项，读"航"。颈子、脖子。民间俗语："洋不洋，看~。"

颈颈 jingjing ①瓶颈：油跟到瓶子~在流。②颈项，颈部，脖子：~上吊了根金项链。歇后语："鸭子的哥（鹅）伸~——等挨刀。"③腕处：婆婆手~上戴得有玉圈子。④要害：掐住~它就莫命了。

井坎儿 jingkanr 井口的边沿：~边上长了青苔。

茎茎缠缠 jingjingchanchan 多茎皮：油菜头儿的皮子没有撕干净，看到~的。

警觉得 jingjuodei 有所察觉：我回屋的时候，~后头有人跟到在。

浸 jing 读"井"。开水烫一下，微煮：肉~一下捞起来就好炒回锅肉了。

就 jiu 扭曲着走。歇后语："螺蛳转拐——~来。"

就愣个 jiulengguo 就这样：~嘛！

鬏鬏儿 jiujiur 发髻的一种小辫，短毛根儿：她扎了个翘~。

鬏鬏篦 jiujiubi 形小或专门梳短发的篦子：哥哥送妹妹一个~。

纠酸 jiusuan 酸味儿十足，溜酸：~的泡菜卖不脱（没人吃）。

九斗碗儿 jiudouwanr 成都乡间常见的一种操办红白喜事的民间习俗，多以坝坝宴形式，并用九个斗碗盛佳肴体现酒席规格：资格的~，有凉拌蒸炒八个大碗，加上炖髈就煞搁。成都民谣："破费一席酒，可解九世冤；吝惜~，结下终生冤。"

九儿 jiuji ①了不起：说来~，啥子不得了了嘛！②扭起，故意装怪：其实就是举手之劳的事，老几硬是要~。

酒谷 jiugu 糯稻谷：~出的米有黏性。

酒米 jiumi 糯米：~包粽子好吃。

酒米坨坨 jiumituotuo 糯米团。歇后语："~滚芝麻——多而不少沾点。"

酒涡涡儿 jiuwowor 脸颊上凹陷的浅窝：一笑就显两个~。又为"酒窝窝儿、酒窝儿"。

傲起 jiuqi 故意与别人说的和做的相反：你咋个要～嘛?

揪 jiu 读"九"。①扭，绞干：打不湿的～不干｜看他老几的脸哦，都～得出水！②抓住：他～住人家的毛根儿就不放。③扯：葱葱蒜苗儿都要～一把。

揪干 jiugan 将沾水之湿物扭干：把湿衣服～再晾。

欤 ju 吮吸，饮，呡或舔：不要让奶娃儿～指拇儿。俗作"唔"。

桔青 juqing 铁青色：～个脸，怪难看。

居家 jujia 管理家务：～有方。

局面人 jumianren 讲体面的人：大家都是～，不要伤了和气。

锥 ju 读"狙"。①刺：喉咙遭鱼刺～到了。②蜇：茂茂儿遭马蜂子～惨了。歇后语："苍蝇儿钻蜂桶子——没吃到反而遭～。"③尖状小凸起物：脑壳上长的～～是不是疔疮哦?

锥人 juren 刺人、扎人：马蜂子～。

锥锥 juju ①尖状物，指物品（针尖、笔头等）的尖端或带刺的东西：黄瓜上长得有～。②锥子：（吓唬小孩子）不听话，挵～来！歇后语："口袋装～——锋芒毕露。"③粉刺，痘痘：脸上长个～。

巨 ju 深层次形容语，很大，非常等：一笔～款。

巨咸 juhan 形容盐味重：排骨面的味道～。

巨噍 jujiao 能说会道，超群的嘴巴劲：老几嘴巴～。

巨烂 julan 形容东西烂得不像样子。

巨冷 juleng 形容天气非常之冷：这个冬天～。

巨贪 jutan 贪得无厌：～憨遭。

巨凶 juxiong 非常之凶恶：藏獒～。

蹴 juan 读"卷"。使身体或四肢弯曲，蜷曲，团缩，睡：今天不回去了，将就在你这儿～一夜。歇后语："～起腰杆淋大雨——背湿。"

蹴起 juanqi ①躬起：背～。②拳曲：腿～来。

卷卷子 juanjuanzi 以筒为数量的卷纸或其他物品。

卷起 juanqi 挽起：～袖子大干一场。

噘 jue 骂。亦作"掘、映、决、绝、诀"。

噘人 jueren 骂人：当面～要不得。

蹶人 jueren 踢人。歇后语："捞倒就～——驴变的。"

腒肝儿 junganr 多指作为食物的家禽肫：鸡～。亦作"腒子"。

脚 juo "据哦"拼读。成都童谣："点～斑斑，～踏南山。南山打斗，一担二斗。猪蹄马蹄，向阳踩蹄。打你花～，缩只花～。"

脚板儿 juobanr 脚掌：～街｜～底下有颗痣。成都童谣："啃牛奶，喝面包，提起火车上包包，下了包包朝北走，一直走到牛市口。碰到一位人咬狗，捡起狗去打石头，石头挨得鲜血流，眼睛落到渣渣头，沟沟踩到～头。"歇后语："鸭子的～———一连的。"

脚板儿苕 juobanrshao (红)苕类的块根植物，因形同大象脚板故而得名：～咋个吃喃？

脚板儿洗得白 juobanrxideibei 形容运气好，撵上了趟：今天吃熬锅肉，又看哪个～嘛？

脚板心 juobanxin 脚掌心：遇到怪事了，～痛。

脚底板儿 juodibanr 脚底：～一滑，就栽倒了。

脚肚子 juoduzi 腿肚子，即小腿后部肌肉部分：～有点酸痛。亦作"小腿肚子"。

脚杆 juogan 小腿：～痛。歇后语："秧鸡子～———跑得风快。"

脚跟前 juogenqian 脚面前：皮球滚到～来了。

脚颈颈 juojingjing 脚腕子：～胀起胀起地痛。

脚脚 juojuo ①剩余的，极少量的东西：买了些剩～。②根须：豆芽～。③渣：茶母汁遭泌泌干了，只剩了些～。④狗腿子：不留后患，～爪爪一窝端。⑤儿语，脚。成都童谣："跟到人家学，吃人家的臭～；跟到人家走，是人家的哈巴儿狗。"歇后语："螃蟹的～———弯弯多。"⑥东西的最下部，腿。歇后语："三只～的板凳儿———不稳。"

脚脚爪爪 juojuozhaozhao 卤鸡爪、鸡翅、鹅爪、鸭脚板儿：她就喜欢啃～。

脚俩起 juoliaqi 俩，读"俩"。拖着脚走路：老几笑人，～在走。

脚码子 juomazi 脚的尺寸：～大小合适的鞋，穿起就舒服。

脚炟手软 juopashouruan ①全身无力：病还没好完，有点～的。②形容软弱无能：～无能为力。

脚踏板儿 juotabanr 脚蹬：自行车的～坏了。

脚转筋 juozhuanjin 脚抽筋：～痛得很。亦作"脚钻筋"。

K

喀 ka 指喉部或气管受刺激而引起咳嗽或呕吐等。

槑 ka 卡：石头~在树丫上。

槑槑 kaka 角落，石缝等。成都童谣："天上落雨地下炮，黄丝蚂蚁要搬家；有钱住进大瓦房，无钱只有钻~。"

槑槑角角 kakaguoguo ①角落：走遍成都省的~也要找到她。②到处：~搜遍了也没见到钱。又为"旮旮旯旯、卡卡角角、旮旮角角"。

槑槑头 kakatou 角落里，缝隙里：情报就放在墙角的~。亦作"旮旮头"。

卡 ka ①卡住：枪栓遭~住了。②刁难：自己不争气，咋能怪别个~你喃?

卡壳 kakuo 子弹卡膛，卡住，止住：话说了半截就~了。

卡拿 kana 使绊子刁难，为难。

卡下家 kaxiajia 麻将俗语，卡住后面的人出牌："顶上家，~。"

卡腰 kayao 量腰部尺寸：裁缝一~就晓得你的腰围有好大。

开 kai ①开门：自古衙门朝南~。②掺（冲）水、续水次数：茶喝三~味正浓。③支付，付钱：这茶水钱有人~了。歇后语："三碗茶钱~两碗——还有一碗想不~。"④牌语：庄家要~了，跟不跟?⑤开办。歇后语："三分钱~灰毛儿房——本钱不大，架子不小。"

开不到交 kaibudaojiao 摆脱不了麻烦：火烧眉毛，~。

开茶钱 kaichaqian 付茶钱：今天我来~。又为"会茶钱"。

开刀 kaidao ①动手术。②下手，开涮：想拿老爷子~，没门!

开墩子 kaidunzi 麻将俗语，开牌：掷色子定庄后，依其各人（东南西北）的座位并点数大小，按反时针顺序拿（摸）牌。

开和 kaifu 和，读"浮"。麻将俗语，刚开始和牌：半天才~。

开关 kaiguan 请客俗语，开管，买单，办招待：今天杀馆子我~。

开花开朵 kaihuakaiduo ①繁茂之花朵，多形容人：十八岁的姑娘儿哟，长得~粉嘟嘟的。②破烂：挖了床~的棉被就开跑。

开黄腔 kaihuangqiang 说巴不到谱的外行话，或不负责任地乱讲话：不懂就不要~。歇后语："吃玉米馍馍打呵咳——~。"

开荤 kaihun ①婴儿初尝肉食：请人给娃娃~，视为祝福。②"揍小孩"之趣称：费哇？谨防老子给你娃~！

开叫 kaijiao 稚鸡公开始打鸣，喻指长大成人，醒事懂事，成熟：这个娃娃~得早。

开腔 kaiqiang 说话：对不对，你要~叫?

开水 kaishui ①温度达到100度的滚水：~不响，响水不开。②喻煮荷包蛋或醪糟儿蛋：农村头请吃满月酒，必先喝碗~哆。

开头 kaitou ①开篇，起头，起始：本书词汇咋个查找，请看~。②行船术语，指掌前艄者：光喊~使劲嗦？③喻指船只离岸：船~了，注意掌稳!

开先 kaixian 原先，开始。

开洋荤 kaiyanghun ①原指吃西餐，现比喻吃以前没有吃过的好东西：今天~，吃了爆炒鹅老石。②见识新事物：2011成都双年展，硬是洗了我们的眼睛，~了。

开药 kaiyo 开处方捡（取）药。

开张发市 kaizhangfashi 开张大吉：~贺喜多多。

揩 kai 擦、抹等：把板凳~干净。

坎坎 kankan ①沟坎，小堑。顺口溜："过个沟沟，吃一兜兜；过个~，吃一碗碗。"歇后语："蜞蚂儿翻~——上蹿下跳。"成都童谣："藏猫猫儿，钻洞洞儿，走板板儿，过桥桥儿。一走走到城门洞儿，翻过~赶花会儿。"②台阶：眼睛把细点，看到~！③障碍：找些~给我们爬。

坎坎上 kankanshang ①土坎上。②关键之处，关键时刻。③受到规定条款之限制。

砍 kan ①用利器猛力把东西劈开。歇后语："快刀~甘蔗——一刀两段（断）。"成都童谣："一二三，砍猪肝（~腰杆）。四五六，~猪头（~颈子）。七八九，拉起走（捏鼻子）。本来该打一百一，因为时间来不及，干脆就打一十一。一二三四五六七，八九十来又十一。"②砍刀：砍刀可分为直~、跟刀~等。

砍了树子免得老哇叫 kanliaoshuzimiandeilaowajiao 老哇，指老鸦。比喻彻底除去祸根：说得对，~。

砍脑壳 kannaokuo 砍头，杀人：莲花池边~。亦作"宰脑壳"。

砍脑壳的 kannaokuodi 以旧时法场被砍头为说，喻指调皮捣蛋、无法无天的报应者：这个～，挎烂天不补！又为"挨刀的"。

看 kan 注意，小心：过街口子～汽车哦！

看倒 kandao 照顾，守候等：帮我～一下娃娃。

看得开 kandeikai 看破了：遇事想得通，就是～。

看哈儿 kanhar 随便瞄一眼。又为"看一哈"。

看火色 kanhuose 观察情况，掌握动态：再喊马耳门～，我们（的事）就彻底打倒！

看开些 kankaixi 心宽点，眼光看远些。用于劝人：（倒霉的）事情遇都遇到了，要～。

看人户 kanrenfu 由介绍而联姻的礼俗，多指看婆家，又称"访人户"，同"看人"。民间俗语："～，越淘神，只想女婿强过人。"

看肖神儿 kanxiaoshenr 幸灾乐祸地旁观：人家忙得要死，他却在旁边～。又为"看笑说儿"。

扛 kang 顶住，替人受过，承担压力等：老几砸的笨，兄弟伙替他～了。

炕 kang 烘烤食物：鲜花饼稍微～一下才好吃。

炕海椒 kanghaijiao 用火烘烤掉锅里辣椒的水分：～不要煎煳了，起锅前滴点清油跟毛毛盐，最好加点醋就更安逸。又为"煸海椒"。

炕花椒 kanghuajiao 用火烘干花椒的水分：～要守到，免得炕煳了。

康 kang 读"阄"。捂，扣，盖，罩：纱罩下～了一碗红烧肉。歇后语："升子～盆子——随方就圆。""晒坝头～雀雀儿——响（想）不得。"

康倒 kangdao ①不公开，遮掩，捂住：事情弄来～，竟是怕他人知晓。②扣着：舀了饭把锅盖～。

康倒炖 kangdaoden 盖上盖子炖食物：肉要～才烂和。

康倒摇 kangdaoyao 使人蒙在鼓里或背着他人干事：要想人不知除非己莫为，～是办不到的。

康康 kangkang ①盖子，盖盖：饭敞开怕冷了，赶紧拿～来盖一下。②罩子：～烂了，要飞苍蝇进去。

糠壳子 kangkuozi 米糠壳，麸子：～生霉了。

糠箩篼 kangluodou 装米糠的竹筐：～里有饲料。

糠箩篼跳到米箩篼 kangluodoutiaodaomiluodou 喻指脱离苦难，走上幸福生活：怀芹她们从县城到成都，硬是从～了。

靠岩 kaoai 岩，读"挨"。靠着山岩，断然无退路而言，寓意定死了，无法挽回之事：走投无路，他～要去找老三。又为“靠挨”。

靠倒 kaodao 偝倒，支撑：～我身上偝一会儿。

靠是 kaoshi 硬是：～来不起了。

靠实 kaoshi 实在，的确，搞准了：～他在那儿再告诉我。

靠死 kaosi 定准，无任何变化。

敲 kao 读“考”。①碰撞：隔壁搞装修，～得架势响。②在物体上面打，使之发出声音，敲击。成都童谣：“啄木鸟，树医生，专吃蛀虫保绿荫。吃蛀虫，～几声，啄啄啄，脆生生。啄木鸟，快扩军，鸟儿都做树医生。吃蛀虫，一条心，不获全胜不收兵！”歇后语：“～不响的木鼓——心太实。”③敲鼓。歇后语：“半天云头～鼓——响（想）得远。”

敲棒棒 kaobangbang ①敲竹杠，被宰：一顿豆汤饭吃出了火火子（千元计），咋不是～嘛！②挨整，敲诈：交了罚款都没走到路，遭～了才反应过来。

敲边鼓 kaobiangu ①在旁边使劲：只～，不打破锣。②麻将俗语，侧边抱膀子：人家打牌，他～。

敲敲儿 kaokaor 长牌的一种玩法：下午家，居民老蔫儿些总要约马耳门打～耍。

敲打 kaoda ①提醒：经常～到，才不得挨冤枉。②批评教育：～一下要好些了。③开玩笑：少在那儿～，快干正事。复句：敲敲打打。

搅 kao 读“拷”。①搅动，来回搅：煮稀饭，～不得，一～就要粑锅。②搞：东～西～，不务正业。③拷，使其溶解：汤里加了盐，要～一下。

拷 kao ①本事大，露得到一手，喻指有组织能力：只有马耳门出马，才能将凌汤圆那几副颜色～得转。②打架，赌打：娃娃些听说听教，没有再～了。

㹳㹳 kaokao ①喂小儿的糊状物，像稀粥、米粉儿、芝麻糊一类的食品：搅～。②泥泞：烂路上的泥～沾了一身。

烤火 kaohuo ①沾光，有份：上山打猎，兴大家～｜甜甜这人现实，没有火烤的事，他就不想做。②取暖。歇后语：“讨口子～——各顾各。”“山坡上～——就地取柴（材）。”③麻将俗语，得利：人家和牌，他就～。

刻刻 keikei ①条款、规定，限定之尺度及章法：老几提前退休莫眼（无望），刚好被文件的～款倒。②痕迹，记号：望江公园的竹子高头，又遭费头子些刻起～了。③麻将俗语，开局前大家所定规矩：有啥子～款款先说好，免得扯筋。

咳咳嗡嗡 kekesongsong 较为恼火的咳嗽，多形容病兮兮的样子：齁巴儿就是～的。又为“咳咳耸耸”。

磕膝头儿 keqitour 膝，读"乞"。膝盖骨：~胖脉了。歇后语："~上钉马掌——不巴蹄（题）。"

肯信 kenxin 肯定相信。常作为反语，便持怀疑态度：那么多兔儿脑壳，我~你吞得完？

肯说 kenshuo 爱说，恳谈：直性子，~。

坑坑 kengkeng ①坑，凼凼。②喻指难事：挖~填凼凼的事，你尽管说就是！

坑坑包包 kengkengbaobao 形容地面高低不平、坑坑洼洼：~的烂路。亦作"坑坑凼凼、坑坑涝涝"。

空搞灯儿 konggaodengr 做空事：~，等于零。

空花萝卜 konghualuobu 空心萝卜，喻指不中用之物：看到泡稍，其实是个~。

空空 kongkong ①空格，空白处：~没填完就下课了。②座位间的空隙处：没有座位就挤~。③漏洞：见~就钻。④空子：忙里偷闲梭~。⑤闲，抽时间：转街街，等妈妈抽了~哆！

空口白牙齿 kongkoubeiyachi 以露白牙齿表明说大话，说空话，无以为凭，很难使人信服。

空壳壳 kongkuokuo 光壳：耗子把花生啃成了~。

空了吹 kongliaochui 有空再聊：这哈儿忙，~。亦作"空了漯"。

空龙门阵 konglongmenzhen 空话，喻闲聊。歇后语："十五个婆娘摆~——七嘴八舌。"

空事 kongshi 无用之事：搞~。

空心菜 kongxincai 蕹菜：~杆杆用盐煸一下，炒豆豉好吃。亦作"无心菜、藤藤菜"。

炕起热 kongqire 瘫起热，闷热：这倒霉的天气，~。

控 kong 腾空，倒：把菜全部~进锅里。

抠 kou ①掏，挑：夹米子核桃要过~。②抠门儿，吝啬，小家子气。③抓取，挠，搔：不要~人家的疮疤疤。歇后语："隔倒袜子~痒——不过瘾。"

抠秤 kouchen 称秤时使分量不够：老几~凶。亦作"吃秤"。

抠得很 koudeihen 吃穿用均舍不得，喻指吝啬：屋头~，外面假洋盘。

抠底 koudi ①扑克抠底牌的打法：~看有没有扣分。②麻将俗语，指摸最后一张牌：该你～。③喻指揭底或挖底寻找秘密：～才发现此人是卧底。

抠脑壳 kounaokuo 抓痒，引申为动脑筋，想办法，也指麻烦事：这事～。

抠痒痒 kouyangyang 挠痒。歇后语："老虎头上～——不怕死。"

抠渣渣 kouzhazha 抠门，小器，吝啬：只晓得～皮。

抠指拇儿 kouzhimur 喻指经济出现拮据，掰起指拇算细账。

抠枝枝皮 kouzhizhipi 算小账，吝啬鬼。又为"抠子子皮"。

眍 kou 眼眶深凹：人长得～眉窝眼的，还说啥子英俊，呵鬼去嘛！

口把口 koubakou 一两口，形容数量不多：酒好，～不解恨（馋）。

口袋 koudai ①包工头，项目负责人：喊掺（提）～的来领钱。②跑龙套的领头者：找到提～的，（请）群众演员就不愁了。③袋子。歇后语："半天云头牵～——装风（疯）""～头装钉子——个个都想出头。"

口福 koufu 享受美食的说法：老几～不浅。

口角 kouguo ①角，读"郭"。吵嘴：少惹是非免～。②角，多音字，"据哦"拼读。吵架：发生～。

口口上 koukoushang ①口子上，巷子口：到～等我。②物体边缘：瓶子～。

口水话 koushuihua 地方语言，多余的话，废话：～紧说。

口水仗 koushuizhang 对嘴，吵架。

口条 koutiao 猪、牛等的舌头：腌制～。亦作"脷子、赚头儿、舌舔"。

口子 kouzi ①街口，巷口：见～就钻。②缝隙：～越整越大。③喻指松动，开放：等开了～再说。

扣 kou ①㧰，盖上，倒置，罩住。②按紧：死死～住，不要松手。

扣手 koushou ①合作，联手：两个搭档相互～。②配合默契：大家～，活路一下就做完了。

裤带面 kudaimian 一种似裤带粗细的面条。

裤兜 kudou 裤包，裤子口袋：～漏了。

裤儿 kuer 裤子。

裤脚脚 kujuojuo 裤脚：把～扎紧。

哭流甩滴 kuliushuaidi 一扒鼻子（涕），一扒泪：看幺娃～的样子哦！又为"哭流刹滴"。

哭兮流啰 kuxiliuluo 痛哭流涕，哭相十足：娃儿找不到妈，～。

跍 ku 多音字，也读"咕"。蹲在原地不动。歇后语："狸猫～在悬崖上——混充老虎。"

跍麻了 kumaliao 蹲的时间过长，脚杆已经麻木了。

箍 ku 读"绔"。竹（铁）丝箍，也指以篾束物：把木桶~紧点。

箍箍 kuku 箍子。①规定的量度标准。歇后语："比倒~买鸭蛋——没得那么合适。"②固定物体的竹箍或铁丝：拿铁丝弯~。③标准，条款，比喻照章行事，不得越规：有~倒就好办事了。

窟窿 kulong ①洞子，凼凼：~不堵，越来越大。②旧账：他的钱都拢去塞~了。③漏洞，漏子。

苦瓜 kugua ①小凉瓜。歇后语："白糖拌~——有苦有甜。""菜园里的~——越老心越红。"②喻指贫困缠绕，苦命之人。

苦纠纠 kujiujiu 苦味，苦兮兮：白水煮青菜，~的好吃。

苦砸砸 kuzaza 形容东西带苦味：气柑吃到~的，是不是坏了哦！

夸 kua ①夸口，说大话：乱~海口，失信于人。②夸奖，表扬。成都童谣："冬瓜花，南瓜花，人家不~自己~。"

垮 kua ①坍：不幸之中的万幸！架子~了人没有遭。②停业：管理不善，生意憋~！

垮儿浮兮 kuaerfuxi 衣着不整，吊儿郎当。

垮方 kuafang ①塌方，喻指失败。②麻将俗语，输家喊黄：今天霉惨了，上场就~。

垮杆儿 kuaganr 垮杆相，衰败、衰落的样子。

垮不到皮 kuabudaopi 脱不了干系：做了坏事~。

垮丝 kuasi ①以失败告终。加后缀成戏语：~洛维奇。②麻将俗语，形容惨败：又遭~了。

垮脱 kuatuo ①去掉：不死都要~一层皮。②遭抢劫衣物被垮。

筷子打架 kuaizidajia 形容抢吃。歇后语："~——抢吃。"

筷子落地 kuaiziluodi 谐音似快乐。歇后语："~——筷落（快乐）。"

快当 kuaidang 表快的形容词：坐下水船，~。

块 kuai 量词，表示个数，元：一~两~的（钱）数不完。

块块子 kuaikuaizi 一元一张票面的钱：帮我左（换）几张~的票子。

块头 kuaitou ①个头：大~。②东西质量大：苹果要挑~大个的。

宽 kuan 面积大：地塝太~，不好打整得。歇后语："大河坝的土地——管得~。"

宽敞 kuanchao 敞，读"朝"。宽阔，宽大：房子~。

宽汤 kuantang 多掺汤：面要～才好吃。

宽张子 kuanzhangzi 麻将俗语，形容和牌的面广、机会多。

款倒 kuandao 篼倒，挡住，被条款所限制。

款款 kuankuan ①条例，条款，规章制度：有几条～，我们要重视。②限度：凡事超过～，就不好说得了。

橶橶 kuankuan 桌子或板凳上起连接作用的条形橶子：桌子～断了。

髋倒 kuandao 卡住：腰杆上有皮带～裤儿在。

髋髋骨 kuankuangu 胯骨：一跤栽下去，～就跴脉了。

盥洗间 kuanxijian 盥，读"款"。盥洗室：洗手、脸的房间。

筐筐 kuangkuang 用篾条编的竹筐，筲箕。

筐框诓 kuangkuangkuang 即筐子、诓言框在一起，均有不实之意。用于批评语，官场上的假、大、空，吹牛等。空而大：听些～的东西，哪个都记不到。又为"框筐诓、筐筐诓"。

矿石 kuangshi 喻指挨背篼，遭冤枉：挨～。

诓 kuang 说服，哄，劝，制止等。民间俗语："冬寒菜服米汤，孩儿服妈～。"

诓倒 kuangdao 劝到：赶紧把娃娃儿～（不要哭），不然大家都莫法睡觉。

诓进城 kuangjincheng 说服，采用欺骗、呵哄等手段将其制伏：又遭骗子～了。

诓人 kuangren 骗人：借直销～。

狂 kuang ①发狂，打闹笑谑。民间俗语："人～没好事，狗～没屎吃。"②无拘束地。成都童谣："一床竹席地上睡，夏夜几多回。妈妈笑我～，奶奶笑我醉，有床不睡睡地下，快来看，像只小乌龟。莫要笑我～，莫要笑我醉，地铺比床好，凉风悠悠吹。紧贴母亲胸膛睡，快来听，心音多么美！"

狂编 kuangbian ①巧言哄哄：夏焰红经不住老同学的～，就进城（上当）了。②形容撰文编写（作品）的能力强。

狂打 kuangda 打闹作玩：～惯了的人，性子就野。复句：狂狂打打。

狂鼓了 kuangguliao 鼓：发毛，来性子。玩笑开过余惹出是非：～便打将起来。

亏 kui ①亏负：说老实话，我们这些人从来不～哪个。②麻将俗语，输，错：这张牌打～了。③反语，嘲讽：这种事～你做得出来！

昆 kun 享受，吃：老几天天～馆子。

坤 kun 整个，指圆形的东西：～鸡蛋。亦作"浑"。

坤不正 kunbuzheng 喻成不了气候，不能擢升正职：懒散之人，当然～啰！

坤够 kungou 故意欧份儿，把身份、气质等显摆够。

坤起 kunqi 拿架子，逞能。

困偎偎儿 kunweiweir 儿语，困觉，睡觉：娃娃～，要妈妈诓。

阃儿 kunr 逮猫儿游戏的大本营：～不守好我们就输了。

浑 kun ①囫囵，没有分割：～鸡蛋卤得好吃。②全：～身是胆雄赳赳。

捆割 kunguo 麻将俗语，叫（听牌）宽，割（和）牌（像被捆住一样），胜算在握。

捆捆子 kunkunzi 以捆为计算单位，一捆一捆的东西：莴笋卖～。

捆拈 kunnian ①绝对搞定，像捆在一起一样能稳当地取得好处。②麻将俗语，像捆绑住一样，特别有把握的和牌：～无走展。

捆赚 kunzhuan ①稳着赚钱：打过河（转手买卖），～不赔。②吃定：钱找钱，～。

搁 kuo ①打，击：～倒身上。②摆在那里，放置，搁下：不着急，～到东西慢慢说。③指事情未办好：这种事不容易～平。

搁处 kuochu 储物之地。歇后语："叫花子捡银子——没得～。"

搁倒 kuodao 放下，放倒。绕口令："板凳没得扁担长，扁担没得板凳宽。扁担要～板凳上，板凳不要扁担～板凳上，扁担偏要～板凳上。"

搁起 kuoqi ①放在那里。②胃上积食，停食。

搁平 kuoping 使之平稳，喻指平息事端：事情～了就好说。又为"摆平"。

壳壳 kuokuo ①物件的包装盒，书刊封面：硬～封面。②外形：马骁跟他们老汉儿（的样儿），简直脱不了～！③外壳：～剥了吃米米。歇后语："鸭子的嘴巴——硬～。""花生的～——一层管一层。"

壳子 kuozi ①玩笑话、吹牛、筛话：马耳门的～吹得安逸哦！②空壳，喻吃不着什么东西。

壳子客 kuozikei 指爱吹牛而不实在之人：～跟壳子大仙两个比嘴嘴儿劲。

颗颗 kuokuo 痘痘，喻生疮长子子：脸上长了个红～。

颗子汗 kuozihan 出大汗：肚子痛来蜷起，身上架势出～。

瞌睡 kuoshui 睡觉，打盹儿：～来了就去睡嘛！歇后语："板凳儿上打～——翻不得身。"成都童谣："～来打呵咳，门坎喊我快进来，床边喊我坐下来，踏板喊我脱花鞋，枕头喊我小乖乖。乖乖乖乖快快睡，明早起来吃汤圆儿。"亦作"渴睡"。

蜡波 labo 像蜡一样光亮的波浪式发型：火钳子烫~，看到看到冒烟烟。成都儿歌："大~，小~，吹风擦油一元多！剃光头，划得着，又光又亮才一角！"亦作"拿波"。

蜡波头 labotou 大背头：~，街上跩。

腊肉 larou 农历腊月（十二月）间，用香料腌制的猪肉：~脑脑。歇后语："~上席——不必言（盐）。"

腊月间 layuejian 腊月里。歇后语："~的井水——热乎乎的。"

邋遢婆 latapo 形容不爱好或不讲卫生的（女）人：~太讨厌！

拉伸 lacheng ①拉直：绳子~，软不得手。②朝着一个方向对直跑：~一趟就拢了。③消气：肚量放大点，肠子~了气就消了。④直接躺下不受干扰：~睡一觉。

拉风箱 lafengxiang 形容喘粗气，上气不接下气：看他~的样子，就晓得老几撑不上了。

拉飞蛾儿 lafeiwor 在人力车旁使力，辅助拉中杠的人，或喻指助手：三十来岁正是拉中杠的时候，五十几能~就算不错的了。

拉豁 lahuo ①拉练滑扣，或锯子滑锯偏离墨线。②婚姻出了问题，分居、离婚。③亲戚朋友感情破裂，断交。④撕毁协议或合同。

拉通 latong ①通看一遍：子默先生把细，又把《成都百年百人》~校对了一遍。②笔直，端走：人民南路~走，就到新会展中心了。

拉稀摆带 laxibaidai 怯懦，临阵逃脱。民间俗语："袍哥人家决不~！"又为"拉浠摆带"。

拉中杠 lazhonggang 喻指打主力，主梁骨：单位上全凭他~。

辣分儿辣分儿 lafenrlafenr 辣味的感觉：夫妻肺片~的，好安逸！又为"辣吩儿辣吩儿的"。

辣呼呼 lafufu 呼呼，读"浮浮"。辣味十足：水煮肉片儿~的。

辣锅菜 laguocai 锅里不放油炒出的菜：～干香带本味。亦作"红锅菜"。

辣手 lashou 棘手，不好办：～的问题不好办。歇后语："罐子头抓豆瓣——～"

赖 lai 依赖，依靠：未必要～到妈老汉儿过一辈子嗦?

癞疤疙瘩 laibageiliao 比喻物体表面凹凸不光滑，有疤痕不光生，疙疙疤疤的。歇后语："豌豆子炆（焖）酒米饭——～。"又作"癞疤癞疙、癞疤癞刻"。

癞疙宝 laigeibao 蟾蜍，癞蛤蟆。歇后语："～打呵咳——口气大。"亦作"癞格包"。

癞毛儿 laimaor 癞痢头，喻生疥疮后剩下稀疏而少许的毛发：几根～留起不如剪了它。又为"瓢毛毛"。

癞糜烂眼 laimilanyan 疙疙疤疤或已腐烂的东西：那个红苕咋个～的嘛?

来不到 laibudao 不行，不能这样。成都童谣："大欺小，～；小欺大，不像话。"

来不来 laibulai 动不动：女娃子～就撒丫。亦作"捞默倒"。

来不起 laibuqi ①疲惫不堪的样子：脚炽手软，～了｜刚回屋就喊～了。②无力承担：房价太雄（贵）了，大家都喊～了。

来得陡 laideidou 喻指语言大套，使人不能马上接受，或指突然袭击：急于求成，～了点。

来登 laideng ①喻情绪或效果等达到了顶点：热闹的气氛～了。②麻将俗语，指犯瘾：牌瘾～了。

来电 laidian ①撞击出火花，产生出灵感，含有成功取胜、获得奖励，甚至走红出名之意：上个世纪90年代起，巴蜀笑星就喊～了。②麻将俗语，和牌：何蓉嬢嬢又～了哇?

来回 laihui ①包退还，包赔退：东西包～，放心! ②往返：～百把里，脚板儿都跑大了。

来龙去脉 lailongqumei ①事情的缘由与始末：把～先搞清楚了哆? ②根底：不晓得～的人，咋个交朋友嘛!

来气 laiqi 对某种事物感兴趣，付之于行动，参与支持等。

来势 laishi 显示实力，出现转机，势力展出或指农作物成熟等：田头的庄稼看到看到就～了。

来头 laitou ①来历，喻指背景：此人～不小。②关系：擦掉点皮，莫～。

来兮了 laixiliao 意同"来登"：瞌睡～。亦作"来登了"。

拦中半腰 lanzhongbanyao 中途，半截：事做到～人咋就不见了呢？亦作"拦中八腰"。

拦倒 landao 制止，挡住，抓住：～他，不要让他跑了。

篮篮儿 lanlanr 提篮，竹篮子：～打水一场空。成都童谣："提～进果林，摘橘儿掏空心，中间栽根小红烛，做成一个小橘灯。小橘灯，亮晶晶，闪闪发光笑盈盈。照得山村红艳艳，照得黑夜变光明。"

烂白露 lanbeilu 白露日下雨，预示将进入多雨季节。民间俗语："～，烂九皇，绵绵阴雨水茫茫。"又为"坏白露"。

烂龙 lanlong 吃喝骗拿，品性败坏的烂眼儿，滚龙：伙倒～娃娃一起耍，就要戳拐。

烂路 lanlu 泥泞道路：落雨走～。

烂泥巴 lanniba 稀泥：～路。歇后语："～下窑——烧不成个东西。"

烂牌 lanpai 麻将俗语，指孬（不好的）牌：～好上张，出牌不要慌。

烂条 lantiao 馊主意：打～。

烂心肺 lanxinfei 心术不正：王保长这些歪人都是些～。

烂眼儿 lanyanr 二流子，混世魔王，骚客：老～。亦作"烂障"。

烂药 lanyo 喻指谗言：这是哪个老几下的～哦？

烂糟糟 lanzaozao 不成样子，稀烂，乱七八糟：屋头～的。

烂渣窝儿 lanzhawor 泛指破旧物品：屋头的～堆满了，老妈都舍不得丢。

烂账 lanzhang ①喻头绪混乱，没法理清的账目：～多指坏账或死账。②拖得很久，无法收回的账目：收～的来了。

烂障 lanzhang 孽障，坏人，或不学好的混世魔王：～娃娃。又为"烂仗"。

烂字纸兜兜 lanzizhidoudou ①破纸篓：脚当门放了个～。②对落魄之士的戏称：孔乙己不过是个～。

烂嘴巴 lanzuiba 诅咒词语：打胡乱说～。

滥贱 lanjian 又多又不值钱：今年的莲花白才～哈，堆到那里都没得人买。亦作"滥见"。

滥酒 lanjiu 贪杯：～的人最莫祥。

滥市 lanshi 喻指市场上某种东西太多，不容易卖出去：姜巴儿～了。

懒得烧虮子吃 landeishaosezichi 虮子，读"蛇子"。喻指懒人身上长了虮子都不愿劳动，只有烧虮子来吃：原来那个～的人，现在改了。

懒垮垮 lankuakua 懒散：打起精神来，～地没出息。

懒眉死眼 lanmisiyan 懒得不想动，犹如死鱼的眼睛，无精打采。

懒心无肠 lanxinwuchang 心思没用在做事上，思虑无常，无精神，形容不认真、不专心、不积极热心之状态。

揽干 langan 包干，一手抓完，全部揽在自己身上：事都被他~了，我们还做啥子嘛？

溇 lan ①腌，盐渍或用其他调味品拌东西：鱼肉~盐。歇后语："城隍庙头舂盐巴——~（懒）鬼。"②喻指受碱、盐、酸等之刺激：手遭~倒了。

浪 lang ①过分地展示，飘。②指单身男女无意婚配：这娃三十几了都还在外头~。③那么，那样：南瓜有~大个家的。

浪瓷 langci 搪瓷：还是~盅盅经用些。

浪个读 langguodu 咋个读：你说~就~。

浪个还 langguohuan 咋个偿还：钱借多了~?

浪个回答 langguohuida 怎样回答：他一打岔，我就不晓得~了。

躴 lang 读"嘟"。幺，小，泛指身体瘦小，修长，或排行于后者：多吃点就不~了。

躴巴儿 langbar ①身材瘦小者：这个~娃娃怪聪明的。②幼子，幼女：老人爱~。又为"嘟辈儿"。③幺指拇。童谣："大指拇儿哥，二指拇儿弟，~娃娃不争气。"④喻指瘦弱或最小的动物。歇后语："母猪的幺儿——~。"亦作"幺躴巴儿"。

躴筋筋 langjinjin 瘦小：~的像干朽儿。民间顺口溜："~，瘦壳壳，一顿要吃八钵钵。"

躴瓤 langrang 让手：说好多就是好多，莫得~头。

躴指拇儿 langzhimur 小指拇。

嘟个 langguo 问语，怎么，如何，要干什么，要咋子等：你到底要~? 亦作"嘟块、郎格"。

嘟个儿 langguor ①问答语，自鸣得意：~（说）嘛！②成都童谣："从前有个山，山上有个洞，洞里有个狼——~哩个儿嘟，买个棒棒糖！"

嘟个起的 langguoqidi 咋个起的：~哦?

嘟个要得 langguoyaodei 咋个要得，多属不好意思：光吃你的，~嘛?

嘟门 langmen 四川南部方言中的自问语气词，有"怎么样"、"那门"之意，但语气狡黠、戏谑，量视你不敢。

嘟门子 langmenzi 咋个样，怎么办：马耳门生病了，~办哦?

嘟嚷 langrang 讨论，闲摆，无端指责，吵闹等。

狼 lang 喻指心凶，心厚，贪得无厌：那娃儿~得很。歇后语："~心兔子胆——欺软怕硬。"

捞 lao ①释放，取保：醉驾遭逮了，～出来就不容易哦！②捞取。歇后语："开水里～洋碱——全凭手快。"

捞开 laokai 撩开：～看。

捞捞 laolao 空无，什么都没有，无感觉：老汉儿二两面下肚，简直没有～｜啬家子请客，莫得～｜两筷子拈下去，就喊没有～了。

捞起 laoqi 撩起：～裤子走路，免得水溅到身上。

捞前 laoqian 走前面，喻带路：～走。

捞轻 laoqing ①飘轻，无重量或分量感，极轻：空了花的萝卜，～。②喻暗含刺激的话。民间俗语："话语～，句句顶心。"

捞梢 laoshao 麻将俗语，捞本：老几今天是来～的。亦作"捞稍"。

捞什裹肚儿 laoshiguodur 装杂物的肚袋：啥子都撺进～里去了。

捞垮松 laokuasong 捞松，不紧凑：裤子大了，穿起～。

捞一筷子 laoyikuaizi ①捞一把：～就走，不要紧缠。②麻将俗语，赢了就走，不经久战：牌桌上～。

捞斋 laozhai ①空事：去不去都是～。②干啥，无用之：这东西拿来～！亦作"捞灾"。

痨 lao ①肚里没有油水，缺乏油荤的感觉：几月不沾荤，～凶了胃里实在是难受｜饿～病发了。②毒：～耗子的药下了没有？亦作"嘈"。

痨病 laobing 结核病：～凶了要成匐巴儿。亦作"痨哥儿"。

痨病框框 laobingqiangqiang 框框，读"腔腔"。喻指因患肺结核而瘦得皮包骨头的人：～的人，咋不咳咳噇噇的嘛！顺口溜："早上吃姜，补药汤汤；黑了吃姜，～。"亦作"痨病腔腔、痨病鬼"。

痨肠刮肚 laochangguadu 未沾油荤或缺少脂肪胃里的难受感觉：～的想吃肉了。亦作"痨肠寡肚、痨垮垮、痨刮刮"。

痨得慌 laodeihuang 不沾油水，心头慌。又为"痨慌了、得痨凶"。

痨死 laosi 毒死：痨耗子哇？结果把猫儿～了。

痨药 laoyo 毒药：～莫吃。亦作"闹药"。

劳神 laoshen 辛苦之敬语：搬您老人家出山，太～了。

劳慰 laowei ①道谢：～马大爷了。②请求（下话）：～你，不要再去惹是生非了。

涝清 laoqing 水汤汤，清凉：稀饭～。

醪糟儿 laozaor 连糟糯米酒，又为"江米酒"。歇后语："吃～穿皮袄——周身都火热。""酒饭一起吞——沤～。"亦作"糯糟儿、醪糟子"。

醪糟儿蛋 laozaordan 荷包蛋，醪糟煮蛋：～加点粉子吃起就更安逸了。

醪糟儿浮子 laozaorfuzi 酿熟除渣的江米酒，多用糯米蒸熟后发酵炮制：～又为"酒浮子"。

酪 lao 乳酪状菜肴：来一份芙蓉鸡～。

老摆 laobai ①鱼：～在成都方言里又叫"鱼摆摆"。亦作"摆尾子"。②因"余"与"鱼"同音，故而戏称"余"姓：等～来了我们就走。

老辈子 laobeizi 长辈。民间俗语："幺房出～。"亦作"拱背子、长辈子"。

老表 laobiao ①泛指远亲：盯倒认不到，是你屋头的干～。②土里土气的人：山猪吃不来细糠，当了～还绷起。③喻指傻子：张～又拿给人家害了。

老搭子 laodazi ①老搭档：工作上是～，生活上是老夫妻。②麻将俗语，老牌友：我们是多年的～了｜人家打牌只认～。

老打老实 laodalaoshi 形容本分的老实人：他～的在做活路。

老颠冬 laodiandong 老糊涂：成了～，连自己姓啥子都不晓得了。

老讽 laofeng 疯癫、二杆子，醒二活闪的人：～的话，这只耳朵听那只耳朵出。

老虎灶 laofuzao 过去卖开水的大灶：去～上打瓶鲜开水回来好泡（沏）茶。

老干饭 laoganfan 米饭：老马好打整，每天整（吃）顿～就喊脱手。

老窖 laogao 窖，读"告"。①私房钱：老几的～暗（藏）得深哦！②老酒，窖酒：泸州～。

老庚儿 laogengr 同年生的人：见了～好亲热。歇后语："两口子打～——亲上加亲。"

老古板儿 laogubanr ①守旧固执者：好话听不进，真是一个～。②旧式物品：别看这些～哇，有些人想找还找不到呢！

老果果 laoguoguo ①老树子上结的果实。歇后语："三千年开花，五千年结果——～。"②喻有资历和经验的老人，老资格：～见不得嫩水水｜～的手艺好。歇后语："王母娘娘的蟠桃——～。"亦作"老革革"。

老汉儿 laohanr ①老年人。歇后语："八十～吹灯——上气不接下气。"②老太婆称其夫：～，去开门，娃娃回来了。③父亲：成绩不好，不敢给我们～说。成都童谣："家有黄金万斗粮，不如送儿进学堂。学得文化好接班，妈～些最喜欢。"

老还小 laohuanxiao 形容人上了年纪之后就如同小孩子一样：～就是小气。

老叫不改 laojiaobugai ①麻将俗语，认定的和牌不变张：～，死守二五八。②坚守爱情的誓言，表示爱河永存之趣言：我们～。③决定的事不变，不改动，不变换：就这样，～！

老儿 laoji 对与自己年龄差不多的人的谑称。泛指他人，尚可具体到某个人。

老坎儿 laokanr ①吝啬而易上当者：媒子些伙倒医～。②喻指乡巴佬：梅～。

老辣 laola 老练，稳重：～中隐藏凶狠。

老赖 laolai 欠钱的赖皮鬼：～反而成了歪人。

老买主 laomaizhu 经常照顾其生意的顾主。

老面 laomian 供发酵用的面：～即为"酵面"。亦作"母子、酵头、酵母子"。

老嬢儿 laoniangr 老太婆。歇后语："～打粉——不嫩（论）。"亦作"老娘儿"。

老薦儿 laonianr ①已婚男子对自己妻子的戏称：成都人把怕～的人称为"炽耳朵"。②指老太婆：～杵拐棍儿。

老气 laoqi ①出老相或说话像大人：这娃儿有点～。②东西过于成熟或变硬，反之为"嫩气"：东西太～了，莫法嚼。

老鲨鱼 laoshayu 含贬义，喻指老手，老辣、狡诈，老奸巨猾之人：你这个～终于浮（出水）面了？

老是 laoshi 一直，总是：～说可以，其实就是不可以｜吃了火锅，～喝水｜癞头儿发痒，他就～抠。

老实巴交 laoshibajiao 朴实本分：～不开腔。

老梭 laosuo 蛇之讳称：～又为"梭老二"。歇后语："～缠葫芦——冒充龙戏珠。"

老挑 laotiao 连襟亲戚，妻妹（姐）的丈夫：两～见面就亲热得不得了。亦作"挑担子、挑挑"。

老头儿伙 laotourhuo 老头子，老头儿些：等～些拢齐了就开表彰会。

老鸹 laowa 鸹，读"哇"。乌鸦：～嫌猪黑，自己不觉得。成都童谣："猴子爬猴子，～啄尻子，啄个窝窝种豆子。豆子不生，～害瘟。豆子不结，～吐血。"歇后语："～身上插花翎——冒充孔雀。""～落在猪身上——只看到别人黑。"又为"老哇子、老鸦"。

老凹 laowa 凹，读"瓦"。额头凸出，称为凹额头。成都童谣："～，～，下雨不怕，你有雨伞，我有～。"

老外 laowai 外行，搞不懂：～上阵摸不到火门。

老盐水 laoyanshui 长时间密封发酵能起接种作用的盐水：新起盐水（泡菜）最好加点～。

老幺 laoyao ①幺儿子：～出差转来了。②父母年纪很大时生的最小的儿子：他是妈的～儿。

老鹰茶 laoyingcha 一种纳凉时喝的大叶茶，与红白茶色泽、口感相同，产地不同，多用于农村“双抢”时解渴。

老鹰叼鸡儿 laoyingdiaojier 儿童游戏，即由两个小孩分别充当“老鹰”或“母鸡”，若干小孩充当“小鸡”，母鸡要竭力保护小鸡，直至小鸡被老鹰叼完为止：~又叫“老鹰抓鸡儿子”或“岩鹰叼鸡儿”。

老指拇儿 laozhimur ①大指拇儿：~整到了就不好端碗了。②喻指老大，老爷子：~的话要认真听。

挔 lao ①扛，举。歇后语：“肩膀上~烘笼儿——~（恼）火。”②拿：帮我把包包~到。成都童谣：“天河上面几个滩？天河上面九个滩。几个滩来几个湾？九个滩来九个湾。河岸几根桃李树？河岸九根桃李树。几棵甜来几棵酸？一棵甜来八棵酸。甜桃~来何人吃？甜桃~来敬八仙。何人镇守桃李树？孙猴镇守桃李树。何人偷桃登了仙？白猿偷桃登了仙。何人去赴蟠桃会？群仙去赴蟠桃会。何人得道戏金蟾？刘海得道戏金蟾。”

挔起 laoqi ①端起架子，不客气，不给人面子：他一毛了就给别个~。②扛着。③捡起、接话：人家话没说完，你咋个~半截就开跑了喃？

挔起走 laoqizou 扛起走，拿起走。民间俗语：“嫁鸡随鸡，嫁狗随狗，嫁个杈头扫把~。”

肋巴 leba ①肋骨：人到底有几根~？成都童谣：“腰长~稀，必定是个懒东西！”②要害：你挎他的~，他揭你的短。

垒尖尖 leijianjian 所盛物品冒出器皿，堆积成小山的样子：老几海得，~一碗饭都整干净了。

睖 leng 眼睛发直，怒视：他~了老几一眼就走了。

棱棱 lengleng ①物体上凸起的部分：搓衣板上有~。②棱角：河里的石头基本上都没有~得。③棱子：脚杆碰到桌子~上，就青（紫）了一块。

楞楞 lengleng ①直立：喊娃娃做个~。②有棱有角：鼻子~的，好看极了。

楞眉楞眼 lengmilengyan 瞪着眼：小伙子~看着她。

楞起 lengqi ①侧立，仄放：请把连二柜抽来~一下，我好把脚脚垫平。②喻指失业，丢了饭碗：这下安逸，（骂人）图一时痛快嘛，饭碗抽来~了。

愣大 lengda 形容大的感叹词，愣是大：龙泉驿的梨儿~个家的。

愣是 lengshi 就是：光打雷不下雨，~哈！

愣头儿青 lengtourqing 学生娃，多形容不大懂事的“青沟子”娃娃：你说~些能做啥子?

冷淡杯儿 lengdanbeir 夏夜消暑的小吃名,以小碟佐酒凉菜为主:晚上~聚｜~摊子上有煮花生、毛豆杆儿、豆腐干儿、皮蛋、炒螺蛳和各种卤菜香香哦!也为"冷啖杯儿、冷淡巴儿、冷淡吧儿"。

冷锅 lengguo 用锅盆盛装的熟食,干锅:成都这二年的~鱼、~鸡,跟~啥子摆杂些都是好吃嘴们喜欢的。

冷眉秋眼 lengmiqiuyan 冷眼相待的样子:这人咋~的嘛?又为"冷眉冷眼"。

冷湫湫 lengqiuqiu 冷清清:人一走完,房子头~的。

冷湫八淡 lengqiubadan 冷清无趣,稀落:人没有几个,~的。

冷灶 lengzao ①未曾点火(做饭)的炉灶:~还得慢慢烧。②形容预先接触交友:人家~烧对了,朋友一走马上任就器重了他。

立起 liqi ①发难,变脸,来脾气:惹到他谨防给你~。②站着,站立。成都童谣:"睡着像只弓,~像棵松,坐着像口钟,健身三句话,牢记在心中。"亦作"端起"。

沥 li 浚,过滤:煮甑子饭,要~米汤。

沥干 ligan 用漏网将水中之物捞起,晾干:豆芽淘好赶紧用筲箕~,不然炒起就水流水垮的莫得人拈哦!

利边 libian 故意,有意:他~这样做。

利式 lishi 麻利能干,灵巧敏捷:小妹儿动作~,不拖泥带水,利刷。亦作"利索、利事、溜刷、刷溜"。

利子 lizi 猪或牛的舌头。因"舌"在成都话中谐音"蚀",便为生意人所忌讳,故而图"利"有之:腌腊的~,来两斤?亦作"脷子、猪赚子、赚头、招财儿、了颠儿"。

离核 lifu 核,读"服"。①果肉熟透与核脱离:~的桃子才好吃。②办事顺利:~的事,摸到就撒脱。

离骨 ligu 自动剥离:排骨要蒸得来~才好吃。

离皮离骨 lipiligu ①剥离彻底:庖丁解牛~。②喻指分离,闹矛盾、别扭:一家人搞不好,还要~呢!

篱笆 liba ①藩篱:编个竹~作围栏。②隔阂:~拆了,两家又热和起来了。

李扯火 lichehuo 成都民间传说中,一个办事不牢,不负责任,说话不算数的角色:办事就怕遇到~。又为"理扯火"。

李姆姆 limumu 喻隔壁邻居。民间俗语:"霉得哭,找~。"

里把里 libali 指一里左右的路程：～路就不开车了。

里子 lizi 里面：铺盖～。

理扯 liche 敷衍，耍赖，不守信之人：我早就晓得老几是打～的人。

理伸 licheng ①理出眉目：千头万绪要～不容易。②整理好，摆顺：铺子还没～，客就来了。③平息事端：冤家宜解不宜结，梁子～就握手示好。

理倒 lidao ①找到，搞（调查）清楚了：从头～尾，追个水落石出。②摸索：工作刚上路，慢慢～来。

理路 lilu 沿路：醋瓶子倒了，～滴起走｜裹兜儿掉了，～去找。

理乱 liluan 不讲道理，乱来一气：～之人麻烦多。

理论叫 lilunjiao 麻将俗语，听牌之后，桌面上已没有能够和的牌：下个～再说。

理抹 lima ①清查，追究，盘问：回去才～你！②搜缴，查找，清候：身上的东西全遭～完了。

理须子 lixuzi ①择菜：打下手，～。②找毛病：～要慢慢来。③整理或剪修胡须：要脸光生就赶紧～。

礼信 lixin ①礼品，礼物：糟糕！看（探望）师傅忘带～了！民间俗语："～到处赶，落雨好借伞。"②礼数，礼节：成都人最讲～。

甪 lia "理牙"拼。①剥离：夹米子核桃不～壳儿。②脱：这次受伤，他不死也要～成皮！③失手：碗接～了，掉在地上就喊哦嗬（打烂）！

甪白 liabei 借用象形文字喻指说谎：扯谎～的娃儿不学好！

甪肥 liafei 阿谀奉承，拍马屁，意同舔肥：老几～甪在了大腿上。

甪皮 liapi 破皮，脱皮：一跤下去，脚上不～也要跶青（淤血）。

甪脱 liatuo ①滑脱，跑掉：绳绳儿松了，贼就～了。②退出，不承担责任："故事"编圆了就～。

甪薄 liabo 极薄：～的丝绸。

练 lian 造乱，搞得乱七八糟的样子：那条背时的狗啊，硬是把草草～了一坝坝。

臁二杆 lianergan ①胫骨：甩～。②泛指腿肚子前面的部分：碰到～。③一种劳动工具，往往多见于收割农作物或打油菜籽时晒坝里使用：甩～要使巧劲。亦作"穷骨头"。

臁贴 liantie 胰腺。多指猪腰子旁边那块肉。"臁"又谓"连"。

连吃带裹 lianchidaiguo 寒酸相，吃了还要拿起走。

连裆裤 liandangku 形容两人的关系非常好，言行一致，一个鼻孔出气：李伟与马骁是穿～的鸭脚板儿。

连二 lianer 双门带抽屉的平柜：立柜旁边再配个～就好了。亦作"连二柜"。

连盖 liangai 连枷，一种竹制的脱粒农具：温江的《打～歌》唱起味道长。又称"莲械"。

连锅子 lianguozi 连锅汤，肉片汤煮时鲜蔬菜：二刀肉煮冬瓜～，好吃。

连骗带诓 lianpiandaikuang 说好话进行哄骗：～哄得人家团团转。

连三 liansan 五斗橱，即有三个抽屉的木柜：屋头还缺个～柜。亦作"连三柜"。

莲花白 lianhuabei 像莲花一样的白菜。歇后语："冬天的～——越老越包得紧。"亦作"包包菜、包菜"。

莲花子 lianhuazi 碗。因"碗"与"晚"同音，故忌之而名：打烂几个～。

鲢巴鲫 lianbalang 鲢鱼。成都童谣："大河涨水小河浑，龙王老爷耍狮灯。鲫鱼出来唱小姐，～来演小生。唯有乌龟生得蠢，不做气来不做声。"歇后语："～过河——牵须（谦虚）。"亦作"鲢胡子、鲢巴儿、鲢巴躲"。

脸巴儿 lianbar 指脸。歇后语："娃娃的～——说变就变。"又为"脸波儿"。

脸长 lianchang 形容厚脸皮的人：诱脸不嫌～。

脸登儿 liandengr 脸：小～好看。亦作"脸灯儿"。

脸红筋胀 lianhongjinzhang 形容非常激动的样子：抽底火嘛，搞得别个～的！

脸面儿 lianmeir 面儿，读"妹儿"。①脸面，样子：娃娃跟他老汉儿一个～。②面子：看在樊公公的～上，啥子事都好说。

脸青白黑 lianqingbeihei 青脸寡色的样子：～怪吓人的。

脸嘴儿 lianzuir ①面子：有～。②嘴脸：一副好～。

凉 liang ①受凉：～从脚下起。②不予理会，无事干：他被甩在边上（一旁）～起了。

凉拌 liangban ①拌菜：～折耳根。②彻底丢下，搁置一旁：这事不～，就莫法交代。③让人坐冷板凳：那人一直被～在外头。④受冻：叫花子怕～，只好围到灶台歇。

凉背篼 liangbeidou 背小孩的专用背篼，用篾条编制成梯形状，小孩坐在里面很舒服：老把子又给娃娃编了个～。

凉倒 liangdao 受凉，着凉，感冒：天冷注意加衣，不要～了。

凉粉儿 liangfenr 使用豆粉或米粉做的食品。顺口溜："猪八戒卖～，卖到卖到'我吃点儿'。"歇后语："冬天卖～——不识时务。"

凉面 liangmian 成都面食中的冷面小吃：吃～要放点子蒜。

凉舒舒 liangshushu 凉爽而舒服：风吹起～的。又为"凉悠悠、凉酥酥"。

凉席 liangxi 竹篾席：冬天家睡～是不是有病哦?

梁担 liangdan 横梁。歇后语："～上吊乌龟——没得抓拿。"

梁子 liangzi ①木梁：～上爬了一根耗子。②结仇：～结深了，恐怕影响下一代。又为"粮子"。

亮 liang ①强光线。②显示，亮相。③晾在一旁，不予理会：先把他～起，隔哈儿再说。④暴露。

亮膀膀儿 liangbangbangr ①穿无袖之衫褂，露出肩膀。②显示富有的趣称（成都民间常以他人的肩膀粗细比喻其财富多少）：老几又在～粗了。

亮犷犷 liangguangguang 形容物品沾上油腻物而发亮：油邋片，～。

亮恍 lianghuang 物体反光，带闪烁之意：～耀眼。

亮火虫 lianghuochong 萤火虫。顺口溜："～，点灯笼，照到屋头朦胧胧。"歇后语："肚里吃了～——心里明白。"

亮皮子 liangpizi 光亮的毛皮：～大衣。

亮挲 liangsha 头皮刮得发亮，光头儿。

亮嗓 liangsang 试嗓音：后台～，前台拿脸。

亮绍 liangshao 明亮，亮堂，形容光线好。歇后语："肚皮头点灯——心头～。"又为"亮梢、亮睄、透儿亮、汤亮"。

亮汤 liangtang 汤清见底：开水白菜要～。

亮头儿 liangtour 光头儿。歇后语："～打伞——无发（法）无天。"

亮瓦 liangwa 盖房用的玻璃瓦：堂屋头多加几匹～，透光才好。

亮瓦瓦 liangwawa 指光线好：屋头～的。

量 liang 估量，推断：敢说这些事你～不就。

量试 liangshi 试穿：衣裳做好了，～一下。

量视 liangshi ①认定，看死了：～他娃今晚不回屋!②鄙视，无惧怕之意：两边都在～对方，看哪家的后台硬。又为"量实"。

量视干了 liangshiganliao 干，读作"干净"的"干"。毫不畏惧，充其量咋子，根本不怕、不虚火。

晾衣竿儿 liangyiganr ①形容又瘦又高的筋骨人：电视剧里头那个～，其实就是巴蜀笑星陈光忠（的别称）。②晒衣竿。歇后语："吹火筒当～——差几节。"

两把 liangba 两下，几下：小东西～就搓（洗）了。

两层皮 liangcengpi 指嘴唇，引申为圆滑。民间俗语："嘴巴~，边说边在移。"又为"两片皮"。

两耳矢 liangershi 两耳光，两耳刮子：挨了~吗就赶紧射（跑）了嘛！

两副颜色 liangfuyanse 喻指那两个（搞小动作）人：看他~咋个说。

两隔壁 lianggeibi 隔壁邻居：宋建朝和郭建跃家住~。

两口话 liangkouhua 不确定或有意愿的两可回答：来，还是不来？寇蔻说的~，不肯定。

两面黄 liangmianhuang 二面黄，两面呈黄色：鸡蛋煎成~才好吃。

两娘母 liangniangmu 母女俩：她们~终于苦出了头。

两泼 liangpuo 两路（人）：拐弯处来了~人。

两请 liangqing 告别语，各自请：你我各走各，~！

两清 liangqing ①互不赊欠：账物~。②麻将俗语，还清欠账：我们~了哈！

两刷子 liangshuazi 一两手特有的本事：老马在台上亮的那~，真叫人信服。

两头春 liangtouchun 一年中有两个立春日的年份：据说~的年份天气将十分寒冷。成都俗语："两春夹一冬，十个牛圈九个空。"

两爷子 liangyezi 父子俩：你们~好亲热哦！歇后语："~打捶——胡斗（豆）。"

敹 liao 古语中为"选择"之意，今引申为粗略缝制：衣服破了~几针。

敹起 liaoqi ①合作，扣手：~做事。②麻将俗语，打伙，联手对付：我们~打就不虚。③衣物破了缝补起：~边子。亦作"缭起"。

漻 liao 东西放在开水里很快捞起的过程（略微浸一下）：狗地芽~一下拌来吃，安逸哦！

獠 liao 毛病深，脾气倔犟，横人，嘴嚼（嘈）：骁儿~得很，连妈老汉儿的话都不听。

撩 liao ①扔：~到角角头。②丢下工作：~担子。

撩笆子 liaopazi 撩下工作不管：孬种才~。

撩视 liaoshi 量视，不相信，看你能怎样：~他不敢动手。又为"料视"。

撩至 liaozhi 有意，故意，预谋，有所准备或计划：~打人家的主意。亦作"利边"。

了 liao 完结，结束：这事~了。

林林头 linlintou 林子里，竹林里面：~冒起了一股炊烟。歇后语："刺笆~的斑鸠——不晓得春夏秋冬（喻不识时务）。"

林盘 linpan 竹林子，农村房前屋后的竹林丛。因（毛）竹根盘根错节成笼生长，故名。歇后语："～头放风登儿——绞起了。"

霖雨天 linyutian 连下几天的大雨天气。歇后语："关节炎遇到了～——老毛病又发了。"

零敲碎打 lingkaosuida 敲，读"拷"。形容零星琐事或少量物品：乡亲们～地又给八路军凑了些粮食。

零头 lingtou 不够一定数量或零碎部分。①大数后的小数目钱：～不（用）找了。②零碎物品：还有点～建材，就留给你们用算了。

零碎 lingsui ①琐事：～之事，不要喳喳哇哇的。②唠叨：看她～的嘴哦，婆婆妈妈的。③零星东西：把～的东西收拾一下。④零食：～吃多了，饭就不好（生）吃。复句：零零碎碎。

令倒 lingdao ①赖着，估倒：～身上的事，必须做完。②指令安排：但凡无人接招的事，都会～马耳门脑壳上。

灵醒 lingxing 头脑灵活，反应快，聪明、聪颖：～的娃娃哪个都喜欢。又为"灵省"。

灵性 lingxing ①灵醒，聪慧：聪明的娃娃就～。②通人性：八公狗～得很。

菱角 lingguo 角，读"郭"。水栗。歇后语："～对粽子——尖对尖。"

铃铛儿 lingdengr 铛儿，读"灯儿"。歇后语："鸭子脚杆上挂铜～——响当当。"

绫薄 lingbo ①丝织品做封皮的留言簿或册页：请名人在～上留下墨宝。②细绸纱缎：～飘起来了。

凌冰儿 lingbingr 小冰块，薄冰：娃娃家见到～就欢喜溜了｜快来看哦！水缸面上浮了一层～。

另个 lingguo 另外。

另个儿来 lingguorlai 另外来，重新来过。

领子 lingzi 衣领。歇后语："冬瓜皮做～——霉透顶了。"

刘前进 liuqianjin 此词源于《刘全进瓜》的古典故事，即与瓜傻同义，便指傻瓜。又由于地域读音关系，"前"与"全"不分，此词又为"刘全进"。歇后语："～——瓜！"

流鼻狗儿 liubigour 形容爱流鼻涕且不擦干净的小孩子：你咋成了～喽？亦作"流鼻子大王、吊鼻龙"。

流鼻子 liubizi 流鼻涕。歇后语："缺牙巴～——顺路。"

流憨口水 liuhankoushui 唾液溢流状。原指熟睡时不禁然地流出唾液，现用以鄙视个别男性见到美女所现馋相。

流清口水 liuqingkoushui 清口水就是唾液。①以见其美食唾液流出之馋相，比喻见到美女求之不得的一种幽默讽刺：看到美美只有～叫！②羡慕他人到极点或指自己不争气所出现的惨相：人家又接婆娘又生儿，自己却在～。又为"流清鼻子"。

流水簿子 liushuibuzi 流水账本，账簿。歇后语："～做袍子——满身都是账。"

流汤滴水 liutangdishui ①形容做事马虎，不利索：你做点事啊，咋总是～哦！②东西渗漏，汤汤水水地流一地：菜汤端稳，免得～洒一地。③拖延时间：工期～地拖了年打年。

流眼抹泪 liuyanmolei 哭泣，哭相，形容一扒鼻子一扒泪：漾儿没有找到妈妈，～地哭兮流了。

溜 liu ①滑：刚下了雨，地下～。歇后语："脚板心抹清油——底下～。"②逃跑：算他～得快，不然就稳逮。③附在形容词前面，表示程度深：～光｜～圆｜～尖。

溜呱 liugua 溜掉，跑脱：见事不妙就～啦！

溜肩膀 liujianbang 垮肩膀，乘不起担子，喻指见事不妙甩下摊子溜之大吉：～，撂担子。亦作"梭肩膀、甪肩膀"。

溜刷 liushua ①敏捷：动作～。②顺畅，流利：嘴嘴儿～。

溜熟 liushu ①熟透了，滚瓜烂熟：老丈妈买的广柑儿，～。②极熟悉，极流利：《老三篇》他哥子背得～。③熟人，熟事：两人一见面就摆得～了。

溜酸 liusuan 非常之酸：醋放多了，～。

绺 liu 纠缠：你～到我干啥子?

绺到 liudao 后脚跟前脚一点不放松：～不放。亦作"绺起"。

绺得紧 liudeijing 死死纠缠：～就不怕诱脸。

绺起 liuqi 纠缠讨要，或当跟班儿：去，跟你爸～！

绺骚 liusao 纠缠不清：紧倒～就太难为情了。又为"绺肇"。

了 lo 多音字，读"咯"。助词：算～，算～，大家都少说几句。

龙拱车拢 longgongchelong 形容车水马龙的样子：～赶贾家场。

龙门阵 longmenzhen ①传说中的奇妙阵势，以代指故事：～下饭，安逸！歇后语："～缺人——摆不起架。"②闲聊的话。歇后语："茶铺头的～——

想到哪儿说到哪儿。"亦作"龙门子"。

龙七对 longqidui 麻将俗语,有一坎牌(四张相同的牌)的对子和(七对子)。

笼 long 形容穿戴,披,从上往下罩起:~件外套。

笼伸展 longchengzhan 穿整齐:衣裳~才出门。

笼笼 longlong 笼子,喻指套子儿:杜天棒想安个~给梅老坎儿钻。

笼笼戏 longlongxi 旧时的一种民间戏剧,往往在茶馆中央吊一罩帘,艺人在里面模仿数人的口音或表演单口相声等:吃茶还有~看,安逸哦!

笼笼扎 longlongza 以绳索扎起的竹编小笼为计数单位的买卖:干豆豉卖~。

笼起 longqi ①穿戴:川幺妹慌到去峨影拍戏,~衫衫儿就跑出门了。②股票被套:大盘不好,买的票又遭~了。③框定,套住,欺骗手法之一:先诓进城(编诓打条使人上当)~再说。④话说反,弄来包起:自己把自己说来~。⑤比喻陷入困境,遭到算计。歇后语:"狗钻砂锅——~了。"

拢共 longgong 合拢一并计算,总共,合计:~不到八百元。亦作"拢总"。

弄不好的 longbuhaodi ①关系搞不好:他们两个看样子是~了。②来脾气,耍横:咋个的哟?劝不到。

弄不梭 longbusuo 搞不定,干不下来:你明明~,还要估倒来。亦作"吃不梭"。

弄大 longda 形容东西大:~个梨儿。亦作"弄大个家的"。

弄旦丑 longdanchou ①锣鼓声,借喻讲道理:与其听你~,不如回家吃烧酒。②过场:老几摆了一蒲篮子~,让人越听越糊涂。

弄归一 longguiyi 指事情完结,工作结束或收拾干净:~才下班。

弄你 longni 整你,含害、打之意:哪个~你都不晓得嗦?

弄啥子 longshazi 搞什么,做什么:你在那里~?

弄死当睡着 longsidangshuizuo ①朝死里整:不要软手,~!②麻将俗语,灰心丧气之败言:今盘彻底莫搞了,只有~!

楼梯云 loutiyun 一种呈梯状的云彩。民间谚语:"瓦块云,热死人;~,干破盆。"亦作"梯梯云、梯坎云"。

漏灯盏 loudengzhan ①漏油的灯盏,引申为选漏之破烂货:都是~,莫法用。②形容选择对象过于挑剔,到后来只有挑个将就的了事:挑来选去,结果选了个~。

漏伏 loufu 入伏天下雨:~天一过,就热不到啥子名堂了。

漏黄 louhuang ①暴露隐秘之处,出丑。②破绽。③漏底,出毛病:马口没对好，当场就～。

漏湿口袋 lousikoudai 装杂物且容量大的口袋子。

漏下巴儿 louxiapar 漏嘴，洒食：边吃边洒，果然是个～。

漏须子 louxuzi 透露秘密：喊保密就不要～。亦作"露须子"。

漏眼儿 louyanr 毛病，漏洞：他挑不到～还是不饶人。歇后语："一根筷子吃藕——专挑～。"

搂起式 louqishi 持续，搞快，不断地（使劲）：～敲钟。亦作"搂起子"。

搂是地 loushidi 来回，反复地使劲。歇后语："白耗子转笼笼——～。"

喽式 loushi ①吆喝的架势：～吼。②使劲：～吃。

陋 lou 使人不舒服、不愉快的陋习，多有看不惯的意思：～得很。

陋馊 lousou 样子丑陋，肮脏相，做事邋遢：～的懒人。

陋眉陋眼 loumilouyan 形容衣着不整的邋遢相：老几穿得个～的。

褛 lou 读"髅"。①褴褛，破烂：一身衣着～翻山。②庸俗，丑陋，难看：言行举止实在～。③凌乱，不像样，不爱干净：再～～不过叫花子。亦作"褛溲"。

褛二垮三 louerkuasan 形容穿戴肮脏，不整齐：～，一副二流子相。

路路 lulu ①条状的印记，路子：那个花纹～好看。②指甲挖伤部位留下的痕迹，划痕：一耳矢就护了五根～。又为"杠杠"。

露天坝 lutianba 屋外的坝子。晒坝，空地，广场：落雨了，赶紧把～头的东西收回屋。又为"露天坝坝"。

睩 lu 视貌，多形容惊恐而不知所措。歇后语："猫儿的眼睛——～起在。"

睩眉睩眼 lumiluyan 形容凶残的眼光，或惊恐而不知所措：老几～地把她盯倒。亦作"绿眉绿眼"。

绿霞霞 luxiaxia ①凶神恶煞的样子：眼睛～，光想吃人家｜～的样子好吓人哦！②形容绿而有光或眼放凶光：晚黑家看狼眼都是～的。亦作"绿阴绿霞"。

绿荫荫 luyinyin 绿树成荫的样子：府南河两边～的。

炉炉儿 lulur 炉子：～燃了好烧水。

驴子 luzi 驴，读"陆"。毛驴：～学马叫。

卤水 lushui ①卤汁：～放置的时间越长，卤出的菜越好吃。②胆水。歇后语："～点豆腐—— 一物降一物。"

乱戳 luanchuo ①乱来一气：搒倒就～，简直不像话。②纸牌术语，系长牌的一种玩法，即指三人互争输赢：太婆耍麻将，老头儿打～。

乱鸡窝 luanjiwo ①住宿乱七八糟：屋头简直就是一个～。②形容头发杂乱：脑壳上顶个～。

乱坤 luankun 狂妄自大，绷面子：不知天高地厚～哇?

乱想汤圆吃 luanxiangtangyuanchi ①讽刺语，犹言贪图非分之财：～，谨防遭哽死！②不切实际地乱想，多指迷恋他人之妻：王大爷看到三嫂子，又在～了。又为"乱想汤圆开水喝"。

挛不转 luanbuzhuan ①食物在嘴里转不过来。②结巴，口吃，说话不清楚。

啰里吧嗦 luolibasuo 啰唆，话多或动作迟缓：这人～的。

啰啰 luoluo ①猪儿子：～拱圈是饿了哇? ②呼唤声：你唤"～啰"，它们就过来（吃食）了。③喽啰：啥子事不好做，要给人家当～。

啰唆 luosuo 反复紧说或磨磨蹭蹭。亦作"罗嗦、罗唆"。

啰唆客 luosuokei 啰唆人之雅称。客人来迟了，或形容办事拖拉，慢腾腾，磨蹭，疲遢的人。歇后语："急性子碰到～——你急他不急。"

络耳胡 luoerfu 胡，读"浮"。多不可数的密胡须：都说长～的人心好。

络腮胡 luosaifu 串脸胡，连鬓胡。歇后语："刚学会理发就遇到～——难剃（题）。"

落 luo ①下降，往下掉：天上在～雪弹子。歇后语："染缸头～白布——洗不清。"②脱落，丢失：东西拿～了。③落实，下落：晓得去处，此人便有下～了。④停留，失去。成都童谣："我是一棵苗，根深不动摇。长成参天树，风雨一肩挑。我是一株花，品高气质佳。美丽献大地，温馨送万家。我是一颗星，破雾又穿云。吐光照黑夜，眨眼动脑筋。我是一条河，绿水流出歌。河走万里路，歌声永不～。"

落地生灰 luodishenghui ①麻将俗语，玩牌前大家定出规矩，即打出去的牌就像东西掉在地上沾了灰尘一样，不能收回。②游戏语，表示不许反悔：～即"落地沾灰"。

落教 luojiao 旧时成都袍哥语，即遵守江湖规矩，讲交情或江湖义气。现比喻诚信，人好听话、服从等：～之人通情达理，守信用。亦作"落板"。

落扣儿 luokour 事情落在实处：事情栽稳就算～了。

落眍儿 luokour 眼睛凹陷无神，多指熬夜之后或病兮兮的面容：通宵守灵几晚夕，眼睛都熬来～了。

落屋 luowu 回家：有事～再说。

落雨 luoyu 下雨：刮风不～，～不刮风。成都童谣："天上～地上炣，黄丝蚂蚁要搬家。有钱搬进大瓦房，无钱搬进石旮旯。"歇后语："～天的芝麻——难开口。""～不戴帽子——经淋（精灵）。"

笼篼 luodou 竹子编的背篼，笼筐。歇后语："吃竹子屙～——肚皮头编的。"

笼儿绳 luoersun 绳，读"笼"。拴笼筐的粗绳：～结实，乘个百十来斤没问题。又为"笼儿索"。

笼筐 luokuang 竹条编制的圆形筐子。歇后语："装到～头的螃蟹——横行到头了。"

笼笼 luoluo 笼筐，竹笼：筲箕装不到，拿～装。

萝卜缨缨儿 luobuyingyingr 萝卜的茎叶：～用盐渍一下，然后再炒。又为"萝卜缨子"。

锣儿 luoer 铜锣。歇后语："腿上绑～——走到哪儿响到哪儿。"

锣鼓 luogu ①一种乐器：～一响，就开戏。②喻指器物：偷来的～敲不响。

锣鼓家什 luogujiasi 唱戏（表演用）的锣鼓杂件等：戏娃子们就是靠这些～吃饭哦！

脶脶儿 luoluor 手指上圆圈环绕形的指纹，也作"斗纹"讲：他的指拇儿上有九个撮箕，一个～。民间俗语："一脶（斗）穷，二脶富，三脶四脶卖豆腐，五脶六脶开当铺，七脶八脶有官做，九脶十脶享清福。"亦作"笼笼"。

螺蛳 luosi 田螺：这个～好大哦！歇后语："干田头的～——有口难开。"

螺丝骨 luosigu 手腕外侧面的突起关节：～痛。亦作"手拐拐、小拐拐、罗丝骨"。

螺丝拐 luosiguai 踝关节或肘关节，其外形凸如螺丝（帽）；拐，指弯曲：～跮着（扭伤）了。又为"螺丝拐拐、脚拐拐"。

罗汉菜 luohancai 以萝卜、白菜等时鲜蔬菜烩制的大锅菜：～上桌大家抢着吃。

M

麻 ma ①呵哄，欺骗，蒙蔽，麻痹人，喻尔虞我诈。歇后语："油汤头撒花椒——你烫我，我～你。"②看不清楚：天～～黑。③喝醉酒：寇胖娃儿又喝～了。④麻木：洋花椒～广广。⑤乱而密：一窝人闹～了。⑥表面不平，不光滑：皱纹纸摸到是～的。

麻布洗脸 mabuxilian 喻初次会面。歇后语："～——粗（初）香（相）会。"

麻打果子 madaguozi 虚假欺哄，麻杂蒙混：搞些～的事，自己呵自己。

麻打火 madahuo 胡乱成伙，混在一起：不该跟不三不四的人～。

麻袋子 madaizi 麻布口袋。歇后语："～做龙袍——不是那块料。"

麻翻山 mafanshan ①麻过头。指花椒好，麻得人喘不过气来：花椒加多了谨防～。②被欺骗：老几上当受骗遭～了。又为"麻到住"。

麻和 mafu 诈和，和错了牌：老把子差点割了～。

麻呼呼 mafufu 呼呼，读"浮浮"。指天快亮的时候：进城要赶早，天～亮就起身了。亦作"麻呼呼儿"。

麻腋腋 magaga 腋腋，读"嘎嘎"。①脸上等处有花纹、斑点痕迹：王保长生了副～的脸。②肉麻，似花椒敷在肉上：听了～的话，鸡皮子直见起。

麻杠杠 maganggang 犹如麻布般粗劣，粗糙：手摸到～的，点都不舒服。

麻格格 mageigei 麻杂，形容麻线编织衣物的色调：～的花纹愣是好看。

麻革革 mageigei 指物体表面不光滑、不平整，或带细碎斑点：身上长子子，～的。

麻姑嬢儿 maguniangr 蜻蜓：～矮起飞，说明天要下雨。亦作"麻螂子"。

麻广广 maguangguang ①广广，原指不懂本地情况的外地人，后指不知道底细的外行：我们懂，你少来～。②欺骗、戏弄外乡人。亦作"烧广广"。

麻鬼 magui 比喻骗人。歇后语："坟坝头撒花椒——～。"

麻花儿毛根儿 mahuarmaogenr 麻花似的辫子：现在梳～的人少得很了。

麻筋 majin 人体肘、臀等部位感觉发麻的那股筋：哎哟喂！我碰到~了。

麻筋麻肉 majinmarou 使人肉麻：呵鬼的话，听得~的。

麻辣烫 malatang 成都的一种风味小吃。即将时鲜蔬菜、动物内脏及水产禽蛋等用竹签串好，放入沸腾的卤汁中烫熟，然后蘸上干海椒面等佐料，入口后便有~的感觉，故得名。亦作"串串香"。

麻了 maliao ①醉酒：寇宏老弟又喝~。②麻木，血脉不通：遭了脑血栓，手脚都有些~。③愉悦之感：他看到美美（美女），周身都~。

麻麻 mama 成都人对麻将的昵称，其文化渊源盛广，感情色彩难以言传。

麻麻亮 mamaliang 天刚亮的时候：老坎天~就起床啰。亦作"麻呼呼亮"。

麻麻鱼 mamayu 小鱼儿：原来金河头的~最多了。

麻起 maqi 稳起，怀有侥幸心理的做法：给老子猫儿起~。

麻起胆子 maqidanzi 壮起胆子：半夜三更走坟坝，~往前摸。

麻雀子嫁女 maquozijianü 形容喳哇之人。歇后语："~——唧唧喳喳。"

麻人 maren 蒙骗人：~麻不到，只有去麻鬼｜你不要编起筐筐来~。

麻肉 marou 肉麻，形容话难听：老几的怪话好~哦！

麻纱 masha 麻绳：打~就是搓麻绳儿。

麻索儿 mashuor 麻绳儿：~纳鞋底。

麻糖 matang 使用麦芽糖制作，很有黏性的糖。童谣："叮叮当，卖~。"亦作"麻饧"。

麻杂 maza ①不清不楚：~~的，弄不明白。②蒙混过关：三说两说，就~过去了。复句：麻麻杂杂。又为"麻麻眨眨"。

麻子打呵咳 mazidahuohai 喻全体出动，参加集体活动。歇后语："~——全体总动圆（员）。"

抹 ma 抚摩：老几服软不服硬，要顺到毛毛~。

抹脱 matuo ①向人发火，给人难看：不容分说，翻脸就~。②不答应，断交：~就拜拜。

抹尾 mawei 儿童游戏，即两人或两人以上的儿童同时伸出右手掌或手背，口中有节奏地喊"抹——尾"或"哦——尾"等词，以手心手背之翻转定分组或输赢：~又叫"划案板拳"或"背背心心"。

抹桌帕 mazhuopa 抹桌布。歇后语："~做袜子——不是那块料。"

嘛 ma 语气词。①放在句尾作后缀可使语气较为缓和：工作~，就是这样的~！②用于否定句，表示不同意。③在陈述句中起委婉作用，喻本该如此：就是~！④用于祈使句末，突出请求、劝阻等语气：过来~！

妈老汉儿 malaohanr 母亲和父亲。歇后语："鬼丁哥儿变的——~都不认。"

妈天官儿 matianguanr 母亲，常作惊叹语用：我的～哦，房子烧了咋个得了嘛！

马 ma 欺负、欺压，凌驾于他人之上：～得到未必你就港（能干或有理）。

马倒 madao 估倒来，把别人欺压住：哪个都不要想把哪个～！

马得焦干 madeijiaogan 欺负到住，使人不敢反驳：孙儿把婆婆～。亦作"吃得焦干"。

马儿 maer ①马匹：～站到睡。②麻将俗语，喻规矩，公约。顺口溜："大家的～大家骑，大家的公约大家立。"

马干吃尽 maganchijin 控制、欺负或强迫他人顺从自己：～那一套在这里行不通。又为"吃干马净"。

马架子 majiazi 能够伸缩折叠的偻偻椅。犹如马上的架子，移动灵活，拆卸方便，多见成都人禅凉时坐躺道遥：小心～把手指拇儿压（夹）倒。

马口儿 makour 默契配合：事先告好～，免得上台漏黄。

马马灯 mamaden 马形灯。常展示在灯会上，类似词有"兔灯"和"鸭灯"等。成都童谣："正月有个春，嫂嫂去看灯。看的啥子灯？看的狮子和龙灯。猪猪灯，牛牛灯，还有采莲船和幺妹灯。嫂嫂脚又小，只有骑个～。"亦作"马马灯儿"。

马门腔 mamenqiang 幕后的唱腔：一句～挣来满堂巴巴掌。

马脑壳 manaokuo 引申语，喻被紧紧套住或完全被控制：～，跑不脱！

马咬牛 maniaoniu 咬，读"鸟"。喻指闹纠纷，不和睦。

马起脸 maqilian 脸绷起，即怒色神态或不给人好脸色看：老板～，必有麻烦。亦作"马着脸、马脸"。

马尾云 maweiyun 一种类似马尾一样的云彩。民间俗语："天上出现～，三日之内大雨淋。"

码 ma ①漤，鲊：用料酒、相料～一下的肉片，炒起才安逸（好吃）。②强行，一种只顾自己享受而忽视他人的行为：大家的马儿大家骑，凭啥子他一个人要～倒车子坐嘛？

码不实在 mabushizai 弄不醒豁，搞不清楚：他搞的啥子名堂，我们确实～。

码古 magu 扑克牌的一种玩法：扯～。

码货 mahuo 囤积或存放货物：～备周转。

码起 maqi 有层次地堆放：把水果箱子好好～。

码芡 maqian 将切配好的做菜原料表面粘裹上一层用淀粉等调制的浆液：炸酥肉要先～。

码实在 mashizai 搞清楚，落实到位：逮倒把柄就 ~ 了。

码味 mawei 在烹饪前，对主要原料中加入一定数量的调味品进行拌和：烧鸡先 ~ 。

码子 mazi 筹码，砝码：天平上的 ~ 。

卖不脱 maibutuo 喻指东西没人要或没人吃：今天的菜看样子 ~ 。

卖抄手 maichaoshou ①百事不干，啥事不管：好吃懒做，天天 ~ 。②袖手旁观：不要站到 ~ ，快来帮忙！

卖瓜 maigua 装疯卖傻：好生交代问题，装疯 ~ 是走不到路的。

卖乖 maiguai 装孙子：讨好 ~ 。

卖吼货 maihouhuo 大甩卖，因吆喝卖货（多以服装为主）而得此名：春熙路夜市 ~ 生意好。

买主 maizhu ①买家，顾客：得罪 ~ 的事情干不得。②大家：一副哭丧相，好得罪 ~ 哦！

慢摆 manbai 客套招呼用语，不着急，（你们）慢慢地摆谈。类似词有慢忙、慢耍等。

慢慢格儿地 manmangerdi 慢腾腾地，磨蹭：等他 ~ 整归一，天都黢黑了。

慢吭 manyun 慢慢品嚼或品味：《成都方言》要 ~ 哦！

满坝 manba 形容一大片：包谷撒了 ~ 子。亦作"一坝、遍坝"。

满当当 mandangdang 装满快溢出的样子：老几饿慌了，~ 的一碗干饭他一口气就刨（吃）完了。亦作"满凼凼、满董董"。

满捡 manjian ①全不在话下：他敢说 ~ ，心头肯定就有把握。②棋牌术语，通吃："锄头、扁担丢啥吃啥，一四九六，~ ！"

满十 manshi 为整数的生日，喻指"六十、七十"等：~ 的寿礼要比其他生日送得多些。

满斩 manzhan ①形容吃得开，什么难事都能摆得平：他说 ~ ，你就信了嗦？②麻将俗语，通杀：老几今天一铲三，又喊 ~ 了。

蛮 man 全部。歇后语："炭筛子筛芝麻——~ 落空。"

蛮革革 mangeigei 喻指人或物粗蛮，壮实：小伙子 ~ 的。

蛮疙瘩儿 mangeidar ①下力气奴婢：~ 丫头又仗笨了。②出蛮力的死心眼：人都比妈高了，还是个 ~ 。

蛮力 manli 大力气，蛮劲：不要使 ~ ，要用巧劲。

莽 mang ①大而重，数量多且显笨重的：东西好~哦！②笨重的，粗犷：我们是做~活路的人。③粗鲁，鲁莽。

莽摆起 mangbaiqi 不停地摆谈，持续谈论：两个老几一见面就不歇气地~。

莽焙起 mangbeiqi ①架势地烘烤：~嘛，肉不烤焦才怪了呢！②翻来覆去地整理收拾：家务事~，还是见不到啥子。

莽胆大 mangdanda 瞎大胆。歇后语："逮蛇的人——~！"

莽抖 mangdou 直见发抖：打摆子，~起。

莽抲起 manghaqi 用手或爪使劲儿地扒起。歇后语："抱鸡婆进灶房——~。"

莽海 manghai 架势吃，使劲吃：喜欢红烧肉，就不停筷子~起。

莽起拈 mangqinian 不断地夹菜：看到好吃的，筷子就~。

莽起式 mangqishi 架势，不停地：~拍巴巴掌｜~啖。亦作"莽起子、莽起是"。

莽起胀 mangqizhang 使劲吃：饿慌了就~，也不怕哽倒（噎着）。

莽事儿 mangshir ①大事，大工程等：老王又整了个~。②喻指仗笨或费力不讨好的事：~都被老马胎倒了。③喻指出差错的事：老几净做~。

莽娃儿 mangwar ①胆大的孩子：不虚的话，就喊~去抵到。②喻指憨厚结实的孩子：~身体好。

莽喂起 mangweiqi 架势喂：娃娃都胖得那副板相了，肥儿粉还在~。

莽摇 mangyao 使劲地摇晃：人都睡着了还在~，是啥子意思嘛？

莽长 mangzhang 形容生长的速度快：娃娃儿抽条（长架子），直顾的~。

莽子 mangzi ①愚笨鲁莽之人，多指带憨态的傻大汉儿：他不给不懂人事的~裹（耍）。②对结实孩子的爱称：这个~逗人爱。③形容大的东西或事情：~活路。

铓 mang 喂幼儿进食：张大口，~起吞。

铓铓 mangmang 成都孩童对饭（饮食）的昵称，吃饭，喂饭：喂~｜把手洗干净，好吃~。成都童谣："天老爷，快下雨，保佑娃娃吃白米。白米甜，白米香，今年不得饿~。"又为"馍馍"。

忙得心慌 mangdeixinhuang 繁忙达到心慌的程度。

忙欢了 manghuanliao 忙得很，显示事情繁忙。幽默的成都人常用此句"悲中求欢"或"苦中求乐"，反之，则有以"惨"为"欢"者（即高兴惨了）：忙是自己找的，~是自己想找的。

忙天慌地 mangtianhuangdi 手忙脚乱：看他一副~的样子，就晓得出事了。

帽儿头 maoertou 喻指冒尖的米饭：一碗堆尖尖的～要抵两平碗饭。亦作"冒耳头"。

帽结子 maojiezi 猪小肠挽结（如帽结）煮食之：西南局侧边巷巷儿头有～的（店子）。又为"帽疙瘩儿肠、冒结子"。

帽帽儿 maomaor 小帽子：～戴歪了，抽正它。

冒 mao ①冒出，钻出来，突然出现：你从哪儿～出来的哦！②冒烟。③一种时兴的烹饪方式。

冒靶 maoba 原指打靶时子弹脱靶，此指过头话，不中听的话，皆含故意泄露、吹牛等：说话～。

冒菜 maocai 成都眼下最为时兴的麻辣烫。使用漏勺（竹篓之类）将时鲜蔬菜、粉丝、木耳、洋芋、藕片、血旺等放在卤汤里氽过，捞出后蘸香油碟子或干海椒面儿吃。

冒汗 maohan 出汗，流汗：体质虚了，动一下就～。

冒火 maohuo 发脾气：体面人，不要鬼～。

冒颗子汗 maokuozihan 出大汗，汗水淋漓：～，谨防人虚脱。

冒皮皮 maopipi 说大话，吹牛皮，打㧾拳：～，打飞机！

冒认 maoren 假认，即冒充认领，吃空缺：那哈儿生年生～军饷的多。

冒说 maoshuo 不要说：～了，人都走完了。

冒酸水 maosuanshui 说出的话不受听，比喻乱说话，发难：就她一个人在会上～。

冒胎儿话 maotairhua 说傻话：喊他走，免得在这儿～。亦作"冒忒儿话"。

冒苔苔 maotaitai 发芽：蒜薹开始～了。亦作"蹿薹子、抽薹薹"。

冒听 maoting 不要听：他的话，～！

冒信 maoxin 不要相信：～他的鬼话。

冒鸭子 maoyazi 将卤鸭氽汤作冒菜：～配到锅盔卖。

冒杂音 maozayin 讥讽或说出不该说的话：开会～，真不像话！又为"发杂音"。

猫儿毛疯 maormaofong ①固执，任性，喻指发神经：老几的～发了，弄不好的。②无缘无故、莫名其妙地耍花样、搞名堂。亦作"猫儿毛病"。

猫儿起 maorqi ①像猫一样地眯起眼睛假装不理不盯，与"麻起"连用，语气加重：眼不见心不烦，屋头稀脏他娃居然还是～麻起的。②有意躲避：～不开腔。

猫儿洗脸 maorxilian ①有的人不用毛巾而用手捧水洗脸，与猫用前爪梳理面部的毛一样，故有此说。川话中通常使用其引申义来训斥、申斥他人：给你娃个～。②做事马虎：你扫的地，硬像～。③叱骂：在老板面前颤哇，谨防给你一个～！

猫儿鱼 maoryu 小鱼儿：今天没运气，只钓了几根～。又为"虾猫儿鱼"。

猫儿钻灶烘 maorzhuanzhaohong 灶烘：灶孔。进入盲区，误入歧途。民间俗语："识不拢咚，～。"

猫儿抓心 maorzhuaxin 心焦泼烦。民间俗语："六神无主，～。"

猫猫 maomao ①猫。成都童谣："～你不走，乖乖瞌睡有；～你不来，乖乖瞌睡来；～你不咬，乖乖要睡了。"②趣称老虎：～跑到村子里来了。亦作"花猫猫"。

毛 mao 躁动，来脾气，冒火，发怒：老杨看不惯拖拉作风，在会上又发～了。

毛病 maobing 奇怪的病态，多指缺点或行为不检点：老几的～不周正。

毛病深沉 maobingshenchen 喻指脾气或行为怪异。民间俗语："偷鸡摸狗，～。"

毛豆角 maodoujuo 嫩而青的带壳黄豆，因壳上毛茸茸的而得名。成都人喜欢连壳（加少许花椒、香料及毛毛盐）煮食，系冷啖杯儿小吃中较受欢迎的一道凉菜：～剥来吃耍。歇后语："～开花——黑了心。"又称"毛豆、毛豆秆儿、毛豆秆子"。

毛肚 maodu 指牛肚，系成都火锅必备之荤菜，又为千层肚：冬天家，火锅～店的生意不消说有好好。

毛根儿 maogenr ①发辫，辫子：梳长～的人现在少有了。②喻指少女。

毛根儿朋友 maogenrpengyou 从小在一起玩耍（长大）的朋友。

毛狗洞 maogoudong 神秘之地。顺口溜："肚皮痛，打鼓送，一送送到～。"

毛焦火辣 maojiaohuola 心烦意乱，极度烦躁，有被烤焦之感：不晓得咋的，这几天心头总是～的。又为"茅焦火辣"。

毛脚杆儿 maojuoganr ①足胫多毛。民间俗语："有福之人～，无福之人脚杆毛。"②毛豆秆子：～卖多少钱一斤？亦作"毛足杆儿"。

毛毛 maomao ①细头发，体毛：刮～。②细纤维，粉尘：风一吹，～到处飘。③形容细小的东西或琐事：～事，不值一提。

毛毛病 maomaobing 小病，即小打小闹的病症：～不吃药就好了。

毛毛菜 maomaocai 小菜，廉价的蔬菜：这儿跟前的～好相因哦！

毛毛汗 maomaohan 细汗，小汗：吃了感冒药，发了一身～。

毛毛盐 maomaoyan 少许的盐：加点～。

毛毛雨 maomaoyu ①霢霂雨，连绵细雨：看样子这个～要落到黑了家去了。

②细致入微的道理：慢慢给他下点~，他就不去当混混娃儿了。③引申为小的支出或收入：不要看~哇，照样打湿衣裳。

毛起 maoqi 来脾气，对人不客气，给人"端起"。

毛起整 maoqizheng 使劲整，不顾后果地乱来：人惹毛了，就~！

毛钱 maoqian 角钱，零钱。成都童谣："黄豆黄豆圈圈，簸箕簸箕圆圆，大豆腐，卖大钱，小豆腐，卖小钱，渣渣豆腐卖~！"

毛煞 maosha 读"猫"。①厉害，猛烈：老几这一锤来得~！②大套，超出一定范围的大动作：看到~，其实不然。③不加隐讳地全盘托出：不~点，他不晓得你是在动真格的。

毛铁 maotie 斧子。歇后语："木匠的~——一面光。"

毛头儿 maotour 毛躁之人：看他的动作，就晓得他是一个新~。

毛躁 maozao 烦躁，做事粗犷，粗手粗脚：做事~要不得。

毛桩桩 maozhuangzhuang 毛茬：鸡身上的~都没扯干净，就下锅了。

貌煞 maosha 相貌凶神恶煞，引申为"厉害"。又为"茂煞"。

卯 mao ①错：~就~到底，以烂为烂嗦？②账务持平：这月开销~到在。③各是各的，是啥就是啥：丁是丁~是~的，硬是无走展。

卯卯 maomao ①泛指事物、东西、动静、道理的关键之处，点子上：马耳门的壳子紧倒摆不到~上。②棋牌术语：天牌底牌，丁丁~儿（猫猫儿）。

卯窍 maoqiao 解决问题关键的因素：~就在这里。

铆得到 maodeidao 能够应付过去，刚合适：这个月的工资刚好~用。亦作"卯得到"。

茅草棚棚儿 maocaopongpongr 使用茅（谷）草搭建的棚子（简易房屋）。

茅舍 maoshe 茅草房。歇后语："愚公的~——开门见山。"

霉 mei ①倒霉，不顺：这一向愣是~得起冬瓜灰。②发霉：潮湿的地塌东西容易~烂。

霉戳戳 meichuochuo ①霉扑烂醉，倒霉萎靡的样子：~，倒死不想活。②犯神经：鬼使神差，他~的就跟到去了。又为"霉拙拙"。

霉到住 meidaozhu 倒霉透了：早上起来就打烂茶碗，硬是~了。亦作"霉登了、霉得登"。

霉得哭 meideiku 形容倒霉到了极点，头脑发昏，完全失去了方向感。民间俗语："~，找不到屋。"

霉登项 meidenghang 项，读"航"。喻倒霉到一定程度：冬瓜做顶子，~。又为"霉登巷"。

霉登堂 meidengtang 倒霉之极：时运不济，～了。

霉鬼 meigui 招惹麻烦或时运不佳的人：倒～。

霉得起冬瓜灰 meideiqidongguahui 冬瓜灰，冬瓜皮表面那层视同发霉的灰（毛）状物。①形容倒霉程度，霉到了极点：说我～，你又霉成啥样子嗬?②麻将俗语，喻手气不好：手气孬，～。

霉瞌睡 meikuoshui 一种持久不醒的半睡眠状，多以形容懒惰之人：～睡不醒。

霉老子 meilaozi 霉自己：霉了人家不说，还～。

霉扑烂醡 meipulanza ①破烂不堪之物：妈屋头那些～的东西该清得了。②喻人潦倒，精神萎靡不振：～的，瞌睡都没有睡醒。

霉醒了 meixingliao 倒霉到头了：～就晓得珍惜了。

煤油灯儿 meiyoudengr 点煤油的灯盏：～的芯子燃完了。

媒子 meizi ①老油子：遇到油嘴滑舌的老～，该你倒霉！②介绍人：这事需要一个～从中撮合才好。

脉 mei 读"煤"，指脉搏。民间俗语："一～不和，周身不安。"

默 mei 默倒，以为，觉得，暗暗在想：心头老是～倒好事在。

默着 meidao 着，读"倒"。①以为：我～你认得到王健。②暗想：有了心病，老是～人家屋头的那个东西。

默戏 meixi 川剧鼓师或演员，在开始演出前都要想一想整折或整出戏的情节和细节，以免演出时出错：阳友鹤先生在后台～。

墨墨蚊 meimeiwen 蠓，芝麻般大小的黑蚊子：～吃了一包血。亦作"蠓蠓蚊、蠓蚊子"。

墨丝镜 meisijing 黑色眼镜：～戴起有点派。

妹儿 meier 小妹：川东人喊小妹叫"～嘞"。

妹仔 meizai 妹妹：～乖。

妹子 meizi 妹妹，表妹：大～。

漫 men 读"闷"。水过满往外流，或将溢出的样子：不要再掺（水）了，茶都～出来了｜水缸装～了。

闷 men ①不知情，装傻：这事大家都晓得了，他还在装～。②闷油，怕油腻：看到猪油我就～。③小睡一会儿：年龄不饶人，中午一定要～一会儿。④笨，憨：人看到～，脑筋都还灵活。⑤质朴，敦笃：人长得～，心头倒是亮邵。⑥心烦：心情不舒畅，当然就感觉～得慌。亦作"漫"。

闷棒 menbang 喻指遭黑打，被偷袭：久走夜路嘛，哪天挨了～都不晓得。

闷吃死胀 menchisizhang 吃饭无节制，多为挨饿或见了好吃的后就暴饮暴食。又为"闷吃憨胀"。

闷呆儿 mendair 趣称傻乎乎的人或傻样，喻指圆头圆脑，矮爬爬，带憨相，脑筋不大灵醒的小孩。顺口溜："窝窝儿他们护牛牛儿，～他们爱逮猫儿。"又为"闷墩儿、闷登儿、焖噔儿"。

闷倒脑壳 mendaonaokuo 埋着头，默默做事，多指踏实之人：马耳门老实，只晓得～做活路。

闷起脑壳碰 menqinaokuopong 瞎闯乱干：只晓得～，就不晓得动下脑筋。

闷劲 menjin 憨劲：光使～，不用脑筋，咋个要得嘛！

闷起 menqi 无语，不开腔，心烦。歇后语："打肚皮官司——老是～。"

闷生子 menshengzi 傻瓜：～做的事多半都是傻事。

闷声闷气 menshengmenqi ①喻指心情不舒畅：一个人～地坐在那儿。②悄悄眯眯做事，不声张：～就把事情搞定了。

闷响 menxiang 似闷罐里发出的响声：听得一声～，锅炉就炸了。

闷奄奄 menyanyan 萎靡不振的样子：～地埋着头。亦作"闷皂皂"。

闷一会儿 menyihuir 打盹，睡一会儿：我去～。

闷油 menyou 怕吃油腻食物：这两天～，吃点清淡的算了。

闷仗 menzhang 死脑筋，使性子娃娃：不懂事的～娃娃。

焖 men 小火煮：黄～鸭子，清炖鸡，吃安逸了。

焖锅饭 menguofan 焖饭。其煲饭原理如电饭锅（保温）煮饭：～舀前要敞下水汽。

焖鸡 menji 焖烧鸡：黄～是成都的一道名菜。

焖生子 menshengzi 夹生饭：高原上气压低，饭煮不熟，只有吃～饭。

门当门 mendangmen 门面前，门对门：我们～坐，都没说要朋友的话。

门枋 menfang 门扇两边镶在墙上的木头，又为门楣：运气来了，～都挡不到。

门槛 menkan ①门限，指横放在门口做挡门的木方子：～烂了找人修。歇后语："～上砍萝卜———一刀两段（断）。" ②喻攀高：你们的～高，我们不敢跨。③限制，障碍。歇后语："设～——弯酸人。"亦作"门坎"。

门槛汉儿 menkanhanr 只敢在家人面前，或家门口及附近小范围内逞威风，在家门外却软弱怕事的人：要～。又为"门坎汉儿"。

门门 menmen ①门口，嘴门：饭都堵在～上了，你还在（往里）喂！②喻指多门功课或职业等。民间俗语："～懂，样样瘟。"③眉目，门道：这事已经有～了。

门门门 menmenmen ①含有路子、有门道的意思。民间俗语："三十六门，~；七十二行，遭遭遭；一百零八样，整整整！"②无结果，等于零：~的事情，碰不得。

门门上 menmenshang ①路口、道口上，多指通道的端口：渣滓不要堵到~哈！②嘴巴上：~的牙齿都掉光了。

门前清 menqianqing 麻将俗语，和牌后数番，未见有吃、碰、杠等：~，不求人。

蒙蒙 mengmeng 膜状物，薄膜：刚泡的茶咋就起~了喃│泡菜坛子里的那层~叫花 │蛋皮内有一层~。

蒙细 mengxi ①形容物件或线细：丝线~。②做事非常细心：心~。③指刀法细腻：洋芋丝切得~。

蒙脆 mengcui 酥而脆，十分脆：油茶里面的馓子~。又为"猛脆"。

梦 meng 无希望的等待，妄想，斥人不要再去想了：去~嘛！

梦脚 mengjuo 即心不在焉惹出的麻烦：啄~。又为"梦觉"。

梦里梦咚 menglimengdong 不由自主，产生幻觉：睡到半夜，~就爬起来了。又为"梦里梦董、梦里梦东、梦董董"。

懵懂 mengdong 昏昏沉沉，不清醒：不晓得咋的，一天到黑脑壳总是~的。复句：懵懵懂懂。

篾 mi 读"蘼"。竹子劈成的薄片，也泛指高粱秆、甘蔗秆、麻秆皮做成的物件：~席 │ ~篓。

篾笆墙 mibaqiang 用竹子编制的简易隔墙，上面多抹灰浆或黄泥：~不隔音，好听壁角。亦作"竹墙"。

篾笆子 mibazi 竹笆或竹子的干隔：~围起，好圈（养）鸡。亦作"篾笆、篾笆笆、篾折子"。

篾刀 midao 劈竹条或高粱秆等用的刀具：~快（锋利）得很哟！

篾筐 mikuang 竹子编的筐子：~头装得有草草。

篾筷 mikuai 竹子削成的筷子：~子比骨筷子好夹东西。

篾夹子 mijiazi 用竹子制作的夹物器具：~捡字纸方便。

篾块儿 mikuair 厚而短的竹条：竹子（多见毛竹、慈竹或青竹）经过加工便成了~。

篾篓篓 miloulou 竹条（片）编制的笆篓：~头有吃的。又为"竹篓"。

篾片儿 mipianr 短而较薄的竹条：不说那些，人家就是高你一~。

篾条 mitiao 用竹子剖成的长条薄片或细长条：~笆笆编的围栏管得到事｜~边边风快，谨防割手哈！歇后语："~穿豆腐——提不得。"

篾罩子 mizhaozi 遮盖食物的竹罩：剩菜饭要拷~康倒，免得苍蝇儿爬。

密密麻麻 mimimama 形容极多：苹果皮上~巴满了蚂蚁儿。

蜜糖 mitang 蜂糖。歇后语："白糖拌~——甜上加甜。"

迷倒 midao 一直在心头想到，总是想到（要）。民间俗语："吃到嘴头，看到碗头，想到锅头，~那头。"又为"篾倒"。

溺 mi 读"弭"①淹没在水中：杀鸽子不用刀，弄到水头过~才要得哈！②喻指解决，完结，平息，消灭，杀掉等：把作恶多端的反革命分子弄去~了。③蒙蔽，蒙住：暗箱操作就叫~倒整。亦作"弭、泌"。

眉花儿眼笑 mihuaryanxiao ①喜形于色：说起媳妇来，他~的。②眉开眼笑：钟家的孙孙儿，把老人家逗得~的。

眯 mi 似睁非睁，微闭着眼：~起眼睛就瞧不到了。歇后语："~起眼睛看太阳—— 一片白。"

眯不着 mibuzhuo 睡不着觉：~就吃点药。

眯倒脑壳 midaonaokuo ①埋头做事：人家不开腔，晓得~做事。②喻指做事不动脑筋或自作主张：~弄，多半要出问题。

眯紧 mijin 使劲地闭上眼睛：~眼睛睡！

眯睡着 mishuizhuo 形容睡着了：他太疲倦了，一会儿就~了。

眯一会儿 miyihuir 打盹儿，小憩：~人就舒服了。

眯一盘 miyipan 小憩，睡一会儿：我先~再说。

咪 mi 浅浅地尝一小口：~一下。

咪革 migei ①吃掉：卒子过河就遭~掉了。②枪毙：天煞犯肯定要遭~。

咪咪 mimi 猫叫声，借指猫儿：花猫生了两根小~。

咪咪嘎嘎 mimigaga 极少一点。

咪咪甜 mimitian 蜜甜，甜味很重：棒棒糖，~。

泌 mi 溺水，潜水：游泳你~得到几分钟?

泌头儿 mitour 扎猛子：一个~下去就把东西捞起来了。

米粉儿 mifenr 米粉子，米线：~好吃，再来一碗。

米凉粉儿 miliangfenr 大米做的凉粉：~卖好多钱一斤?

米箩篼 miluodou 装米的竹筐：鸡蛋将就放在~里。

米米 mimi ①果仁，果实的核：核桃~吃了补脑。②颗粒：绿豆里面捡了几个石头~出来。③药丸：把那个~吞了再吃糖。

米筛子 mishaizi 用竹篾编制的米筛。歇后语："~筛胡豆—— 一个都漏不掉。"

眠 mian 赖床，睡醒后不马上起来，再眯一会儿的过程：我们先起（床），等莽哥再~一下。

绵 mian ①小睡：我再~一会儿（瞌睡）。②缓慢：老几做事特别~。③疲软：人~了就没有精神。④变软：东西潮了就~了。⑤慢饮：一两烧酒~了大半天。

绵扯扯 miancheche 软绵，疲软，有筋丝，带弹性：肉没煮粑，吃起~的。又为"棉扯棉扯"。

绵绵雨 mianmianyu 淫雨，缠绵细雨：~下久了，屋头的东西都要起霉霉。

棉花草 mianhuacao 顾名思义，即一种枝叶上长有绒毛的野草，可与面粉裹成团蒸食：~馍馍吃起好香哦！

面卡 mianka 成都人在购物或就餐买单时，视其脸面代替优惠卡之幽默说法：人大面大的，当然刷~了。

面脑壳 miannaokuo 俗称特别爱好面食的人：~天天吃面都吃不伤。

面面 mianmian ①灰面，面粉。儿语：吃~（面条）。②粉粉，粉状药物：一包~药分三道吃。③白粉：那些~害人哟！

面面酱 mianmianjiang 调料，甜酱：炒回锅肉要加~。

面面药 mianmianyo 药粉，又叫"粉粉药"：肚子痛，买两包~吃了就对了。

免得 miandei 避免：现在就说好，~二天找话说｜~挨飞刀。

免红 mianhong 菜或面条里不放辣椒：炸酱面~。

免青 mianqing 面条里不放青叶子蔬菜：素椒炸酱（面）~。

挽起 mianqi 成都人有认（读）半边字的习俗，故"挽"读"免"。捋，卷起：~袖子搓衣服！复句：挽起挽起。

挽袖子 mianxiuzi 卷起、抄起衣袖：~准备大干。

苗苗 miaomiao 后代。歇后语："黄连树上长草——苦~。"

瞄到 miaodao 注意观察，守候，看着：~收荒匠来了，好把烂渣物儿些拗出去卖。

瞄电影 miaodianying 看电影：跟妈妈到新桥电影院~。

瞄书 miaoshu 看书：~写字由在你。

瞄一眼 miaoyiyan 看一眼：让我也来~。

描 miao 描写，画。歇后语："三张纸一个人脑壳——好大的面子。"

矛子 miaozi 矛，读"瞄"。红缨枪：关公耍大刀，赵云舞~。

抿 mie ①分开，分裂，掰开：一块饼干～成两瓣吃。②扳弯，使弯曲：孟友的劲太大了，差点把李建的手～断。③平分：等收了账，我们再来～哈！亦作"掰"。

抿 min ①抿嘴。②抹平。

抿子 minzi 抹灰浆的一种器具：会使～的泥水匠，挖～一抹墙面就平了。亦作"抹子"。

抿嘴儿 minzuir ①含在嘴里就化了的东西。②东西用嘴很快地沾舔一下。③喻甜蜜的微笑：春春儿看到小妹～地笑了，心头就稳到了。成都童谣："春天多快乐，春天多美好。春风轻轻吹，太阳～笑。空中燕子飞，水里鱼儿跳。花儿点点头，草儿弯弯腰。春天是个快乐园，我是小小快乐鸟。"歇后语："大姑娘看戏——～笑。"

抿嘴儿排骨 minzurpaigu 小而利骨的仔排，多以糖醋烹饪，抿起来吃别有一番风味：～下酒安逸。

呡 min 含吮，舔，一种吃东西的慢吭动作：用嘴～｜含个棒棒糖慢慢～。

蜜 min 读"岷"。形容会说话：嘴巴～甜。

蜜蜜甜 minmintian 甜甚：醪糟儿蒸出来～。

明晃晃 minghuanghuang 明亮：天上亮晶晶，地上～。

明侃 mingkan 把话挑明了说，明做。

明年子 mingnianzi 明年：再见，～见！亦作"明年个儿"。

明晚夕 mingwanxi 明天晚上，明晚黑：堂子已坐满，～请早！

鸣堂叫菜 mingtangjiaocai 喻指饭馆招待接客唱菜名：～，吃完算账。

名气犯 mingqifan ①名气很大，知名度很高的人，或影响一方的名人及名流：打金钱板儿的那个福娃，五岁就是成都的～了。②趣称臭名远扬者：不给～两个裹。

名名堂 mingmingtang 名堂。①计谋，鬼名堂：老几有很些～。②花招：谨防他的～。③花样，成就等：文联今年团拜，艺术家们的～可多了。

命脉 mingmei ①生命攸关之处：穴道刚好点在老几的～上。②问题关键所在：拿～还得靠掌舵人。③掌握火候。

命囟儿 mingxinr ①要害：那儿跟前是他的～。②喻指技术不到家或差点成事：他啊？～还没有长满！

命债 mingzhai 必须偿还的债务，多指人情债。

237

没谙倒 moandao 没，读"莫"。预先没有想到：～他那么拙。

没按倒 moandao 没有逮住：雀雀儿～，人颠转整了个饿狗抢屎。

没当人家的 modangrenjiadi 不顾及他人的存在和感受：主人家还在招呼客人上座，他娃～就各人吃起来了。亦作"不当人家的"。

没得 modei 没有，无：除了钱～，啥子都好说。歇后语："瞎子打枪——～目标。"又为"莫得"。

没得点样子 modeidianyangzi 不成体统，喻指无教养者：不装腔作势是好，但～就更恼火了。

没得搞 modeigao 没有希望：～才找你想办法叫！

没得搞眼 modeigaoyan ①无空子可钻：这儿～，就看你们邦儿了。②垮，无利可得：这种生意多半都～。亦作"没有搞眼"。

没得理 modeili 没有道理：打了人，你就～！

没得取头 modeiqutou 毫无可取之处：啃干净的骨头，～。

没改 mogai 无法变动。歇后语："木匠丢锯子——～（镴）。"

没救 mojiu 无法解救。歇后语："妈妈死兄弟——～（舅）。"

没老少 molaoshao 喻不尊重人或不懂规矩：人面前～的娃娃就不乖。

没脉 momei ①喻示死亡：王保长把李老栓吓得快～了。②失败，无指望，完蛋：我们投标的项目喊～了。

没名堂 momingtang 不知所云或没有道理：滴点大就耍朋友，简直～！又为"莫名堂"。

没想头 moxiangtou 无希望，指望不着。成都童谣："对门山上一条牛，口吃青草眼泪流。问你牛儿哭啥子？一年辛苦～。吃的干谷草，睡在烂窖头。犁耙枷担不离肩，还有鞭子在后头。"

没有搞赢 moyougaoying 来不及：等一下，我还～。

没有火烤 moyouhuokao 挨不到边，彻底无望：明知～，还让我们空跑一趟。

没有想过 moyouxiangguo 紧想不通。指怨气还堵在心坎上，没有过去。

没长醒 mozhangxing 不成熟：娃娃～。

没抓拿 mozhuana 没办法：害得人家～。

莫 mo 无，没有，不要等。歇后语："十三岁进养老院——～把福享早了。"亦作"没"。

莫得 modei 没有：啥子都有了，就是钱～。

莫得慌头 modeihuangtou 不着急，不要慌张：沉住气，～。

莫得叫 modeijiao ①没有找到恋爱的对象：四十好几了都还～。②特指麻将未听牌：～就给叫钱。

莫得嚼头 modeijiaotou 食物过软，不费牙或费牙不希望吃到：姐做的牛肉干~。

莫得捞捞 modeilaolao 喻吃得干净，什么都没有剩下：回来晚了，锅头就喊~了。

莫得啥子嘛 modeishazima 无所谓的样子：没关系，~！

莫得事 modeishi 客套话，相互谦让，表示谢意等：（排队购物）~，你先来。

莫得抓拿 modeizhuana 束手无策，着急，手忙脚乱的样子：说出事就出事，弄得屋头一下就~了。

莫搞 mogao 无法实现，目的未达到。

莫怪 moguai 不要责怪：出事~他，是我的责任。

莫慌 mohuang 不要着急：~，大家镇静点！

莫奈何 molaihuo ①奈何不得，没有办法：寇老八病了不医，屋头硬是把他~。成都歌谣："生意做得好，天天都有搞；生意做得拙，那就~。"②一种研磨花椒面、捣蒜用的木器，因杵臼可转动而不可分离，无法从碓窝中取出，便戏称之：赶花会买了个~。歇后语："拿得进去，拿不出来——~。"

莫来头 molaitou 没关系，不客气之类的客套应答：肉烂在锅里，~。亦作"没来头"。

莫老莫少 molaomoshao 说话无分寸，把人不放在眼里，没大没小。

莫楞个 molengguo 莫这样：~说。

莫忙 momang 不着急，不要慌：~，让我来。

莫名嗝儿 momingger 无原因打干嗝：打~，属胃子恼火。

莫闹 monao 提示语，不要吵闹，小声点：~，有人在睡觉。

莫祥 moxiang ①没有搞头，成不了大器：连根棒棒都拷不动，你娃头儿看来~！②没价值，没好处。③没啥意思：这事~。④指人或品性不怎么样：这人简直~。亦作"没祥"。

莫眼 moyan ①肯定句，无盼头，无指望，没有用，没希望，喻无论如何努力都不可能达到目的：能力差，就~。②没办法：我~，那你就另请高明。歇后语："螺蛳的屁儿——~。"亦作"没眼、没眼儿"。

莫眼火 moyanhuo ①无望之感叹，没资格，连边都挨不上。②断气，死亡。又为"莫搞眼儿、没眼火"。

摸 mo 找：小妹勤快，各人晓得~到活路做。歇后语："斤肘肘儿过河——~不到底。"

摸不到 mobudao 比喻不知头绪。歇后语："半夜逮虱子——～。"

摸不到火门 mobudaohuomen 找不到门路，无头绪状。火门，炉灶的门，喻指起事的开端、门道、路子等：一头雾水，～。

摸到 modao 开始工作，拿起工具干活路：休息够了，大家就～。

摸骨 mogu 通过摸身上的骨节来相面或判断病症：～疗法｜～相法。

摸摸梭梭 momosuosuo 磨磨蹭蹭。

摸糖饼儿 motangbingr 一种带游戏性的糖画买卖。即顾客付酬后，摸取糖画艺人竹篓里的数字木牌，由此决定获得糖画的种类或糖饼儿的数量：寇宗杰一手摸了二十个糖饼儿，笑兮了。

磨 mo ①磨蹭：太婆做事～得很。②折磨：随便你咋个～，密电码就是不说。③磨损：家机布经得～。④拖延：～过了今天，～不过明天。

磨盘 mopan 磨子。歇后语："骑倒驴子背～——多此一举。"

磨皮擦痒 mopicayang 无所事事，不自在无聊得很的样子：总是～，无精打采的。又为"摸皮擦痒"。

磨囟儿 moxinr 和事佬：老妈就是我们屋头的～。又为"磨心儿"。

磨蹂 moyu 严重磨损：鞋底板儿～了。

磨子 mozi 石磨。歇后语："王大娘卖了～——没得推的了。""豆腐坊掉～——不识时务。"

磨嘴皮 mozuipi 嚼舌：隔壁两口子又在～了｜费唇舌就叫～。

摩的 modi 成都人对乘坐摩托车或类似的电瓶车的趣称：打～快当。

馍馍 momo ①馒头：玉麦～。歇后语："嚼过的～——没味道。"成都童谣："燕子哥，住泥窝，张家大姐做～。～甜，撒把盐，～香，放坨姜。李家哥哥咬一口，半夜醒来嘴还香。"｜"搓～的捏～，甜板～艾～，吃了～揣～。"②喻指工程或工作量：就填凼凼这么大个"～"，看你们好久完得成！

末末儿 momor 孙子辈，重孙，玄孙：马大爷硬是有福，五世同堂的灰灰儿、～都是一大堆。

么多 moduo 非常多，许多：～的事，简直做不完。

么子 mozi 什么：～事找我？

抹 mo ①抹杀，去掉，勾销：看在你哥子的面上，饭钱就～了。②用刀杀：～喉自杀。③涂抹，擦：东～西～，～成了红脸巴儿。歇后语："肚脐眼上～稀泥巴——吐（土）板儿板儿。"④和稀泥：和事佬来了（劝架）两边～。⑤抹掉，抵消。歇后语："叫花子不争（差，欠）讨口子——两～。"

抹了 moliao 喻不算数。歇后语："沙坝头写字被水冲——～就是。"

抹粉 mofen 搽粉，化妆打扮。歇后语："～上吊——死要脸。"

抹粉牌 mofenpai 哭之趣语：大年初一，不许～哈！

抹合 mohuo 合，读"活"。①白食：吊起一张白嘴儿乱吃～。②混淆视听：搞些～的事，别想蒙混过关。

抹合烟 mohuoyan ①烟叶与茎秆一起碾磨而成的粗劣草烟：～比纸烟劲大，但就是要自己裹。②混烟抽：吝啬鬼，光想抽别个的～。又为"魅头烟"。

抹脱 motuo ①取消，擦去：～了事。②麻将俗语，抵消，吹账：我们两个～。

抹子 mozi 抿子：水泥匠抹灰浆用的工具：～用了要洗干净。

漠 mu 读"沐"。①呆，不灵活：～脑壳，紧倒反应不过来。②麻木：挨了一棍棒，背都～了。

漠蛋 mudan 笨人：两个～碰到一块儿了。

漠脑壳 munaokuo 喻指反应慢的人：过后方知的～。

木脑壳 munaokuo ①木偶：唱得热闹，还是～。歇后语："～唱戏——屁股说话。"②呆子：未必在场的人都是～？

木头 mutou ①木。民间俗语："人心隔肚皮，饭甑隔～。"②形容脑筋死板，不灵活：死～脑袋打不过掉。

木头木脑 mutoumunao 反应迟钝：～的是个闷呆儿。

木头人 mutouren 形容不能动弹的人。成都童谣："我们都是～，不能说话不能笑，不能张嘴不能动，不能稀牙钻狗洞。"

木走走儿 muzouzour 木偶。喻指可随意让人指使，不动脑筋的人。顺口溜："金走走儿，银走走儿，抵不到我家那个～。"歇后语："～流眼泪——虚情假意。""断线的～——拉不动。"亦作"木肘肘儿、京肘肘儿"。

姆姆 mumu 多指伯母或已婚的中年妇女：那个～说的话有道理。

母 mu 喻男性的行为举止同女人：此人女兮兮的样子，不是一般的～。

母夜叉 muyecha 悍妇：《水浒传》里头有个会耍双刀的～。

N

纳 na 扎：搓根麻绳儿～鞋底。

拿 na 开，撞，碾压：渣滓车横起就跟电瓶车～过去了。

拿不过沟 nabuguogou 喻办不好事，没有把握：他去～。

拿不一 nabuyi 摸不准，把握不大：～的事不要乱表态。

拿倒莫法 nadaomofa 没有能力去完成：他～，我来告（试）一下。

拿得一 nadeiyi 掌握得好：人家红板兔儿的火色就是～。

拿过沟 naguogou 办事老辣、纯熟，能胜任此项工作，喻成功，反之为"拿不过沟"：派老马去一下子就～了。亦作"翻过坳"。

拿话来说 nahualaishuo 责令回答理由：凭啥子把房子卖了，～！

拿横 nahuan 横，读"环"。摆出蛮横的架势：他敢端起，你就给他～。

拿火色 nahuose 把脉，定夺，决策：我们修房子吃不稳了，特请钟发秀董事长来～。又为"观火拿脉"。

拿脸 nalian ①长脸：郑宇娃儿在云南大学读了博士，屋头好～哦！②展洋：底下丢脸没啥子，只要场面上～就算争气了。

拿墨 namei 原指木匠开锯之前走线弹墨，现喻指把握方向，拿主意等。亦作"把脉、把墨"。

拿捏 nanie 故意刁难，找人麻烦：～别个，其实是跟自己过不去。

拿去 naqie 拓去，拿走：～卖｜～吃。

拿去操 naqiecao 送给你，显大方潇洒之意：钟姐说了，喜欢（这个手机）就～！

拿顺 nashun 捡顺，喻办好交涉：言语是～了的。歇后语："杉杆子进城——～。"

拿问 nawen 难为：～你了哈！

拿一 nayi 符合标准，掌握得当，无偏差：炒腰花儿的火候，郑毅是～了的。

拿言语 nayanyu ①说好话，下话：我给别人～下矮桩，还不都是为了你？②打招呼，通关节：要想顺利过关，就要～。③赔不是或要对方致歉：当众～，才算饶了他。

拿洋 nayang 突出，风光，显洋盘：走在众人的前头，好～。

乃格 naige 就是，表示同意：～就是。

乃个 naiguo 是个：～啥样。

乃门儿 naimenr 哪门儿，干什么：你是做～的?

乃是因为 naishiyinwei 正是因为：～她，我才动的手脚。

乃也不是 naiyebushi 这也不是：～，那也不是，到底是咋回事?

奶 nai ①乳汁：～茶。②稚气：别看他～兮兮的哇，做起事来还像模像样的呢。

奶狗儿 naigour 未断奶的小狗，幼仔：～啃不动骨头。

奶气 naiqi 奶声奶气的简称，形容语气细微小声：这娃～得很。

奶娃儿 naiwar 婴儿，喻指吃奶的孩子：到侧边去狂，～在觉觉（读告告）。歇后语："～吃玉麦——抹不脱。"又为"奶娃娃、奶娃子"。

奶兮兮 naixixi 奶气十足的样子：看到～的，其实岁数不小了。

耐烦 naifan 形容心情平和，耐得住烦恼：教娃娃，程宇红最～。

耐受 naishou 忍受，承受：天热，～不了就开空调哈!

喃 nan 用于疑问句末，表示疑问语气，相当于"呢"：你到底要咋子～?

煵 nan ①炒，将食物放在油锅里烹制的过程：与其说马云鹏的面做得好，不如说寇宗芙的臊子～得好。②同音字，读去声，腐蚀物（酸碱盐等）的侵蚀：锑锅头熬卤水，谨防盐把底底～穿（烂）。

湳尿狗儿 nanniaogour 经常尿床的小孩，梦中不知不觉地把尿撒在床上的人：老师说了，哪个乱叫"～"就要遭取起。

南瓜不结 nanguabujie "难怪不得"的谐音，系成都人惯用之幽默表述。

男娃子家家 nanwazijiajia 家家，样子。指男孩子：～要主动些。

男子巴叉 nanzibacha 喻指粗犷的男人：别看他～的哇，老几心细着呢!

难 nan 困难：他有～处，不好开口。

难逢难遇 nanfongnanyu 难得遇到，很难相遇：新房子一搬，原来的老邻居都～了。

难过 nanguo 难受，心头（情）不好，人生病不舒服。

难看死了 nankansiliao 非常不好看：买的衣服～。

难捞 nanlao 难搞。歇后语："茶壶头下挂面——～。"

难为 nanwei 致谢语，麻烦别人后表示感谢的话：~你了！又为"劳慰"。

闹 nao 吵架、理论、争执、躁动等。民间俗语："逗到~，不扯票！"

闹喤 naoang 喻指吵闹的声音很大：外面~了他都不晓得。

闹到玩 naodaowan 搞到耍，开玩笑：他们是~的。

闹得凶 naodeixiong 吵闹不停：娃娃多了。

闹了半年三 naoliaobanniansan 说了很久都无结果，原来如此：~，大舅舅原来得的是肺癌哦！

闹热 naore 热闹：马家接新媳妇儿，锣鼓喧天好~。

闹麻了 naomaliao 声音大，七嘴八舌地吼叫：王小川刚起床，就听到院坝头唧唧喳喳地~。

闹噻 naosai 吼或吵闹，戏人之说：~！耗子见了猫儿，不敢了嗦?

闹山雀 naoshanque 以山雀的喳叫形容吵闹者：一群唧唧喳喳的~。

闹喳麻了 naozhamaliao 大声喳闹，吼圆似起了。与"闹麻了"相比，程度上更厉害些。

脑花儿 naohuar ①猪脑子：吃那儿补那儿，来份~。②脑髓，喻指聪明才智：~少了不中用。

脑壳 naokuo 头。顺口溜："~大，心头木，拿到活路不想做。"歇后语："皇帝的~——芋（御）头。"

脑壳打得滑 naokuodadeihua 聪慧之贬义词：小伙子~，吃不到亏。

脑壳都大了 naokuodoudaliao 喻头脑发涨或不能接受：看到大姨妈（肥肉），~！

脑壳有乒乓 naokuoyoubingbong 乒乓，读"饼嘣"。形容脑壳长包，思维有问题：做些洗煤炭的事，我~！

脑门子 naomenzi 额头：~痛，是不是感冒了？歇后语："羊~上的肉——没有多少油水。"

脑门囟 naomenxin 命囟，囟门：娃娃的~还没有长满。又为"脑门心"。

脑壳烂 naokuolan 思想活跃，点子多，贬义为动歪脑筋。又为"烂脑壳"。

脑壳进水 naokuojinshui 似电源进水短路，喻错误判断做错事：干出这样的傻事，是不是~了。

脑壳打不到掉 naokuodabudaotiao 反应不过来，不动脑筋，一时头脑发木。

恼火 naohuo ①难受状，喻（病情）厉害，严重头痛：病~了，赶紧去医院。②麻烦，苦恼，使人头痛伤脑筋：大爷丢了钱，心头好~。

孬药 naoyo 毒药：~拗来整耗子的。亦作"痨药"。

捞耙 naoba ①打捞东西或虾鱼的器具：网到鱼了，拿~来。②平地碎土的农具：这~好使。

那才怪 necaiguai 那，读"呢"。也可多音读na。不相信：找不着人，~了呢！

那凼 nedang 那个地塝，那个地方：~有怪石。亦作"那塕"。

那儿 ner 那里：~的东西烫。

那儿年生 neerniansheng 那些年里：王光荣拜李伯清为师的~，石板鸭的生意就喊不摆了。

那哈儿 nehar 那时：~我们都还小。

那哈儿年 neharnian 那些年：~大家都不懂事。

那口子 nekouzi 妻子对他人称丈夫：刚说起我们~，他就来了。

那块 nekuai "那"又可读"赖"。那个东西：~东西好。

那门子 nemenzi 那里，那道门。指路：走~进。

那起子 neqizi 那种：~事，我们不懂。

那塕 neta 那个地方：我肯信~有鬼？亦作"那凼"。

那头 netou 那边：莲花白，~有卖的。

那阵子 nezhenzi 那时候：~我们吃得孬。

那支角 nezhiguo 那个方向，特指那个方位：~燃火了。

哪 ne 哪，读"呢"的去声。也可多音读na。特指某地或某物。民间俗语："~壶不开提~壶。"

哪儿去 nerji 去，读"及"。问话，哪里去：你们~？

哪改 negai 哪里：你上~去？

哪根 negen 根，多用于泛指某物或某处。

哪个 neguo 问话，指谁：~在那儿开黄腔？歇后语："半斤换八两——~也不吃亏。"亦作"哪块"。

哪年子 nenianzi 哪年，往年子。

哪里哪 nelina ①不知何方。歇后语："唢呐子过云南——还在~（呐里呐）。"②话说远了，说过了头：你说到~去了？

哪门 nemen 哪样：想吃~弄~。

哪们 nemen 要干啥的意思：到底要~？

哪样 neyang 很不一般，杰出，引人注目。在川话的表达中含有一种感叹和俏皮味。

哪阵子 nezhenzi 要到哪时：磨磨蹭蹭，要~才归一得到哦!

内揣 neichuai 内衣里揣东西的口袋，衬衫包：~头有身份证。

内伙子 neihuozi 自己人，知情者，内部一伙的：找个~一问就清楚了。

内盘 neipan 内行，内部人，知情者：找~来。

内瓤子 neirangzi ①瓜果或蔬菜心子：南瓜的~是红的。②泛指人的内在素质：不讲表面，要看~有货才得行。③物件的内部结构：电机~多半遭烧了。

累欢了 neihuanliao 累，读"内"。累之惨相：爬青城山都喊~!

嫩 nen 初生而柔弱，娇嫩。成都童谣："~竹妈，~竹娘，我跟你长来一样长。"歇后语："斑鸠没毛——~兮兮。"

嫩气 nenqi 淡浅、娇嫩、新鲜等。形容幼崽：黄瓜才起蒂蒂，~得很!

嫩水水 nenshuishui ①小而嫩的幼苗：瞄到~的苗苗我就买。歇后语："~竹子做扁挑——乘不起力。"②年幼者，奶娃儿：~娃儿。③喻指青工或小青年：兔儿工都是~。又为"嫩气、青皮、细娃儿"等。

恁个 nenguo 那样或这样：就~嘛!

恁个日怪 nenguoriguai 感觉奇怪的说法：这事咋就~喃?

泥巴仗 nibazhang 用软泥当弹丸，玩耍打仗游戏：小时候，我们最爱在草堂寺的楠木林里打~。又为"打泥巴仗"。

泥涝涝 nikaokao 稀泥：遇到落雨天，这路就成了~。又为"泥巴饹饹"。

泥鳅儿 niqiur 鱼鳅儿，鳅鱼：生成~命，还怕拱泥巴。歇后语："石板儿上的~——梭不动。"

泥沙沙 nishasha 泥沙：绿豆里筛出了~。

泥水匠 nishuijiang ①喻和稀泥者：和事佬当~。②建筑上抹墙或地面的工人。歇后语："~做活路——抹稀泥。"

腻 ni 油重使人厌食：油大啖多了，捞泡菜解~。

跜 ni 用脚踩着擦，蹭：把脚上（粘）的黄泥巴~干净。亦作"跐"。

你过场多 niguochangduo 形容他人之毛病：~，他板眼更多。

你黑扯 niheiche 你乱说，胡编：紧在那儿~咋子!

你儿爷子 nijiyezi 戏称你们几个：肯信~就把船翻了嚜?

你娃 niwa 指你：~不准乱白白。亦作"你娃头儿"。

你凶啥子 nixiongshazi 喻人发怒：~嘛?

你咋啷吼哦 nizalonghouwo 你在乱吼啥子哦：娃娃在睡觉，～！

䏲 nia "你啊"拼读。①撒娇：娃娃见妈就放～。②嗲：听不得哪个在那儿～声～气的。③粘起：书壳子脱了，捯点饭来～。亦作"昵"。

拈 nian 用筷子捞，夹菜：～到就走，不要紧在那儿旋。

拈不到伙食 nianbudaohuoshi 比喻发挥不到作用了：～哇，你说了不算。

拈不到皮 nianbudaopi 皮，指钱。喻挣不到钱：～，不要吼！

拈胆 niandan 吓破胆：鬼在～！

拈伙食 nianhuoshi ①吃饭。②形容找到门路，搞到作（解决了问题）。

拈闪闪 nianshanshan 大肉拈起来闪一闪的，喻指吃油大，打牙祭。皆含吃白食、粑片儿之意。

拈坨坨 niantuotuo 抓阄。系物资紧缺的年代，成都人效仿蜀人抓阄定夺出征的决策之法：三十几个人一辆自行车票（认购卷），你说咋个分？只有大家～。

拈一筷子就走 nianyikuaizijiuzou 不恋战，有利润就走；也指要小心眼，达到目的不顾及其他，偷偷地溜掉。

拈油大 nianyouda 吃酒席：生活好了，～不成问题。

捻花椒面儿 nianhuajiaomianr ①给予少量的东西：像～一样，东西太啬味了嘛！②形容每个地方都照顾到：～吗，一碗水就端平了嘛！又为"撒花椒面儿"。

捻子 nianzi 细长可吹而复燃的点火纸卷：～吹燃好点水烟。歇后语："绸缎铺的～——不燃（然）。"

念到 niandao 想到，想念，即因惦记而经常念叨：哥，你好久回家？妈经常～你。亦作"念倒、念叨"。

年生 niansheng 喻自然条件恶劣：～不好，到处都遭灾。

年纪吧轻 nianjibaqing 年纪轻轻：～的就有烟瘾了。

撵 nian ①赶走，驱逐：～出家门。②追，跟着跑。民间俗语："狗～摩托，不懂科学。"歇后语："老母猪～兔儿——上气不接下气。"

撵不上趟 nianbushangtang 跟不上形势或指科技发展速度快等：手机换代太快了，你我简直～。

撵穿了 nianchuanliao 大家跟风，形容过时或一阵风地去做某件事，使其不好再做等：图书生意～，估倒做就只有垮丝。亦作"蹍穿了"。

撵地转转儿 niandizhuanzhuanr 玩陀螺：～用鞭子抽。又为"护牛牛"。

247

撵丁丁猫儿 niandingdingmaor 逮蜻蜓：雀雀儿在～。

撵老山 nianlaoshan 打猎：～打野猪。

撵拢 nianlong 拉拢，轻轻关上，关好：风大，赶紧把门～。又为"撵到"。

撵路 nianlu 总想跟大人一路出门：爱～的娃娃不乖。

撵路狗儿 nianlugour 戏称非要跟着大人出门的小孩子：～又跟起去了。亦作"赶路狗儿"。

撵趟趟儿 niantangtangr 跟着他人后面撵：跟着娃娃～。亦作"踮趟趟儿"。

踮拢 nianlong 赶到：幸亏你～，才没有出事。

碾倒 niandao ①塞住，止住，扎住：把磙磙儿～，免得乱滚。②碾压，砸住：遭车子～了。

黏 nian ①像糨糊或胶水一样粘：～糊糊的东西。②感情黏糊：两个人好～哦！

酽茶 niancha 酽，读"黏"。浓茶：老把子喜欢喝～。

粘冻冻 niandongdong 如同糨糊般的混浊状：～的骨头汤。又为"黏董董"。

嬢嬢 niangniang 阿姨，姨妈，妈妈的姊妹：马骁屋头的～些多哦！成都童谣："螺蛳螺蛳～，请你出来喝汤汤；螺蛳螺蛳～，请你出来吃糖糖。"歇后语："进了门喊～——装认识。"

孽呆呆 niedaidai 傻乎乎地不计后果：～地费（悖）。

镍币 niebi 使用金属镍制作的硬币：我存的～，这阵子管钱了。

捏 nie ①握：～倒不放。②以手测试："半夜吃桃子按倒炕的～。"③用手把软的东西弄成一定形状。歇后语："炒面～娃娃——熟人。"④牵。歇后语："天上的风登儿——一根线——倒人家手头。"

捏紧 niejin 逮紧，抓紧：给娃娃的钱，～了。

捏手捏脚 nieshouniejuo 形容做事不大胆，手脚慢怠：～一副熊样。又为"蹑手蹑脚"。

拧 ning 扭挫伤：不小心一脚踩滑，～到了脚颈颈。

拧筋贯骨 ningjinguangu ①经络挫伤。②喻指人的性情、言语、行为别扭，不合情理，不易相处，即兴妖作怪、扭捏之人：做起一副～的样子，哪个都不喜欢。又为"拧筋灌骨"。

扭 niu 扭动，活动：天气好了，出去～一下。

扭到费 niudaofei 死死纠缠，使脾气：～，妈就生气了哈！

扭得出水 niudeichushui 水分重，含过于夸张之意，难看：那张脸哦，都～。

扭搔 niusao 纠缠，挑逗：再～我就要喊了。又为"扭肇、拗臊"。

拗倒不放 niudaobufang 死死纠缠：为啥子～别个嘛？

拗筋作怪 niujinzuoguai 闹别扭，故意摔摆：～耍脾气。

拗捏 niunie 固执，耍脾气，过场多：老几～得很，半天不冒一句话。复句：拗拗捏捏、扭扭捏捏。亦作"扭捏"。

纽子 niuzi 纽扣，扣子，布扣，盘扣：袖子上落了一颗～。亦作"纽门儿"。

牛板筋 niubanjin 喻指顽固不化的人。歇后语："三锥子锥不出一滴血——老～。"

牛滚凼 niugundang 牛跶澡的小水坑。歇后语："～洗澡——越搞越浑（昏）。"亦作"牛困沱"。

牛黄丸 niuhuangwan ①一种用牛黄炮制的中成药：清热解毒，～。②对做事死板、固执己见、脑筋不活泛的人的贬称：一根筋的～，最爱钻牛角尖。顺口溜："遇到～，办事添麻烦。"亦作"咬卵犟、犟拐拐"。

牛牛儿 niuniur ①陀螺：坝坝头搐～。歇后语："挨鞭抽的～——滴溜溜转。"亦作"地转转儿"。②米面中的黑壳小虫：米坛子头生了好多～哦！③蜗牛。成都童谣："蜗蜗～，请你吃腩腩儿，见到太阳巴巴儿，给你洗澡澡儿！"歇后语："～的房子——背倒身上。"亦作"牛儿、干螺蛳"。

牛皮燥痒 niupizaoyang 自寻责打。歇后语："灯影儿抠背——～。"

牛皮鲊 niupizha 啰唆，多言：翻过去，～；翻过来，鲊牛皮。

牛跳马跶 niutiaomaban 猴跳舞跳，形容混乱场所：那边～的，我们赶紧走。

牛蚊子 niuwenzi 牛虻：～叮人起大包。亦作"牛魔蚊"。

脓泡疮 nongpaochuang 皮肤病的一种，多为一串一串的化脓性水泡，皆有痛痒的感觉：～抠不得哈！

农家乐 nongjialuo 乡间农家自己建造的休闲娱乐之地，小似庄园，大似公园，吃喝玩乐尽在其中：《中国农家乐》一书出版后，甄先尧先生被誉为～之父。

弄 nong 动词，整，抓，搞等。

弄爆 nongbao 整出事情，搞出麻烦，弄炸锅：事情遭老几～了。

弄烦 nongfan 烦，厌烦，不想再做下去的意思：～了就不愿意再做了。

弄昏一饼 nonghunyibing 搞昏许多人或东西等：孙悟空吹一口仙气，便～妖怪。

弄省豁 nongxinghuo 省豁，读"醒豁"。意为搞清楚，弄懂：只要～就对了。

弄归一 nongguiyi 搞好或称事忙（做）完了：我～就来。

弄过去 nongguoqie 打转去：以牙还牙，～就好。

弄你 nongni 整你：他说～就能～吗？

弄倒 nongdao 推翻，打倒：好不容易才把他～。

弄饭 nongfan 做饭：我～他们吃？想得安逸！

弄死当睡着 nongsidangshuizhuo ①致人于死地，朝死里弄（整）：不依教就～！②喻指不怕死：遇到～的，他反而虚了。

女花花 nühuahua 女儿：别看她生个～哇，那是"招商银行"！

女娃儿 nüwaer 女孩子：～乖些。歇后语："何家的～嫁到郑家——郑何氏（正合适）。"又为"女娃子"。

女娃子家家 nüwazijiajia 女孩子样子。

女兮兮 nüxixi 男为女相：做得个～的样子干啥子！又为"母兮兮"。

暖轿 nuanjiao 轿内放置烘笼儿使轿子暖和：有～的火笼，轿子头就热和。亦作"轿烘笼儿"。

挪 nuo 拖：作业～到下次做。

懦汉儿 nuohanr ①傻乎乎，懒惰、懒汉、赖皮、邋遢之人，泛指生活习性或工作作风极差者：～装正神，空了吹！②喻鬼：慌啥子，～撵起来了嗦？

噢 o 叹词，表示了解或知道了：~，晓得了。

欧倒 oudao 故作姿态，绷酷：看你~啥子时候！

欧份儿 oufenr 故意装出一种身份，坤显气质：~，多半是假坤。

欧起 ouqi 故意摆架子，摆资格，绷起：~，不失体面。

讴 ou ①小声唱歌，哼歌：边走边~《卧龙岗》。②装模作样：你不求他莫得事，求他，反而~起了。

怄 ou 生气。顺口溜："年轻不生够，老来把气~。"成都童谣："你不吃，我不~；你吃了，我不够！"

怄气 ouqi 生闷气：~伤肝。

怄人 ouren 气人或以反义进行赞扬：娃娃~得很！

怄腾了 outenliao 气怄得来无法忍受的程度，气死血，痛木了。又为"怄腾咯、怄好了"。

怄绉绉 ouchuchu 绉绉，读"刍刍"。形容生气的样子：看到老师~的样子，学生娃些都不吭声了。

炟 pa ①软绵，无力：人，越睡越～。歇后语："胆小鬼走夜路——没得不～脚的。"②形容做事疲遢：看他～叽叽的样子哦！③食物熟透而柔软或腐烂：～得来都在流水了。④软弱，怯懦：耳朵一～，周身都～。⑤软。成都童谣："天上下雨地下～，一窝蚂蚁在搬家。过路大爷莫踩我，为儿为女才搬家。"

炟的 padi 戏称私营之三轮车：老几赶～来的。

炟耳朵 paerduo ①耳朵绵软不硬，耷起，喻指怕老婆惧内的男人，俗称"妻管严"：～有福气。②早年间成都街头常见自行车侧面挂一小拖斗的偏三轮，拖车内常坐着一脸轻松的妻子，而蹬车的往往是满脸是汗的丈夫，故戏称为～。

炟和 pahuo ①软和，食物煮到松软化渣的程度：东坡肘子就～。②（占）便宜：老几又想来吃～了。③喻指容易获取的，不需要付出相应劳动的（轻松之工作）：活路～，两下就弄熬搁了。④软弱，懦弱。复句：炟炟和和。

炟呆呆 padaidai 软绵绵，喻指骨头：他那副～的样子，倒是可以去演叛徒。

炟和工分 pahuogongfen 不需要下很大气力就可挣到的工分。当年知青下乡时，生产队为了照顾他们，安排他们与妇女、儿童一起干活，或者是做教书、在宣传队吹拉弹唱等晒不到太阳的事，有时甚至是没干活也能骗到手的工分。

炟红苕 pahongshao ①烤红薯：～好香哦！②烂红薯：地窖头净是～。

炟蕉儿 panianr 指烤红薯：成都人把炟红苕叫作"～"。

炟泥鳅儿 paniqiur 一种泥鳅火锅的称谓：去城隍庙吃～。

炟炟菜 papacai 白水煮蔬菜，主要有青菜加老南瓜，加茄子跟豆角、洋芋等，混煮后可蘸豆瓣碟子，既炟和热和又刮油下饭，是成都农家乐里最逗人喜爱的绿色菜品之一。

炟豌豆 pawandou 煮得极炟且化渣的豌豆，成都人常用于豆汤饭作佐食：～煮汤。

炟协 paxie "炟耳朵协会"的趣称：怕老婆就参加～。

爬 pa ①手脚并行。歇后语："螃蟹夹豌豆儿——连滚带～。" ②损人语，不想与之说话，斥人滚开：给老子～！

爬哦 pawo 滚开，喻指受干扰或讨厌他人之愤言：给老子～！

爬开 pakai 一种嫌弃不想理人的态度，或吼着让人赶紧离开，滚蛋：～些！

爬拉耸 palasong 带有强烈的戏谑、奚落的语气，喻拒之门外，不想理会：好狗不挡路，给我～！又为"爬啦耸"。

爬爬虾 papaxia 一种人工饲养，呈鲜红色的大虾：～属于成都麻辣烫的干锅美食。

爬起来痛 paqilaitong 事后难受：跘倒（跌倒）不痛，～。

爬远点 payuandian 滚远点：给我～！

怕 pa 应该，像是：你～是要出院了哦｜你～是想过烟瘾了哇？

怕毛啊 pamaoa 反语，什么都不怕：～，给我冲！又为"怕毛嗦"。

怕说得 pashuodei 字面意义为"害怕说的话"。在川话中，表面看似退后一步，实质是加以强调的表达方式：～的话，硬是说的话。

帕帕儿 papar 帕子，手帕：送你一张红～。

笆子 pazi 竹子编制的钉耙，打整地上的枯叶或薅刨稻草、晾晒农作物时使用的竹笆子。

趴 pa ①趴倒，伏下：把妖精打来～起了。②倒霉，喻指生意经营不善：生意都整来～起了，还有啥子话说嗬！

趴使 pasi ①英文"pass"的音译，常译作"派司"。可理解为通行证、工作牌、证件、护照等。②去掉，下课（免职）之戏说。

扒扒 papa 竹耙、耙子、笆子。成都童谣："天上下雨地上滑，一个大嫂回娘家。背上背个小娃娃，右手拄把烂～，左手抱个大冬瓜。尖尖脚儿把路跘，一溜溜个仰巴叉，要顾娃娃，要捡冬瓜，要抓～。急得她两眼花，啊呀呀，我的妈，二回我再不回娘家。"亦作"扒扒儿"。

牌方 paifang 儿童游戏：跳～。用粉笔在地上画出方格，然后掷一瓦块或代替物，单脚作跳并将其挨个踢进踢出即算赢家。

牌牌儿 paipair 工作牌，标牌，喻证件等：拷～才进得到单位的大门。

排 pai ①瘦：陈干朽儿就～。②向外排开：外八字脚，～起走。

排解 paijiai 调解：牵扯到法律方面的事，还是要安大律师来～。

排轮子 pailenzi 排班站队。

排排坐 paipaizuo 坐成一排。成都童谣："~，吃果果，中间坐个大哥哥，你一个，我一个，弟弟睡了留一个。"

派场 paichang 用场：乌木终于有了~。

跘倒 pandao 被绳索等物件缠跘摔倒：遭绳绳儿~了。

盘 pan 抚养，养育，喻带儿女：娃娃些都~大了，寇婆婆该享福了。

盘儿盘女 panerpannü 带儿育女：~，人就过了一辈子。

盘盘儿 panpanr ①盘子：~头有果果。②脸：女娃子的~长得好看。③粗活，喻指无所作为：这哈儿不争气，谨防二天洗~。

盘心 panxin 心凶，心厚，贪心：莫怪老姐子生了个~女。

盘子 panzi ①方向盘：老几的汽车~耍得圆哦！②脸蛋儿，脸盘子。

滂臭 pangchou 极臭，非常之臭：陈古八十年的东西了，咋不~嗦！

滂霉臭 pangmeichou 东西发霉散发出的臭味：久不住人，屋头有一股~的味道。

滂烟子臭 pangyanzichou 烟熏味：抽、抽、抽！一开门就闻到~。

搒 pang 读"滂"。①碰撞，摸，挨着。歇后语："风吹梨儿树——疙瘩~疙瘩。""火炮儿性子——~倒就嘣。"②触动：戳倒~倒都是事。③惹，做：违法乱纪的事，你去~嘛！④打探，试探：大丰修路的事，你哥子先去~一下再说？亦作"傍"。

搒倒 pangdao ①惹着：~麻烦了。②挨着，挨到碰到。歇后语："镔铁脑壳——~就响。"③靠近，遇到，动不动：~就开闹，简直莫名堂！亦作"傍倒"。

搒默倒 pangmidao 默，读"眉"。动不动：~就哭！亦作"来不来"。

膀箍箍 pangkuku 猪肘上部（大腿根部）的肉：成都温江苏肘子的~就炻和。亦作"髈、膀"。

膀圈 pangquan 比较粗大的玉圈（手镯）。

胖大海 pangdahai 通大海，即梧桐科植物的种子：~泡水医嗓子哑。歇后语："~掉进黄连水——苦水里泡大的。"亦作"胡大海"。

胖娃儿 pangwar 胖娃娃。成都童谣："~胖嘟嘟，骑马上成都，成都又好耍，~骑白马，白马跳得高，~耍关刀，关刀耍得圆，~滚铜圆，铜圆滚得远，~跟到撵，撵又撵不上，冤枉跑一趟。"

泡 pao ①把东西放在水里或溶液中浃泡。歇后语："吃稀饭~米汤——清上加清（亲上加亲）。""一斗米～一斗——没涨（账）。"②松软不坚硬的东西。歇后语："～沙石打磨子——开不起齿（比喻无法开口）。"

泡巴 paoba 发糕，米糕：～可以当点心吃。

泡菜 paocai 用盐水、香料浸泡发酵的价廉物美的佐饭菜，又叫"随饭菜"：成都～具有色香味形、脆而嫩的特点，故诱人产生食欲。

泡菜水 paocaishui 专门用于制作泡菜的盐水，一般是用食盐加一定比例的冷开水，再放少许香料、花椒、辣椒、红糖、绍酒和老盐水等：～的好坏，直接关系到泡菜的质量。

泡菜坛子 paocaitanzi 泡泡菜的坛子。歇后语："～头的秤砣—— 一盐（言）难尽。"

泡茶 paocha 沏茶，即用沸水冲泡茶叶。亦作"倒茶"。

泡儿 paor ①冒泡：堰塘头冒～，有大鱼。②喻指回应，反应：难道是银子掉到水里了吗？～都没得哈过！

泡毛 paomao 鲁莽从事：～一点儿就戳拐。

泡毛鬼 paomaogui 冒失鬼：盘盘碗碗都遭屋头那个～打烂完了。成都童谣："～，担淅水。担上坡，打烂锅。担上坎，打烂碗。"歇后语："水打棒反穿皮袄——～。"

泡木 paomu ①能够做瓶塞的松软木材：掺（倒）了开水，～塞子要揿紧哈！②较软之木：～不成材。

泡泡肉 paopaorou 脂肪多而虚松的（肥）肉。①指人身上的肚皮肉：肚子上尽是～。②指猪肚子上的肉：～便宜。

泡泡糖 paopaotang 可以吹泡泡的糖果，口香糖：吃完饭嚼个～。歇后语："小娃儿吃～——吞吞吐吐。""～粘住糯米饭——扯也扯不开。"

泡三花 paosanhua 因成都茶客习惯喝一种由茉莉花炒制的"三级花茶"，～便是指一种基本的消费。

泡绍 paoshao ①形容松软，酥脆：发酵的馒头，～。②不紧不板，喻指小孩长得快或胖而健康：马骁那娃儿长得好～哦！又为"泡哨、泡臊、泡稍"。

泡酥酥 paosusu ①经过发酵之后出现的泡绍状。②形容（小孩的）个头大块或显富态。

炮打四门 paodasimen ①喻指档次较低，质量差劣的东西或食品：吃了些～的东西。②没名堂，没分量：她真把～的东西当成了金宝卵。

刨 pao ①减去：收了钱，先～两个揣起再说｜～开他两个不算。②掘：古树底下～个金娃娃出来。③吃：锅头还有（饭），慢点子～。

刨不转 paobuzhuan 刨不开，比喻对付不了。

刨堆堆 paoduidui 量词，按堆计数并进行分配：红苕挖出来，~分哈！

刨饭 paofan 大口吃饭：架势~，饿慌了嗦！

刨拢 paolong 归拢：把胡豆~一堆。

刨刨 paopao 一种挖掘用的小工具：铲子去不到的地方，拷~去。

刨钱 paoqian 挣钱：血盆子头~。

抛撒 paosa ①浪费：~粮食该挨饿。②落下，撒下：这些渣滓是汽车上~下来的。

抛文架武 paowenjiawu 形容说话拖腔拿调：文文绉绉，~，哪个听得懂嘛！

抛腻子 paonizi 川剧界泛指剧目中男、女角色用眼示意的情节或动作。

跑不脱 paobutuo 跑不掉。歇后语："网头的鱼，笼头的鸡——~。"

跑得脱 paodeituo 跑得掉，但语气加重时便成反语。民间俗语："~，马脑壳！"

跑偏 paopian 走偏：汽车~了。

跑山猪 paoshanzhu 敞放饲养的生态猪：~的肉跩实。

跑趟趟儿 paotangtangr 来回地跑，喻跑路：哥子把舵，我们~就是。

跑冤枉趟子 paoyuanwangtangzi 形容事没做成，冤冤枉枉跑一趟。

拍巴巴掌 peibabazhang 双手击掌，鼓掌，欢迎。歇后语："半天云头~——高手。"亦作"打欢头儿、拍手板儿"。

拍倒掌 peidaozhang 带讽刺意义或羞辱他人的鼓掌行为：老几上台就遭~。

拍豆腐干儿 peidoufuganr 一种儿童游戏。即将书籍纸等折叠成如"豆腐干儿"的四方形，用手在地上拍打：~耍，翻者为输。

帔帔妹儿 peipeimeir 妇女和儿童垂在前额的整齐的短发，刘海儿。亦作"披披毛儿、妹妹头、乖乖毛儿、披毛儿"。

批 pei 读"呸"。原指看相批八字，现为作判断，下结论：他选哪个，请你~一盘 | 不消~就可断言。

批叫 peijiao ①估，谙，算，猜测等：只晓得~，不晓得看牌。②麻将俗语，预算和牌之趣语：老几~是高手。

批死 peisi 肯定词，不可能再变，断言：~了老几翻不过六十的坎坎。

批一哈 peiyiha 猜或估量一下：你~，这抓香蕉有好重？

赔耍档 peishuadang 因闯祸或麻痹大意而招致的赔偿：不会养猪，只有~。

陪倒 peidao 伴随，陪伴，与之一道。

盆盆儿 penpenr 盆子：把~头的水倒进缸里。

盆盆堰 penpenyan 在盆子里洗澡；将就洗一下～算了。

盆盆宴 penpenyan 用盆子盛菜的宴席：坝坝头吃～安逸。

僋 pen 读"喷"。①半躺半靠：～睡着了。②把本来没有关系的事物靠（关联）在一起，或靠着等。通常用"傍"代之：～到大哥大操（耍）。③靠着：老娘～在门边上望儿归。

僋拢 penlong 靠拢，挨着：～点好看。

僋僋 penpen 靠背。歇后语："椅子掉了～——不可靠。"

僋僋椅 penpenyi 有靠背的椅子。歇后语："～断了背——没依靠。"

僋起 penqi 与之紧贴，跟随，寄希望于他人：群众演员跟巴蜀笑星～。

僋倒 pendao 依靠：～哥子操，不得挨飞刀！

僋不拢 penbulong ①挨不着，搭不上话，喻显骄傲自大：人家港，我们～。②买东西挤不上潮：人太多了，～就莫法。③靠不上，沾不着，不是对手：人家武艺高强，根本～。

碰 pong ①麻将俗语，碰牌，吃碰：你要～，我就割（和）了。②偶合，碰巧。歇后语："缺牙巴咬虱子——～端了。"③试一试，喻碰运气：不成功也要～一下。歇后语："瞎子穿针——过～。"④遇见，遇到：出门就栽跤，硬是～到鬼了。⑤靠近，接触：伤口一～就流血。⑥会面，见面。成都童谣："月亮走，我也走，我和月亮是朋友。月亮池塘来洗澡，约我今夜去～头。月亮游，我也游，我和月亮手拉手。月亮跳舞来逗我，约我明晚再～头。"

碰到 pongdao 碰上，遇见：你猜我今天～哪个了？

碰端了 pongduanliao 巧遇，碰巧：刚好～。歇后语："夜壶头春蒜泥——～。"

碰面 pongmian 碰头，相遇，见面。歇后语："大年初一～——尽是好话。"

碰碰和 pongpongfu ①麻将的一种和法，全部通过碰牌而叫和。②遇见工作才去做，打短工。又为"碰碰吃"。

捹灰 ponghui 扑满灰尘：衣服不捡，挂在那儿～嗦？

烹香 pongxiang 喷香，非常香，香气扑鼻：茉莉花开了，～｜老都老了还搽得个～，妖精使怪的！

朋起 pongqi ①打伙，合伙，联合：～做生意。②麻将俗语，输赢各半：我们两个～。

朋友三四 pongyousansi 几个朋友：子默先生的～多。

捧着 pongdao 着，读"倒"。用双手托，端：～金饭碗找饭吃。

疲 pi ①疲惫，疲软，乏力：时间整长了，人就～了。②绵长，慢性子：怪得很，～师专找（嫁）激动分子。③温度下降：开水变～了不好泡茶。

疲了 piliao 东西潮解或返潮：酥花生～。亦作"回了"。

疲塌 pita 不振作，不敏捷：～之人，哪还有啥子干劲哦！复句：疲疲塌塌。

疲沓嘴歪 pitazuiwai 过于劳累，疲惫不堪的样子：累得个～。又为"疲耷嘴歪、疲打嘴歪"。

皮灯影儿 pidengyingr 皮影：木偶剧团来学校演～。亦作"灯影子"。

皮褂褂儿 piguaguar 皮背心：妈那件～样式好看。

皮面 pimian 表面，外表：马屎～光，里头一包糠。亦作"口皮"。

皮泡眼肿 pipaoyanzhong 肿得泡眼：今天～的，昨晚没睡好。

皮皮 pipi ①表皮，表面，表层，皮层：看不见～，却晓得内瓢子是咋生起的。歇后语："大蒜的～——一层管一层。"②衣服，服装，制服：脱了那层～，比叫花子都不如。③外表，喻指过失责任：不容分说，偷儿的～是背起了。④皮肤：拿创可贴来，我的肉～遭擦伤了。⑤水果的皮子：水蜜桃撕了～吃。

皮皮翻翻 pipifanfan 形容皮肤粗劣，疮伤翻起，创伤裂口。

皮条子 pitiaozi ①皮带。歇后语："～打人——软收拾。"②趣称蛇：养～来钱，但就是吓人。亦作"溜子"。

皮砣子 pituozi 拳头：～盖脸。亦作"掟子、砣子"。

皮子造痒 pizizaoyang 形容烦躁不安，一副想挨揍的样子。歇后语：～想挨打。

偏滴点儿 piandidianr 偏离一点（方向）：棒棒～就打倒脑壳了。

偏冻雨 piandongyu 分龙雨，即夏天的暴雨：那边天黑，在下～。歇后语："六月间的～——来得凶，去得快。"亦作"偏东雨"。

偏斗斗儿 piandoudour 自行车侧边加装的可以载人（物）的车（座）位，又为"偏三轮儿"：～蹬起，总是有点扭起扭起的。

偏门儿 pianmenr 喻指邪门歪道：正道不走，走～。

偏偏 pianpian 紧靠墙边（临时）搭建的棚子（简易住所）：搭个～。

偏远八远 pianyuanbayuan 指偏僻较远的地方：～喊我们去，真是的。

便宜 pianyi 价廉，相因：图～嘛，结果捡了个漏灯盏（破烂货）。

片片 pianpian 读重音。扁状物。①铁皮：锁匙～。②竹片：竹子～。③药片：～药。

遍坝 pianba 遍，读"谝"。一大片，到处都是。歇后语："漏嘴巴吃饭——~撒满。"亦作"满坝、一坝、遍坝子（头）、谝坝"。

谝 pian ①夸口或赞扬：老几在婆娘面前~圆了。②花言巧语，纠缠：~婆娘（女人）。

谝嘴儿 pianzuir ①能说会道：有人比你还会~。②夸耀：~夸自家。③瞧不起：好多人见了传销的，都在~。

嫖 piao 赌：~你二十四个胆子，未必你敢去。

嫖起 piaoqi 麻将俗语，增添番数而加注：~打就有点烈了。

飘轻 piaoqing 无重量感，轻飘飘的。歇后语："纸做的秤砣——~。"

飘扬 piaoyang 表扬的戏说：经常~到的人自然干劲大。

瓢把瓢 piaobapiao 指瓢勺装舀东西的数量，一两瓢：汤头加个~盐就够咸的了。

瓢儿 piaoer 汤勺：挼~来给客人舀汤。

瓢儿白 piaoerbei 一种头部像勺子的青白菜：烩炒~。

漂白 piaobei 改头换面：~之后摇身一变，莫人认得了。

漂色 piaose 颜色鲜艳：女娃子大了，总想挑~点的衣裳穿。

票儿 piaoer 钱。歇后语："抱起~跳河——舍命不舍财。"

瞟 piao 瞟眼，睢，瞅，睃：好不好看，~一眼再说。

熛 piao 读"瞟"。燎：点把谷草~了茸毛毛，鸡咽咽才好下锅。歇后语："火~竹林盘——一派（片）光棍儿。"

撇脸 pielian 把脸车到一边，表示不予理视：见人就~，是不好意思喃还是在装怪？

撇脱 pietuo ①干脆，洒脱，干净利落：爽快~无过场。②简单，简便：手续~。③轻松，容易：这事~，你就不用再操心了。又为"迫脱、劈脱"。

孬 pie 读"撇"，合意合音字。不好。歇后语："麻布上绣花——底子太~。"

孬得很 piedeihen 很差，不好：这块料子~。

孬火 piehuo 哑火。形容差劲，没出息：遇到~就倒霉。

孬火药 piehuoyo 形容不称职，仗笨，差劲，丢脸等：真是一个~！

掰 pie 读"撇"。用手把东西分开或折断：~一半饼干给弟弟吃。

掰断 pieduan 折断：把~的树子包扎好。

拼 pin ①攀比，比试：花衣服~不过大红袍。②拼凑：百家衣是大伙儿一针一线~起来的。③以物为注之博弈：算了，人咋个~得赢机器嘛！④合在一起。成都童谣："一堆积木有五色，弟弟~成小火车。忙喊奶奶快来坐，我为奶奶开专列。奶奶笑得前后倒，越看越是不明白：你叫奶奶哪里坐？这是积木不是车。"

拼盘 pinpan 几种腌卤肉制品合拼入盘，也有用卤豆腐干、卤花生等进行组合的"素拼"：~好下酒。

呼啊嘣 pingabong 呼呼嘣嘣，敲击碰撞声：隔壁子搞装修，敲得~的。

瓶把瓶 pingbaping 量词，一两瓶：妈咳得恼火，看来止咳糖浆要吃个~才归一得到。

瓶瓶儿 pingpingr 瓶子：要把屋头的~罐罐摆满，他才安逸。

瓶瓶儿底底 pingpingrdidi 瓶子的底部：马骁抖嗖，把~的糖都刮干净了。

拼道横 pingdaohen 比拼本事，显示能力或本领等：孙悟空跟妖怪两个~。

凭 ping ①凭借，靠。歇后语："啄木倌儿找吃——全~一张尖嘴。" ②沾，喻占便宜。歇后语："蛆蚊子（绿头苍蝇）做媒——到处~油嘴。"

凭哪点 pingnadian 根据什么。

凭啥子 pingshazi 凭什么，为什么：~要紧倒开会嘛？

婆婆妈妈 popomama 啰唆，爱唠叨：~说不完。

坡 po ①土坡，山坡：到哪个~唱哪个歌。②喻指困难：要成家立业，正是我们爬~的时候。

坡坎儿 pokanr 喻指困难，障碍：人生一辈子遇到的~未必还少嘛？复句：坡坡坎坎儿。

坡坡 popo 小山坡：爬不完的~坎坎。

破 po ①豁出去：~着命不要，也要把队长救出来。②损失：~点财，才收拾得下来。亦作"颇"。

破费 pofei 客套话，让人出钱：让您老人家~了。

泼 po 放泼，耍横：披头散发在耍~。

泼烦 pofan 心情不好，烦躁不安：心头~｜心焦~。又为"迫烦"。

泼皮 popi 无赖之人：~娃娃。

拨 po 读"泼"。帮，伙：走了一~又来一~。

潽 pu 盈，水沸腾或满后溢出：开水~了。

260

潜湫漫限 puqiumanxian 喻装得很满，完全溢了出来，漫过了容器的边沿：水缸装得～的。又为"潜湫漫涎、潜湫满沿、潜湫闷限"。

蒲扇 pushan 一种蒲叶做的桃型扇子。歇后语："烂～打脸——不痛不痒。"亦作"大叶扇、扑扇"。

扑爬 pupa 朝前摔倒，跌倒、跌跤。歇后语："打鼓匠跘～——横起帮一腔。"亦作"饿狗扑屎、饿狗抢屎、磕爬、扑扑、扒扒"。

扑爬跟斗 pupagendou 跟斗，筋斗。①失去平衡摔倒的动作：～犹如饿狗抢屎。②形容着急间的跑动：～跑圆了。亦作"扑爬连颠"。

谱谱 pupu ①大概情况：摆了半天都巴不到～。②与主题不符的方案或计划：巴不到～的事不要拿到会上来摆。③有数。歇后语："闭倒眼睛唱小调——心头有～。"

铺陈 puchen ①卧具：打开～好睡觉。②铺设：她屋头这一笼～才要话说（喻指昂贵）哟！

铺当 pudang 铺子，店堂：卖布的～。

铺盖 pugai 指棉被，被褥，被子。懒人趣语："洗脚不如洗～，洗～不如翻转盖。"成都童谣："洋娃娃，睡凉床，没得～盖衣裳。妈妈问她哭啥子，我要吃点米花糖。"歇后语："懒人的～——不理。"

铺盖面 pugaimian 一种手工扯制成的特别宽厚的面食。

铺盖窝儿 pugaiwor 被窝。歇后语："～头眨眼睛——自己呵自己。"

铺开 pukai 展开，摊开：把地图～。

铺笼罩被 pulongzhaobei ①铺盖、床单、枕头、蚊帐等床上用品：知青下乡，～都要置齐。②喻指家当：狠心的王保长，连～都裹走了。亦作"铺笼帐被"。

铺派 pupai ①安排，指派：老大～的事，照办就是。②数落。

铺窝窝 puwowo 窝窝：鸟窝，窝子。①铺床：～睡觉。②做窝，摭窝：雀雀儿在～。

记性 qixing 记，读"气"。指记忆力：~好，忘性大。

气场 qichang 喻人气氛围：人多捧个~。

气倒起 qidaoqi 喻怄气：毛娃子说话不注意，把人家~了。

气都不好气得 qidoubuhaoqidei 气话，喻不知怎样生气才好：我那个幺儿哦！乖的时候非（常）乖，歪的时候非（常）歪，弄得你~。

气鼓气胀 qiguqizhang 气鼓鼓的。歇后语："癞疙宝上蒸笼——~。"

气管炎 qiguanyan 形容惧内的人，引申为"妻管严"。

气裹食 qiguoshi 生气时进食：老还小，不要给婆婆吃~。

气气 qiqi ①气味：氨水的~呛鼻子。②气质：各人有各人的~。

气起跑 qiqipao 把人气走：没说两句咋就~了嗬?

气死血 qisixue 怄气到麻木的程度，以致丧失了感觉，为怄腾了的样子。

气腾了 qitengliao 非常生气的样子：自行车遭锥了钉子，老几~！

气性 qixing 脾气：老大脾气躁，老二的~好。

齐扑扑 qipupu ①整齐，一致：水稻长得~地一般高。②一齐：~来，零散地走。③麻将俗语，一色：摸起牌就是~的万字。

齐崭崭 qizhanzhan 整整齐齐：看把书本理得~的，就晓得这娃儿是个爱收拾的。

七股八杂 qigubaza 形容零乱，乱七八糟：染坊里，~地太乱了。

七姑孃儿 qiguniangr 豆娘，七星瓢虫：盐市口有~的玩具卖。亦作"七姑娘"。

七老八十 qilaobashi 年纪大：不要看他~了哇，还硬肘得很呢!

七翘八拱 qiqiaobagong ①七嘴八舌，难得统一：有点事就~的，咋搞得好嘛！②形容凸凹不平：~，按不平。又为"七拱八翘"。

魌头 qitou 本指古时打鬼驱疫时扮神者方相氏所戴的熊皮面具，或指成都旧时出丧时丧家沿途撒的（可供人随意捡食）小面人等物，现多引申为沾小利或购买便宜货等：吃～。亦作"欺头"。

欺哄黑诈 qihongheizha 诈骗：少在我面前～哈！

漆黑 qihei 油漆般的黑色：～的家具慢慢个儿地翻红了哦！

漆黑家 qiheijia 天黑的时候：黑瞎子～就进村了。

漆麻打黑 qimadahei 形容黑极了：伸手不见五指的天，简直就是～。

旗旗儿 qiqir 小旗帜：小～。

骑马马 qimama 骑摇摇马。成都童谣："～，过桥桥，遇坎坎，跳一跳，碰河沟，绕一绕。小心走，莫跌跤，走拢了，见外婆，外婆给我甜糕糕。"

骑马马肩 qimamajian 成都儿童游戏：一人做马在下，另一人双腿架于其肩，双手搂其头，视作骑马做奔跑状。

汽 qi 馏，即把熟的食物蒸热：冷馒头要～一下才好吃。

起 qi 量词。①计人群：几～人码在那里做啥子？②计事物：几～事堆到一块儿了。

起不到坎 qibudaokan 比喻发不了家。歇后语："井头的蚂蟆儿——一辈子都～。"

起打猫儿心肠 qidamaorxinchang 起歹心，起贼心。

起房子 qifangzi 建（盖）房子。歇后语："蛰珠子～——牵线。"

起火 qihuo ①发脾气：鬼～！②燃烧。歇后语："～上房檐——劲使到顶。"

起鸡皮子 qijipizi ①受冷或惊吓的刺激，身上起的鸡皮似的疙瘩。②形容肉麻：说些话哦！让人身上直见～。

起坎 qikan 积攒，发财，找钱，喻得到非分之财：想在你身上～，可能吗？又为"启坎"。

起来 qilai 发福，翻身，老来红：苦了一辈子，这哈儿终于～了。

起摞摞 qiluoluo 堆起。①形容问题很多：把细一看，问题多得来～。②形容懒人或邋遢鬼：身上的虱子～。

起猫儿 qimaor 猜疑，起疑心：好好干，别让人再～咯。

起面 qimian 发面，酵面：～发酵蒸馒头。亦作"酵母子、老面"。

起气 qiqi 生气：又惹老汉儿～了。

起头 qitou 刚才，起初，开头，开始：～就想要。歇后语："耗子啃老南瓜——排不～。"亦作"起先、才将"。

起眼 qiyan ①抬眼，瞧。民间俗语："提刀割肉，～看人。"②看得上，打上眼：一～就晓得东西的好坏。

起心 qixin 有所想法，喻指带有某种目的、计划，准备去做：老几～不良。

起泫泫 qixuanxuan 物质表面产生的黏糊泫状物，一般指东西腐坏变质：蛋糕~了就不要再吃了哈!

起盐水 qiyanshui 初制（主要以盐为主的）泡菜用水。

起子 qizi 螺丝刀：螺丝松了，要用梅花~。亦作“启子”。

跲 qia 跨，迈步：~过沟。又为“跒”。

恰 qia ①刚好，合适，恰好：布料~~有一尺长。②分量稍差一点儿：今天（食堂）打的饭有点子~。

掐 qia ①摘：~豌豆尖儿。②使劲（迅速地）关闭（手机）：骚扰电话，~了了事。③计算：时间~准了的。

掐熄 qiaxi 用手指将烟头之类的烛火捏熄掉：烟锅巴要~哈!

楿 qia 多音字，又读“卡”。挤入，卡轮子：排班~位还有理嘛?

楿楿 qiaqia 夹缝，死角，卡卡：其实兔脑壳~头的肉才是最香的。

卡 qia 多音字，又读“胩”。搴：牛肉干嚼起~牙齿。

卡起 qiaqi 比喻办事情不顺利。歇后语：“耳朵上搁烟——~的。”

卡位 qiawei 破坏秩序，挤占别人的排位：买电影票不兴~。

拃 qia 读“扦”。拇指和食指尽量张开之度的尺寸：这本《英汉词典》刚好一~宽。

牵肠挂肚 qianchangguadu 牵挂：过年不回家，弄得一家人~的。

牵扯 qianche 牵连：虾子翻船，~了一饼人。

牵襟襟挂绺绺 qianjinjinguaIiuliu 衣衫不整，襟襟绊绊的。形容不爱整洁，不拘小节。

牵起线线儿 qianqixianxianr 喻指排起长队。

牵须 qianxu ①皱纹：人老了眼角都~了。②谐“谦虚”之音，歇后语：“虾子过河——~（谦虚）。”

千烦 qianfan 悖（费）到住。指特别调皮捣蛋的孩子的淘气行为，多属好动症所致。歇后语：“刷把上打筋斗——签翻（~）。”又为“迁烦”。

千千子 qianqianzi 形容许多，以千计的钱：耍当赔了~。

千手观音 qianshouguanyin 喻指爱用手乱搞东西的小孩：~手不停，欠打欠挨多淘神。亦作“欠耳子娃娃、纤杂板儿”。

钎钎 qianqian 钢钎：~搓好，看挎倒人。

扦担 qiandan 两头尖的竹竿扁担，可直接插入打谷桶或成捆的柴草里将其挑起：~挑水桶，两头都滑脱。成都童谣：“~姑儿，送贺米，妈妈引个瓜幺女。爹说拿来打死她，妈说能看鸡鸭能看家。”亦作“签担、千担”。

签栏桌子 qianlanzhuozi 写字台：~上码了好多线装书。

签签 qianqian ①牙签，竹签：织毛衣的~｜串串香靠数~算账哦。②（鱼）刺（读字）：吃鱼千万要注意~哈！

签签佬佬 qianqianlaolao 竹签之类的杂物。

欠挨 qianai 欠揍。又为"欠打"。

欠火色 qianhuose 差点火候：牛肉只有七八成熟，还~。

欠瞌睡 qiankuoshui 缺乏睡眠，休息不够：~的亚健康。

沃 qian ①寒，手感觉冷或受冷的刺激：手冰~。②思念、牵挂：老人想娃娃，都~起病了。亦作"清、冰冷"。

呛人 qiangren 烟子燃人：蚊烟儿的烟子好~哦！

炝锅面 qiangguomian 经熟油佐料及肉丝等炒制的刀削面。

象 qiang 读"呛"。相像、相似：头大脚小，就~莲花白一样。

锖锖齐 qiangqiangqi 乐器中的镲镲或镲镲发出的声响。民间俗语："锖、锖，~，抢不到就不要吃！"

框框 qiangqiang 读"腔腔"。框子。歇后语："烧烂的灯笼——光~。"

藏 qiang 读"墙"。隐藏：奶奶把钱~在被子角角头。

藏藏猫儿 qiangqiangmaor 捉迷藏的儿童游戏：逮~。

强求 qiangqiu 不顾实际，强行要求：命中带有不~。

墙笆子 qiangbazi 竹墙壁：~垮了。

墙拐子 qiangguaizi 墙角。歇后语："电灯照~——明（名）角。"

抢到 qiangdao 争抢：东西~吃香些。

抢杠 qianggang 麻将俗语，抢和杠牌者的那张牌。

抢手 qiangshou 比武切磋，现多指打架。成都童谣："要~，盐市口；要打架，渣滓坝。"

抢手货 qiangshouhuo 热卖的物品：稀缺的~。

抢眼 qiangyan 打眼，胀眼睛：招摇过市太~。

俏荤 qiaohun 带肉的菜肴，通常指肉少菜多：肉渣渣炒菜也叫~么？

翘 qiao ①得意，骄傲，自高自大：有本事的人，该~！②供不应求：这二年的猪儿肉~哦！③反悔：这盘说好了，不准再~了。④抬起，向上。成都童谣："下雪啦！下雪啦！小朋友们笑哈哈。笑哈哈，齐动手，门前堆个雪娃娃。雪娃娃，都爱他，鼻子~得高，眼睛圆又大。望着我们笑，张着大嘴巴。"歇后语："~扁担做吹火筒——一~（窍）不通。"

翘翻 qiaofan 被推翻。

翘鬏鬏儿 qiaojiujiur 翘起的短辫子。

翘盘 qiaopan 反悔：说好了的事他居然还敢～，果真是吃了豹子胆！

跷脚老板 qiaojuolaoban 把生意交给手下人管理，自己只管收钱的老板：
当～，潇洒。

跷跷板 qiaoqiaoban 一种可供两人或多人玩耍的简易游乐设施：～好耍。

撬二押三 qiaoeryasan 说话蹊跷古怪：～，阴阳怪气，真是讨厌！

撬撬 qiaoqiao 小铲，凿子：～挖不动拿锄头来。

桥 qiao 有问题，喻指方脑壳：那人脑壳是～的。

桥起 qiaoqi 弓起，顶起，意见大，表示反对，不愿去做，故意对抗：就她一个
人～在。

桥当头 qiaodangtou 桥头上：～有块告示牌。

悄悄 qiaoqiao 喻不让别人听到、看到。成都童谣："我和姐姐采菱角，碧
绿荷塘荡青波。采得菱角一串串，一串菱角一串歌。小菱角，角对角，有
话～对我说。春节慰问解放军，甜甜的菱角端上桌。"

悄悄个儿 qiaoqiaoguor 悄悄地，不声不响：～地进去，不要影响人家睡午
觉。

悄悄话 qiaoqiaohua 咬耳朵，小声而不想让他人知晓的耳语。成都童谣：
"～，鬼打架，两个鬼，一样大。"

悄悄咪咪 qiaoqiaomimi 不声不响，阴悄悄：～杀进馆子的还有王光荣。又为
"悄悄眯眯、悄悄区区"。

蜞蚂儿 qiemar 青蛙：菜花蛇咬到～造孽。亦作"喀蚂儿"。

浕 qin ①渗透，沁出：血～出来了。②浸泡，发胀：～泡豆子。③染：～染料
子。

勤 qin ①变动太快：来得～了点。②尽力去做或不断地做：卫生打扫得
太～了。

勤快 qinkuai 勤劳：老大懒，老二～。

勤扒苦挣 qinpakuzheng 艰苦奋斗，辛勤劳动：你说我们哪家不是～地过日
子？

轻飘飘 qingpiaopiao 捞轻，无重量的感觉：假金子，胎到手上就是～的。

轻巧 qingqiao 轻松。民间俗语："说得～，吃根灯草。"

晴转阴 qingzhuanyin 形容脸色或态度突然改变。

青 qing 紫色，喻皮肤上瘀血形成的紫斑：郑茂身上咋个～一块紫一块的哦？

青冈棒棒 qinggangbangbang 青冈木棍：～做的锄把子才经使｜～上发得有木耳。

青冈皮 qinggangpi 形容粗糙，皱纹多的手：婆婆的手简直就像～一样。

青沟子 qinggouzi 以婴儿屁股上的青色斑块，借指年龄小、不成熟懂事的人（多指男孩或男青年）：～娃娃不懂事！又为"青勾子、毛桃子"。

青红皂白 qinghongzaobei 喻指缘由：不问～就给人家捉起去。

青口水 qingkoushui 像水一样的唾液：闻到胸脑香，～就包起了。

青脸寡色 qinglianguase 面容发青，脸色难看：你咋个搞成～的样子了，是不是生了啥子病哦？

青篾 qingmi 青色的竹子篾条：～编篓，黄篾编筐。

青皮 qingpi 喻指年轻人，青工，新手：～好学就好。亦作"青梅"。

青水脸 qingshuilian 脸色发青：绷起一张～吓人嗦！

青头儿包 qingtourbao 指头上冒起的紫青色的疙瘩，往往是被人打或跌倒受伤后皮下出血所致：头上吊起个～。亦作"青疙瘩儿"。

青头儿萝卜 qingtourluobu 青皮萝卜：冬月间打了霜的～呡甜。歇后语："地头的～——上青（清）下不青。"

青油 qingyou 用油菜籽榨的油，菜油。歇后语："脚板儿心擦～——开溜。"

清 qing ①清理，梳理，理顺，收拾：热天拢了，冬天家的衣服都该～出来洗了。②理抹，清候：暗（晚）有暗（来）的运气，幸好打字勤的没有～到你这儿来。③清洗，用纯净的水洗：衣服～了两道该干净了哇？

清不到 qingbudao 找不着：记性差了，想不起的～。

清得到 qingdeidao 能够找到：看得到，摸不到；～，理不顺。

清炖 qingdeng 清汤炖煮：～鸭子，～鸡，红烧猪尾巴儿。

清风雅静 qingfongyajing 安静得来一点声音都没有：找个～的地方摆龙门阵。

清福 qingfu 喻享受清闲、快乐的生活：儿女都大了，该丢手享～。

清候 qinghou 理抹，查找，捉拿。作褒义词可谓想念，关照，问候：好久不见面，打个电话～一下。

清花亮色 qinghualiangse ①干净，清澈：～的河水，看到都安逸。②清亮：眼睛可以用～来形容。③清脆嘹亮：张徐的吭吭儿（嗓子）就～的。

清静 qingjing 安静，不嘈杂，没有事物打扰，安宁：老咯就图～。

清丝严缝 qingsinianfong ①门窗紧闭：～不透气。②遮盖得很严实，没有丝毫缝隙：锅盖扣得～的。③形容保密度很高，遮掩无疏漏：凶哦，密保得来~的，哪个都不晓得。

清汤 qingtang ①一种汤名，多用老母鸡、鸭子、猪排骨、火腿片儿加清水熬制而成：~抄手。②打整干净，不留后患，引申为工作结束，扫尾完结等：事后~这是规矩。③清楚、明白：事该~得了。

清汤寡水 qingtangguashui 形容食物无油气，或指粥很稀、菜汤里没有实惠的东西：~没营养。

清汤面 qingtangmian 不放海椒佐料只以宽汤食用的面：来碗~，多加点菜叶子。

清汤汤 qingtangtang 形容汤或粥之类的东西如水一般。

清醒白醒 qingxingbeixing 头脑很清醒或神志非常清楚：雷丁跟马克利他们喝了两瓶酒都还~的，没有醉。亦作"清清醒醒"。

清一色 qingyise ①麻将俗语，筒（饼）条（索）万中，只一种牌和牌之叫法。②单一性别或物种之戏说。

清早八早 qingzaobazao 大清早：医院头~就喊吃饭了。

请神 qingshen ①装神弄鬼：~打哈哈，心不诚。②喻指打盹儿：脑壳直顾点，眯起眼睛在~。

穷痨饿虾 qionglaowoxia 馋而急：几天没吃饭了嗦？~的！又为"穷痨饿瞎、穷痨饿哈"。

秋丝瓜 qiusigua 蔫了的丝瓜，形容萎靡不振。

煤 qiu ①烟熏：湿柴不好燃，光~烟子。②用（余烬之物所冒出来的）烟子熏制食品或驱散蚊虫：~腊肉｜~蚊烟儿。③抽，吸：这儿禁止~烟。④喻生意不好或经营不善：生意~，人就懒。

煤壶 qiufu 壶，读"浮"。柴灶上吊的水罐：农村头兴用~烧热水。亦作"吊壶"。

煤眉煤眼 qiumiqiuyan 丑陋相：~的，请侧边"喝茶"哈！亦作"烂眉烂眼"。

焌 qu 把燃烧物放在水中让其熄灭：闭梓炭儿要先~一下。

焌水 qushui 烹调用语：油锅烧热，放佐料炒菜后倒少许水㸆盖焖一下的方法。

嚯嚯嚯 quququ 悄悄话或私下背后议论：两个话婆子，见面就~。

砌 qu 读"去"。往上垒：墙刚~了一半就垮了。

砌长城 quchangcheng 麻将俗语，打麻将：下午莫事就~。

砌盒子 quhuozi 麻将作弊的一种手段，将一种牌放在一起。

黢 qu 用在形容词前，表示程度深：～黑。

黢黑 quhei ①很暗：天都～了，你还不归屋嗦？②极黑：一身～，看样子是才从煤堆里头拱出来的。亦作"黑黢黢"。

黢麻黑 qumahei ①天色很暗，很黑：天～，看样子要下雨。②喻指肤色黑。成都民谣："嫂嫂脸儿白又白，开开后门割大麦。连晒几个大太阳，嫂嫂晒得～。"又为"黢麻打黑、黢黑八黑、黢摸打黑、黑不拢耸"。

趋趋摸摸 ququmomo ①小声耳语：他们～地在说你。②蹑手蹑脚地行动：两个人在那儿～做啥子？③阴倒干事：～干哈事。亦作"黢黢摸摸"。

去脱 qutuo ①打烂，损坏：水还没有提回屋，水桶就～了。②去世，死亡：要电哇，不注意～了都不晓得是咋回事。③事情办砸，刷掉：事来蹊跷，面试全部～竟没有留一个。④去掉。歇后语："黄瓜打大锣——～一截。"

蛐蟮儿 qushanr ①蚯蚓：蚂蟥和～都莫得眼睛。民间俗语："～滚沙，天要下雨。"歇后语："田头的～——泥心（疑心）。"②喻静脉曲张：郑毅腿杆上的～子多哦！又为"蛐蟮子、曲蟮儿、曲蛇儿"。

取 qu ①打，惩罚：乱费哇，谨防遭～重！②收，交，拿，要：妈喊我来找你～钱。

取草帽子 qucaomaozi ①白跑路之趣语。草帽乃不值钱之物，比喻被人哄骗去干无足轻重之事或跑空趟子，皆有上当受骗之意：去那儿只有～的。歇后语："去柏合寺赶场——～。"②本指取回做好的草帽，后衍生出"到镇上游玩"一义。③未婚女婿端午节到岳父家送节，因岳父要打发其草帽，故俗称"送端午节"为～。

取起 quqi 打、整，喻指使用武力或言辞教训他人：～就是捆到（打）别人身上。

取头 qutou 搞头，利益：没有～就不做了嗦？

取重 quzhong ①打，从重惩罚：在外晃了三天都不归屋，老子见了要～。②索取厚礼或奢侈浪费：新事新办，结婚不必铺张～。

全挂子 quanguazi 全能，知识技能较全面者：～，万金油。

圈圈儿 quanquanr ①圈套，陷阱，喻指阴谋诡计。歇后语："牛吃草帽子——肚皮头有～。"②圈阅文件或考勤：打～，画卯卯。③等于零，零分：老师给他打了个～。

圈圈儿扯圆 quanquanrcheyuan ①围圈捧场：卖不卖钱，～。②艺人请观众维持秩序：～才好表演。

圈子 quanzi ①手镯：玉～。②一定的活动范围：社会～。亦作"圈圈"。

劝不到 quanbudao 无法劝阻：随便你咋说，就是～他。

缺 que 离开，没有，缺少：我肯信，～了红萝卜就不成席? 歇后语："赵孙李——～钱。"

缺缺 queque ①撕裂之处，物件小部分损坏，小缺口：瓷器罐罐打个～就喊不值钱了。②口子：挖个～好排水。

缺牙巴 queyaba 喻缺少门牙的人。成都童谣："～，啃西瓜，啃不动，喊妈妈。"歇后语："～打呵咳——一望无牙（涯）。"

裙板 qunban 板壁，围墙墙面的护板：装修用的～运拢了。

裙边 qunbian 甲鱼壳的软边：好吃不过鸡胸、鸭背、团鱼～。

雎 quo 尖起眼睛看，偷看：～到｜～哈儿。

雎端了 quoduanliao 瞅准了，瞄准：～就放枪。

雎冷宝 quolengbao ①喻指看见了不该看的东西。②找到了宝贝：老几送仙桥捡漏，雎到冷宝了。

雎稀奇 quoxiqi 看稀奇，看热闹：～就是当热闹看。

雎一盘 quoyipan 看一下：你的那个东西拸来～?

雎一雎 quoyiquo 看一看。成都童谣："南门外有个面铺门朝南，面铺门上挂个蓝布蓝门帘。挂上蓝布蓝门帘，～，面铺原是门朝南。取下蓝布蓝门帘，～，面铺还是门朝南。"

R

然挖 ranwa ①周旋，玄摆，东说西说拉关系：~了半天，还是等于零。②关系暧昧：人家两个在那儿~，有你啥子事！③做事拖延，迟缓：滴点儿活路紧倒~。复句：燃燃瓦瓦。亦作"然瓦、然哇、肉一肉、肉扯扯"。

燃面 ranmian 一种较干的，遇火可燃的面条：~吃起干沙沙的。

染 ran 喻指沾染某种不良习气，或跟着某人混过一阵等：江湖上~过的人都比较老辣。亦作"染一水"。

瓤 rang ①疲倦，疲软，精神不佳：熬了几天夜下来，人都整~了。②朽，不结实，（布、纸等）薄而软：郑琳买的草纸是~的。

瓤毛毛 rangmaomao 胎毛，稀少的毛发：奶狗身上净是~。

膶 rang 油腻。歇后语："瘟猪子蒸鲊肉——不肪肪~（让）。"

让手 rangshou ①让步：有了~就好说。②给予照顾，谦让或购物吃饭打折：熟脸面儿来了人家都要打~。

让一手 rangyishou ①让步：既然有人劝，（这事）我就~。②麻将俗语，放掉一次和牌的机会或欠一盘（账）：先~再说。

绕 rao ①围绕，匝，转圈子：~了一圈还是无发现。②话不直说，拐弯抹角：东~西~，找些话说。③跨：~过王家匣就是马村。

绕张 raozhang ①麻将俗语，为了不使别人和牌，不按惯例出牌，要绕一圈。②说话、办事不痛快，虚假或遮掩。

饶 rao 宽大处理，不予计较，饶恕：~他娃头儿算了｜~你娃猫儿夹稀屎！

惹 re ①逗：不要~我哈！②招惹，故意找麻烦：~起虱子往身上爬。③传染：出去要嘛，~起病了看咋说！④挑逗：这事是他先~起的。

惹不起 rebuqi 认输，胆怯，不敢招惹。民间俗语："~，躲得起。"

惹毛了 remaoliao 激起脾气，挑逗起气：~，不给你们几个耍了！

热和 rehuo ①暖和：热不~？歇后语："吃了醪糟儿穿皮袄——周身都~。"②喻指收益，形容挣了钱之后，包包鼓了的舒服劲儿：钱朝~的地塌钻。

热豁豁 rehuohuo 热烘烘：太阳出来~。又为"热呵呵、热兮兮"。

热烙 reluo ①本指热、暖和，引申指亲热：看那股~劲儿哦！②热闹：大家耍得~呢！亦作"热噜噜、滚噜噜"。

人笨怪刀钝 renbenguaidaoden 喻找客观理由推卸责任：~，没有说的了哇？

人不好 renbuhao 喻指人的品性有问题：明晓得~，还要去绺臊。

人不宜好 renbuyihao 形容人心不足，对其太好反而不好，帮助不能过头，犹如"升米恩人，斗米仇"。

人大面大 rendamianda 形容够体面：~的在哪儿都说得过去。

人户 renfu 户，读"付"。①门户：掺起一篓鸡蛋走~。②女婿家：要选就选个门当户对的~家。

人花花儿 renhuahuar 人影影儿：喊了三年半（许久），~都没有看到。

人家 renjia 别人，其他人。

人来疯 renlaifong 喜欢有人来，喜欢在人面前表现自己。

人情账 renqingzhang 感情账：~欠多了，你说咋个了得?

人熟地熟 renshudishu 各方面都很熟悉：~好办事。

人些 renxi 指一群人：~到哪儿去了?

人遭不住 renzaobuzhu 受不了或承受不起：太阳大了（晒久了），~。

认半边字 renbanbianzi 成都人认左右（或上下）结构的字，多半放弃偏旁（或上部），选择右边（或下边）字读音。如"饿"字，读"我"；"晏"字，读"安"：成都人有~的习惯。

认不到秤 renbudaocheng 以不识斤两贬人不知好歹，或不懂规矩、不知别人根底乱表态，皆有不给面子凌驾于他人之说法。民间俗语："老几~，不晓得锅儿是铁倒的。"

认秤 renchen 认可，认承此事：老几既然~，那就放他一马算了。

认承 rencheng 认识到了并且承认它，含无可奈何之意：~栽（输）了，（钱）拿去吃药！

认都认不到 rendourenbudao 不认识：~的人他敢去乱搭白（话）。

认黄 renhuang ①认账，承担责任：你自己说的话，到时候不要不~哈！②喻讲信义，讲交情：弄毛了，大家都不~的哟！

认账 renzhang 认可，同意，承认错误：～不赖账。

忍不到 renbudao ①憋不住：～就说。②不忌嘴：婆婆喜欢吃肥肉，看到"大姨妈"（甜烧白中的夹沙肉）就～。

忍嘴 renzui 控制住自己的食欲，不贪吃：在物质匮乏的年代，成都人常有～待客之礼节。

任凭 renping ①听任：仗打输了，～长官发落！②尽管：～你咋个说，他就是不理。亦作"任随"。

日白 ribei 说瞎话，乱说话，说假话、谎话：老三乱～才挨了头子。成都童谣："花鼻子，不～，日起白来了不得：我在花椒树上歇，蚂蚁咬来睡不得；我在萝卜地头睡，把我挤来过不得；漏筛搋蚊子，气都出不得；链子拴蛀蚕，犟都犟不得；豆腐做菜板，硬得了不得！"

日怪 riguai ①作怪、装怪、奇怪，多指言语与行为不端正：～的娃娃，就喜欢打游戏（玩电脑）。②一种奇怪、吃惊的语气：～得很，府河的水昨天还莽起流，今天就干完了。

日诀 rijue 骂人，形容很粗野地谩骂：他遭～了一顿。亦作"日掘"。

日妈倒娘 rimadaoniang 损人语，连娘老子一起侮辱，喻极粗野地谩骂：～地乱骂一通。

茸 rong ①粉碎状，形容烂、软如绒状或糊状：把那堆蒜几下捶～算了。②喻因害怕或疲乏而瘫软。

茸毛毛 rongmaomao 细毛：娃娃生下来有～。

肉 rou 犹豫，绵扯，不爽快：男娃子～兮兮的，莫搞丨还～啥子嘛？快走！

肉扯扯 roucheche 迟疑，不干脆，犹豫不决，磨磨蹭蹭：～地做事，看到都着急。

肉腾腾 roudengdeng 胖乎乎，肥胖胖的：娃娃长得泡稍，～的。

肉儿儿 roujiji 形容多肉的感觉：这个娃娃好乖，长得～的。

肉麻 rouma 身上发麻，厌恶的感觉。

肉头 routou 肉质厚，肥实，多见于购买肉类或果实有质感。

入味 ruwei 调料的味儿进入食物中：多焖一会儿四季豆就～了。

擩揪揪 rujiujiu ①喻指手脚炟而软，使不上劲：风湿痛，身上～的。②办事拖沓：～地做事，硬像个女娃儿。亦作"擩就"。

挼 rua ①用手来回地揉搓，揉和：面~好了，你来擀皮子。②戏弄，摆布：炮炮蛋，随便遭人~。

软不啦叽 ruanbulaji ①软绵绵，稀软：高粱糖嚼到~的。②声音细而软弱：太监说话，~的。

软哒哒 ruandada 软绵绵：身上~，炦得很。亦作"软塌塌"。

软刀兑 ruandaodui 喻指软磨手段：硬的不吃，~。

软浆叶 ruanjiangye 豆腐菜：豆腐煮~。

软肋 ruanle ①猪肋骨间的肉：~好吃，就是太少。②两肋，喻指痛处，要害，薄弱之处：他说话不硬，~拷给人家捏到在。

润达达 rundada 天气潮湿东西不干燥：雾气不散，衣裳都~的了｜一楼潮湿，东西都变得~的了。又为"润醡醡"。

润倒 rundao 拿钱物安抚人心：先揣两个~再说。

偌么大 ruomoda 这么或那么大：晚黑家的月亮~。又为"给么大"。

靸 sa 把鞋子踩在脚下拖着走：~起鞋子像懒人。亦作"跋"。

靸板儿鞋 sabanrhai 不大跟脚的拖鞋，多用木质做成，俗称"板板鞋"：我的 ~ 咋穿在弟娃儿脚上了喃？

撒 sa ①洒：饭 ~ 了一桌子。②分散给予：娃娃不吝啬，一把糖果要挨着 ~ 交。

撒葱花儿 saconghuar 撒葱的碎节，引申为说奉承话，戴高帽子：~ 反正不要你给钱。

撒锅烟子 saguoyanzi 撒锅底灰。歇后语："半天云头 ~——乌天黑地。"

撒喇子 salazi 一种像号的管乐器，唢呐。歇后语："讨口子吹 ~——穷欢。"亦作"撒呐子、萨拉子、唢喇"。

撒丫 saya 撒娇：大娃娃了还在 ~ 嗪！

撒窝子 sawozi ①钓鱼或打鱼人撒下的诱饵，以诱鱼上钩：酒糟 ~，（鱼儿）来得快。②用小便宜使人上当受骗，或为索取工程等，预先投入的所谓前期运筹金：乱 ~ 钓不到鱼的哦！③赌局语，设圈套：有媒子 ~，再赌不得了。④麻将俗语，输家无奈自嘲：先输后赢，我是在 ~，先让你们尝点甜头。

嘬 sai 应答语气词，是，好的，对头，就这样：是 ~，我去幼儿园接娃娃嘛！

塞话 saihua 顶撞人的、使人生气的话：喳喳哇哇 ~ 多。

赛牙巴劲 saiyabajing 斗嘴，即对好与人争辩者的讽语：一天到黑就晓得 ~，还做不做事嘛！

腮骨 saigu 脸颊骨：~ 大脸难看。

腮巴儿 saibar 腮腺部：大 ~ 娃娃。

腮帮子 saibangzi 两颊的下半部。歇后语："~ 上贴膏药——不留脸。"

腮包子 saibaozi 指鱼鳃。歇后语："鲤鱼吃水——走 ~ 漏了。"

三大三天 sandasantian 形容时间长：~ 还不够嗪？又为"三打三天"。

三倒拐 sandaoguai ①三方有拉链的皮夹子或公文包。②成都市中心一街道名。

三儿 saner 趣称猴子。歇后语："教～上树——多余。"亦作"山儿、三娃儿"。

三花 sanhua 三级茉莉花茶，因在上世纪七十年代物美价廉，故成都人把它作为茶叶的代称：成都～最有名。

三花脸 sanhualian ①川剧界指丑角，皆因丑角所画的脸谱不少于花脸：～有介于二花脸。②形容善于变数的人：做起个～吓人嚓！

三合土 sanhuotu 用煤渣、黄泥加石灰混合而成的一种土，常用来做路面：院坝打的～（铺地），阶沿都用石板铺。歇后语："～上起脉口儿（裂缝）——干震。"

三夹板 sanjiaban （木质）三层板。歇后语："～上雕花——刻薄。"

三年半 sannianban 形容时间很长，许久：闹了～，结果还是自讨苦吃。

三娘教子 sanniangjiaozi 麻将俗语，但凡由三女一男组成的玩牌搭子，均有～之戏说。

三缺一 sanqueyi 麻将俗语，成都麻将以四人到齐开局，缺一即为～。

三下锅 sanxiaguo 形容快当：切面～就煮好了。

三玄脉 sanxuanmei 中医把脉的一种说法：将食指、中指和无名指同时把住筋脉、静脉、血（散）脉，即为～。此法系中医世家（五代嫡传）吴永信先生惯用，并施教于后，因着脉点延在手腕的一寸之处，又为"寸三脉"。

三于三十一 sanyusanshiyi ①顺口的数，寓意可行，就怎么办。②平均分配：但凡打伙做的事，拿（挣）到钱就～。又为"三一三十一"。

三灾八难 sanzaibanan 形容灾难多多，困难重重：～一过，人必有后福。

散打 sanda ①武术套路：自由～。②泛指散说，涵括自由度比较高的民间通俗文学作品。

散打评书 sandapingshu 著名评书表演艺术家李伯清先生1994年创建的评书艺术门派，即以诙谐幽默风趣的方言散说形式，揭示社会面面观，批驳社会不良现象：《～》上了中央电视台的《曲苑杂坛》。

散毒 sandu 毒性扩散：疮子抠不得，怕～。

散架 sanjia 垮架，身体朽儿火：累～了。

散仙 sanxian 散漫者：正神不裹～，～倒是要装正神。

散眼子 sanyanzi 自由散漫，行为不检点或不求上进者。

伞骨子 sanguzi 伞的支架：～断了，伞就撑不开了。

嗓缸眼儿 sanggangyanr 喉咙，嗓子：～干得来冒烟了。

搡 sang ①说话态度粗暴，骂、训斥：他一句话～得人家脸红筋胀的。②猛推。③态度粗暴地扔出：她把碗一～就转身走了。

搡人 sangren 怒吼，讨人，骂人：～的歪人。

搡你两句 sangniliangju 讨人骂你两下：多嘴嘛，～就安逸了！

丧德 sangdei 丧失道德，喻指品性不好。民间俗语："玩了些格，丧了些德。"

丧起脸 sangqilian 马起脸：一副～的样子，看到都恼火。

磉磴儿 sangdengr ①柱子底下的石墩、石础：柱子倒了～在。歇后语："～下油锅——炸石（扎实）。"②比喻矮而胖或老是站着不动、不灵活的人。亦作"磉礅儿"。

扫把 saoba 笤帚：这个懒人，～倒了都不得抽一下。

扫把根儿 saobagenr 小顽童，调皮捣蛋的孩子。又为"邵八根儿"。

扫把刷刷 saobashuashua ①扫帚或扫帚样式的刷子。②短辫子：扎个～毛根儿。

扫把云 saobayun 一种像是扫帚一样的彩云。民间俗语："天上～，三日雨淋淋。"

扫底 saodi 麻将俗语，开局时摸的最后一张牌：搞快点，该你～！歇后语："打麻将不～——当相公。"

扫底和 saodifu 麻将俗语，最后一张和牌：这盘整了个～。

扫面子 saomianzi 不留情面：抽底火，～。

扫扫儿 saosaor 掸灰尘用的小笤帚或毛刷子。歇后语："大门口挂～——扫脸。"

骚 sao 乱：不准～来！

骚八狗儿 saobagour 骚扰者，顽皮者：那个老几是个～。亦作"肇八狗儿，骚皮狗儿"。

骚摆 saobai 故意乱说，胡乱摆谈，乱说一气：龙门阵～。亦作"烧摆"。

骚灯影儿 saodengyinr 顽皮，故意捣蛋，惹出的麻烦像灯影晃动似的难以捕捉：～娃娃。亦作"肇灯影儿"。

骚搞 saokao 胡乱来。歇后语："吹火筒搅搅搅（搅糊糊）——～。"

骚枯了 saokuliao 顽皮、捣蛋到了极点。又为"肇枯了、肇酷了、骚枯勒"。

骚坛子 saotanzi 捣乱分子：调皮捣蛋的～。

骚堂子 saotangzi 喻在店堂内捣乱：人家在吃饭，不要去～。亦作"臊堂子"。

臊皮 saopi 臊，为"羞"；皮，为"面皮、脸面"。即颜面被羞，羞惭、丢脸之意。①寻衅滋事找麻烦：他成了资格的～狗儿。②给人难堪，使人没面子：你不要在妈老汉儿面前～哈！歇后语："鸡毛打鼓——扫皮（～）。"又为"肇皮、骚皮"。

臊子 saozi 多指烹调好后加在别的食物中的肉末，或经佐料煸过后的肉丁：肉臊又分猪肉～、牛肉～等。

肇 sao 读"臊"。生事。即兴地像闹着玩似的，调皮捣蛋：不要在这儿～。歇后语："裤脚上的虱子——绺到～。"

嗇 se 分量少，常指茶碗中的茶叶太少：多加几颗茶叶，免得人家说你们～。

嗇味 sewei 东西不多，分量太少：凉拌肺片儿越卖越～了。亦作"折味儿、蚀味儿"。

嗇家子 sejiazi 吝啬鬼：给～两个打不到一堆。亦作"狗夹夹、老坎、蚀家子"。

塞包袱 sebaofu 行贿。

蚀 se 读"嗇"。损失，折耗：一把旱菜炒熟了～成了一坨坨儿。

蚀本 seben 赔本。成都童谣："你卖胭脂，我卖粉，卖到泸州喊～，买个猪头大家啃，啃又啃不动，丢到河头嘣嘣嘣！"亦作"折本"。

蚀不起 sebuqi 赔不起，经不起折本：幺店子的小本生意，～。亦作"折不起"。

涩 se ①声音嘶哑：咋个的嘛，声音都～了？②感到干燥：眼睛～得很。

涩嘴 sezui 味道不正，使舌头麻木、干燥、夹涩等：～的柿子没有熟。又为"涩口"。

煞搁 shaguo ①结束，完毕，完结，归一：会一～就赶紧走。②末了，最后。亦作"杀角、煞角"。

煞气 shaqi 凶神恶煞之势，霸气：傻儿司令一上台，就一脸～。

煞贴 shatie 比喻完毕，结束。歇后语："剪刀洗锅——杀铁（～）。"

铩 sha ①解木，锯木：把木料～开。②钻营门路：遇合适了，请帮忙～个眼子。

杀 sha ①去某地，走：我们先～文化宫，再～草堂寺哈！②受刺激或感觉疼痛：成都的老烧酒有点～喉咙哦！③动词，砍，划，切。歇后语："快刀～西瓜—— 一刀两块。"④量词，牙，相当于"瓣"：香瓜好吃，来一~。⑤吃：~馆子。⑥宰杀。歇后语："问客~鸡——假情假意。"

杀馆子 shaguanzi 进馆子。歇后语："王麻子~——饱海一顿。"

杀喉咙 shahoulong 刺激咽喉：苦涩~。

杀家搭子 shajiadazi 麻将俗语，与家人亲戚一起玩牌。

杀进去 shajinqie ①夺，戳，刺入。②打进敌人内部。

杀拢 shalong 到达目的地：不等他们~我们都走了。

杀一脚 shayijuo ①临时停车：师傅请~，我就在这儿下（车）。②助友词，友情照顾：朋友对（好）了，飞机都要~。

杀转来 shazhuanlai 掉个头，杀个回马枪：小鬼子蒙了，咋李云龙又~了嗬？

沙 sha 嘶哑：破声破气的~喉咙。

沙虫子 shachongzi 蚊子的幼虫，常聚成团并显红色：金鱼爱吃~。

沙革革 shageigei 指混有少量杂质的东西：海参没有洗干净，看到~的。

沙魁儿 shakuir 小碓窝，多用于捣花椒面、海椒面等：~捣蒜泥，吃面兑相料。

砂糖 shatang 红糖：~醪糟蛋。

砂锅 shaguo 用陶土或沙烧制的锅。歇后语："打烂~——纹（问）到底。"成都民间叫卖歌："钢铁补眼子，~补底子，水不拉二黄沙补桶子。"亦作"沙锅"。

鲨鱼 shayu 喻指老奸巨猾的人：老~。

啥 sha ①表示假设的语气或用在问句中：你说~？②用于表示听者注意的口气：~子嘛？③什么，无实在意义，起舒缓语气的作用：没~了不起的。

啥子 shazi 什么：喝~加班茶哟｜~接口｜~女人｜~事｜~角色｜~意思哦｜~人些｜~不得了｜吃~补~，可能吗？成都童谣："你姓啥？我姓唐。~唐？芝麻糖。~芝？桂枝。~桂？肉桂。~肉？狗肉。~狗？门口有条大黄狗！"

啥丁 shading 咋个的，什么东西，不相信的口吻：~哟｜说的~？

拾叠 shadie 拾，读"杀"。收拾：~归一才出门。亦作"打叠"。

筛摆 shaibai 做过场，拿捏：这回他把我们~够了。又为"摔摆"。

筛边打网 shaibiandawang ①以筛网边缘上的沙石不能正儿八经地派上用场，喻指做无关紧要的事或不务正业：正事不做斜事有余，~成何体统。②说话与正题无关：~紧说，让人厌烦。亦作"筛边打拢"。

筛话 shaihua 话不巴题，东拉西扯，不着边际，搞笑的话。

筛筛 shaishai ①竹筛，筛子：磨好面用细~。歇后语："~做门——眼眼

（洞）多（喻难遮众人眼目）。""~当水桶——漏洞百出。"②网网，喻洞眼子多：一梭子把老几（身上）打成了~。

晒坝 shaiba 晒场：~头铺张篾席好晾谷子。歇后语："~头康雀雀儿——响（想）不得。"

晒簟 shaidian 铺在地上晾晒粮食或物品的大竹席：~上晾得有包谷！

晒干 shaigan 在阳光下晾去潮气或水分，使之干燥。

晒席 shaixi 晾晒谷物等农作物的篾席。

禅 shan ①悟，得。民间俗语："久等必有一~。"②躲，溜，早退：课没上完就~了。③偷懒：活路没煞掘，敢~！

禅哈儿凉 shanharliang 纳一会儿凉，休息一会儿。又为"禅候儿凉"。

禅凉 shanliang ①避暑，纳凉。②喻指退居二线的人。

蝉子 shanzi 蝉，读"禅"。蝉虫，知了：粘~。歇后语："秋~落地——哑了。"

叫 shan 语气词，用在句尾表示就是、正确等意思：对头~！

讪谈子 shantanzi 讥讽他人，开玩笑：正儿八经说事，何苦~嘀？又为"散谈子"。

闪 shan 突发动作。晃动：索桥再~得凶，都不见得要垮。

闪板 shanban ①使一种叫"板"的打击乐器，中途突然停奏，赓即又接上的过程：这个~打安逸了。②喻做事中途停顿，或松了一阵：打嗯腾就叫~｜勇往直前，千万不要中途~。③喻懂事：人家都醒眼了，你还不~。

闪道 shandao 让路，让开：好狗不挡路，请~！

闪黄蛋 shanhuangdan 鸡、鸭等禽，蛋黄处于散开状，未曾凝固。

闪火 shanhuo 原本指煮饭时中途断火（易成夹生饭），现比喻做事故意停迟，中途松劲或存不守信之意：幺娃一~，全体喊"垮丝"！

闪腰 shanyao 腰杆扭伤：娃娃横起抱，免得遭~。

衫衫儿 shanshanr 衬衫，褂衫：黑~的扣门儿锁好了。

伤 shang ①伤害，伤心：~感情。②多，腻，因过度而感到厌烦。

伤胃 shangwei ①伤心，寓意话不动听，做事倒饭：有些事情提起就~。②胃病，败坏胃口：饮食不注意，就要~。

上八位儿 shangbaweir 上席，主宾席，即正对门方向的席位：舅老倌儿来了，请坐~。又为"上把位儿"。

上把碗儿 shangbawanr 被奉为贵宾的人，座次上的碗盏。成都民间习俗，但凡席上菜，均由～位子上的人先尝，其后才轮到其他人动筷子。

上半天 shangbantian 上午。歇后语："～栽树，下半天乘凉——哪有那么快。"

上好八好 shanghaobahao 现况不错，很好，没什么问题：刚才还～的，咋就流起眼泪花儿来了嗬？又为"尚好八好"。

上汽 shangqi 水蒸气蹿上：看到甑子一～，饭就快熟了。

上前天 shangqiantian 两天之前：～我们去了金沙博物馆。

上熟米 shangshumi 成都农村皆有产三季稻的区域，第一季稻子或精打出来的米便为～：～吃起香些。

上头 shangtou ①上面：快把菜端到桌子～去。②上司：～的命令必须执行。③姑娘出嫁时梳发：～开脸，坐花轿。

上下格 shangxiagei 身份差别：蒸笼都分～，何况是人！

上元 shangyuan 正月过大年。民间俗语："雨打～灯，中秋月不明。"

上灶 shangzao 上厨房烧火、煮饭、做菜：又买菜，又～，简直忙欢了。

商量 shangliang 商议，考虑。歇后语："麻雀子吃胡豆儿——不跟后事～。"

尝 shang 读"裳"。品尝：～味道。成都童谣："娃娃～酒，越吃越有；娃娃～饭，长大能干；娃娃～肉，大有成就。"

烧 shao ①蒙蔽，欺骗，在川话中含有整人冤枉使人吃亏之意：他把人家～卷了。歇后语："火葬场开后门——专～熟人。"②燃烧：～麦秆污染空气。③喻指加油，使劲：再去给我～把火。

烧秤 shaochen 短斤少两：冬至吃羊肉遭～了。

烧吹 shaochui 胡乱吹嘘，乱说一气：～壳子。

烧煳 shaofu 煳，读"浮"。东西烧成焦灼状。

烧呼呼 shaofufu 呼呼，读"敷敷"。烧灼感：油沾倒身上，～的。

烧卷了 shaojuanliao 过分地愚弄他人，含欺骗之意。

烧拷 shaokao 乱整，乱拷，谐"烧烤"之音，随心所欲或不加约束、无规矩地乱来：烧整～。亦作"骚拷、搔拷"。

烧腊 shaola 腌制肉食品。歇后语："卖～的扯胡琴儿——油（游）手好弦（闲）。"

烧来 shaolai 胡乱来：不准～！

烧老二 shaolaoer 烧酒，老白干：有钱喝曲酒，无钱就喝～。亦作"烧烧"。

烧钱 shaoqian 用钱或蚀钱：～厉害，可数（制作）动漫。

烧说 shaoshuo 胡乱说，不加思考地讲话。

烧心 shaoxin 喻心里发热：红苕吃多了～。

烧阴火 shaoyinhuo 背地里使坏，整人害人：表面装好人，背后～。

烧阴阳火 shaoyinyanghuo 川剧中打杂师打出的粉火，缕缕青烟，飘拂飞扬。若没打好，又是浓黑烟又是火苗蹿，这样就会被人称之为～。

哨哨儿 shaoshaor 哨子，口哨：裁判在吹～。

筲箕 shaoji ①竹子编制盛米盛菜的器具：～是一头大来一头小，小头开敞，形如半剖卵状。歇后语："～头装土地——空淘神。"②手指上的一种指纹：他手上有九个脶脶，一个～。

潲缸 shaogang 泔（潲）水缸。歇后语："癞疙宝滚～——忍气吞酸。"

潲水 shaoshui 泔水，用于喂猪的残汤剩饭及菜渣等：现在猪都吃饲料了，哪儿还有人要～嘛！

苕 shao 土气，俗气，色调搭配不协调：红配绿，～得哭！

苕眉苕眼 shaomishaoyan 土里土气，形容难看：她经常穿得～的。

苕头苕脑 shaotoushaonao 以红苕样戏弄人，喻指打扮不体面，土头土脑，样子极难看。

少来 shaolai 制止语：给我～那一套！

少点子 shaodianzi 少一点：盐放～。

少来呵我 shaolaihuowo 少来哄我。

晌午 shaowu 晌，读"少"。中午。成都人招呼人或吃饭惯以时间为标准：吃～没有？成都童谣："推豆腐，赶～，娃娃不吃冷豆腐。罐罐煨，罐罐煮，罐罐打烂啥子补？啥子补？牛屎补！"歇后语："吃过～打更——早得很。"

晌午家 shaowujia 中午时刻：～你们想吃啥子？又为"晌午间"。

舌头儿颠颠儿 shetourdiandianr 颠颠：尖尖，尖端。舌尖：汉源花椒愣是凶，～都整麻了。

蛇缠腰 shechanyao 人腰部出现的带状疱疹：俗传～是毒蛇或龙缠腰所致。亦作"龙缠腰、缠腰丹"。

射 she ①跑。成都民谣："～得快，当元帅。"②麻将俗语，出牌的简称，即快速打出别人需要碰的生张子（堂子上未曾见过的牌）：这张牌～不动就喊瓜了。

射拱 shegong 跳拱游戏的一种，即跳跃速度很快，一射就过去了：这盘我也来个～。

折耗 shehao 亏损：秤秤望点儿，筐筐捞捞是要敷～的。

赊三欠二 shesanqianer 勉强，不爽快：~让人讨厌。

舍 she ①应答语，对头，是的等。放在句尾，表示假设语气。②舍去，丢掉，舍得。

舍得说 shedeishuo 不怕说得，愿意说，执意坦露。

身材孬 shencaipie 孬，读"撇"。身材不好：~就孬，我们又不惹哪个。

身体孬 shentipie ①体质差：~，活路重了就喊吃不消。②喻指无力承受或自身经济不宽裕：晓得自家~，就不要去耍股票嘛！亦作"身体朽儿"。

神 shen ①比喻脑袋出毛病，人神了、疯了等。②准确，命中率高：靶子~。

神不愣腾 shenbunenteng 神经兮兮。歇后语："土地老汉儿吃汤圆儿——神不能（愣）吞（腾）。"

神操 shencao 无章法、无所顾忌地乱来：怎容得败家子在社会上~嗬?

神戳戳 shenchuochuo ①神经兮兮，鬼迷眨眼的样子：~搞不到作。成都童谣："~，骑摩托；瓜兮兮，坐飞机。"②莫名其妙：~地简直搞不懂。又为"神不戳戳、神撮撮、神拙拙、神拙鬼拙、神瓦瓦、神不里兮、神恍恍、神不奶胎"。

神光 shenguang 道横，喻指有本事：老马的~大着呢。

神晄晄 shenguangguang 瓜戳戳，神经兮兮的样子。

神侃 shenkan 乱说一气，调侃。

神起 shenqi 发呆，神经短路，一时反应不过来：还在那儿~咋子嗬?

神说鬼说 shenshuoguishuo 东说西说：~，拿到你娃莫奈何。

神头儿 shentour 故作癫状的神经质或东拉西扯之人。歇后语："~说话——颠三倒四。"

审 shen 摸，感触，检查，审查等：东西拿给我先~一下。

审倒 shendao 审查，管着，负起责任来：~来就不会出差错。

深沉 shenchen ①深奥玄妙：老几屋头的名堂~得很！②厉害，严重：再不去医院病就拖~了！③阴险：做起一副~的样子，吓鬼嗦?

深更半夜 shengenbanye 深夜间。

榫头 shentou 榫，读"沈"。器物上利用凹凸方式相接处凸出的部分：板凳的~松了。

生 sheng 栽赃陷害：马耳门冤枉，没有那起子事却估倒~一坨令倒他脑壳上。

生暴暴 shengbaobao 生疏，生面孔，从未见过，有点别扭。又为"生别别"。

283

生得怪 shengdeiguai 事情发生得蹊跷，奇怪得难以捉摸。

生花 shenghua 长霜：泡菜坛子要经常捞到（菜）哈，才免得～了。

生姜 shengjiang 姜：～卖多少钱一斤？歇后语："～脱不了辣气——本性难改。"

生就 shengjiu 与生俱来，生来就是。又为"生究"。

生拉活扯 shenglahuoche 死死拉住不松手：～要你娃说个斗斗。

生霉霉 shengmeimei 发霉。歇后语："～的葡萄——一肚子坏水。"

生害怕 shenghaipa 惧怕，生怕：～戳拐硬是就出拐。

生意揪 shengyiqiu 生意不好：路在修，～；路修好，打拥堂。亦作"生意孬"。

生意烫 shengyitang 欺骗、蒙人的生意：一顿饭吃脱一吊钱（千元），～！

声气 shengqi 说话时的声音和语气：～大了，谨防隔墙有耳！

升子 shengzi 方形（木）罩子。歇后语："～盖碗——随方就圆。"

乘 sheng 承担，承受，担待：这事有老马～到，我们走！

乘不住了 shengbuzhuliao 比喻受不了。歇后语："土地老汉儿卖房子——神不住了（～）。"

乘火 shenghuo ①承担责任：既然当了官，就要敢～。②顶住祸事：出了事哪个敢～？

乘起 shengqi 扛，负重：～哈，滑竿走了哦?

剩脚脚 shengjuojuo 脚脚，余下巴底的那一点点。吃剩下的东西，残汤剩饭。成都童谣："大娘过河二娘牵，一牵牵到河那边。河那边，一对鹅，飞来飞去叫家婆。家婆不吃油炒饭，要吃河头水鸭蛋。水鸭蛋，金不换，打在锅头团团转。公一碗，婆一碗，两个幺姑各半碗。舀来舀去～，案板底下藏一坨。猫来扳倒狗来舔，打烂家婆细花碗。"亦作"剩八碗儿、大杂烩"。

省到来 shengdaolai 慢慢来，试着来：我说，马耳门的病刚见好转，上班一定要～哦!

是对的 shiduidi 果真是这样，斥人敢不敢的意思：摸炭圆儿哇? ～，你先来!

十八扯 shibache ①流行于成都民间的一种歌谣，常常是把一些互不相干、不可能发生的事硬扯在一起，以娱听众：～又为"扯谎歌、颠倒歌、日白歌、款白歌"。②形容说话颠三倒四，东拉西扯：嘿嘿，老几真还有点～!

十打十年 shidashinian 十年之久：～就写了一本方言书。

十一路 shiyilu 趣指双腿步行代替汽车：我坐～来。

狮子龙灯 shizilongdeng 民间戏耍，舞狮子，耍龙灯：青羊宫看～。

时不时 shibushi 有时：～有人在打听你。

试倒 shidao 尝试：买股票最后～来。

实打实 shidashi 实实在在：～地干。

使劲 shijing 使力，用力，架势等：～吃！

使气 shiqi ①借物出气：～按倒东西拌（摔）。②赌气：～伤肝。亦作"使性、鼓气、胀气"。

使嘴 shizui 比喻只会用言辞支使别人去做事。亦作"使嘴儿"。

识脚拳儿 shijuoquanr 用双脚玩耍的识拳儿游戏。即参加游戏者一脚在前，一脚在后表示剪刀，双脚分开与肩一样齐表示帕子，双脚并拢表示铁锤。游戏规则是剪刀剪帕子，帕子包铁锤，铁锤打剪刀：大家一起耍～。

识趣 shiqu ①不惹人讨厌，会看别人的神色行事：老几～，看到不对就射（跑）了。②懂得起：既然青皮～，我们就不弯弯儿绕了。又为"知趣、识相"。

识拳儿 shiquanr 儿童游戏，有识脚拳儿、识手拳儿两种。成都童谣："螃蟹螃蟹八只脚，两个眼睛鼓一坨。坨、坨、坨，坨砸剪，剪铰帕，帕包坨——～！"亦作"绣拳、菜包剪、划洋拳、拾拳儿"。

识手拳儿 shishouquanr 用双手玩的确定参加游戏顺序的儿童游戏。即伸出分开的食指、中指表示剪刀，把拳头放开表示帕子，伸出拳头表示铁锤。游戏规则是剪刀剪帕子，帕子包铁锤，铁锤打剪刀：来，～定输赢。

湿古淋当 shigulindang 很湿，湿得来滴水：洗了衣服不揪干，～地架势滴水。

湿洼洼 shiwawa 水分重，潮湿之地：底下干干燥燥，不是～的。

湿窝窝 shiwowo 潮湿的睡处：～头歇。

湿醡醡 shizhazha 水没弄干，湿润之感：衣裳没晒干，～的。亦作"润、湿鲊鲊"。

收不到口口 shoubudaokoukou 以伤口不能痊愈喻指事情结束不了，完结不到，收不了场。

收刀捡卦 shoudaojiangua 原指巫师做完法事后收拾相关的法器，后喻指收敛，约束，停止某项活动：～，撤退！

收捡 shoujian 收拾，整理：老妈爱～。

收脚子 shoujuozi 收拾烂摊子。又为"捡脚子"。

收拾 shoushi ①整理，打扫：今天该你～房圈。②打扮：琳姐出门总是～得漂漂亮亮的。③管教，批评教育，绳之以法：～了～，饭还是要（让人）吃的。歇后语："篾条打人——软～。"④整人，教训：黑娃儿做事不落教，看哪天～他一下。

受看 shoukan 形容看着舒服，顺眼：琳姐穿啥子衣服都~。

受气 shouqi 受夹磨。歇后语：“豆芽上压蒸笼——蜷起脚脚～。”

受吞 shoutuen 容易咽下，东西好吃：美味佳肴～｜水豆豉送饭～。

寿眉 shoumi 长寿人所长出的长眉毛：有～的人命就长嗦？不见得！

寿星老汉儿 shouxinglaohanr ①高寿者：～捧蟠桃。②川戏中的老寿星：～出场众人喝彩。

寿缘 shouyuan 寿命，寿数。民间俗语：“夜饭少一口，～九十九。”成都童谣：“萝卜须，萝卜根，萝卜出窝满地青。萝卜大，萝卜圆，萝卜长大好卖钱。萝卜煮汤是味药，药铺关门上铺板。娃儿吃了少生病，老人吃了添～。”

手板板儿 shoubanbanr 儿语，手掌：伸起～讨吃嗦？亦作“手板、手掌掌”。

手板儿心煎鱼 shoubanrxinjianyu 喻指极难办之事：老几都开得来飞机了？我～给他吃！

手背 shoubei 手气不好：我的～，抠（刮）彩票总是莫眼火｜今天～，老是不上张（摸不到好牌）。

手笨 shouben 手上出差错：会怪怪人笨，不会怪怪～。

手倒拐 shoudaoguai 胳膊肘：～上有颗红痣。

手杆 shougan 手臂：受了风寒～痛。

手紧 shoujin 节俭。贬义为吝啬：攒钱的人～。

手耙脚软 shoupajuoran 形容无力气，手脚无劲。

手气 shouqi 运气在手上的表现。多见抠彩票、打麻将等博彩行为。

手濡 shouru 手麻木：东西掺久了，～了。

手手清 shoushouqing 账务回回算清，不搞赊欠。麻将俗语，现过现，～。

手痒 shouyang ①仗笨（祸出）于手，手之过（错）：（车）撞倒人了，是不是～嘛！②麻将俗语，形容看见麻将就管不住自己：～，总想摸上几把。又为“手肇”。

手弯子 shouwanzi ①手腕：～朝外弯，不就成了吃里爬外了吗？②火药枪，火铳：～一比，还是要吭退一饼（人）哟！

手艺人 shouyiren 泛指手工业者。民间俗语：“天干涝灾饿不死～。”

手印 shouyin 指纹：卖地买田，要打了脚模～才算是。

手指拇儿 shouzhimur 手指头。歇后语：“生意人捏～——讨价还价。”

守 shou 守到，等候。民间俗语：“～到甑子吃饱饭。”

守倒 shoudao 候着，等着，监视：把大门～。

守阄儿 shoukunr 儿童游戏，守大本营：他们～的人多，我们～的人少，我们要以少胜多。

守门头儿 shoumentour 看门人，门卫。

守嘴儿 shouzuir 诱吃，指孩童守倒大人做饭或眼巴巴地看着别人家吃东西，渴望能弄到几口：锅巴团子有你们（吃）的，莫在灶当门～！

瘦灯影儿 shoudengyingr 形容人瘦得来像灯影子一样：～风都吹得倒。

瘦壳壳 shoukuokuo 消瘦：～娃儿，极度营养不良。

书壳子 shukuozi 书的封面：～烂了。

输 shu ①赌：～你去把他搞定。②失败：麻将久打无～赢。③失利。歇后语："贼娃子进学堂——摸到尽是书（～）。"

输家 shujia 棋牌俗语，认输的一方，反之为"赢家"：～不开口，赢家不许走。

舒筋捶背 shujinchuibei ①施按摩术：剪头师傅多半也会～。②挨打：嘴嚼嘛，回去看哪个给哪个～！

舒里舒气 shulishuqi 形容讲究漂亮的人或指心情愉快等：看上去就～的。

舒气 shuqi 漂亮：打扮～了才出门。

舒眼儿 shuyanr 既舒服又安逸：盖碗儿三花（茶）一喝，人就～了。又为"舒意儿"。

数数 shushu ①读重音。钞票，钱的谑称：～这个东西，多就多用，少就少用。②数数字。

熟 shu 熟悉：人生面不～，你说咋个弄？

熟脸面儿 shulianmianr 熟人，熟悉的面孔：～来了都兴照顾。

熟买主 shumaizhu 经常光顾店家的熟人：～又来了，请坐，上茶！又为"老买主"。

熟人熟事 shurenshushi 经常见到的，非常熟悉的人和事。又为"熟人熟识"。

熟油辣子 shuyoulazi 煎熟菜油倾入辣椒面内调匀之酱：拌麻辣鸡块离不得～。亦作"熟油"。

熟张子 shuzhangzi 麻将俗语，麻将堂子（桌）上有（出）过的牌：往往打～容易遭。

刷把 shuaba 竹刷：洗锅的～。

刷把星 shuabaxing ①彗星：～围着太阳转。②秽气之人：遇到你这个～，算我倒霉。亦作"扫把星"。

刷白 shuabei 天亮或天色从灰暗中变晴朗：天~了。

刷刷 shuashua ①刷子：拙起~到处舞。②喻短发辫：脑壳（头发）剪成了短~。③手艺，技术，能力：没有两~，咋拈得到伙食嘛?

刷脱 shuatuo 去掉，理抹，没好气。

耍 shua ①玩，表演。成都童谣："小妹妹，小弟弟，砍根竹竿当马骑。骑到东，骑到西，骑上舞台~杂技。你魔术，我演戏，竹竿变成马一匹。好马匹，行千里，我们追赶太阳去！"②戏弄，侮辱，不认真：不要拿人家整到~。③玩家，喻一笑话，见子默先生的《耍家格言》："找钱来~，~中找钱，找~结合，以~为主。"④做客：老茶客请马耳门去他家~。⑤休假：~礼拜我要去龙泉驿买桃子。

耍把式 shuabashi 杂耍表演。歇后语："~的玩刺猬——扎手。"

耍把戏 shuabaxi ①喻指艺人江湖献艺，耍魔术：自打魔术上了春晚，~的人就多了起来。②寓意搞小动作、玩弄伎俩：再~的话，可能就没人帮他了。

耍不起 shuabuqi ①玩不起：身上没揣两个（钱），~哦！②耍赖，赖皮。又为"耍不要脸"。

耍秤 shuachen 在称秤时耍花招，使分量不够：看好了，谨防老几~。亦作"耍秤杆子"。

耍得起 shuadeiqi 能够承受得起：人家有钱~。

耍法 shuafa 棋牌术语，玩耍的方法：各人的~不同。

耍光 shuaguang 整干净：~吃光。

耍过场 shuaguochang 走过场：做事不要~。

耍哈儿 shuahar 耍一会儿，等一下，休息一下：累到了，~再吃。

耍化学 shuahuaxuo 耍小聪明，玩弄伎俩。

耍横 shuahun 耍脾气，耍无赖，表现出蛮横的态度：那个老几蛮横无理，只晓得~。

耍家 shuajia 吃饱饭没事干，喜欢到处玩耍，休闲成瘾而能品味出生活之道的人。

耍奸 shuajian 狡诈，奸诈。又为"耍尖"。

耍赖 shualai 赖皮，赖子。亦作"耍无聊"。

耍礼拜 shualibai 休息星期天：~去看老爸。

耍龙灯 shualongdeng ①舞龙作戏：元宵节那天，~的队伍都拉到口子上了。②喻指摇摆不定：人面前~，装疯迷窍。

耍蛮 shuaman 动武，无理取闹：君子讲理，小人~。

耍门槛汉儿 shuamenkanhanr 只敢在父母、家人面前，或在家门口附近小范围内逞威风：只晓得~，有本事出去操。

耍朋友 shuapongyou 成都人对"谈恋爱"的一种习惯说法：找对象就是~呗！亦作"耍对象"。

耍手脚 shuashoujuo 玩花招：背着大家~。

耍耍 shuashua 形容不当一回事的，当成玩耍一样的：上~班｜赶~场。

耍耍达达 shuashuadada 悠悠闲闲，不紧张，从从容容或不太用心的样子：~挣钱。又为"耍耍打打、耍耍搭搭"。

耍耍烟 shuashuayan 指没有烟瘾的吸烟者。

耍水 shuashui 敷衍，掺假，搞假：秤杆子上~就是耍秤。

耍态度 shuataidu 发脾气，生气的样子：~的官僚作风要改。

耍娃儿 shuawar 形容不思进取，耍心大的人，犹如"公子哥儿"。

耍心 shuaxin 玩耍之心：骄儿~大。

耍野了 shuayeliao 玩耍过头，收不到心。

耍圆似起了 shuayuanshiqiliao 尽兴地玩耍：美羊羊她们几个小朋友，在帕丽湾的草坪上~。

耍伸 shuacheng 非常愉快地玩耍，玩安逸了。

耍长了 shuazhangliao 对不接受意见的人的训斥：~就喊要不完（骄傲）了哈！

耍转 shuazhuan ①玩转，耍交，到处都去过：成都的各大公园他都~了。②混熟，混得很好：他才来成都两年，就在西门上~了。

耍嘴 shuazui 卖弄口才或随意开玩笑、喳闹等。歇后语："笼里的鹦鹉——成天~。"亦作"耍嘴皮子"。

摔摆 shuaibai 故意做过场，不诚意对人对事：马骁又遭公司~了。

甩 shuai ①丢掉，失约：~人家死耗子。②干杯，喝：寇宏喝酒那真是海量，一来先~它三杯再说。③送：车去帕丽湾顺便~奶奶一程。④给，付出，消费：一个月起码~脱他们老妈两千多。⑤摆动，摇。歇后语："牛尾巴儿——两边~。"

甩伸 shuaicheng 丢伸，认定方向对端朝直走。

甩都不甩 shuaidoubushuai 不予理视：看他趾高气扬的样子哦，~你我！又为"张都不张"。

甩翻 shuaifan ①喻指强人一招：是不是对手把他~不了。②醉酒栽倒：不胜酒力遭~的人，我们见得多了。

甩飞叉 shuaifeicha 形容乱戳人，目标甚差：乱～。

甩钢拌铁 shuaigangbantie 虚张声势，乱冒皮皮，提虚劲：要在我面前～，没那么容易。

甩火腿 shuaihuotui 走路，步行：～比乘车快。亦作"甩连儿杆"。

甩尖子 shuaijianzi 鞋尖极似可甩离的尖头皮鞋：毛娃儿的～都蹬（穿）起了，该人家跩！

甩垮垮 shuaikuakua 吊儿郎当，散漫：～地就来了。

甩你 shuaini 理或看你：他走他的根本不～。

甩你两皮砣 shuainiliangpituo 打你两拳：老子～！

甩脑壳 shuainaokuo 用摇头来表示不同意，不理解，不愿意，不满意等。

甩牌子 shuaipaizi 拿架子给人看。

甩盘子 shuaipanzi ①驾车随意违规变道。②撂担子。

甩死耗子 shuaisihaozi 把约好的人丢下不管，如同丢弃一只死耗子。形容不守信，不来气等。亦作"丢死耗子"。

甩视 shuaishi 理视，瞟一眼：人家根本不～他。亦作"甩识"。

甩手 shuaishou 打空手。

甩手将军 shuaishoujiangjun 空起两手去办事，或指无礼信探视病人、长辈、同事等的俗称。

甩袖子 shuaixiuzi 不理会，拒绝他人的表现。

甩袖头子 shuaixiutouzi 给人难堪，根本不予理睬。此句源于川剧中穿长袖衣人的表演动作：上回吃了闭门羹，这盘怕要遭～哦？亦作"护袖头子"。

闩闩 shuanshuan ①别在发髻上的条状物：捹～扎头发。②门闩：把断了的～修好。

拴 shuan 拴住，缠绕，捆绑，套起，铐住。歇后语："属猴的——～不到。"

拴倒 shuandao 牵制，绑住或严加管理：迷倒～娃娃了哇，其实要心还在外头。

涮坛子 shuantanzi 捣乱，臊皮，或形容正事不做，儿戏之人：老几只晓得～。

双打双个 shuangdashuangguo 两个成双一样的：老几不当人家的，梨儿～家的吃。

双脚跳 shuangjuotiao 难受：娃娃不争气，气得老汉儿～！

睡不着 shuibuchuo 着，读"戳"。失眠。顺口溜："～，～，耗子尾巴儿护脑壳。"

睡瞌睡 shuikuoshui 睡觉：说起~眼睛就睁不开了。

睡宽床 shuikuanchuang ①工作门路宽，可任其施展。②麻将俗语，上手的牌无人竞争，走大路~，独享一方。

水 shui ①形容办事不牢，拖沓敷衍，喻事不可成：做事差劲，不负责任，就叫"~得很"。②说话不算数，敷衍塞责：话不靠谱就喊~了。歇后语："茶铺头买东西——要~。"③化了，东西变质腐烂等：梨儿~了，无法吃。④老到或有资产及钱财：老几~深，不虚！⑤情势，风声：听到一声就跑！

水不搅不浑，人不走不亲 shuibujiaobuhun,renbuzoubuqin 民间俗语，形容人与人之间需频繁走动，进一步加深了解，才能增进感情。

水场合 shuichanghuo 醒场合，形容办事不牢靠之地：嘻哈打笑的~。

水得很 shuideihen 办事不认真，敷衍了事：既然晓得他娃~，就不该让其去做。

水凼凼 shuidangdang 水坑，洼地：~头摸泥鳅儿。

水锅巴 shuiguoba 水垢：温江那边的水硬（度大），壶里老是起~。

水花花儿 shuihuahuar ①水花：汽车一过，~溅得到处都是。②形容蚀本生意：炒股嘛，银子全部打~了。③投石问路：丢个瓦片看下~再说。

水井坊 shuijingfang 成都制酒业老作坊，也谓一名酒品牌：百年老窖~。

水垮垮 shuikuakua 敷衍了事，完全不负责任。复句：水水垮垮。

水礼 shuili 自谦薄礼：善长兄六十大寿，我也备一份~相送。

水流水垮 shuiliushuikua 流汤滴水：看他娃做个事哦，~的！亦作"水流水淌"。

水牌 shuipai 老成都店堂内客人订座时的名牌，现多指场面上的座次牌：赶紧把~放端正，客人要入席了。

水潽喽 shuipulou 水从容器里往外溢出：~都不晓得关火。亦作"水瀑喽"。

水色 shuise ①脸色：~不好多半就是亚健康。②玉器的成色：玻璃种的翡翠~就好。

水水药 shuishuiyo 经过熬制的中药：咳嗽糖浆就是~。

水深 shuishen 形容踩不透，摸不准，城府深，板眼多。

水娃儿 shuiwar 办事不牢的人：叫他~靠是在飘扬他。

水兮兮 shuixixi 喻办事不认真：~的人靠不住。

水性 shuixing ①水之深浅及流量。民间俗语："近山知鸟音，近河知~。"②浮水、游泳的技能：他~不好，却敢救人。③古人认为，人的性格与水土有关，故有此词代之气质，脾气，性格：南路人~硬。

水烟杆儿 shuiyanganr 水烟袋：~多半都是铜做的。

水叶子面 shuiyezimian 机制切面：称两斤~煮起，两爷子中午就算一顿。亦作"水面"。

水煮 shuizhu 将整只或大块原料（一般为肉类）焯水后或直接放入温水锅中煮至所需的成熟程度的处理方法：~肉片儿。

水珠珠儿 shuizhuzhur 水珠。歇后语："荷叶上的~——滚来滚去的。"

水竹子 shuizhuzi 潮湿地带生长的毛竹，又名青竹，川西坝子林盘里尤为多见。

顺口打哇哇 shunkoudawawa 随声附和，含混其词：有意见就提，不要~。

顺气 shunqi 消气：看样子老妈还没有~。

说白 shuobei ①说白话，扯谎，撒谎：乱~的人，（在一起）要不得。②对白：剧情开始就架势~。

说不得 shuobudei ①不能讲：说起他，他就来了——成都人硬是~！②无话可说，无可奈何状。

说不拢 shuobulong 谈不到一起：你说东来他说西，到天黑都喊~。

说扯话 shuochehua 指讥诮话，刺儿话：扯五扯六~。

说伸抖 shuochengtou 讲清楚：话不~是走不脱的哦！

说穿了 shuochuanliao 话说透，道理讲明白。民间俗语："~的鬼不吓人。"

说大话 shuodahua 讲空话。民间俗语："~，使小钱。"

说得闹热，吃得淡白 shuodeinaore,chideidanbei 成都俗语，喻说得好听，结果不怎么样：~，不肯信的好。

说得脱走得脱 shuodeituozoudeituo 推脱得了，逃避得了。成都俗语："一张桌子四只脚，~。"

说端了 shuoduanliao 说对了：不偏不斜，刚好~。

说斗斗 shuodoudou 喻拿话来说：喊到办公室去~。

说过 shuoguo 话说完：此事~了事。

说横话 shuohunhua 讲无理话：错起牙巴~！

说客 shuokei ①说话的人：上有~，下有骚客。②替人帮腔、劝说，做说服工作的人：三个~当不了一个持客。

说那头 shuonatou ①说那件事，往一边说。②婚配：马骁二八（28岁）好几了，该~了。又为"说那些"。

说票子 shuopiaozi 谈钱，认钱：啥子都~，碰到鬼了！

说人户 shuorenfu 为女孩子选择配偶：女子大了就好~。顺口溜："田地分到户，全靠女婿做。三天不来做，另外～。"亦作"说婆家、说婆婆屋、找婆婆屋"。

说圆似起了 shuoyuanshiqiliao 喋喋不休：两个老几在背后～。

说媳妇儿 shuoxifur 为男孩子介绍对象。歇后语："三岁娃儿～——还差半辈子的事。"亦作"说新人子、说女子、说新迎子"。

说醒豁 shuoxinghuo 讲清楚：～就走路。

四方 sifang 周围团转，四面八方。民间俗语：嘴大吃～。

四环素 sihuansu 趣称奥迪车的标牌：老廖一下就买了两台～。

四季豆 sijidou 本指一种豆类蔬菜，后喻听不进别人好言相劝而执意孤行的人：你咋是个～！歇后语："～——不进油盐。"

四脚蛇 sijuoshe 壁虎：～要吃蚊子。

四棱四现 silengsixian 线条分明，轮廓清楚：裤子熨得～的。

丝瓜布 siguabu 丝瓜瓢晒干之后做的抹布、洗碗布或洗澡布等。

嘶声哇气 sishenwaqi 声音嘶哑：公鸭嗓子，～。

撕皮 sipi 去皮，剥皮：吃馒头～，不晓得是浪费嗦？

死 si 不灵活，不活动。民间俗语："～要面子活受罪！"

死背篼 sibeidou 棋牌术语，喻指走投无路，无法解救的攻击：炮打翻山一将军，便挨了一个～。

死扁 sibia 扁，"比啊"拼读。①挤压成扁状，难以复原：柿饼，就是压～了的柿子做的。②喻指死脑筋或懒惰之人：就因脑壳不开窍，三娃儿被几爷子取了个"～"的绰号。

死不开通 sibukaitong 不适应潮流：老古板，～。又为"死不开窍"。

死不胎害 sibutaihai 形容性情懒惰，遇事无动于衷的人。

死吃滥胀 sichilanzhang 形容不忌嘴，吃东西无节制：暴饮暴食，～。

死巷巷儿 sihanghangr 死胡同，一端被堵死的巷子：成都的半边街就是一条～。又为"死巷子"。

死猫儿烂耗子 simaorlanhaozi 形容杂七杂八不卫生而邋遢之物（乱吃一气）：不管三七二十一，～填一肚子再说。

死面 simian 未经发酵或发酵不成功的面，烫面：～馒头简直不好吃。

死疲 sipi 无所谓态势，尤其对于批评意见无动于衷。

死皮赖活 sipilaihuo 形容死死纠缠。又为"死疲癫脸"。

死气腾腾 siqitengteng 死一般的景象。又为"死气气"。

死揪揪 siqiuqiu 没有生气的样子。又为"死气陈陈"。

293

死贴 sitie 紧跟，死死追随，不管变化如何都忠贞不二。

死兔儿 situr ①无法翻身。②德性疲。③麻将俗语，输家。

死娃娃 siwawa 此语在川人中褒贬通用，表示强烈的感情色彩：～紧倒不回来看我。

死歪万恶 siwaiwanwo 恶，读"握"。脾气暴躁不讲道理，很凶恶：估吃霸赊，～！

死瘟殇 siwengshang 孽障。多见老辈子训斥不争气的孩儿：～到处惹是生非。

死样子 siyangzi ①喻指样子难看，怪相：～，上不了台面。②形容桀骜不驯的人：看你这个～！

死重 sizhong 死沉：沉甸甸的，～。

送菜 songcai 麻将俗语，输钱（等于送钱）：马耳门上了桌子（打麻将），只有～的命。

送饭 songfan 下饭，赶口：寇婆婆（做）的水豆豉～，饭要多刨（吃）一碗。

送幺台 songyaotai 因栽秧或薅秧的活重，在两顿饭中间另添加的一顿饭：活路恼火饿得快，上下午间都有人～。又为"送腰台"。

嗈 song ①驯狗令，冲上去，跑走等：黑虎，～！②多音字，喻贪吃且吃相不好，馋嘴：围着羊肉汤～圆似起了。③穷酸，不修边幅，精神萎靡等意：抖～。

嗈眉嗈眼 songmisongyan ①馋，贪嘴：饿痨饿虾，～。②寒碜，寒酸：做得个～的样子咋子嘛！亦作"尿眉尿眼、嗈头嗈脑"。

嗈嘴 songzui 馋嘴，贪吃，讨吃：学到～的娃娃不乖。亦作"守嘴"。

嗈嘴狗儿 songzuigour 看见别人吃东西就守候在旁想要吃的小孩，即馋嘴狗儿：闻到红烧肉的味道，～就来了。亦作"守嘴狗儿"。

扨 song 推，硬挤：人太多了，好不容易才把她～进电影院。

耸 song ①打发，含有轻蔑之意。②凸起。

耸起 songqi 挤在一起：～一饼。民间俗语："有理无理，中间～！"

松活 songhuo ①轻松，容易做：看似～，其实很难。②减轻：病情～了许多。

松捞垮稀 songlaokuaxi ①衣着不振作，肥大松垮：～吊甩甩的裤儿咋个穿嘛！②队伍不整齐。

馊 sou ①变质变味：饭～了，还吃？②坏：乱出～主意。

馊龙门阵 soulongmenzhen 过时的，听厌了的老故事，喻指假话。

馊稀饭 souxifan 变质腐臭的米粥，喻指馊主意。民间俗语："叫花子不嫌～。"

馊主意 souzhuyi 坏主意，坏点子。歇后语："吃剩饭长大的——尽出～。"

苏气 suqi ①近代成都人对以江浙等沿海地区为代表的时尚风气的称呼，喻指"苏广"气派，即漂亮好看，大方脱俗，系"土气、峇气"之反义词：琳妹妹的打扮就是～。②痛快：真～！③有气派：～体面。复句：苏苏气气。亦作"苏器"。

素的 sudi ①麻将俗语，和牌起码番数，最小番。②喻素食：初一、十五吃～。

素打扮 sudaban 朴素的扮相。民间俗语：好吃不过茶泡饭，好看不如～。

素瞌睡 sukuoshui 喻指单身或无伴侣陪伴的睡觉：睡～。

素清 suqing 麻将俗语，无杠牌的清一色：～逮三家。

算 suan ①算计：老是默倒～人家的账。②不需要了：～了，将就用。

算毬账 suanduizhang 算总账：做些损阴丧德的事，总有人找你～。

算呱啦 suanguala 趣称算了，不予追究或干脆妥协、讲和等：～，两口子莫吵啰！

酸不溜纠 suanbuliujiu ①言语中含讽刺之意：话说得来～。②忌妒：睢到她们，他心头硬是～的。③酸味十足。

酸纠纠 suanjiujiu 酸味十足：青菜蘸醋吃，～的。

蒜苗儿 suanmiaor 青蒜苗。歇后语："莴笋炒～——青（亲）上加青（亲）。"亦作"蒜苗子"。

蒜头儿 suantour 蒜薹。歇后语："～炒豌豆儿——光棍儿遇到滚龙。"

蒜头儿鼻子 suantourbizi 像蒜头似的鼻子。歇后语："～苦瓜脸——丑人。"

随 sui ①喻指言谈举止飘逸，潇洒，熟练自如：那些大腕戏演得～。②形容很容易。

随口打哇哇 suikoudawawa 不假思索地跟着说：～操神说。

随耍 suishua ①比喻任随别人玩弄。歇后语："龙灯的脑壳——～。" ②随便玩耍：请你们来，就是～的。

随做二分 suizuerfen 喻指很轻松，非常容易地就能做到，或随便就可以应付。随后换一字常见：随"吃"二分、随"说"二分等。

随在 suizai 随便，由在，任意。歇后语："斤肘肘儿的臀子（媚眼）——～丢。"

笋子熬坐臌儿肉 sunziaozuodenrrou 成都美食名菜，用竹笋和猪臀部的肉加调料精心制作而成，后引申出用竹篾片打小孩屁股及体罚之意：想吃～慌了哇？

笋子烧肉 sunzishaorou 民间俗语，喻竹片子打人：不听话，妈给你吃～。又为"笋子熬肉"。

绳绳儿 sunsunr 绳子：耗子把～咬断了。

缩 suo 收缩，收回：太阳～转去了。

蓑衣子 suoyizi 蓑衣，用棕草编制的披在身上的雨具。歇后语："披～打火——惹火烧身。"

嗦 suo 语气应答词。①知晓了，要得：～，我马上就去办。②表疑问，同"吗"：就让他这样跑了～？

索索 suosuo 绳子：猴子那么精灵的，还不晓得解颈项上的～呢！

梭 suo 走，溜掉。歇后语："乌梢蛇仰起～——上头不乌（巫）下头乌。"

梭边边 suobianbian ①溜走，喻偷偷懒。民间俗语："吃饭堆尖尖，做事～。"②逃避，躲避：遇事～不是男子汉。亦作"梭角角、梭枞枞"。

梭边鱼 suobianyu 黔鱼，又为钳鱼，系鲶鱼的一种，无鳞片，肉厚无刺：成都的～买得好。

梭空空 suokongkong ①抽时间，忙里偷闲：单位上忙，我是～出来的。②滑头，偷懒：经常～，总要遭老板逮到嘛！

梭了 suoliao 溜了，跑掉：他不想管闲事，便悄悄地～。

梭梭头 suosuotou 无辫之短发：毛根儿留起难得洗，干脆剪成～算了。

梭脱 suotuo 逃掉，跑了：～今天，跑不脱明天。

趖趖板 suosuoban 一种儿童玩耍的滑梯板（器械）：好多小朋友都在玩～。亦作"梭梭板"。

所以 suoyi 经过，缘由：你今天不说个～然，就走不到路！

T

他娃头儿 tawatour 指他这个人，此人：～嘴嚼得很。

埝埝 tata ①地区，地方，地点，地塌：这是啥子～？②物件的搁处：东西就放在那个～。又为"塌塌、塌儿、哒哒"。

挞谷子 taguzi 收割水稻。民间俗语："早～一包浆，迟～一包糠。"亦作"打谷子"。

踏脚板儿 tajuobanr ①老式木床前供上下床踏脚，或放物用的长而宽的矮长凳：踩到～慢慢下床。亦作"踏脚凳儿"。②（自行车）踏脚：～踩滑了，差点栽跟头。

踏屑 taxue 屑，读"削"。讽刺、挖苦，故意用语言贬低：～人。又为"鄙屑、蹋削、踏谑"。

塌 ta ①地塌，地点：拢了那～就电话联系哈！②某处、块、张：坐这～。③盖压：～了气蒸不熟。

太岁 taisui 岁数大：你晓得他好多～了不?

太阳坝 taiyangba 太阳照耀的平地或空坝子：～头晒棉絮。

太阳戴枷 taiyangdaijia 日晕。民间俗语："～要吹风，月亮戴枷要下雨。"亦作"太阳长毛"。

太阳膏 taiyanggao 贴于太阳穴上的膏药：～医头痛。

太阳烘烘 taiyanghonghong 太阳笼罩：看到～的，咋一会儿就变天了嘛?

太阳经 taiyangjing 太阳穴：抹点百花油在～上，人要舒服得多。

太阳花 taiyanghua 向日葵。因讳说"日"，故改称之。

台面 taimian ①桌面、席面。歇后语："狗肉包子——上不得～。"②舞台。③场面。本指桌面，引申指舞台或某种社交场合：打～。亦作"台盘"。

台台 taitai 台子，台槛：我搭～你唱戏。

台子 taizi 某种不正当的事情。类似这档子（荒唐）事，搞这个灯儿：看不出来，他还搞这个～。

胎 tai ①不情愿地接受、承受、承担等：事情～不梭。②掂量：～一下看，这块肉有好重？③衬：裤子磨烂咯，～一块布补起就是。

胎不梭 taibusuo 吃不准，承受不起：～就喊黄了嗦？

胎包袱 taibaofu 接受贿赂或汤到棘手的事：胎了包袱就要替人办事。

胎倒 taidao 被动词，无可奈何地接受，自己承受：～炭圆。又为"胎起"。

胎毛儿 taimaor 胎毛，柔软的毛发：剃了～头发要长得好些。

胎神 taishen 神癫癫的，傻瓜：真是遇到～了。

抬倒 taidao 用肩扛起：帮我～一下。

抬轿子 taijiaozi ①给予支持与扶持：～的事，我们来！②儿童游戏，由两小孩双手分别交叉架起成矩形，另一小孩双脚跨入坐其上，模仿新娘出嫁时所坐轿子。亦作"抬花花轿、抬新媳妇儿"。

抬举 taiju 推荐，关怀。歇后语："狗坐篼篼——不识～。"

苔苔 taitai 发芽，冒苔：田坝头的蒜薹儿冒起～了。

大 tai 读"呔"。①很大的意思：这个西瓜好～哦！②大哥：他是我们家老～。

谈茶 tancha 喝茶聊天：白果林头～的人多。

谈嫌 tanxian ①谈论，非议：做了那种事，不遭人～才怪了。②嫌弃，挑剔：谁人背后不遭～｜～买主。

坛坛儿 tantanr 坛子。歇后语："一～萝卜——抓不到姜（缰）。"

弹 tan 精神病：神壳壳的～慌了！亦作"痰"。

弹绷子 tanbongzi 不在行的傻瓜：～做事总要出纰漏。

弹驳 tanbo 批评，指责，弹劾：没有多少可～的。亦作"谈驳"。

弹啵啰 tanboluo 屈中指扣住拇指敲击（别人）额头：龟儿子娃娃又遭～了。亦作"爆栗子"。

弹翻 tanfan 被打翻：～一饼来搁起。

弹花匠 tanhuajiang ①弹棉花的匠人。用一张木制的大弓，将棉花弹泡（翻新旧棉絮），制成棉被。歇后语："～的女——会弹（谈）不会纺。"②形容过于注重言表，理论与实际相脱离的人。

弹墨线 tanmeixian 喻指画线（即木匠按其规定的路线下锯）。歇后语："木匠～——睁只眼儿，闭只眼儿。"

弹面 tanmian 一种筋丝较好的手工面条：光听说～巴适，但没吃过。

炭花儿 tanhuar 燃烧过的煤核：捡烟锅巴带～，吃的邋遢饭，开的双间铺。

炭圆儿 tanyuanr ①煤球：捏～，手黢黑。②喻指棘手，麻烦困难之事：这是一个烫手的～，摸它要有点胆量才行。

摊开 tankai 敞开，推开，摆在面前。民间俗语："~窗子说亮话。"

摊起 tanqi 喻指把手摊（张）开讨要或接受东西：把手~，给你一个苹果吃。

摊摊儿 tantanr 做小买卖或赶集等摆的摊子。

摊子 tanzi 货摊：成都庙会上摆了好多（许多）~，啥子都有卖的。成都民谣："卖钱不卖钱，~要扯圆。"

溏心蛋 tangxindan ①蛋不煮过心，蛋黄未煮熟呈半透明不凝结的糖浆状：婆婆喜欢吃~。②外面封口，里面溃疡的疮：伤口灌成了~。亦作"糖心蛋"。

糖饼儿摊摊儿 tangbingrtantanr 糖画艺人的摊子：~刚摆起，生意就来了。

糖人人儿 tangrenrenr 糖画。歇后语："吃~的改行——不想做人。"

堂倌儿 tangguanr 旧称专司泡茶或续水的人，即招待员：旧时饭馆里跑堂的，也被称作~。亦作"堂倌"。

堂屋 tangwu 旧式房屋正房居中的一间。成都童谣："桐杆桐杆车车，麻秆麻秆车车。车来车去，看见爹爹。爹爹问我几岁？隔壁幺姑同岁。爹爹问我几年？隔壁幺姑同年。爹爹引我~走一趟，两个裁缝缝衣裳。爹爹引我厨房走一趟，两个丫头吃米汤。爹爹引我鸡圈走一趟，大鸡小鸡十二双。爹爹引我猪圈走一趟，大猪小猪十二双。"歇后语："~里头栽柏树——有根之家。"

堂子 tangzi 店堂、社交场合：这儿跟前~野得很哈！

堂子头 tangzitou 店堂里面：请到~。

汤 tang ①腐烂：东西~了一股臭味。②遇上：~到祸事了。③形存实败的织品：衣裳~了不好补。亦作"烫"。

汤水 tangshui ①事情麻烦难办：~的事情都拿给我们胎倒了。②东西朽烂：再不吃，猕猴桃都~了。

汤汤捞捞 tangtanglaolao ①形容拖泥带水，不干脆利落：看他做个事哦，~的。②汤里没有实惠的东西：~无干货。亦作"汤汤水水、滴汤流水"。

汤头 tangtou 原指中药药方，现比喻各种各样的头衔或装扮。

汤药 tangyo 喻汤剂中药为要档：敷~费。

汤圆儿开水 tangyuanrkaishui 煮过元宵的开水。一般在煮过元宵的开水中放少许糖，吃过元宵后，再喝元宵开水，故后指"某种好处、甜头"。

汤圆粉子 tangyuanfenzi 即用洗净泡胀后的糯米磨成浆，滤去水分晒干而制成的粉团：~煮醪糟儿。亦作"汤圆儿粉子"。

烫 tang ①蒙蔽，坑骗，麻痹人：老几的东西~。②浸。民间俗语："死猪不怕开水~。"

烫刨花 tangbaohua 烫发，烫头：~其实不咋好看。

烫倒 tangdao 烫伤：不小心~手了。

烫饭 tangfan 将熟饭在滚汤或开水里再次泡（煮）的饭：懒得麻烦，早上吃点~就脱手。

烫人 tangren 使人感到厉害、棘手，含骗人、欺诈之意。歇后语："花椒开水——麻人又~。"

烫手 tangshou 棘手：事情恼火很~｜活路~。

趟趟儿 tangtangr 趟子：跟到娃儿屁股后头撵~。

套近乎 taojinfu 乎，读"浮"。拉关系，将他人的熟人朋友都跟自己扯上关系。

套套儿 taotaor 袖套。

淘 tao 淘洗：菠菜要好生~一下。

淘菜 taocai 洗菜：~拿筲箕装。

淘神 taoshen 劳神，耗费心血和精力。民间俗语："~费力不讨好。"歇后语："土地老汉儿掉到井头——要~。"

淘神费力 taoshenfeili 褒贬皆用，有枉自、不划算之意：~地冤枉跑一阵。

逃学狗儿 taoxuegour 爱逃学，不上课的小孩：~去了哪儿嘛?

讨 tao 讨要索取，采摘，抓：到了田坝头，想吃啥子就~啥子｜住在楼上，伸手就~到树叶了。歇后语："半夜~茄子——不分老嫩。"

讨挨 taoai 讨打，找着挨，做些无聊的事情让人骂。

讨好卖乖 taohaomaiguai 进谗献谄：嘴尖舌怪，~。

讨气 taoqi 找气受：~怄。

讨人嫌 taorenxian 行为不端，惹人烦或不受欢迎的人。民间俗语："~，活千年；逗人爱，死得快！"

忒儿不圆 terbuyuan 喻说不清楚。俗话说"舌头打不过调"。又为"忒儿不转、胎儿不转"。

忒儿宝 terbao 傻瓜：瓜不兮兮的~娃娃。亦作"头儿宝"。

忒儿话 terhua 傻话，不规范、无道理逻辑的语言：老几胆大，莫得文化敢乱抖~。

忒儿不兮兮 terbuxixi 傻不兮兮或口吃的样子：说起话来~的。

300

藤藤菜 tengtengcai 一种生长（牵藤）速度较快的青叶子蔬菜，因藤条为竹节似空心状，叶多茂盛，又名"空心菜"。该菜又因生长地带不同，水洼地带的为"水叶子菜"，旱地为"蕹菜"，别名称"瓮菜"。

腾 teng ①僵持，冷眼等待：看哪个~得过哪个？②空出地方，躁开，移动：给马耳门~张桌子出来。③因碰撞受到震动：车子碰到街沿，猛地~了一下。

腾蔫儿 tengnianr 贬义词，傻瓜。形容倒霉、失败及慢条斯理不作为的人。蔫同眼。

腾倒闹不扯票 tengdaonaobuchepiao 形容浑水摸鱼，伙倒吃魈头。

腾空 tengkong ①搬出东西，让出地方，腾出位置：房子~了好装修。②删除，让出空间：U盘~好下载图片。

塍塍 tengteng 田间的土梗子，引申为高出四周的地方：看到起，路边上有个~。

吞饭 tengfan 吞，读"腾"。吃饭：边~边说事，看咬到舌头儿。

吞鬼饮食 tengguiyinshi 吃夜宵。鬼饮食：成都小摊贩夜间在街边经营的夜伙食。

吞伙食 tenghuoshi 吃饭：刚吞了伙食又饿了。

提 ti 垂手拿着东西。歇后语："~倒尺满街走——不量自家量别个。"

提劲 tijing 虚张声势，吹牛说大话。

提劲打把 tijingdaba 吹牛耍横，夸耀蛮力：~冒充好汉，打起幌子威胁他人。

提劲打把揎火车 tijingdabaxuanhuoche 揎：用劲推。形容牛吹大了，连火车都能推动。类似语：提劲打把揎（开）飞机。

提口袋 tikoudai 召集人，总负责：找你们~的来拿钱！

提神儿 tishenr 提精神：光想到抽烟~，诱发肺癌你怕不怕嘛！

提线线儿 tixianxianr 原指牵引木偶提线。①指挥，调度：既然你哥子在~，我们就悉听尊便。②喻指在幕后操纵掌握命脉，把握权力之人：大凡小事，总要有个~的。③喻指皮影表演。歇后语："灯影儿会走路——有人~。"

提虚劲 tixujing ①故作强势，说大话唬人：扯把子~。②不实，假装，绷起：狐假虎威~。

蹄花儿 tihuar 炖猪蹄：成都的"老妈~"就是炖得烂哈！

体 ti ①如同，相似，与某人或什么东西相同、一样等：马骁的样儿硬是~到妈老汉儿在｜寇宗芙语："外甥~母舅。"②继承：~父亲爬格子（写作）。

体面 timian 面子大：~之人。

体朽儿 tixiur 体质不好，身体虚弱。

梯田 titian 嬉皮士的头发样式：理发匠的手艺拙，把别个顾客的脑壳铰（剪）成～了。

梯坎儿 tikanr 困难，障碍：莽子可恶，总是找些～给我们爬。

剃脑壳 tinaokuo 剪头，理发。歇后语："学～碰到络耳胡——难剃（题）。"亦作"剃头"。

剃须子 tixuzi 修胡须：～，掸脑壳。

天把天 tianbatian 一两天，形容时间很短暂。

天棒 tianbang 鲁莽、不怕事的人，无法无天、不知天高地厚之人：老几到处惹是生非，是出了名的～娃娃。歇后语："半天云头掉棒棒——～。"亦作"天棒槌儿"。

天东雨 tiandongyu ①偏东雨，急雨：～来了赶快跑！②喻指一触即发的迅猛之事：两边人都不虚火，～不来才怪了呢！亦作"天涷雨"。

天和 tianfu 麻将俗语，指头家开牌就和牌：打了一辈子麻将，头回割～。

天气短 tianqiduan 立秋之后白天的时间相对缩短。相反为"天气长"。

天一句，地一句 tianyijudiyiju 比喻说话不负责任，东一下西一下的。歇后语："半天云头锯板子——天一锯（句），地一锯（句）。"

甜 tian 形容声音美丽、圆润而动听。

甜皮鸭 tianpiya 成都美食，用蔗糖酥皮的卤鸭子。

甜烧白 tianshaobei 一种带皮肥肉中间夹一层洗沙（甜味）的蒸菜，常以糯米饭铺底。

甜丝丝 tiansisi ①甜味十足，甜得安逸。②美好甜蜜劲儿：爱情的味道总是～的。

甜水面 tianshuimian 成都一名小吃。因面同筷子般粗细，又名"筷子面"。

田坝 tianba 田野：转哈儿～再回去。

田坝头 tianbatou 稻田里：～逮蟆蚂儿。

田坎 tiankan 田埂。田地里稍稍隆起的分界线，像狭窄的小路，埂子。歇后语："～上修猪圈——肥水不流外人田。"

添 tian ①增加，添加：～双筷子的事，不用客气。歇后语："二一～作五——平分。"②舀：～饭！

添点子 tiandianzi 增加一点：钱不够，～。

添饭 tianfan 盛饭，加饭。

添油加醋 tianyoujiachu 添枝加叶，夸大事实，火上浇油。亦作"添盐加醋、添言搭语"。

舔 tian 用舌头接触或取东西。歇后语："耗子~猫鼻子——找死。"

舔肥 tianfei 阿谀奉承，无原则地恭维、献媚、巴结、讨好：斗鸡娃儿最恨~的人。又为"抱大脚杆、抱大脚肚子"。

调 tiao 调换，调节，调整：我们两个的表，~到戴｜站一会儿再~到坐。

调羹儿 tiaogengr 喝汤时用的勺子，汤匙，条勺：拿根~来喂（娃娃）饳饳！歇后语："品碗头的~——小得多。"

调侃 tiaokan 玄摆，说教：等他慢慢~。

条子 tiaozi 篾条，鞭子。民间俗语："黄荆~出好人。"形容旧时教育子女方法简单粗暴，但凡有过错便用~抽打。

跳踔踔脚 tiaobaibaijuo 儿童游戏，即一只脚着地跳着走，看谁跳得快，跳得远：我们都来~耍哈！亦作"打踔踔脚"。

跳房 tiaofang 老成都儿童游戏，以粉笔在地上画方格子，每一格为一间房子。玩法很多，最常见的一种为四间房，以一物做子儿，单腿跳过将其逐格踢出。又为"跳房子"。

跳拱 tiaogong 老成都儿童游戏，先识拳，输者俯身作拱背，并依次升高，赢者手撑其背跳跃而过。

跳水泡菜 tiaoshuipaocai 将新鲜蔬菜切成片或块炮制半天或一天后食用。

跳水兔儿 tiaoshuitur 兔肉蘸调料吃之戏称：~连皮吃。

跳颤 tiaozhan 过分地活跃，出风头、爱展露。

挑 tiao 挑刺。歇后语："针~手中刺——一根比一根尖。"

挑担担儿 tiaodandanr 挑担子，担纲，喻指顶梁柱。

挑挑儿 tiaotiaor ①担子：沙和尚挑~，猪八戒挏耙耙儿。②眼皮上长的小疙瘩，麦粒肿：乱瞌乱盯，谨防生~。

挑至 tiaozi 有意，故意，利边。亦作"撩至"。

挑嘴 tiaozui 挑食，择嘴。成都童谣："一日三餐莫~，新鲜蔬菜胜美味。养成生活好习惯，定时起床按时睡。"亦作"挑嘴儿"。

铁甘蔗 tieganzhe 极硬的甘蔗：~啃不动。

铁将军 tiejiangjun 铁锁：~再大也只锁得到君子，锁不到小人。

铁篑篑 tiekuikui 铁碓窝：把~拿出来舂花椒面儿。

铁篱笆 tieliba 带刺的灌木：慌张之下，那贼一头就钻进了~。

铁脑壳 tienaokuo 斧子的别称：挏~劈柴。

铁石货 tieshihuo 喻指实实在在的东西。成都民谣："骂的风吹过，打的～！"

铁砧 tiezhen 打铁用砧礅：打不来铁莫怪～孬！

贴 tie ①粘贴，贴上：～窗花。歇后语："狗皮上～膏药——不粘。"②挨着：～到马骁要，划得着。③紧跟：给主人家～起，好处多多。④巴结：死～老板，要不要得嘛?

贴得梆紧 tiedeibangjing 挨得很近或紧跟：跟老板～。亦作"死贴"。

贴膏药 tiegaoyo 喻张贴小广告，俗称"牛皮癣"：乱～，影响市容。

贴心豆瓣儿 tiexindoubanr ①死心塌地的追随者：王大爷的～最终还是遭枪毙了。②褒义即作拥戴、贴心，或上司信赖器重之人讲：他是马处长的～。

听说听教 tingshuotingjiao ①言听计从，态度和好。顺口溜："～，不踩怪跷（叫）。"②做事讲规矩，不乱来：瘟猪子服辣椒面儿，总有～的时候。

挺起 tingqi ①指东西吃得太多，堵在那儿，不能消化。②喻指资产雄厚，飞黄腾达，有钱人，发福的老板。③形容贪婪之人：老几些吃来～了，谨防挎去说斗斗。

桐油石灰 tongyoushihui 桐籽油与石灰。桐油与石灰搅拌常为补漏所用，系旧时百姓家中必备之物。成都皇城坝儿的叫卖："买，～；买，灯草；买，蜂窝煤奏奏。"

痛诀 tongjue 痛骂：一阵～之后，就都归一（听话）了。

痛木 tongmu 形容痛苦到麻木，以致丧失了感觉：遭冤枉的感觉，不是气死了血就是～了。歇后语："乌龟遭牛踏（踩）一脚——心子把把都～了。"亦作"痛漠、痛得木、痛得个木"。

痛死血 tongsixue 死血，血停止了流动，喻痛恨到了极点：全世界都把恐怖分子～了。

通不管 tongbuguan 一概不管。

通不认 tongburen 一律不认。

通另 tongling 另外，重新：～来过。

通盘亮底 tongpanliangdi 全盘托出，亮相。

通杀 tongsha ①全部解决：恐怖分子必须～！②麻将俗语，通吃：二、五、八——～！

通泰 tongtai ①通态，排便通畅。②爽快，无过场，通情达理不扭捏，极能理解人：子默先生办事之～。

通天 tongtian 开诚布公。

通烟杆儿 tongyanganr ①喻指亲密无间，搭档：既然是～就好说。②两人串通一气：晓得他俩是～。

桶儿 tonger ①桶：～取了底底当甑子用。②设置陷阱：安起～整人。

统 tong ①汇集拢来。②套住，罩起，盖住：天冷了，赶紧把棉絮捞来～起。③揣：快把压岁钱～起。

统共 tonggong 总共，一共，总计。

统起 tongqi ①包起来，收捡，提起：乱七八糟的收拾完了，该～走的都捡归一了哈！②打包：吃不完的东西都～带回去。

偷 tou ①剽窃，索要：～不～看你的了。②棋牌趣语，喻指取牌，表态：稳起不～，猜不透。③偷盗。歇后语："野猫儿～鸡——本性难改。"

偷儿 touer 窃贼、小偷。

偷鸡 touji ①喻投机取巧。民间俗语："～不成，倒蚀一把米。"②棋牌术语，忽悠玩家：想～哇？不可能！亦作"打机"。

偷奸耍猾 toujianshuahua 自身没有什么能力，靠吹牛拍马屁或做事不踏实、偷懒等：～的懒人。

偷油婆 touyoupo ①蟑螂。成都人常以其身上颜色说家具：～颜色。②偷儿，专门偷油的小偷。

偷嘴 touzui 偷吃饮食，常带有悄悄品尝之意。亦作"偷嘴儿"。

偷嘴狗儿 touzuigour 未得到大人的允许而偷吃食物的小孩。

头 tou 表方位，里面。歇后语："袖子～起火——烧手。""豆腐滚到灰～——吹也吹不得，拍也拍不得（喻十分棘手）。"

头把夜壶 toubayefu 民间戏语：第一把手。

头半回 toubanhui 前次一半之时：～说的话你还记得不?

头次 touci 上一次，以前：～讲过的话，这哈儿就不重复了。

头家 toujia 麻将俗语，最先起牌开张的人：～出牌。

头节硬 toujieen 比喻做事开头认真，但不能坚持到底，善始不善终。歇后语："鸡公厕屎——～。"

头难 tounan 开头难：～，～，开了头就不难。

头盘 toupan 第一次，上一次：这儿，我们～才来过。

头七 touqi 旧时死人有"七煞"之说，故称不利之事：千万不要去撞～。

头天 toutian 前一天：～还好好的，咋就走了喃?

头一向 touyixiang 前段时间：～身体不好，与小赵他们就少有来往。亦作"前一向"。

头子 touzi ①物品的剩余部分：线~。②顶撞人、责备人的话语：挨~。

透 tou 表示程度深：这场雨是落~了。

投不起 toubuqi ①超标准，不划算。②账目不相符。

投价 toujia 超出预算或心理承受的价位：豆腐变成肉价钱，这东西~了！

投起的 touqidi 比喻符合，相合。歇后语："弯刀的把把——~。"

投生 tousheng 喻指人转世：天蓬元帅~成了猪八戒。

抖 tou 读"钭"。①打，揍：~你脑胸｜~你娃头儿！②颤抖：打摆子~圆了。③抖动。歇后语："三九天穿单裤儿——~起来了。"

抖摆 toubai ①狼狈状，窝囊相：上台抖不伸，不现~才怪。②抖动：来不得半点~。③破绽，原形：偷拿骗吃，终于现了~。

抖伸 toucheng ①打开天窗说亮话，说明白，表达清楚。②抖动使之平整：把衣服~再晾。

抖忒儿话 touterhua 自己乱冒傻话，甚有言不由衷之意。

抖空 toukong ①彻底翻开，亮底。②麻将俗语，输光了，没有钱了："我的包包都~了哈！"

抖嗦 tousong 饿痨、寒酸相：嗦嘴狗儿就~得很。又为"抖怵"。

抖堂 toutang 全部，通通：搬新家，她的家具要~换新的。

抖一顿 touyiden 挨一顿打。

兔儿 tur ①兔子：买了根红毛~，沾水却变成了白颜色。②麻将俗语，输家：老几成了鲜~，拿给人家随便剐！

兔儿脑壳 turnaokuo ①兔头：宣大姐（卖）的~，味道鲜得多。②趣称人头：啃~（喻接吻）。

图 tu 希望得到：我问你，到底~人家哪一头？

图撇脱 tupietuo 贪图方便，简单：下馆子不洗碗，~！

吐 tu ①交代问题，坦白。②使东西从嘴里出来，呕吐，翻胃。歇后语："吃鱼不~骨头——带刺。"③麻将俗语，打掉多余的张子：太婆~万字（证明已打缺），谨防挨刀（和牌）哈！

吐莽的 tumangdi ①突然说出意想不到或惊人的（怪）话。②交代问题严重。

吐圈圈儿 tuquanquanr 形容过烟瘾，吞吐烟雾：抽就抽嘛！~居然还成了两爷子的比赛项目。

土把碗 tubawan 陶土或黄泥烧制的低劣土碗：农村头吃"九斗碗儿"，~要摆一坝。

团 tuan 读"湍"。献媚，巴结等：想~那个哇？莫眼！

团拢 tuanlong ①召集拢来，集合，组织：你承个头，把大家~来。②合拢，合在一起：我们~就是一家人了。③伙倒：灰面加玉麦面伙倒~就揉成了粑粑。

团生意 tuanshengyi 把生意弄到一块儿来，招揽顾客。

团转 tuanzhuan ①周围，前后左右。歇后语："裹脚布抖伸晾——臭~。"②左邻右舍：周围~的关系他都好。

团团转 tuantuanzhuan ①周围团转，附近一圈。②围着转：钱包掉了，急得老几~。成都童谣："李花白，桃花红，桃子树上挂灯笼。风吹灯笼~，火烧灯笼满天红。"

腿杆 tuigan 腿。

退神光 tuishenguang 遭到恐吓或受到惊吓而失去面部表情，形容挫锐气，扫威风：两耳光就退了老几的神光。

推 tui ①婉言谢绝：这事~了。②揎。歇后语："~石头上坡——丢不得手。"

推窗亮槅 tuichuanglianggei 开诚布公，无须隐瞒，明明白白：~地把话说透了，大家仍然是朋友。

砣 tuo 吊坠的重物，秤砣。民间俗语："秤不离~，公不离婆。"

砣子 tuozi ①拳头，力量的表示。歇后语："~舂海椒——辣手。"②权利人，泛指（经济）实力雄厚者。

坨 tuo 团，堆：冷得来缩成了一~。

驮 tuo 负载。歇后语："骡子性子——~重不~轻。"

脱不了壳壳 tuobuliaokuokuo 形容样儿相同，一模一样：马耳门两爷子简直就~。

脱不到爪爪 tuobudaozhaozhao 事办砸了，脱不到手（不好交代），比喻脱不了干系。歇后语："老鹰抓蓑衣——~。"

脱扣 tuokou 面部消瘦，眼睛凹陷变形，病入膏肓的样子。

拖 tuo ①拉扯，带：好不容易把娃娃~大了，自己却老了。②劝解。顺口溜："打架望人~，官司望人和。"

拖斗 tuodou 撵路的娃儿，跟班儿：不嫌~是个累赘。

觯 tuo 下垂：~起衣服走路像啥子？

觯神 tuoshen 形容懒散，惰性强的人。喻指衣冠不整的二流子或无业游民：莽子娃儿是个~！亦作"妥神"。

W

娃 wa 蔑称：量视你～不敢咋子！

娃儿 waer 小孩。成都童谣："桃花树，李花树，红花白花开满树。今日看花花才好，明日看花只有草。～大了大人老，孝敬父母要趁早。"

娃儿伙 waerhuo 小孩子：三十晚黑，～些耍安逸了。

娃儿些 waerxi 孩子们：～喜欢看动画片。

娃娃 wawa ①孩子的爱称。成都童谣："三岁～会栽葱，一栽栽到路当中。"民间俗语："～是自己的乖，老婆是人家的好。"歇后语："老妈抱～——人家的。"②形容恍人。歇后语："背起～找～——粗心。"③喻动物或昆虫的幼虫。歇后语："蛐蟮儿的～——土生土长。"

娃娃菜 wawacai 小种白菜，因种小于大白菜，故俗称之：鸡汤～。

娃娃儿书 wawarshu 小人书，连环图。

娃娃家 wawajia ①小孩子：～随便说，没得忌讳头。②如同小孩一般：打打闹闹整惯了，硬是像～。又为"娃儿家"。

娃娃鱼 wawayu ①大鲵，即一种两栖动物，叫声像婴儿，故名：小～叫小鲵。②蝌蚪，泛指蛙类的幼体：～二天要长脚。亦作"马胡子、马嘟子"。

瓦罐 waguan 陶罐。歇后语："～碰石头——不要命。"

瓦块儿 wakuair ①瓦的碎片：砖头～堆一坝。歇后语："茅厕坎上捡～——不好揩（开）口。"②瓷器的别称：到送仙桥说句捡～的漏，就晓得你是内盘。又为"瓦片儿、瓦片子"。

瓦片儿云 wapianryun 一种像瓦片一样的云彩。

挖 wa 抓，抠：～你脸。

挖耳子 waerzi 挖耳勺：买个～来掏耳屎。

挖连 walian ①肮脏，邋遢，窝囊：鼻脓口水的，看到都～。②啰唆：东拉西扯紧说，硬是～。③寒碜，寒酸：萎萎缩缩，～得很。又为"挖廉"。

舀 wa 读"瓦"。①舀取：～点蜂蜜去吃。②捞取：～油面子。

揎油面子 wayoumianzi 做表面活路，捞取好处。

歪 wai ①斜：路走～了。②不正经，乱想。③东西不好或来路不正当：～货。又名"Y货"。④多音字。厉害，喻指辣味重：这根海椒好～哦！歇后语："风吹弯了的花椒树——又麻又～。"⑤成绩突出，显赫、能干之意。成都人往往习惯把贬义词颠转使用，以示幽默：马耳门写了一大堆书，你说是不是该人家～嘛？⑥形容不正派，撒野凶恶之人：死～万恶。成都童谣："他～让他～，～人惹祸灾；他恶让他恶，恶人没煞角。"⑦扭。歇后语："～着脖子想问题——净是～道理。"

歪把裂爪 waibaliezhao 姿势难看：～无站相。

歪的 waidi 不好的，来路不正的歪东西：手机是～。

歪东西 waidongxi ①形容人不正经：这个～又来扭骚幺妹了。②烂掉或质量差的物品：～不见得都是小摊摊儿上（兜售）的。

歪翻山 waifanshan 走极端，事物到了极致，走向了反面，喻指胡编乱造：不讲科学，就～了。

歪号 waihao 绰号：马玲的～叫"马老蔫儿"。亦作"外号"。

歪颈项 waijinghang 项，读"巷"。歪脖子。歇后语："～吹喇叭—— 一股斜（邪）气。"亦作"歪颈子"。

歪浑了 waikunliao 浑，读"捆"。耀武扬威，霸道到了极点：马干吃尽，估吃霸赊～。

歪人 wairen ①厉害、泼辣，穷凶极恶、蛮横无理的恶人。民间言子儿："～有～收拾。"②不正经的人：～做事一贯骚拷。

歪歪道理 waiwaidaoli 极不正确的理由：马耳门横扯些～，哪个听嘛！

歪文儿 waiwenr 外文（英文）：他功课各门都好，就是～读不来。

歪嘴儿 waizuir 歪嘴巴，斜嘴儿。歇后语："～婆娘照镜子——当面丢丑。"亦作"歪嘴子"。

踒 wai 扭伤。

外后天 waihoutian 大后天：～请来耍。亦作"外后日"。

外前 waiqian 外面，外头：～看稀奇。民间俗语："拜年，拜年，沟子朝～。不想腊肉吃，只想你的挂挂钱。"

外头 waitou ①国外：～那些人都是高鼻头儿。②屋外，外面：～闹麻了，进屋头说。

外外 waiwai （含亲切感）外甥。

外鹜 waiwu 外遇。

外先 waixian 外面，圈子外：一只脚在门以头，一只脚在门～。

外扎 waizha 喻指衬衣或体恤衫扎在裤腰里。歇后语："胖子操～——腰肚子翻。"

弯 wan ①饶舌：话不要～起说。②绕路：～了一转路。③走过场：做事～来～去没有意思。④弯曲。歇后语："檀香木当犁～——屈材。"

弯儿格扭 wanergeiniu 不伸展，弯弯曲曲，弯转扭曲，多形容体态。成都童谣："千脚虫，周身红，～快如风。有个小弟叫家婆，它的大哥叫蜈蚣。绿头蜈蚣周身毒，逮着夹去喂鸡公。鸡公专吃五毒虫，避邪除害鸡冠红。"亦作"弯儿疙扭、弯儿格揪、弯儿搁扭、弯儿疙纠、弯弓弓、弯纠纠"。

弯环倒拐 wanhuandaoguai 绕弯子，不直爽，转弯抹角地说话：我是个直肠子人，～不来。

弯孪编旋 wanluanbianxuan 千方百计，弯环倒拐（绕圈子）编谎话：死不要脸，～。亦作"弯孪编玄"。

弯酸 wansuan ①挖苦，故意找茬刁难：公事公办，不准～！②对人刻薄，拐弯抹角善变。歇后语："牛角上套绳子——～。"又为"弯拴、弯涮"。

玩格 wangei ①接触新鲜事物，进入较高领域，玩耍高格调，比喻从未耍过的洋盘，含独享之意：太婆也拿起手机开始～了哦！歇后语："癫疙宝坐圈椅——该麻娃娃～。"②比喻讲排场，摆阔气。

玩派 wanpai 耍派头，拿架子。歇后语："专家面前～——自讨没趣。"

万不谙 wanbuan 根本没有想到，无法猜到：～今年的倒春寒还凶到在！

万多个 wanduoguo ①指许多，难以数清：打金钱板的福娃得了～奖。②喻指人多势众：～人看吴老师组织的《成都快板》演出。亦作"万多人"。

万后天 wanhoutian 后天之后的一天，大后天：～请来耍！

万金油 wanjinyou 喻知识全面，全挂子、全能：希望文联的～多一点。又为"万精油"。

万万子 wanwanzi 形容许多，并以万计的钱：抗震救灾时，文联捐了～。

万恶 wanwo 形容坏到了极点，可以用千刀万剐来诛之。

晚点子 wandianzi 晚些时候：SCTV～要放《天府龙门阵》。

晚黑家 wanheijia 天黑的时候：～要看《成都麻辣烫》。又为"晚夕家"。

晚夕 wanxi 指下一个时间段，晚上。歇后语："三十～走路——没影子（喻无踪迹）。"

碗把碗 wanbawan 量词，一两碗：～的钱，算了（不收了）。

挽 wan 缠，绕。

挽倒 wandao 纠缠：事情过都过咯，还~闹！

挽圈圈 wanquanquan ①绕路：谨防野猪儿（非法营运出租车）~走。②话绕起说：~紧倒说，听起就恼火！③画句号，喻结束：报告大家一个好消息，~的时候终于到了。④设下陷阱或圈套：整人害人~。

绾鬏鬏儿 wanjiujiur 扎翘毛根儿。

网 wang 结交：他在外头~了些啥子朋友？

网起 wangqi ①纠缠，缠绕：雀雀儿遭~了。②勾搭，关系暧昧。③被别人欺骗：老姐子遭骗子~了。④比喻陷入困境。歇后语："蚕子牵丝——自家弄来~。"

网丝 wangsi 结网，织网。歇后语："蛰珠子~——不留门。"

网网 wangwang ①朋友圈子：~宽了社会关系就复杂。②门道，路子：~多虽好办事，但要实在才行。

汪往旺 wangwangwang 乱扯：尽说些~的事，哪个相信嘛！

王保长 wangbaozhang ①巴蜀笑星沈伐在谐剧《抓壮丁》里扮演的喜剧角色。②喻指宝器之类的喜剧人物。

王濯濯 wangcuacua 濯，"出啊"拼读。喻指什么都不会的无能之辈：我还以为老几好凶呢，结果是他妈个~！

望 wang ①抬头，向上看。歇后语："~起脑壳打呵咳——向上开口。""三十晚夕~月儿光——没纸（指）望。"②用杆秤称东西时秤尾上翘，表示分量足或稍多：除了筐筐的折耗都还~。亦作"雄"。

望板 wangban 天花板，房屋上的隔板：耗子在~头跑圆似起了。

望到 wangdao 盼着，等待：说了半年三，我们~去都江堰（耍）哦！

望红儿 wanghonger 向日葵：葵瓜子就叫~。

望翘翘 wangqiaoqiao 秤杆往上翘，形容重量很足。

望绿了 wangluliao 绿，读"陆"。望穿了，比喻惊恐不知所措或迫切希望得到某物或某事。歇后语："丁丁猫儿想吃红樱桃儿——眼睛都~。"

望天书 wangtianshu 看着天读书，喻指学习不用心。

望头 wangtou 喻希望，指望。歇后语："三个菩萨两炷香——没得你的~。"

往天 wangtian 前些日子：~说的话，这哈儿就不认了嗦？

往年子 wangnianzi 以前的岁月，过去：~的事不要扯到这阵来说。

旺儿 wangji 分量多而足。亦作"旺实、莽实"。

旺家门 wangjiamen 家门兴旺。民间俗语："客走~。"

枉自 wangzi 白白地，无用地，徒然，白费功夫：老几说话那么粗鲁，~是文化人。成都童谣："小伙子不抽烟，~活人间；小伙子不喝酒，~在外面走！"亦作"枉至"。

胃子 weizi 胃，胃部：~痛，是不是饤（积食）到了？

围 wei 围到，围起，聚拢。

围围 weiwei 儿语，围巾、围脖、围腰、围胸等：安逸！刚换的~又打脏了。

围腰 weiyao 围裙，下厨时围在腰间的围巾：拴起~，免得油沾到衣服上。歇后语："厨师解~——不做了。"亦作"围腰帕"。

萎 wei ①枯竭，枯萎，萎缩，蔫：栀子花又~了几朵。②蔫炽炽，多形容无精打采、精神不佳的样子：马耳门病久了，人都~了。③火之将熄：灶头再不添柴，火就~了。

萎倒 weidao 萎相，无精打采：挺起精神来，坚决不能~！

萎梭梭 weisuosuo 形容病态、萎靡不振的样子：好小伙儿哪有~地哦！成都民谣："送郎送到五里坡，五里坡上卖馍馍。有钱哥儿吃几个，无钱哥儿~。"又为"萎缩缩、萎耸耸、蔫梭梭"。

偎偎儿 weiweir ①大人诓小娃娃睡觉：~~睡觉觉。②鹅：吆~。

维 wei ①维持，善于搞关系，团结人。②结交：朋友是~不完的。

卫护 weifu 护，读"付"。关心维护，捍卫保护，袒护：妈就只晓得~他。

微孬 weipie 孬，读"瞥"。差一点，不怎么好或最差都应该怎样：请客~要在一品天下。

味大 weida 口重：~多加盐。亦作"味重"。

味道长 weidaochang 形容牙尖，扭捏，有过场的人。亦作"味道鲜"。

味轻 weiqing 少加盐：老板，面~哈！亦作"味小"。

喂 wei ①喂养：我们~的狗，叫"莽哥"。②招呼人：~，听到没有？

煨 wei 慢火炖，微火熬。歇后语："砂罐~蹄子——煮脚（主角）。"

偎 wei 放在温暖的地方使之变暖和：冬天还是~倒床上舒服。

偎脚 weijuo ①暖脚：捞水烘笼儿给婆婆~。②给植物根部施肥、培土：给玉麦~要把细了。亦作"壅脚"。

为啥子 weishazi 为什么：~要尽心竭力地去搞方言文学？亦作"为撒子"。

卫向 weixiang 偏袒，偏向：妈老汉儿就是~幺女。又为"卫相"。

未必然 weibiran 难道：~你不去开同学会？

问个子丑寅卯 wenguozichouyinmao 把事情问清楚，问个所以然：找王二哥~就清楚了。

文不诌诌 wenbuzhouzhou 斯文，文绉绉：说些之乎者也的话，～的。

纹路 wenlu ①条纹，布纹：这块花布的～好看。②掌纹，指纹：《人体手相学》里对手掌～有说法。

蚊刷子 wenshuazi 拂尘：搭个～在手腕上，硬像电影头演的。亦作"蚊帚子"。

蚊蚊儿 wenwenr 蚊子：林盘头的～才多哦！

蚊烟儿 wenyanr 用木屑和药粉制成的、纸包装的长条形蚊香。

瘟 wen ①笨，反应迟钝：笨头笨脑～得痛。②不精。民间俗语："样样懂，门门～。"③喻指戏曲表演沉闷乏味：这帮～人演不出好戏。

瘟得痛 wendeitong ①形容笨人，蠢材：一上午就写了两个字，简直～！②技艺低劣：～还找神婆医，当真莫得办法了嗉？

瘟丧 wensang 孽障，喻十分讨厌的人或动物。成都童谣："洋马儿，叮叮当，高头坐个死～。"亦作"瘟神"。

瘟神 wenshen 调皮捣蛋者：真是妈的个～。

瘟猪子 wenzhuzi ①笨蛋，帮扶不起来的蠢笨之人。亦作"瘟症"。②患瘟疫的猪。民间俗语："～服辣椒面儿。"歇后语："～肿脚棒—— 一连的。"亦作"肿脚脚"。③喻指学习不用心的人：老二这周又吃个"鸭儿（2分）"，简直就是个～。又为"瘟猪儿"。

瘟症 wenzheng ①瘟疫，疾病：禽流感属不属于～哦？②笨蛋，笨人，学习不用心者：～娃娃，考试又呦鸭子（排名倒数第一）。

温嘟嘟 wendudu 温热的感觉，成都人试水温时常说此话：开水凉得～的，好喝。

温开水 wenkaishui 微热的开水。

温水瓶 wenshuiping 热水瓶，保温瓶：八磅的～装水多，五磅的掺到轻。歇后语："～脾气——外面冷，里面热。"

温温儿水 wenwenrshui 温水。歇后语："～烫鸡毛——够扯（麻烦）。"

温温热 wenwenre 温热的温度：～的稀饭不杀（烫）喉咙。歇后语："隔夜的火笼——外面～，里面全是火。"

稳倒 wendao ①稳住或坚持住：～一哈。②守住，圈定在一定范围之内，拖延时间或控制住等：你先去把老几～，我去喊人来收拾他。

稳当 wendang 稳妥，安稳，不会扯拐（出差错）。歇后语："摸到石头过河——～。"复句：稳稳当当。

稳倒操 wendaocao 一定要有把握，稳操胜算。

稳起 wenqi ①表情自如，不露声色，指沉得住气的人：～不盯，看他要咋子！

②稳住，坚持住：～，慢慢走，千万不能倒下。

稳起不偷 wenqibutou 原指玩"偷十点半"扑克牌游戏时，自己手中的牌是十点半或者最接近十点半，想必比其他人的牌都大时，因此不再向庄家要牌。比喻胸有成竹，不动声色，干脆不理睬。

稳扎 wenzha 稳妥，稳当：办事还是～点好！

嗡啊嗡 wongawong 形容悲伤之哭声：不晓得老几咋子了，哭得～的哦！亦作"嗡兮兮"。

瓮 wong ①埋，陷入：把稳不住就遭～进去了。②共鸣重：感冒了鼻子不通，说话～声～气的。

瓮倒 wongdao ①埋藏：用泥巴～。②罩住，盖住：～铺盖头。

瓮倒热 wongdaore 闷热：天气～。亦作"庩到热"。

瓮雷 wonglei 闷雷：打～。

瓮子 wongzi ①烧水用的深桶锅：～都烧干了，还不赶紧掺水！②一种盛水、酒等的陶器：～头有烧酒，要吃自己倒。

瓮子匠 wongzijiang 茶铺头负责烧水的人：～来得麻利哦！

滃子 wongzi 用桐油石灰或黄泥等敷过的装鱼的笆篓：～头有几条穿穿儿。

齆鼻子 wongbizi 说话不畅，声音沉闷，多系鼻子堵塞、鼻腔有毛病所致：～说话瓮声瓮气的。

齆声齆气 wongshengwongqi 鼻腔共鸣声重，声音不清晰，粗而低沉：鼻窦炎（的人）说话就是～的。又为"翁声翁气"。

我才不得管 wocaibudeiguan 喻自己不愿意管（闲事）：这件事～嘞！亦作"我才懒得管"。

我告一哈 wogaoyiha 我试一下：～手机。

我嘿凶 woheixiong 喻指自己最厉害：晓不晓得～哦！

我勒两天 woleliangtian 我这两天：～老是想啄瞌睡。

我没啷个 womeilangguo 我没有这样（做或说）：～做。

我遭得凶 wozaodeixiong 麻将俗语，喻指自己输得惨：他们一铲三，～！

哦 wo 读"我"。感叹词，晓得，知道了。

哦豁 wohuo 读"我豁"。①惋惜叹词，哎呀。事情办砸了或东西不小心损坏，常出此言表示惊慌或遗憾：～！花瓶打烂了。②川人对逝者的戏称，借代"死"字用："～"一声，人就出脱了。亦作"哦嚯、喔喝"。

哦呵连天 wohuoliantian 吼闹，叫苦连天：～惊了一团转。

哦哟 woyo 羡慕的惊叹声：~！好漂亮。又为"哦唷"。

饿 wo 读"卧"。成都童谣："小乌鸦，呱呱呱，寻食回家喂妈妈。风不怕，雨不怕，只怕妈妈肚皮~，躲在窝里叫娃娃。"

饿痨病 wolaobing 易饥症：一天吃到黑，害了~嗦！

饿痨饿虾 wolaowoxia 非常饥饿，显急迫，贪嘴。歇后语："饿狗抢食——~。"又为"饿龙饿虾、穷吃饿虾、穷吃饿吃"。

饿嗦 wosong 像饿鬼那样嘴馋：~得来像几辈子没吃过饭一样。又为"饿怂"。

鹅老石 wolaoshi 鹅卵石，河里洗刷光滑之卵石。歇后语："~下油锅——炸石（扎实）。""~砌墙角——不稳当。"亦作"鹅捞石儿、鹅抱石、广耳石"。

鹅米豆儿 womidour 扁豆：炝炒~。

鹅子石 wozishi 小鹅卵石。歇后语："河头的~——光溜溜。"

窝儿 woer ①喻指睡觉：我中午必须~一下。②家。民间俗语："金~，银~，不如自己的狗~。"③凹窝。歇后语："黄鳝的耳朵——缺~（物儿）。"

窝起 woqi 蜷起：天好冷了，赶紧捞铺盖来~。

窝窝儿 wowor 凼凼，坑坑：看到~走，不要遭摔了。

沤 wo 读"握"。①捂着：六月天~豆豉。②沤烂：石灰水给它一~就烂了。

妖 wo 捂，焐到，发酵：~胡豆瓣。

妖豆豉 wodousi 豆豉，读"豆丝"。①使豆子发酵：~，要捞棉絮捂。②嘲人衣着过多不嫌热。

妖蛆 woqu 喻穿衣较多，捂来生虫：大热天穿棉袄，~嗦！

恶鸡婆 wojipo 恶，读"握"。喻泼妇。顺口溜："母夜叉，~，硬是不要穷人活。"

恶了善罢 woliaoshanba 好坏都行：~，总要有个结果。

呜啊呜 wuawu 形容风声很大：穿堂风吹得~的。

呜嘟嘟 wududu ①号声：清早八晨，军营的号声~地吹圆似起了。②哭声：隔壁子~地在哭。

呜喧喧 wuxuanxuan ①大声吵闹或哭声很大，形容喧闹嘈杂样子：几爷子闹得个~的。②形容闹得满城风雨的样子：这件事情闹得~的，你还不晓得嗦？

呜嘘呐喊 wuxunahan 大声吼叫，大吵大闹：~闹麻了。

乌棒 wubang 乌鱼：老爸捞小蛄蚂钓~。顺口溜："鲢鱼头，鲤鱼腰，~脑壳当柴烧。"

乌猫儿灶烘 wumaorzaohong 形容稀脏邋遢，面容污糟黢黑，犹如柴灶烟子燃过一样。又为“乌猫儿灶狗、乌猫儿狗躁”。

乌鸦嘴 wuyazui 本指乌鸦之嘴，后喻不顾场合乱说不吉利话的人：说话无节制，喳喳哇哇就像～。

污 wu 随便胡乱抓拿：～来的东西当脚踢（随便用）。

污糟糟 wuzaozao 又脏又乱，极不整洁，乱七八糟，污泥浊水的样子：灶房头～的。亦作“污兆兆、污肇”。

诬 wu 诬赖，栽赃陷害：伙倒耍嘛！～你一坨有嘴都说不清楚。

诬叫 wujiao 不讲原则、没有正义乱来，不按章法烧整烧拷。亦作“诬赖”。

诬教场合 wujiaochanghuo 合，读“活”。喻指乱糟糟不讲规矩的地方：～怪事多。

诬教堂子 wujiaotangzi ①无法无天的场合，喻指无法讲理之处：啥子～哦，乱七八糟的！②麻将俗语，串通整人：这种～，二天简直不敢来了。

喔哟 wuyo 感叹句，哎哟：～，划不着。

五马六道 wumaludao 六，读“陆”。行为不正，形容霸道，蛮不讲理：学到～二流子相，让人讨厌。

五脏庙 wuzangmiao 胃肠的戏称：进贡给了～。

屋 wu 房子，屋舍。歇后语：“夜猫儿进～——无事不来。”

屋头 wutou ①家人，多指妻子：假如～不干的话，股票照样买不成。②家：回～拿东西。歇后语：“白天～点灯——多此一举。”民间俗语：“外头绷面子，～搅糨子。”

屋檐水 wuyanshui 沿屋檐滴下的雨水，又为房檐水：～皆有滴水穿石之功。

无底洞 wudidong 喻指耗费无止境：再多的金山都填不满那个～。

无端端 wuduanduan 好端端：～地咋就病了喃?

无聊 wuliao 无所事事，耍赖，不认账：输不起，耍～。

无凭白故 wupingbeigu 无缘无故：他~的，就在那里乱发火。

无事抱经 wushibaojing 喻不重要之杂事。形容懒散、无所事事的样子。

无数八根 wushubagen 形容许多。成都人指东西的数量往往以“八”字为多，如无数八张（纸）、无数八个（柑子）等：挓起～串串香，够得老几慢慢嚼。

无抓拿 wuzhuana 没有了办法，无措施，形容事态处理不及时，已经晚矣。

无走展 wuzouzhan 不可以松动、变化、调整之类。

雾睹睹 wududu 雾气沉沉，看不清：～的啥子都盯不到。亦作“雾独独”。

雾罩子 wuzhaozi 雾：～罩着，人花花儿都看不到。亦作“雾气”。

误作 wuzuo 搞错，做错事，走错棋：被老马炮打翻山杀了个～。

忤逆 wuni 不孝顺：～之人，莫裹（在一起）。

忤逆不道 wunibudao 不逊道义，忘乎所以，无教养之子：那娃敢在老汉儿面前耍刀，简直就是～！

捂 wu 捂住，遮掩：～到肚子。歇后语："捏鼻子～嘴巴——不闻不问。"

捂气 wuqi 焖：康到锅盖～。

舞 wu 弄，做，搞，用，随意性强：随便乱～一阵就想蒙混过关。歇后语："两个人～龙——有头有尾。"

舞弄 wulong 摆弄，乱拷：～是非。

舞盘子 wupanzi 杂耍，转盘，杂技中的碟舞：杂耍～。

舞旗旗儿 wuqiqir 挥舞旗子：一～就开起跑。

舞钱 wuqian 用钱，有挥霍之意：胡乱～。

舞完了事 wuwanliaoshi 花光，用完了事：几个散碎银子，～。

武棒棒 wubangbang 武人，武生。歇后语："三棒加两棒——～（五棒棒）。"

武辣 wula ①厉害，泼辣。②狠毒，手段毒辣：嘴上说得好，手上却～。

务毒毒 wududu 突然地出现：包谷地头～的冒出一个人来。

X

稀 xi ①稀少，稀缺，密度不够：筛子太~了筛不出米虫哦！②稀开，参开，张开，裂开：木地板受潮变形，~一个多大的缝缝。③间隔时间长：时间~得太长了不好。

稀巴五烂 xibawulan 形容坏烂的程度极深：~的东西还拿来卖嗦？

稀巴脏 xibazang 稀，表示程度的副词；稀巴，表示强烈的语气。很脏，非常肮脏，稀脏邋遢。又为"稀扒脏，稀脏八驮"。

稀儿薄 xirbuo 形容薄的程度，非常薄：一斤棉花瓤的铺盖，~。

稀饭 xifan 米粥：水掺多了，~都（煮）成了汤汤儿喽。歇后语："吃~不要筷子——喝饱（活宝）。"

稀饭牌牌儿 xifanpaipair 工作牌，出入证。幽默语：靠它吃饭的牌子就叫~。又为"稀饭本本"。

稀铐铐 xikaokao ①稠状的稀饭。歇后语："~拌粉面——愁（稠）上加愁（稠）。"②稀泥。③糨糊状的东西或米粉等。

稀烂 xilan ①碎：~的东西。②散架，成为废品：老掉牙的电视机，~了。

稀溜炪 xiliupa 炪和，形容（食物煮得）软和极了：肘子炖得~。

稀泥巴 xiniba 稀泥。成都童谣："嫂嫂回娘家，头戴一枝花，背上背个奶娃娃，手上抱个大南瓜。天上下的毛毛雨，地下又是硬头滑，出门就是一扑趴，跬得一身~。又要顾娃娃，又要抓南瓜，南瓜跬得滚多远，娃娃跬得惊叫妈。"歇后语："~头打桩——深也不行，浅也不行。"

稀炪烂 xipalan ①极烂，已无法收拾：一下雨，路就~。民间俗语："泥巴官，命不远，雨一淋，~，太阳晒，成面面。"②形容东西损坏的程度，破碎到极点：东西打得~。亦作"稀炪污烂、稀烂八烂、稀王八烂"。

稀孬 xipie 形容东西很不好，质量太差，或指不中意的东西。

稀瓦瓦 xiwawa 形容路面积水，泥泞状。

稀洼洼 xiwawa 稀泥滩。

稀稀拉拉 xixilala ①不整齐：~的垮杆儿队伍。②密度不够：豆子点得~的。

稀稀捞捞 xixilaolao 汤汤水水：就那么~两筷子，你说啬味不?

稀脏八脏 xizangbazang 很肮脏：那个屋子哦！~像猪窝。亦作"稀脏邋遢"。

细 xi 细心，细致，把细：还是妈~得好。

细糠 xikang 磨细的糠壳（谷子皮）。民间俗语："山猪吃不来~。"

细娃儿 xiwar 指奶娃儿或小孩：我去买把菜，帮我把~看到（照顾）一下。

兮兮 xixi 虚词，用于后缀相当于稍稍、有一点或很、许多等：瓜不~。

息得好 xideihao 有教养，修养好。

席胡子 xifuzi 扒拉：稀里哗啦吃了一~，肚子都还没有饱。

戏 xi ①指（川剧）表演：文化宫里无逸，灯是灯~是~的。②玩耍，动作：干豇豆儿的~是做够了的。③开玩笑，嘲弄：耍他一盘，~要做像。④无关系：这事的好坏都没他什么~。

戏脸壳儿 xiliankuor ①唱戏戴的脸谱：川剧院门口有~卖。②假面具，喻指变化多端，装腔作势：一副~让人捉摸不透。

戏娃儿 xiwar ①说话不顶事的小孩子：~说话不管火。②办事毛头毛脑的人：这事不要让~弄砸了。

喜得好 xideihao 幸好：老妈犯了病，~我在屋头哦！亦作"喜的好"。

喜纳 xina 逗人喜欢：福娃怪~人的。

喜沙 xisha ①豆沙，夹沙，常用来做包子、糕点馅：~包子好吃。②好处，与"魁头"一词相通：他架势帮到人家说，肯定是吃了别个的~。又作"洗沙、洗洗沙"。

嘻哈打笑 xihadaxiao 嘻嘻哈哈开玩笑，喻指不严肃认真：~地开啥子会嘛！

嘻壳子 xikuozi 壳子：面具。喻搞笑的人。

嘻里哗啦 xilihuala ①象声词，响声：~倒了一地。②乱七八糟：~吃了一肚子。

嘻起 xiqi 咧开：~牙巴架势笑。

洗 xi ①嘲笑，讽刺，挖苦，闹着玩：玩笑中就把别个给~了。②评判，批评教育：马耳门一席话颠转把几个腾蔫儿的脑壳~了。③拿，索取：吴朝阳又~了钟发秀一包中华（烟）。④搜刮，收缴：不~你几个（钱），他们心不甘。⑤赢钱：赌场上就算亲兄弟都照~不误。

洗白 xibei ①东西或财物全被别人拿去。②失败，含有彻底丧失之意。③麻将俗语，喻全部输光："~就~，~到德国！"

洗茶碗 xichawan 又称"亮堂"，系茶馆开业的头天晚上举行的一种仪式。即不论茶客人数多少，喝茶均是免费的。亦作"洗喜茶碗"。

洗耳朵 xierduo 训导，教训。

洗盒子 xihuozi ①弄虚作假：（分房子）拈坨坨都有～的嘛？②麻将俗语，洗牌时作弊：有人～，肯信你们踩不扁？

洗脚 xijuo 成都的一种休闲保健方式，（用中草药水）对脚进行泡洗、按摩、修剪指甲。民间俗语："～、～，当吃补药。"

洗筷子 xikuaizi 吃饭时用竹筷不停地从盛汤的碗中捞食。

洗脸帕 xilianpa 擦脸毛巾：牙刷盅盅～带齐哈！

洗骂 xima 狠狠地骂，痛骂：给他一顿～。

洗煤炭 ximeitan 喻闲得无聊之极，去做劳而无功的事。白费劲：莫得事嘛，去～嘛！

洗脑壳 xinaokuo 灌输或让人清醒，即通过各种手段改变人的行为及信仰等：～属于再教育。

洗你娃头儿 xiniwatour 批评，指责人：～脑壳！

洗刷 xishua ①指责，挖苦，挨批评：遭～安逸了。②刮毛：猪杀了要先～了才剖。③抢劫：他被土匪～一空。④湔雪：把他贪污的罪名～干净了。又为"唏唰"。

洗水豇豆 xishuijiangdou 半生不熟的泡豇豆：捞两根～就下饭了。

洗眼屎 xiyanshi 教育别人，使别人长见识。暗喻目光短浅，无见识。又为"洗眼睛"。

洗澡泡菜 xizaopaocai 成都泡菜的一种，泡制时间极短，犹如洗澡一般。即将新鲜蔬菜洗净切片或块，泡制半天或一天后（有时也不过三四小时）食用，脆而香，保留着蔬菜特有的色泽与新鲜味道：拌了熟油的～，一上桌就被抢光了。又为"洗澡菜、过水泡菜"。

洗猪蹄子 xizhutizi 戏指洗脚：端水咋子？给那个舅子～！

下 xia 顺着来，送，就着……吃或喝。民间俗语："龙门阵～饭。"

下矮桩 xiaaizhuang ①川剧界原指以丑角应工辰表现侏儒的角色，如《虘家庄》中王矮虎，演员饰演这类戏时都要用矮子身法，俗称～。②一种被迫下台阶或有求于人时说好话并做出矮三分的姿态：低头认罪～。③谦虚之词：子默～，并非自己拙。亦作"下话"。

下把下 xiabaxia 一下子，一次，一时：这件事～搞不好。

下厨 xiachu 下厨房做饭。

下饭菜 xiafancai ①受气者：他未必该当人家的～？②被吞食者：小耗子精灵

哇，居然成了螳螂的～。

下话 xiahua 求情，认错：既然人家都～了，就干脆放他一马。

下家 xiajia ①次主角：该～上场了。②麻将座次排位，指其自家右下方位的牌友。③接力赛的接棒者。

下叫 xiajiao 麻将俗语，听牌：我～了哈！

下课 xiakuo 课，读"括"。含贬义，离开实职岗位，不担任职务。

下烂药 xialanyo 背后害人，整冤枉，使坏。

下墨 xiamei ①落墨画线：木匠师傅一来，料就该～了。②决策：书记一～，大家就鼓掌。

下年子 xianianzi 明年：中昭兄～退休。

下巴儿 xiapar 下颚：尖嘴～，山羊胡。

下炮蛋 xiapadan 说软话。退却，妥协，软弱无能，临阵脱逃：人家硬火一亮，老几就～了。

下三烂 xiasanlan 本指打乱戳时三种一样大的花色"红十"、"幺六"、"斧头"，是这种打法中最小的牌，后指社会上不三不四的人。亦作"下烂"。

下数 xiashu 分寸：简直没有～。

下水 xiashui ①指屠宰后的猪或动物的内脏：红烧～，照吃不误。②游泳，钻进水里。③参与，落水：遭美色拖～的人不止瓜瓜一个。

下台 xiatai 收场：话说来包起了，看你咋个～。

下头 xiatou 下面。歇后语："月亮～看影子——夜郎自大。"

下午家 xiawujia 下午之时：～开讨论会。

下细 xiaxi 细心，小心：请你～点好不好！亦作"把细"。

下乡 xiaxiang 眼睛看到别的（不该看的）地方：眼睛～。

下雨 xiayu 麻将俗语，指杠牌，又分下大雨（自杠）和下小雨（碰牌之后的杠牌）：怀香手气好，～吃三家。

下桌子 xiazhuozi 离席：房忠都～了又遭拉转去整了两杯。

吓 xia 恐吓，受到刺激：遭老虎～到了。

吓瓜 xiagua 吓傻：老几被地震～了。

吓人把撒 xiarenbasa 把撒，也为"把煞"，表示强烈的语气。非常之吓人。又为"吓人拔煞、吓人巴煞"。

吓孽了 xianieliao 吓来蜷起，精神恍惚。歇后语："耗子见到猫儿——～。"

吓腾了 xiatengliao 吓坏了。

吓死个人 xiasiguoren 把人吓死的俗语：山洪暴发，～了！

虾 xia 胆怯退缩：人家一挼棒棒，他就～了。

虾猫儿胡 xiamaorfu ①指稀疏的胡须：几根~留起太难看，还不如剃了它。②麻将俗语，最小的和牌。又为"虾米儿胡"。

虾笆 xiapa ①笆子，即一种用于水中捞取鱼虾的竹渔具：捞~捉鱼虾。②形容胆怯的人：浑水打~。

虾虾 xiaxia 虾子：小鱼吃~，~吃泥巴。

虾子 xiazi ①形容临阵脱逃，软弱无能，胆怯或道德败坏之小人：~娃娃简直不争气。②鄙视他人用语：那个~又冒出来了。③虾。歇后语："出水的~——活蹦乱跳。"亦作"虾爬"。

罅 xia 漏缝：裙板~开一条缝。

罅开 xiakai 裂口：刮点釉子把~的地塌补了。

瞎话 xiahua 谎话，假话：睁起眼睛说~。

瞎眉日眼 xiamiriyan 损人语，意为眼睛瞎了：~的，到处乱跑。又为"瞎迷日眼、瞎迷串眼"。

瞎子摸团鱼 xiazimotuanyu 一人蒙住眼睛去抓其他小朋友的儿童游戏。即众小孩拾拳儿决出输家为"瞎子"，瞎子便用手绢蒙上眼睛，其余人为"团鱼"，并在划定的游戏区域内摸和躲闪，被摸到的又沦为瞎子，原先的瞎子加入团鱼中继续游戏。又为"瞎子摸痰盂、瞎子摸鱼"。

瞎支招 xiazhizhao 乱出点子："打不赢就跑！"这不是~吗?

匣匣 xiaxia 有盖的方盒：~头有点心，去拿来吃。

匣子盒盒儿 xiazihuohuor 盒盒儿，读"活活儿"。盒子：~头装的净是宝贝。

现过现 xianguoxian ①兑现，现金往来（交易）：只要~就好说。歇后语："暑袜街上走一走——县过县（~）。"②麻将俗语，喻当面立即兑现：~，手手清。歇后语："成都到华阳——县过县（~）。"

现抖摆 xiantoubai 丢丑，出洋相，现熊相。

现花儿 xianhuar 现钱，现金：卖豆花儿，收~。

现在而今眼目下 xianzaierjinyanmuxia 目前：~是解决菜篮子问题。

现成饭 xianchengfan 无须自己动手便有饭吃，多形容不劳而获。

现眼现报 xianyanxianbao 比喻眼前就会得到报应。歇后语："灶脚下烧胡豆儿——现掩（眼）现爆（报）。"

线线儿 xianxianr 线，细绳子，电线等：灯影儿会走路，全靠~在。

限限 xianxian 容器口或东西等的边缘：水掺到了茶碗儿的~上咯。

闲条 xiantiao 闲话，龙门阵：我们老几在隔壁子摆~。

先不先 xianbuxian 一开始：~就倒打一钉耙。

先人板板 xianrenbanban ①祖先牌位。②俗称前辈：还是～说得对。③造孽者，多指孽障娃娃：难为（读"拿问"）你嘛，～！

仙健 xianjian 赞老人（像神仙一样）身体康健，精神好：你老人家～哦！亦作"硬肘、硬邦、钢健、雄实"。

显洋 xianyang 夸耀，炫耀：得了滴点儿大个奖就到处～。

相公 xianggong 麻将俗语，打麻将时比规定多摸了一张牌或少摸了一张牌，以致无法和牌。

相着 xiangdao 着，读"倒"。守着，一直看着，看到，望着，等待：～红苕摊子就不饿了嗦？亦作"向倒"。

相料 xiangliao 佐料，调料，包括做菜用的酱油、醋、熟油、花椒、味精、八角等：味道好不好，主要看～。歇后语："猪二爸卖凉粉儿——人才不好～够。"亦作"蓄料"。

相因 xiangyin 便宜，价格不贵。民间俗语："～莫好货。"｜"～莫买，浪荡莫收。"｜"～买老牛。"

箱箱儿 xiangxiangr ①箱子：我肯信他的～头装得有黄金？②音箱：～老是放高点，声音才嗯（传得远）。③匣子：外婆的小～里净是胭脂。

镶拢 xianglong 镶嵌，嵌合。又为"镶得拢"。

镶起 xiangqi ①拼合：碗打烂了找人来～。②调解纠纷：两口子闹翻了，多亏隔壁子的和事佬出来～了。

降 xiang 降服。歇后语："胆水点豆腐—— 一物～一物。"

像头儿 xiangtour 长相，样子，略带贬义。

像堂 xiangtang 像模像样。体面，够分量，形容事情做得好或隆重、郑重：事做得～。

橡筋 xiangjin 橡胶条。儿童游戏：跳～。又为"橡皮筋"。

象 xiang 精，黠：算盘打到二十四桥，～得很。

象得很 xiangdeihen 吝啬鬼：老几～，光想吃魁头。

向儿葵 xiangerkui 向日葵。因讳说日，故有此句。成都又称"向耳葵"或"太阳花"：～作饼饼子卖。亦作"葵瓜子"。

香簸簸 xiangbobo ①装美食的簸箕。②受宠爱的孩子：妈妈的～。③喜爱之物，喻指舍不得丢弃的东西。又为"香钵钵"。

香菜 xiangcai 芫荽：～提味。亦作"盐须"。

香香棍儿 xiangxianggunr 棒香。歇后语："～搭桥——难过。"

香香 xiangxiang ①好吃的，美食，零食：看到～就想吃。②亲脸：让妈妈吃个~!

香香嘴儿 xiangxiangzuir 好吃嘴：爱吃零食的~。

香胰子 xiangyizi 香皂：帕子脏了挎~褪。

响簧 xianghuang 竹木做的提簧。分为两种：一种类似哑铃状，两头较大而空，镂刻有响门，中部为细柄，绕以细绳，扯动时鸣鸣作响；另一种像蘑菇，扯转后可单脚放在地上旋转。

响篙儿 xiangkuor 篙，读"壳"。①响板，一种打击乐器：~要敲在点子上。②用于驱赶禽鸟类等的竹竿，一端剖梢成碎片状，摇动时可发出响声，又称"响壳儿、响刷、响竹、响筒"：~一咉，麻雀子就吓飞了。

响排 xiangpai 川剧言子儿，与乐队一起排练。即排一折或一出川剧到一定时候，锣鼓及其他音乐才加入，大锣大鼓好不热闹。

响皮 xiangpi 干猪肉皮经油炸发泡后所称：~当蹄筋卖，麻广广！

响器 xiangqi 打击乐器：今个儿唱戏，锣鼓~都搬来了。

响水 xiangshui 未沸腾的水发出的响声。生活常识："~不开，开水不响。"

想方打条 xiangfangdatiao 想方设法：成天正事不干，尽在~地整人。

想方子 xiangfangzi 寻找方法，想办法：动脑筋~。

想精想怪 xiangjingxiangguai 出馊（怪）主意：（肚皮）胀饱了，~的!

想起想起 xiangqixiangqi 时不时：~要来惹一盘。

想些来说 xiangxilaishuo 找些话来说。循环句：~，说些来扯，扯些来丢，丢些来耍，耍些来想……

乡坝头 xiangbatou 乡村，农村：~有我们两个亲戚。

乡下 xiangxia 乡村，农村。成都童谣："一粒米，一粒饭，粒粒多少汗。到~，去看看，田间有答案。"

笑得稀烂 xiaodeixilan 形容笑的程度已接近癫狂，无法控制状：脸~。

笑麻了 xiaomaliao 喻指笑到麻木的程度：~哇?

笑咪了 xiaomiliao 笑兮了：瓜娃子~。

笑人巴撒 xiaorenbasa 笑人状：~的。亦作"笑人巴沙"。

笑说儿 xiaoshuor 笑话。用以鄙视：这哈儿该看马耳门的~了。

笑死先人 xiaosixianren ①笑得连古人都不知道如何是好了：真是~!②让人耻笑：裤儿吊起，~!亦作"羞死先人"。

笑嘻了 xiaoxiliao 嘻，嘻哈。喻笑容灿烂：照片上~的那个人是马骁。又为"笑兮了"。

笑遭了 xiaozaoliao 笑出事来，即被人看作是在耻笑他人，或在正式场合认为不严肃：看嘛！～。

孝手儿 xiaoshour 用于抠背挠痒的一种竹用具，其端部呈五指分开形，类似小
　　竹耙：背痒挠～抠。谐"孝顺"之音，又为"孝顺儿、孝勺儿"。

消 xiao 去掉：～号。

消饱胀 xiaobaozhang 消化积食：饭后散步，～。

消不脱 xiaobutuo ①东西吃不完，或没人想吃。②无人想要的物品。

消根儿 xiaogenr 麻将俗语，打掉别人碰牌后无法杠的牌：先～，后打缺。

消夜 xiaoye ①消遣：夏季来了～的时间多。②指吃晚饭或加夜餐：吃～没得？

消账 xiaozhang 报账：回单位～。

消肿 xiaozhong 肿退了：膏药～。

销息 xiaoxi 销子，插销，撒撒：把窗子上的～插稳，免得哐当哐当地响。

捎 xiao 读"消"。用力推：帮忙～车。亦作"擅"。

小 xiao 少量。

小辈子 xiaobeizi 晚辈。又为"矮辈子"。

小铲 xiaochuan 麻将俗语，赢小钱：寇婆婆今天又～了。又为"小拈"。

小打小捞 xiaodaxiaolao ①喻指挣些钱：每月就这样～地还觉得可以。②麻将
　　俗语，小捞一把：～整到耍。亦作"小打小闹、小打小铲"。

小乖小乖 xiaoguaixiaoguai 形容小而乖巧可爱的样子：那个细娃儿白白嫩
　　嫩，～的。

小鬼 xiaogui 扑克牌中的小王：捞大鬼压他的～呲！

小家八适 xiaojiabashi 小家子气、不大方，形容自私吝啬，小见抠门之人。亦
　　作"小家把式、小家八事"。

小贱 xiaojian 小见识，比喻过分看重钱物，较为吝啬的那种人。歇后语："娃
　　娃儿的衣裳——小件（～）。"亦作"小见"。

小九九 xiaojiujiu 打小算盘，动歪脑筋，比喻算计：你有～，我有大归一。

小块家 xiaokuaijia 形容东西很小：薄荷糖撒成～的好散给小朋友。

小KS xiaokeishi 小意思。

小烂眼儿 xiaolanyanr 无赖：几个～翻不了船。

小妈生的 xiaomashengdi 形容卑微：～靠边稍息。

小毛头儿 xiaomaotour 毛手毛脚的小孩子：那么大个人了，还在给～两个耍。

小妹儿 xiaomeir ①小姑娘：隔壁～学会了针线活。②泛指（餐饮）服务业的女
　　服务员：迎宾的～笑兮了。

小面 xiaomian 素面的一种：～最相因。

小拿小铲 xiaonaxiaochuan 铲，读"喘"。占小便宜：～搞惯了就喊收不到

手了。

小嬢 xiaoniang ①小姨，妈妈的小妹：姊妹家多的，依班辈排下来皆有大～、二～等。②成都永兴巷一家知名饭庄的老板：～烧菜馆整的是大众口味，且价廉物美，所以很受老成都人的喜欢。

小钱 xiaoqian 为数不多的钱：说大话，使～。

小巧 xiaoqiao ①娇小：～姑娘贤惠得好。②乖小：这东西～玲珑的，非常好看。复句：小小巧巧。

小人 xiaoren ①卑鄙作恶之人。民间俗语：“锁君子，锁不住～。”②喻指贪图利益者：先君子后～，话说穿了不害人。

小睡 xiaoshui 稍微休息一会儿：恢复体力～一会儿。

小汤圆儿 xiaotangyuanr 又称“神仙汤圆儿”，即将汤圆粉子加少许水揉成粉团，再搓成约拇指大小，煮熟加糖后食用。

小娃儿 xiaowar 小孩子。歇后语：“～拜年——伸手要钱。”“～吃甘蔗——吃一节看一节。”

小姨妹儿 xiaoyimeir 妻妹。歇后语：“～哭姐夫——假情假意。”

小有 xiaoyou 没有多少，有那么一点的意思。

小有招呼 xiaoyouzhaofu 讲礼，少许礼貌：～了哈！

小吂 xiaoyun 慢吂，喝上一点（酒）：黑了家～一盘。

小晕小晕 xiaoyunxiaoyun ①睡一会儿：午间～便觉安逸。②少许喝点：喝杯小酒，～。

小仔娃儿 xiaozaiwar 小娃娃儿：～乖得很！

晓得 xiaodei 清楚了，知道：都～咯嘛？歇后语：“半夜吃黄瓜——不～头尾。”

歇 xie ①住宿：累了，～一夜再走。成都童谣：“早打铁，晚打铁，打把镰刀送姐姐。姐姐留我～，我不～，我要回去割小麦。”歇后语：“叫花子～岩洞——有个先来后到。”②休息：～一会儿就舒服了。③栖息：花雀雀儿又～到树丫上了。

歇班 xieban 干活中途休息：～吃少午。

歇号 xiehao 住旅店：进城～。亦作“歇栈房、歇客店”。

歇口气 xiekouqi 休息一会儿，喘口气：～再吃。

歇嘴 xiezui 暂停，停止吃东西。歇后语：“狗儿烤烘笼儿——～。”

斜穿衣 xiechuanyi 衣服歪着穿，形容穿戴不周正。民间俗语：“歪戴帽子～，长大不是好东西。”

熄 xie 读"歇"。灭火，停止。民间俗语："大雪小雪，烧锅不～。"

熄火 xiehuo ①灭火，关火：～焖饭。②停止。喻老年人精力旺盛：老不～。

写 xie ①租，租赁房屋时所立字据：～房子。②撰写：不晓得咋的，现在是～书的多，看书的少。

写房子 xiefangzi 租赁房屋：～住其实比买房子要对（便宜）得多。

写号 xiehao 登记（住宿）：早点～，早休息。

写生意 xieshengyi 签订生意合同：凭本事～。

写铺子 xiepuzi 租商铺：春熙路～不容易。

心厚 xinhou 心大、心凶、贪财、贪欲不能满足：～了，生意多半搞不成。亦作"心赚"。

心焦 xinjiao 心里着急：娃娃三十几了还没有说那头（讨媳妇），叫人～。

心焦泼烦 xinjiaopofan 焦虑、烦躁：～理不到事。

心坎儿板板 xinkanrbanban 心坎儿，胸部：寇婆婆咳恼火了，～都在痛。又为"心口儿板板"。

心口头 xinkoutou 心坎上：～痛。

心累心跳 xinleixintiao ①被吓坏的样子：老几踩到蛇，吓得～。②劳累过度：整得个～，该歇口气了。

心燎肺燎 xinliaofeiliao 心头慌，犹如火燎似的，急躁。又为"心咬肺咬"。

心欠欠 xinqianqian ①心里没有得到满足：搞得大家都～的，就不好了。②东西太少，略嫌不足，心里老是在想：东西啬味儿，吃得个～的。

心痛 xintong ①心里难受，挂念：他啊，始终～他那个不争气的儿哟！②喻指吝啬：贼猫子下山，吃得大户家～。

心头空蒿蒿的 xintoukonghaohaodi 心里不踏实，感觉不实在：～，没有底得嘛！

心窝子 xinwozi 心窝处：熊瞎子的～上有坨白毛。

心心 xinxin ①馅儿，喻指物体或食品等的中心部分：包子的～太啬味儿了。歇后语："盐巴做汤圆儿～——咸（寒）心。"②笔芯：圆珠笔的～没有油了。③中心，中间，里面：怪了！梨儿咋从～烂起走喃？④脚底：脚板～。亦作"心子"。

心心黑 xinxinhei ①心坏：～，大大的坏了。②里面烂掉：苹果的～了，就是坏了嘛！又为"心子黑"。

心凶 xinxiong 贪得无厌：老几～，总想一口吃个大胖子。亦作"心肿"。

心肿 xinzhong 肿：大得过分，形容逞强或贪婪。贪心的一种幽默说法。

新鲜 xinxuan ①指精神十分饱满的样子：看他那副～样子。②时髦：样份儿好～。③刚成熟的：新米煮的～饭，那硬是不摆了。④经常流通，不含杂质的气体：呼吸～空气。⑤出现不久或少见的，稀罕的：这东西～，没见过。⑥清醒：觉睡～了。成都童谣："清早起来不～，心想成都耍几天。一进东门天涯石，二出北门五块石。三桥九洞石狮子，青羊宫内会神仙。"

新崭崭 xinzhanzhan 崭新：～的衣裳是好看｜挢起一张～的票子舍不得用。

兴 xing ①兴旺。②棋牌术语，共同认定的规则：规矩大家～。

兴究 xingjiu 麻将俗语，兴起：大家的马儿大家骑，打扣张就这样～要得不？

兴妖作怪 xinyaozuoguai 兴风作浪：～，尽出馊主意。

焮 xin 烤、灼，映衬。焮常用"衅"代之。

焮倒 xingdao 慢慢烤，即离火源近，被烘烤着：饭～炉子上在。

焮焦 xinjiao 烧煳，烤焦：饭～了。亦作"焮煳"。

炘 xin ①火气炙人，烤：火光把脸巴儿都～红了。②微火烘烤：焖锅饭要～得好。③沉默，观望，等待：不要坐在那儿～起，快拿点主意嘛！

炘翻 xinfan 翻，倒下，无法面对。①把别人完全比了下去：超女一出场，便～了所有人。②使人出丑，羞愧无语：那个女娃子遭～了。亦作"炘倒、炘嗵"。

炘寒冷 xinhanleng 打冷战：～多半是着凉了。

炘嗵 xinshong ①实力不如别人，相差太远，让人掉份儿，丢尽脸面：陈旻的金嗓子～了一饼。②喻羡慕他人或工作不如别人的惭愧相：人家成绩突出，我们科又遭～了。

信 xin 本指消息，引申为信息，相信：话至此，由在你们～不～！

星宿儿 xingsur 星星。民间谚语："～稀，干死鸡；～密，雨滴滴。"歇后语："天上的～——没法数。"又为"星宿子"。

星子 xingzi 星星。歇后语："狗看～——认不得稀稠。"

腥臭 xingchou 怪味，腥味、腥气。歇后语："热天头的死鱼——滂～！"

行头 xingtou ①传统戏剧服装。顺口溜："卖了～改了行，重打锣鼓另开张。"②装束，东西，物品：这些是朽杆儿～。③工具：带上～，我们出发。

行灶 xingzao 木架泥灶：～背起就走，实用又方便。歇后语："锣锅巷的～——有糊（福）的。"

姓啥子 xingshazi 狂妄自大到了连自己的名字都不知晓的地步：老几不知天高地厚，真不晓得自己～了。

擤 xing 去鼻涕：鼻子（涕）~了就通泰了。

擤鼻子 xingbizi ①擤鼻涕。按住鼻孔出气，使鼻涕排出：这几天感冒了，老是~。②邋遢事：~的事，我们不干！

醒 xing ①风趣，不大认真：他是~娃儿。②苏醒，醒来：老几瞌睡太好了，雷都打不~。

醒场合 xingchanghuo 不正式的玩笑场合，喻指做事不认真：遇到~，（工程）就憋弄来搁起。亦作"省场合"。

醒达达 xingdada ①不认真，不牢靠的样子：~的，哪像工作嘛！②风趣：生活中有几个~的人，也就不显寂寞了。

醒蛋 xingdan 未曾孵出禽的蛋：捡~来卖，缺德！

醒的 xingdi 比喻东西变质或滑稽有趣。歇后语："六月间的鸡蛋——~。"

醒而豁散 xingerhuosan 诙谐有趣，爱开玩笑，爱逗趣：做事没样子，~的。亦作"醒而活散、醒二和三"。

醒豁 xinghuo 清楚，明白，清醒，表达明显：搞了半天大家还是没有弄~。又为"省豁"。

醒瞌睡 xingkuoshui 催醒睡眠：喝点酸汤就~。

醒事 xingshi 懂得起，成熟，懂事：马骁那娃~得早。

醒醒豁豁 xingxinghuohuo 弄不清楚，滑稽逗趣、不严肃的样子：跟老人家说话不要~的。亦作"醒醒哄哄"。

醒眼 xingyan ①机灵，反应得快：他多早就~了。②省悟，懂得起，明白：等他~哇，都晏了！

醒眼子 xingyanzi ①神经兮兮，操神说，过于玩笑不认真之人：跟~摆条，说不到正题上。②懂其缘由之秘密者：无须多费口舌，大家都是~。

雄 xiong ①年长，高人一筹：老几五十五岁，比我~点哦！②贵，价高：现在房子的价格好~了。③指强有力的，精神或气质好：萎凶了就喊~不起来了。④多：本事~起在。⑤强盛：看他的样子还~得很嘛！⑥健康：仙健，~实。

雄起 xiongqi ①扎起，激进，强有力的精神支持：保护森林都喊~哈！②狂热球迷助威加油的行动（口号），系上世纪八九十年代足球联赛中最为流行的啦啦词：全兴队，~！ ③不客气之口吻：他凭啥子给老子~嘛？我又没有惹他！

雄势 xiongshi 精神抖擞：老姚都六十多的人了，还~得很呢！

凶 xiong 形容能干有作为。

凶惨了 xiongcanliao 喻指特别有本事的人：关公过五关，斩六将，简直～。

凶巴巴 xiongbaba 凶恶的样子：藏獒看到生人就～地吼圆了。

兄弟伙 xiongdihuo ①手下人：遇到好事，急忙招呼～。②同一组织的人：自家～，不要见外。

兄弟些 xiongdixi 兄弟们：～都来了。

胸脯子 xiongpuzi 胸脯肉（多指家禽）：～上净是死肉。

胸口儿 xiongkour 胸口，胸前。歇后语："～前吊门板——牌子大。"

休分儿 xiufenr ①成都人所指的离婚、下课。②断绝关系，不再来往。③开除，走人，断收等。

修理 xiuli ①批评、整治：老几嘴太嘲，看我咋个来～他。②用于包装。

羞死先人 xiusixianren 羞人，丢脸。

诱 xiu 读"嗅"。①对甜言蜜语表示反感的表达词，喻厚起脸皮纠缠异性，多指男人的献媚状：～脸。②挖苦，嘲笑。歇后语："张飞～关公——你哥子莫脸红。"亦作"嗅"。

诱吃 xiuchi 索取，望吃：又跑来～。亦作"嗅吃"。

诱皮寡脸 xiupigualian 死不要脸，厚着脸皮跟人纠缠，惹人厌烦的样子：～讨人嫌。又为"囚皮耷脸、涎皮赖脸、诱皮赖脸、玄皮寡脸"。

袖头子 xiutouzi ①袖筒：～藏得有东西。②袖子口：甩～。

修长 xiuchang 细长：躬筋筋的瘦猴子，还恬不知耻地讲啥子～嘛！

朽儿 xiur 不结实。烂，坏：东西～，不经用。

朽儿场合 xiurchanghuo 弄虚作假，不正式的场合：～头摆的尽是些空事。又为"醒场合"。

朽儿货 xiurhuo 质量极劣之物，次品：～当上品（卖），总要背冠实的。

朽儿火 xiurhuo ①指破烂货或不经使的低劣产品："黑心棉"当然就～不堪了。②指身体虚弱：身体～，楼都不敢爬。③朽木：～的木板，咋能当地板用嘞？

朽儿簧 xiurhuang 不结实，不经使：～的东西一扯就烂。

朽杆儿 xiuganr 烂东西，破旧不堪，垮杆儿，喻差的，劣等的：～生意。歇后语："烂汽车过～桥——乘人之危。"

朽豁 xiuhuo ①身体虚弱：人老珠黄，～咯！②陈旧东西，质量不好：拆了一饼～房。

虚 xu 害怕，不敢面对，比喻心虚不实在。歇后语："泡桐树做菜板——~的。"

虚火 xuhuo ①比喻害怕，胆怯，虚惑：你~哪个嘛？②形容气血虚弱：身体~。③中医认为，辣椒吃多了容易上火，故而称之：~重。④指虚假的热情：老几~得很。亦作"彻火、怯火"。

虚你 xuni 形容害怕的样子。类似用语有：~我｜他娃头儿。

虚劲 xujing 绷劲仗，虚张声势：提~，操挨打。

虚天悬火 xutianxuanhuo 漫无边际吹嘘，牛皮哄哄，无真实感。

嘘嘘眼 xuxuyan 眼睛半睁半闭，瞌睡之相。

续 xu 接上：把断了的绳子~起来。

续起 xuqi 接上，连接，继续：~再说。

须须 xuxu ①须状物：玉米吊起红~就是成熟了。②胡子：几根虾米儿~扯了了事。③璎珞：矛子上的红~飘起好好看哟！

须须摸摸 xuxumomo 磨磨蹭蹭，喻动作慢不利索：搞快点，不要紧倒在那儿~的。亦作"虚虚摸摸、疲疲踏踏、摸摸索索"。

许 xu 承诺，答应。歇后语："~不下羊子~骆驼——巧言哄人。"

许愿 xuyuan 允诺：~不还愿，搞起耍的嗦？

鲜 xuan 读"轩"。原指味道的程度，现泛指业绩出色。用以贬义，指名堂、过场：你才~呢？事情没弄清楚咋个就给妈告了嗬？

鲜开水 xuankaishui 刚烧开的水：~泡茶。

鲜兔儿 xuantur ①川人以生性柔弱的兔子，喻指有油水而又可以任人摆布的对象。②新鲜兔子。③麻将俗语，每次都输钱的人：刷~。

旋 xuan ①逛，转，围到一个地方走来走去，打转转儿：看他在车边~来~去，就谙到车里有名堂。②延迟，磨蹭：都快九点（钟）了，还~个啥？③打探情况，喻指侦察、观察等：是警觉得有人在大门口~。

旋掺 xuanchan 旋，进行时态，随时，即刻，临时，喻指喝茶品茗时，边喝边掺水：成都的茶铺，通是客人来了茶~。又为"旋冲"。

旋儿 xuanr 成旋涡走向的毛发，一般置于头顶，旋涡中心就叫"旋儿"：观其~，多半可猜出一个人的性格。又为"旋旋儿"。

旋炒旋卖 xuanchaoxuanmai 将炒制的食品即刻出售，喻指新鲜货：花生胡豆，~。亦作"现炒现卖"。

旋头儿风 xuantourfong 旋风，龙卷风：卖灰面的遇到~，你说该咋个办？歇后语："船漏又遇~——祸不单行。"

旋旋儿 xuanxuanr ①旋转：丁丁猫儿，天上打~。②毛发呈旋涡状的地方：任

331

崇锐头上有三个～。

旋子肉 xuanzirou 猪牛等大腿部位成坨状的肌肉，胯上的瘦肉。又为"旋头儿肉"。

涎 xuan 读"玄"。①赖着纠缠：遇到～脸的人了。②黏液，分泌物：泥鳅、黄鳝都要跐～。

涎答板儿 xuandabanr 喻指动作缓慢、做事拖沓之人：人都到齐了，就等这个～。亦作"涎客、涎答虫、皮匠"。

涎脸 xuanlian 死乞白赖，不要脸面，纠缠异性。

玄 xuan 拖拉，不清楚或难以预料：我看这事有点～。

玄摆 xuanbai 说大话，不沾边际地瞎聊：～了半天。

玄吊吊 xuandiaodiao 没有把握，活甩甩，心头悬起在：心头～的。歇后语："癫疙宝吃豇豆——～的。"亦作"悬吊吊"。

玄火 xuanhuo 可能性不大，没有把握的意思：我看～。亦作"悬火"。

玄客 xuankei ①动作慢，磨磨蹭蹭，形容不遵守时间的人：～终于来了。②死皮赖脸之人。又为"旋客"。

玄龙门阵 xuanlongmenzhen 玄妙或悬乎有寓意的故事：马耳门的～硬是多。

玄皮 xuanpi 诱（读"嗅"）脸：～耷脸。

悬 xuan 差点或接近危险边缘后脱险：真～！

悬得很 xuandeihen 拖拉：疲师，～！

悬眉搭眼 xuanmidayan 做媚眼。

悬起 xuanqi 悬挂在那儿，吊起，搁在那儿或放在一旁不予理会。

现 xuan 读"旋"。马上，立即：卤鸭子～宰～卖。

揎 xuan 掀，推。顺口溜："墙倒众人～，豆腐霉了有人端。"

揎底 xuandi 揭底：别个跨出门，她就～，硬是人一走茶就凉哦！

揎拢 xuanlong 推来关闭起：把门～。

揎门 xuanmen 推门，开门：没做亏心事，不怕鬼～。

挦 xuan 读"旋"。拔毛：毛还没有～干净嗉，锅都顿起了哦！亦作"抆"。

挦毛 xuanmao 将宰杀后的鸡、鸭等（放入开水里烫过后）的毛扯（拔）掉：～是我的事，吃鸡是你的事。

血骨淋汤 xuegulintang 血腥样子：～，好吓人！又为"血古拎当、血垢淋淌"。

血沁 xueqin 以血渗出、浸润，喻指人之黑心肠或整人害人到难以置信的程度。

血盆儿 xuewangr 指猪血或凝固了的动物血：～鲜嫩得好。歇后语："～煮豆腐——黑白分明。"又为"血盂子、血旺儿"。

血性 xuexing 指有志气：有~的男儿都上了战场。

血战到底 xuezhandaodi 成都麻将的一种新玩法，即牌友之间可依次和牌并挨个退出，余下后者必须坚持到底：~，血流成河！

雪青色 xueqingse 一种与紫色相近的颜色，也称紫罗兰色：~的衣服择人。

削尖脑壳 xuejiannaokuo 喻指拼抢激烈。民间俗语："~往里头拱（钻）。"

迅白 xunbei 很白，形容白的程度：洗得~。

循规蹈矩 xunguidaoju 守规矩：先前不懂事，这阵~要人比。

俗 xuo "徐哦"拼读。庸俗，俗气：太~了。

学 xuo "徐哦"拼读。喻模仿，学习。成都童谣："懒人懒，~补碗。补碗常打破，又去~打磨。打磨打不圆，又去~种田。种田怕吃苦，又去~贩猪。贩猪怕走路，又去~织布。织布难穿梭，又去~补锅。补锅常补漏，又去~卖肉。卖肉难算账，又去~和尚。和尚难念经，又去~医生。医生~不好，又去~抬轿。抬轿没人坐，懒人该挨饿。"

学得孬 xuodeipie 喻指成绩不好：~，不等于吃得孬。

学习文件 xuoxiwenjian 打麻将之类游戏遮掩戏语，一般是内伙子清楚，旁人只当如此：~你参加不？

Y

牙巴 yaba 牙齿及下颚：~骨。歇后语："棺材铺老板儿咬~——恨人不死。"

牙巴劲 yabajing ①咬紧牙齿使劲，形容用劲够大：~都使出来了，还是没有咬断。歇后语："干胡豆儿下酒——振~。"②只说不做，拼嘴劲，喻炫耀嘴会说：摸到活路做，少使~！

牙长 yachang 说话带丫，啰唆：~得很，不嫌肉麻嗦？

牙祭 yaji 旧时军营中每月初二、十六杀牲以祭牙旗，而后食之。后比喻吃肉：明天我们打~欢迎你来哈！又为"打~"。

牙尖 yajian 口齿伶俐，善变，说话招惹人。

牙尖婆 yajianpo 婆婆妈妈操神说之人。

牙尖舌怪 yajiansheguai 尖嘴利舌，搬弄是非：~，挑拨离间。又为"牙尖十八怪、牙尖使怪"。

芽芽 yaya ①嫩苗：看哦，我栽的菜都起根根发~了！②头绪：理得到~，事就落得到榫。

鸦雀 yaquo 雀，"去哦"拼读。喜鹊，喜雀。民间俗语："~叫喜，老鸦叫丧。"成都童谣："~窝，板板梭，乔二姐，做馍馍。看客来，舀到锅，客走了，揭开锅。一家人，抢热和，吃得个，笑呵呵！"亦作"鸦雀子、鸦鹊子"。

丫 ya 撒娇，嗲：~兮兮的，到底要咋子嘛？

丫得慌 yadeihuang 过于撒娇。

丫哩丫气 yaliyaqi 一副撒丫、娇气的样子。

丫声丫气 yashengyaqi 发嗲声。

丫头儿 yatour 头，读"偷"。①丫鬟，使女。成都童谣："~，蛮疙瘩，烧烟倒茶带娃娃儿，背不起，挨叉叉儿。"歇后语："~带钥匙——当家不做主。""~抱酒坛子——醉也没醉，睡也没睡。"②女孩儿，小娇女：我家老大是儿娃子，小的那个是个～。亦作"丫头子"。

轧 ya 读"压"。夹，扎：关门要把细，莫把手～到了。

押 ya 画押：都签字画～了，难道不是铁板钉钉了吗?

鸭蛋 yadan ①喻指考试得零分：读望天书嘛，尽吃～！②鸭卵。民间俗语：
"比倒箍箍买～。"

哑巴汤圆 yabatangyuan ①没有糖心的汤圆：煮两个～来吃。②吃哑巴亏：吃
了～，（说不出来）只有阴倒。

哑怪 yaguai 背后阴悄悄作怪：阴倒耻笑，当～。

哑巴亏 yabakui 形容吃了亏不敢声张。

哑水 yashui 未烧开的水：吃～不卫生。

魇 yan 梦魇，说梦话：～到了，就要怪叫。

蔫 yan 读"焉"。①植物因失去水分而萎缩，枯萎：花～了，赶快浇水。歇后
语："～萝卜——辣人。"②瘪。歇后语："～瓜子——不成（诚）实。"

蔫不唧唧 yanbujiji 以蔬菜蔫黄形容人的情绪低落，精神不振的样子。

蔫耷耷 yandada 喻无精打采。歇后语："霜打了的胡豆苗——～的。"

蔫叽叽 yanjiji 蔫萎。歇后语："冬苋菜煮稀饭——～的。"

蔫炙炙 yanjiujiu ①形容失去水分的程度，完全萎缩。歇后语："锅头的茄
子——～的。②无精打采，情绪低落，喻指精神不振、萎缩的熊样：啄
（埋）起脑壳一副～的样子。亦作"蔫啾啾、蔫揪揪"。

蔫米米 yanmimi 成瘪状的植物果实：瓜子竟成了～。

烟杆儿 yanganr 烟袋锅：～撇起，袖子挽起，一副干活路的样子。亦作"烟灰
竿"。

烟锅巴 yanguoba 烟头：乱丢～影响市容｜的劲大，没有成都人的本事大。
歇后语："光脚板儿踩到～——烫得跳。"亦作"烟屁股"。

烟锅巴嗓子 yanguobasangzi 烟锅巴，烟头，比喻指那种很难听的沙哑嗓子。
另解：挖苦其嗓音像烟头一样没有多大价值。

烟灰 yanhui 烟鬼：～脸。亦作"烟囱"。

烟摊摊儿 yantantanr 卖香烟的摊铺：那个～就是传递情报的。

烟烟 yanyan 烟：炉子上在冒～。

烟子臭 yanzichou 烟子味：饭（煮）煳了，滂～。

焰火架 yanhuojia 燃放烟火的装置，喻有架烟火：过年要放～。成都童谣：
"正月正，耍龙灯，龙头转，龙尾跟。三桥～，火炮响通城。十五过大年，
家家吃汤圆。开门做生意，大吉又大利。"

腌卤 yanlu 经过腌制卤过的食品：～朒朒过年多。亦作"腌腊"。

盐巴 yanba 泛称井盐、岩盐、海盐：～放多了焦咸。歇后语："麻布口袋装～——包咸（涵）。"

盐水 yanshui ①泡菜水：泡菜坛子生花了，该换～了。②输液用液体：生理～。

言子儿 yanzir 方言土语、俚语、谚语、歇后语、廋语之俗称：巴蜀笑星吴文的～展得安逸。歇后语："牛吃豌豆子——一肚皮的圆子（～）。"亦作"言子"。

言重 yanzhong 解释误会之词，话说过分了：哪里，哪里，老兄～了。

堰塘 yantang 池塘，水塘：～头有螃蟹。歇后语："抱鸡婆下～——泡毛。"

酽茶 yancha 浓茶：～解油大。

酽咚咚 yandongdong 干稠状，浓郁：稀饭熬得～的。

厌恶 yanwo 厌烦，恶心：～惨了。

厌烦 yanfan 讨厌。

颜色 yanse 喻指形形色色之人：几副～在扯拐。

燕二毛 yanermao 令人讨厌的人：毛三匠给～不是一路人。

燕老鼠儿 yanlaoshur 蝙蝠。歇后语："丁丁猫儿跟到～撵——干熬夜。"亦作"檐老鼠儿"。

焱 yan 撒：水煮肉片面上要～点花椒面。

眼巴巴 yanbaba 眼睁睁：～地望到。

眼儿 yanr ①感觉不对：假药一拿出来，人家就有点～。②醒悟：这事他已经有点～了，就不要开腔了。③畏惧：你害怕老虎，其实老虎还～到你在。④小洞。歇后语："铁匠的围腰帕——尽是（近视）～。"

眼哥 yanguo 戏称戴眼镜的男性小伙：～好说话。

眼花儿 yanhuar 眼泪。歇后语："看三国流～——替古人担忧。"

眼火 yanhuo 眼力：好～。

眼睛 yanjing 眼力，对事物摸得透看得准：还是马哥子的～好，一下子就睄到叶兵那块翡翠牌子的瑕疵了。倒语：～掉到了渣渣头。

眼睛大 yanjingda 瞪大眼睛回神，喻指遇事不解，麻烦来了。

眼睛下乡 yanjingxiaxiang 偷窥，喻不专注。歇后语："～——看到一边去了。"

眼镜儿 yanjingr ①指眼镜。歇后语："瞎子戴～——多余的圈圈。"②戴眼镜的人。成都童谣："～，娃娃洗澡澡儿，打开门倒水水儿。"亦作"眼镜子"。

眼泪巴撒 yanleibasa 形容哭相，满脸是泪花儿。亦作“哭兮流了”。

眼冒金花 yanmaojinhua 目眩：~出冷汗，病恼火了。

眼皮底下 yanpidixia 眼前：人咋个就在~溜了喃?

眼气 yanqi 羡慕：光~人家。

眼浅皮薄 yanqianpibo 目光短浅：~的人不能同财。

眼色 yanse ①以眼示意：看我递~，你们就动手。②看走眼：~走（看）偏了，怪我!

眼屎巴巴 yanshibaba 眼屎那么一点儿，丁点儿，喻少而小。又为“眼屎嘎嘎”。

眼水 yanshui 眼光，眼力，清楚辨别：马耳门的~真正的好。

眼眼儿 yanyanr 小洞子或针眼等。歇后语：“没得~的笛子——吹不嘚。”

眼眨毛 yanzhamao 眼睫毛：洋娃娃的~好长哦!

眼子 yanzi ①喻指办法：老几的~比我们多。②小洞子：打个~好穿绳子。

羊儿疯 yangerfong 癫痫病的一种：~发作时，多为口吐白泡，有的还会像羊叫。又为“羊癫疯”。

羊儿子 yangerzi 小羊羔。歇后语：“~踩到秧田头——不能自拔。”

羊子 yangzi 喻指钱物，家产：你有好多~吆不上山哦?

阳尘 yangchen 室内房顶或墙上的细灰尘，浮尘，悬尘，蜘蛛网：扫了~好过年。歇后语：“戴起草帽子打~——莫望。”又为“扬尘”。

洋 yang 川话中有骄傲、得意、出风头、显姿色等意思：~不~看颈项。

洋不完 yangbuwan 虚荣展示，显洋：~的要不完。

洋布 yangbu 旧时的（洋货）针织品，纺织精细的布匹。

洋铲 yangchan 熟铁打制的锅铲。

洋瓷碗 yangciwan 搪瓷碗，上烤漆的金属碗。

洋钉 yangding 机制钉子。又为“洋钉子”。

洋房子 yangfangzi 高大的楼房。

洋格 yanggei 喻没有接触过的（外来）事物：玩~。

洋画儿 yanhuar ①外国小人画：~看个稀奇。②指在火柴盒大小的纸上，印着的彩色图画片，又如纸烟盒一样玩耍的儿童游戏：拍~。又为“洋画片”。

洋慌了 yanghuangliao 得意极了。又为“洋得慌”。

洋马儿 yangmaer 自行车：咋的哦？~都骑上街沿了！歇后语：“~的铃铛儿——见人就响（想）。”“~下坡——不踩（睬）。”亦作“洋马马儿”。

洋盘 yangpan ①好虚荣不务实者：显~。②时髦，洋气：干萍她们几个穿起旗袍好~哦！

洋盘货 yangpanhuo ①洋货，稀奇之物。老成都童谣：~，两分钱一个，有钱不买~。②引申为喜欢张扬、显贵、炫耀之人：~来了，我们车。

洋石灰 yangshihui 水泥：~地。

洋歪歪 yangwaiwai 流里流气：歪戴帽子斜穿衣，吊根纸烟~。

洋相 yangxiang 丢丑：丢人现眼，出~。

洋芋 yangyu 土豆：~坨坨｜炒~丝丝。

样份儿 yangfenr 样式，风度：巴式的~好洗眼睛哦！

样啥 yangsha 什么，各种各样：花轿拢门口了，还~都没备办归一。

殃 yang 慢慢疗养：这种病要慢慢~。

殃得很 yangdeihen 病兮兮的样子：萎靡不振~。

秧鸡儿 yangjier ①雏鸡，小鸡仔：~是电抱的。②喻指弱病小孩：娃儿虚弱，就像~一样。

秧脚田 yangjuotian 培育秧苗的田。歇后语："~头钓鱼——水平有限。"

痒 yang 喻指缺点和不足之处。民间俗语："~要自己抠，好要别人夸。"

痒得慌 yangdeihuang 生疮或被蚊虫叮咬，瘙痒难忍。

痒酥酥 yangsusu 稍有发痒，甚有舒服的感觉：伤口~的就是要好了。

仰巴叉 yangbacha 仰面跌倒，成双脚叉开状：踩到青苔（一滑）就跘个~。亦作"仰肢巴叉、仰八叉、仰翻叉、四脚朝天"。

幺 yao ①喻指小、细小，另有幼小、排行最末之意：~爸。②排序后面的，落后者。③开：新毛头儿只把车~得起走，说修就恼火了。④麻将俗语，幺牌（一或九数的牌）：带~牌，不好做。⑤指数字一。歇后语："~二三——没四（事）。"

幺爸儿 yaobar 幺叔，爸爸的小兄弟：幺房出老辈子，再小也是~｜~一来，我们老汉儿就笑豁了。又为"幺伯儿、幺爸"。

幺把根儿 yaobagenr ①最后一名：当了~不敢回屋，绝对是怕遭搁到身上（挨打）。②最小的孩子，老幺：~回来就撒丫。又为"幺八根儿"。

幺不到台 yaobudaotai ①不好收拾，不能结束。②显富，一副吃不完要不完的样子。骄傲自满的一种表现形式。认为自己能干，听不进别人的意见，翘尾巴。

幺店子 yaodianzi 乡间路旁及城乡结合部周围，卖杂货的单间小店铺或小客店：我们~头有薄荷糖卖。歇后语："~的新闻——道听途说。""钟馗开~——鬼都不上门。"亦作"鸡毛店、幺花儿店子、幺妹儿店子"。

幺儿 yaoer ①幼子，小儿子。民间俗语："皇帝爱长子，百姓爱~。" ②宠儿。

幺儿火起 yaoerhuoqi 喻发脾气：~生气了。亦作"幺二火起"。

幺姑儿 yaogur 小姑，幺女子。成都童谣："王婆婆在卖茶，三个观音来吃茶，后花园三匹马，两个童儿打一打，王婆婆骂一骂，隔壁子~说闲话。"歇后语："~坐花轿——头一回。""~的头发——随辫（便）。"又为"幺牯儿"。

幺姑孃儿 yaoguniangr ①七星瓢虫，又为"七姑娘儿"。②家中排行最后的小姑娘。

幺鸡 yao ji 麻将俗语，一条（索）：摸到四个~准备杠。

幺躰辈儿 yaolangbeir 幺指拇，借指老幺。

幺妹 yaomei 小妹。成都童谣："小星星，密密排，~独自在挽柴。爹吃烟，妈打牌，半夜三更不回来。小星星，云里埋，担心大雨要下来。肚皮饿，实难挨，看你~咋下台。"亦作"幺妹儿"。

幺孃子 yaoniangzi 小姨。又为"幺孃"。

幺台 yaotai ①垮台，结束：邮亭鲫鱼（餐馆）来成都，没开好久就~了。②加餐，即指插秧时每日三顿正餐之间加的点心：加把劲，打完谷子好吃~。③喻指得意忘形：人家~，他喊幺不到台。

幺娃 yaowa 小弟娃。

幺指拇儿 yaozhimur 幺指。失败之举，蔑视：如果对人比~，证明此人品性差或事情已成败局。

吆 yao ①吆喝，赶走：把鸡~起走，莫把菜啄了。②驱赶，驱逐，催促：把他给我~出去！亦作"撵"。

吆二喝三 yaoerhuosan 喝，读"豁"。喻不严肃，唱反调，盛气凌人或不良行径。顺口溜："~，点火烧烟。"亦作"吆二火闪"。

吆鸭子 yaoyazi 成绩不好，倒数第一名：数学（考试）~，语文却得了满分，你咋个说嘛？

吆吆 yaoyao 吆喝：卖布的老陕喊得个条声~的。

腰杆 yaogan 腰部：~闪呱啦！歇后语："~上绑钢筋——侧（旁）边硬。"

腰杆痛 yaogantong 腰痛。顺口溜："~，吃杜仲。"

腰柳 yaoliu 猪背脊上的瘦肉：炒肉片儿最好不过~肉。

腰翘 yaoqiao 衣服腰部的曲线：有~的衣服好看。亦作"腰身"。

妖精 yaojing 妖娆，娇气：蓉儿打扮得怪里怪气的，活像一个小~。民间俗语："～妖怪，偷油炒菜。先炒～，后炒妖怪。"复句：妖妖精精。

妖精使怪 yaojingshiguai ①形容爱做过场或脾气倔犟之人：～的人真是难得打交道。②爱乱打扮者：搽脂抹粉，～。亦作"妖精十怪"。

妖精十八怪 yaojingshibaguai 耍怪脾气，打扮妖气之人。比"妖精使怪、妖精妖怪"语气更重。

妖艳儿 yaoyanr ①比喻艳丽而不庄重或花样（名堂）多。歇后语："肚脐眼上搽口红——腰（妖）艳儿。"②调皮，捣蛋：老几～活甩地在咋子？③摆眼阔：～惨了。

妖艳儿火闪 yaoyanrhuoshan ①打扮妖艳，故作炫耀、显洋，犹如扯火闪似的洗人之眼：～，招摇过市。②形容醒豁或不认真，爱开玩笑的人：做事认真点，不要醒醒豁豁～的。亦作"妖艳儿活散、妖艳儿活甩、吆二喝三"。

邀约 yaoyuo 约，"与哦"拼读。①邀请：去三圣乡，人家～了你的哈！②邀集：～一泼去帕丽湾晒太阳。复句：邀邀约约。

摇昏 yaohun 把头搞昏，喻蒙骗人或使人上当：先把人～，再打主意。

要不得 yaobudei 不能这样：～的嘞｜～嚓？

要不完 yaobuwan 骄傲自满，自高自大。

要不要 yaobuyao ①时不时：早搏～给你这么来一下，心头就不舒服。②无法固定，在时间上随意性很强或任性：娃娃家～耍下脾气。

要得 yaodei 应答语，可以，对头：我看～。

要得叫 yaodeishan 应答语，可以：他们两个要朋友，～！

要话说 yaohuashuo ①厉害：那一刀砍下去，～。②了不得：东西好得～。

要来咋子 yaolaizazi 问话，讨要别人的东西来做啥，含看不起之意：一张烂板凳，～？

要命 yaoming 极厉害：七星椒辣得～。

要哪门 yaonamen 要怎样，要什么或作出选择：你到底～？

要啥子 yaoshazi 要什么：～有啥子。

要遭弄 yaozaolong 要出事或遭批评、受惩罚：去不得，～。

舀 yao 用瓢盛之：大家少一瓢就够他吃的了。

舀饭 yaofan 盛饭：大家都在一个锅里～。

舀舀 yaoyao ①舀子，舀水、油、酒等用的器具：那个～不经使。②勺子：拣～舀汤。

爷子 yezi 父子。歇后语："矮子担水——两～一样高。"

叶子 yezi 通常指茶叶：成都人泡茶称作发～。

叶子烟 yeziyan 采用土法炮制的烟叶，经手工直接裹成的烟。成都民谣："～，两头尖，掐了两头要中间。主人请你吃一杆，吃了就会变神仙。"歇后语："堂屋头堆～——闷住一堆。"亦作"忙裹、长拖拖"。

夜不收 yebushou 趣称半夜不回家或喜欢夜生活的人。又为"夜猫子、夜游神"。

夜饭 yefan 晚餐。民间俗语："农民饭，三点半；吃～，鸭生蛋。"

夜深 yeshen 夜间：～了，赶紧睡。

野 ye 野性，不受约束，不干正当的事：骁儿夜不归，晓得又到哪儿去～了哦？

野鹜 yewu 无教养的孩子：莽子娃娃是个～。亦作"野物"。

野猪儿 yezhuer 非法营运、无证经营的出租车：～遭吆了哇？

吔 ye ①用于表示称谓的名词后，可拖长声音引起注意：同志哥～！搞快些哟！②用于陈述句，表示惊异：啥子事？妈呀妈～地吼圆了！

一坝 yiba 一地，一摊，一大片。①形容没有理顺，乱七八糟：刚搬了家，屋头扯（铺）了～。②喻到处都是：院子头甩了～烂渣瓦儿。亦作"遍坝，满坝"。

一把抓 yibazhua 样样都管，形容把事全部揽完：眉毛胡子～。

一抱 yibao 一大包：把那～衣服捞回去。

一饼 yibing 一堆，一连串，一大批。同并，合在一起。

一饼粘 yibingzhan 粘连成饼：看他揉个面哦，竟成了～。

一并人 yibingren 并，读"饼"。一帮人，一大堆人。

一踩九头翘 yicaijiutouqiao 形容知识面广，悟性高。贬义为精灵过余：～的人惹不起。

一铲火 yichanhuo 一阵子，一下，一顿：人多手杂，～就把铺子头洗光了。

一锤子买卖 yichuizimaimai 生意（交易）一次性了结，没有第二次。

一串 yichuan 一千元：那哈儿（六几）年，马云鹏每次给家乡捐款就是～。

一大坨 yidatuo 一大块：学电影头的架势，给我切～肉脑脑来！

一袋烟 yidaiyan 喻指时间短：～的工夫，饭就做好了。

一磴 yideng 一小捆：钞票打成捆，十万元为～。

一磴楼 yidenglou 一栋楼：那～都是一个单位的。

一滴滴儿 yididir 一点儿。歇后语："王字与玉字比——只差～。"

一吊 yidiao 古为今用的计钱法，喻指一千元：赔了要档，遭了～，造孽哦！又为"一吊钱"。

一掟子 yidingzi 一拳头：给他娃～。亦作"一皮砣子"。

一斗碗 yidouwan 一钵碗：干了～干饭。

一堆 yidui ①一群人围堆堆：～人。②堆积，聚集成堆。成都童谣："天老爷，快下雨，保佑娃娃吃白米。白米甜，磨成浆，做成馍馍喷喷香。天老爷，快打雷，打死害虫～堆。"③一起。歇后语："两个喇叭一起吹——响（想）到～了。"

一方 yifang 一万元：存了～钱。又为"一坨"。

一分皮 yifenpi 一元：三丝（三轮车）起价就是～。

一副挨打相 yifuaidaxiang 讨打讨挨的样子：诱皮寡脸，～。

一赶 yigan 一阵，一股，一潮：就像那～气堵到颈项在，一动就喊脑壳痛得慌。

一竿竿 yigangan 一竿子。

一竿竿插到底 yiganganchadaodi 从头至尾负责到底，形容做事彻底：成都双年展项目，成处是～了的。

一个把个 yiguobaguo 一两个：人多，～的东西不好分。

一根肠子通屁股 yigenchangzitongpigu 形容直率之人。

一根筋 yigenjin 形容爱钻牛角尖的人：～的脑壳，就是想不通。

一根笋 yigensun 一直：～不变咋个得行喃？

一拱一拱 yigongyigong 形容不时扭动的样子。

一鼓二扛 yiguerkang 不讲道理。

一瓜瓢 yiguapiao 一葫芦瓢：～水。

一哈儿 yihar 一会儿，形容时间不长。又为"一候儿、一哈哈儿、一哈子"。

一黑了家 yiheiliaojia 一到天黑：马村那凼，～就关门闭户的。

一火 yihuo 量词，一盘，一下，一次：老将出马，～就拿下。

一火色 yihuose 形容速度很快，火速就到等：这盘来得快，～就搞定。

一下 yiha 下，读"哈"。①一起，全部，一块儿：就～了，不必再来二道。②一点：请你讲究～！

一家 yijia ①自己人：～人不说两家话。②棋牌俗语，一起的：我们两个是～的。

一脚带 yijuodai 顺带：十一给（跟）过生，～了｜过端阳，请中秋，～了。

一拃（搽） yika 拃，读"卡"。大指与中指之间的距离，一般作尺度进行丈量：～长的裹兜儿装满，就是万万子的钱。

一坎牌 yikanpai 麻将俗语，四张相同的（杠）牌。

一口价 yikoujia 以话出为准：～，两口话。

一口气 yikouqi ①一鼓作气：这些活路我～就做完了。②临近衰亡：老几只剩～了。

一块人 yikuairen 一个人，有强调之意。

一帽子远 yimaoziyuan 老远，很远。亦作"八帽子远"。

一篾筷儿 yimikuair 喻指一次或一丁点儿，形容少量的：撑竿跳，只差～就过了。

一抹二糊 yimoerfu 杂乱且多的样子。

一扒拉 yipala 一连串，一摊，许多：大人娃娃一来就是～。成都童谣："豌豆花，胡豆花，海椒花，冬瓜花，南瓜花，西瓜花，丝瓜花，苦瓜花，鸭子过河～。"

一盘 yipan ①一回，一次：要～。②以盘为单位的计数：来～花生米。

一盘子一碗摆出来 yipanziyiwanbaichulai 本指将做好的饭菜一盘一碗地端上桌，后指一五一十地把事情的经过讲清楚。亦作"一盘子一碗端出来"。

一炮双响 yipaoshuangxiang 麻将俗语，两家同时和牌：～，该我坐庄。

一遍遍 yipianpian 遍，读"片"。遍地都是，一大片。童谣趣语："～拿着手榴弹，冲进敌人的横道线，炸死敌人～。"亦作"一片片"。

一泼 yipo 一大堆，一潮一潮，一群。成都童谣："～孩子坐上车，又说又笑多快乐。见了老人上车来，争着起身忙让座。'爷爷坐这里'，'奶奶这里坐'，童音声声多悦耳，个个礼貌又谦和。"

一铺 yipu 一床。歇后语："十五个驼子睡～——七拱八翘。"

一匍爬 yipupa 摔了一跤：～下去脑壳跤个包。亦作"一扑扒"。

一扑揽子 yipulanzi 形容许多，事情一大堆、一连串：～事够他忙一阵的了。亦作"一蒲篮子"。

一人吃了全家饱 yirenchiliaoquanjiabao 喻指单身汉：他哥子是～的人，我们拖家带口的不敢比。

一手一脚 yishouyijuo 形容养育儿女之辛苦状：福娃小叮当硬是由他姥姥～盘（带）大的呢！

一色 yise ①一种颜色：干萍、靳蓉、周白英她们出门总是～的打扮。②同类：～之人，一个鼻孔出气。③同样：～的实木家具，硬是像堂！

一趟子 yitangzi 一溜烟：爬起来扯伸～，就看不到人花花儿了。

一头子 yitouzi 一下：进门就挨了～。

一挑 yitiao 一担。歇后语："～砂锅滚下岩——没得一个好的。"

一坨 yituo 坨，成块或成堆的东西。

一晚夕 yiwanxi 喻通宵：娃娃闹（哭）了～。

一莴 yiwo 一棵：～白菜。

一窝 yiwo 一家人。

一窝风 yiwofong 像一阵风或一群蜂子一样：闻到好吃的，~地都跑来了。亦作"一窝蜂"。

一五一十 yiwuyisi 从头到尾或全部讲清楚：他做的那些鬼名堂，自个儿~地都交代了。

一戏胡子 yixifuzi 一摊子，喻许多：忙了~，都不晓得在忙些啥子。

一斜一斜 yixieyixie 形容歪着走。

一吅 yiyun 慢吅：好酒有得~。

一扎 yiza 以扎为计数单位的说法，多指许多钱：钱一摸出来就是~。

一钻头 yizhantou 钻，读"占"。突然遇见：~就碰到他哥子。

一斩齐 yizhanqi 整整齐齐：围墙碌得~。

尾巴 yiba 尾，读"以"。①尾：貔虎的~自己会脱。成都童谣："红鸡公，~多，三岁娃娃会唱歌。先生我，后生哥，生了爹爹生婆婆。我妈嫁，我打锣，我妈过礼我抬盒。我走外婆门前过，外婆还在把奶喝。"歇后语："孔雀的~——翘得太高。"②喻指撵路小孩：王婆婆出门，身后总有个~跟到。③指最后面，落后：轮子又排到~上了。④跟踪者：注意你后面的~！亦作"尾巴儿"。

尾巴上 yibashang 喻指排名等在最后：这次成绩又排在~。

臆儿 yir 觉得奇怪，纳闷儿犯疑：他娃钻进宿舍，我就有点~。

咿儿哟呀儿哟 yieryoyaeryo ①感叹词，喻指多嘴多舌意见多，却又不愿干事之人：活路还没有摸到，就~地闹麻了。②痛苦般的呻吟：骁儿摔了一跤就~地乱叫。又为"咿儿呀儿哟"。

咿唔呀唔 yiwuyawu ①嘀嘀咕咕，闹意见，不断地说：咋就成了~的牙尖婆了嘛？②咿咿呀呀：只要喝了酒，他都要~哼几句川戏。

倚老卖舛 yilaomaichuan 仗着年纪或功劳大，卖弄老资格：~，丢人现眼。又为"倚老卖老"。

衣胞子 yibaozi 胎盘：胎盘素就是从~里提取的。亦作"衣胞儿"。

衣衾棺椁 yiqinguanguo 讽刺讲排场，样样齐全：~都请齐了，到底是洋慌了。

衣姿势之 yizishizhi 像模像样：正儿八经~。

依 yi 依从，按照。成都童谣："从大~小，免得生虼蚤；从小~大，免得说闲话。"

依还 yihuan 仍然：困难~存在。亦作"依原"。

依教 yijiao 服从，听说听教：人依了教就规矩多了。

医 yī ①打，被害，整人：老几遭医托～伸了。②医治。歇后语："烧酒～毛病——醉（最）好。"

医治 yīzhì 喻指收拾。民间俗语："歪人有歪人～。"

翳子 yìzi 媚眼。歇后语："灯影儿的～——随在丢。"

椅椅儿 yǐyīr 椅子：～的儸儸烂了，干脆锯了当板凳儿。

胰子 yízi 本为猪、羊等动物的胰脏，后借称皂荚和肥皂，今专指香皂：～洗脸。歇后语："吹起来的～泡——不攻自破。"

疑心 yíxīn 怀疑或怀疑之念头：～病｜～生暗鬼。

易胆大 yìdǎndà 川剧艺人名。歇后语："～的班子——要啥有啥。"

里头 yǐtou 里，读"以"。里面：屋～有蚊子。

阴 yīn 阴暗，阴险：老几～得很。

阴丹蓝布 yīndānlánbù 一种暗蓝色的细土布：婆婆穿了件～缝的对门襟。

阴倒 yīndǎo ①暗中，隐藏，不张扬：～做好事。②忍下：挨了批评，只有～。③悄悄地，不被人察觉，暗藏，暗中，私下及背着人做事等。④表面看不出来，不外露的。歇后语："不叫的偷偷儿狗——～咬人。"

阴倒悖 yīndǎofèi 悖，读"费"。看似老实，其实调皮：这个娃娃～。亦作"阴倒费"。

阴倒怄 yīndǎoòu 暗自生气：想不开，～！

阴倒日怪 yīndǎorìguài 背后使怪：老几德性不好，～。亦作"阴倒怪"。

阴德 yīndéi 阴功，形容做好事积德：上辈子积了～，下辈子就过得好。

阴沟头 yīngōutou 下水道里：没想到在～把船翻了。歇后语："～的鸭子——顾嘴不顾身。"

阴凉坝 yīnliángbà 遮阴处：～头歇一会儿，再接着干。又为"荫凉坝"。

阴秋秋 yīnqiūqiū 无声无息，悄悄个儿地：老实人，～做活路。

阴区区 yīnqūqū ①阴悄悄，悄悄眯眯：做了好事，～。②不光明正大：啥子事摆上桌说，何必～的嘛?

阴山 yīnshān 不见阳光背阳处：走到～那头去!

阴尸倒阳 yīnshīdǎoyáng ①无精打采、萎靡不振的样子：一天到晚～的，像还没有还魂。②用于谈话，多有含沙射影踔削他人疲遝之意：少在人面前～的。亦作"阴尸不辣"。

阴梭阳梭 yīnsuōyángsuō ①悄悄，不惹人注意：～地跕了进来。②萎靡不振，阴阳怪气的样子：～的实在太掉份儿了。

阴心子 yīnxīnzi 沉默寡言而颇有心计的人：～，就是不光明磊落。亦作"耷耳狗、阴心人"。

阴阳头 yinyangtou ①喻指头发染成两种颜色，或指剃掉一半的嬉皮士发型。②半脱发者：一觉起来，头就变成了~。

印刷体 yinshuati 难以融入生活化的言语，摆谈、行文不大众化，皆显别扭，故作筐框诓等。

印响 yinxiang 痕迹。歇后语："石灰箩筐——放到哪儿哪儿有~。"

银碗儿 yinwanr 手电筒灯泡周围用以反光的镀银金属碗。喻指只照别人不照自己。

银子 yinzi 钱。老成都民谣："石牛对石鼓，~万万五！谁要识得破，买尽成都府。"

引 yin 带领：敌人是叛徒~来的。

引儿 yiner 带儿，养儿。歇后语："鬼丁哥儿~——一报还一报。"

引子 yinzi 起引导、催化或发酵作用的东西：药~。

缨缨儿 yingyingr ①羽毛飘带，缨子：帽~。②穗，茎叶：萝卜~要炒蒜苗儿才好吃。歇后语："萝卜~——提倒要。"

溁水 yingshui 浇水，或照一定剂量刻度掺水。

应承 yingcheng 答应，同意。

饮食菩萨 yingshipusa 喻指吃白食的人。歇后语："红萝卜雕的娃娃——~。"

瘾大犯 yindafan 瘾君子。①患上烟瘾及诸种瘾者：~恼火。②麻将俗语，喜爱成瘾：几个~又在约（打牌）了。

影影儿 yingyingr ①影子：那个~一晃就不见了。歇后语："月亮坝照~——自以为大。"②蛛丝马迹：~都没得，咋个查得到他的账喃？③踪影：麻雀子飞过也有个~叫？

药 yo 读"哟"。能防治疾病、病虫害的，某些有化学作用的物质。民间俗语："是~三分毒。"

药单子 yodanzi ①比喻整人冤枉的圈套：~，捡不得哈！②开出一定规格或数量的物品购买单：照着~买东西好撒脱。

药方子 yofangzi 药方，为医治某种疾病，而将若干种药物的名称、计量和用法组合起来的方子。

药罐罐 yoguanguan 熬中药的砂罐，借之代称久病者：~硬是把药在当饭吃。

药引子 yoyinzi 能促使药性成分充分发挥，并起到催化作用的引子药。多在中药入罐前先煎熬。

约秤 yochen 约，读"哟"。检查所购东西的分量是否够：菜市场都设有 ~ 的地方。

哟 yo 叹词，表示惊异、不满等：啥子（东西）~？

哟喂 yowei 感叹词，惊讶：~！我的妈哟！亦作"油喂、呀喂、哦喂"。

涌堂 yongtang 餐厅、饭馆里就餐人数达到满座的高峰。亦作"拥堂"。

由头 youtou 理由，靠谱的东西，把柄。

由在 youzai 随便，听凭，顺其自然：~ 你。亦作"由便、由随"。

釉子上来反起 youzishanglaifanqi 釉子：釉彩。帮倒忙，比喻心好做错事。

油爆爆 youbaobao 以过于油大形容语言大套：马耳门的龙门阵摆得 ~ 的。

油大 youda 荤腥菜肴或油腻食物，也指筵席、肉席等：红白喜事一般都要请吃 ~。

油糕 yougao 用糯米做成的油炸食品，分为无馅的方油糕和有馅的窝子油糕：~ 可用竹签穿着吃。

油房 youfang 榨油的房屋。歇后语："~ 头的榨——服打。"

油矿矿 youguangguang 油光水滑，油沥锃亮，形容油污发亮的样子：衣服成了 ~ 的了。

油光水滑 youguangshuihua ①皮毛鲜亮，形容非常光滑润泽的样子：莽哥（狗）的毛毛看上去 ~ 的。②油亮般地滑刷：这道漆一上，就 ~ 的了。③喻办事圆滑：老大做事一贯都是 ~ 的。

油渍渍 youjiji 渍，读"迹"。①沾的油多而脏：~ 的油邋片。②汤里油甚多：鸡汤 ~ 的咋个吃（喝）嘛？亦作"油迹迹、油瓦瓦、油腻腻"。

油脚子 youjuozi ①菜油缸底带沉淀物之油：~ 点灯滂烟子臭。②挑或推运菜油的脚夫：你怕 ~ 偷油，就另喊搬搬匠。

油邋片 youlapian 形容衣物沾浸油污脏兮兮的样子，犹如蜡物蹭过稀脏邋遢，油矿一般。又为"油肭片、油片片"。

油面子 youmianzi 喻指虚情假意：挖 ~ ｜ ~ 话少说！

油泡子 youpaozi 沸腾荤菜汤面之漂浮物：~ 翻翻。

油气 youqi 油水：白丝拉垮的没得 ~，咋个吃嘛？

油浸浸 youqinqin 形容浸满了油的、油汪汪的：看到 ~ 的，咋个吃得下嘛。

油水 youshui 好处：人啊，捞点 ~ 就笑兮了。

油油饭 youyoufan 儿语，猪油加酱油拌饭。

油炸饼 youzhabing 用菜油等炸的饼子：～有红苕、南瓜面做的。亦作"油酥饼"。

油渣儿 youzhar 生猪油等熬制后的残渣。成都童谣："幺巴根儿，偷～，婆婆逮到打嘴巴儿。"歇后语："锅头的～——炼（练）出来的。"

油蚱蜢儿 youzhamar 蜢儿，读"马儿"。蝗虫。

油珠珠儿 youzhuzhur 油珠。常浮在汤面或漂浮在水面，以及附着在其他物品上的油花花儿、油星子。

油嘴狗儿 youzuigour 油嘴滑舌的小孩。

悠 you ①慢，试：你病刚好，千万要～着来。②戏弄，取笑，逗乐，谑人取乐：别个晓得，你在～人家。③学人说话或唱歌、唱戏：老坎儿这两腔硬是～得够味儿。

悠悠哉哉 youyouzaizai 悠哉游哉：慢条斯理，～。

又扑又颤 youpuyouzhan 以抱鸡婆全身哆嗦并四处乱飞，比喻好出风头的颤翎子行为。

又是灯影儿又是戏 youshidengyingryoushixi 灯影儿：皮影。喻指过场多，变化无常，表演充分。

有板有眼 youbanyouyan 以乐队节奏准确，表演规范喻指办事认真，规范，对路等。

有点贵 youdiangui 价格稍微偏高了点：东西～。

有点悬 youdianxuan 把握不大：我看这事～。

有份儿 youfenr 喻份额。歇后语："上山打猎——见者有份儿。"

有根柢 yougendi ①有根基：打铁靠墩子硬，人家没～咋个敢来嘛！②有来头：对方是～的，莫去惹！

有好多羊子吆不上山 youhaoduoyangziyaobushangshan 形容钱多显富：看你～！

有叫比天高 youjiaobitiangao 麻将俗语，听牌就是硬道理：～，无叫交钱包。

有劲死了 youjingsiliao 特别来劲。成都人常以"死了"或"惨了"作后缀来修饰动词，使之更有韵味且生动，有程度更进一步的意思。又为"有劲惨了"。

有两刷子 youliangshuazi 形容有本事的人。

有礼有行 youliyouxing 指懂礼仪讲礼数、不紧不慢的斯文人。表示息得好，有修养，讲道理，有信誉。亦作"有礼有性、有礼有信"。

有啥子事 youshazishi 问话，有什么事：～你就说！

有盐有味 youyanyouwei ①形容东西真概，内容丰富：巴蜀笑星吴文展的言子儿，硬是~。②味道十足：~才叫好吃。

有一些 youyixie 些，读"西"。有一种或某种、一部分等：~东西捞不得。

游游缓缓 youyouhuanhuan 悠哉游哉，从容不迫，慢慢悠悠：~慢慢腾腾。

遇到 yudao 碰见，碰面：昨天在街上~你妈了。

遇得到 yudeidao 难得遇到。事做砸了，后悔莫及：硬是~哟！

遇端 yuduan 正好碰见，巧遇。

遇合 yuhuo 合，读"活"。遭遇：部队在陈家桅杆~到了小股土匪。

遇邪 yuxie 遇鬼：出门就莫名其妙地栽跤，硬是~了嗦！

遇缘儿 yuyuanr 正好碰在某种机缘上：今天~了，他也要回来。

玉麦 yumei 包谷，玉米。成都民谣："茅草棚棚笆笆门，~馍馍胀死人。"歇后语："六月间的~——抹不脱。"

鋊 yu 器物的棱角、锋芒，因久用磨损失去棱角或渐渐变得光滑：锄把都磨~了。

芋儿鸡 yuerji 山芋烧鸡：任家店的~安逸。

芋荷叶 yuhuoye 荷，读"活"。芋头叶子。歇后语："~上的水——仄（倾斜）就倒。"

芋母子 yumuzi 头年栽的芋头：成都人有管~叫"老芋母"的。亦作"芋母头、芋脑壳"。

芋子 yuzi 芋头：横栽~竖栽葱。亦作"芋儿"。

鱼老鸹 yulaowa ①鱼凫，一种会捉鱼的飞禽：鱼鹰就是~。②喻水性很好的人。

鱼烛 yuzhu 蜡烛。歇后语："大风天的~——吹了。""点燃的~——长明（命）不了。"

雨坝 yuba 雨地：有话进屋说，不要站到~头紧摆。歇后语："~头打瞌睡——淋醒（灵醒）。"又为"雨坝坝"。

雨后送伞 yuhousongsan 事后做人情：~，做过后人情。

雨兮兮 yuxixi 形容绵绵细雨的天气：今天有点~的样子。

唩 yuan ①诓骗，竭力说服对方，使之接受：把老几~进城再说。②拉：编筐打条，都~不到生意。

冤 yuan 冤枉，冤屈：老头儿被迫害，你说他~不~？

冤家 yuanjia 死对头。

院坝儿 yuanbar ①院落，院子：～头住了十来家人。②庭院。又为"院坝"。

院院儿 yuanyuanr 小院子：我的针线盒盒掉到隔壁～头了。

院子头 yuanzitou 院子里（后面）。

鸳篼 yuandou 用竹条编制的像鸳鸯似的椭圆形小箩筐，多见三面有边沿，一面敞口。又因常用于挑土，成对使用，如鸳鸯一般形影不离，故名。歇后语："～打水——一场空。" 又为"篼篼"。

鸳鸯水 yuanyangshui 冲过冷水的开水，即开水里面掺入冷水。

圆不拢耸 yuanbulongsong 圆形，圆得不好看：～的脑壳像西瓜。

圆范 yuanfan ①周全：娃娃带信，说不～。②豁达：他人多～的。③周密，完善。歇后语："磨子上睡瞌睡——梦得～。"复句：圆圆范范。亦作"圆泛"。

圆呵了 yuanhuoliao 非常之圆，溜圆。

圆起 yuanqi 麻将俗语，组合起来，凑拢开牌：黑了家经常～的，就那么几个熟脸面儿。

圆似起了 yuansiqiliao 用在动词之后，表示程度深，厉害等：吼～！亦作"吼了、麻了、圆了、烧了"。

元票 yuanpiao 一元小钞，零钞：～留到好买菜。

原汤 yuantang ①选用单一原料，如鸡、鱼头、牛肉、猪骨等熬制而成的具有原料自身味的汤，或未曾掺过水的汤：～化原食。②比喻原本原样的话语：摆点～给你听。

原味儿 yuanweir 物质本身的味道，本味儿：原汤～。

原先 yuanxian 原来，以前：～好说，这阵就难说了。

远天远地 yuantianyuandi 形容距离十分遥远，着重强调"远"：～专门跑一趟，不如明天顺路去拿。

远香近臭 yuanxiangjinchou 比喻人与人的关系，离得远时反而感情很好，在一起会因种种原因发生矛盾：你们两姊妹才是～，不在一起又想，见面又吵。

远些年生 yuanxiniansheng 早些年：故事要从～摆起。

月儿光 yueerguang 月光，月亮。歇后语："狗咬～——差天远。"

月亮坝 yueliangba 月亮光照到的平坝或空地。

月亮肉 yueliangrou 旧时富豪人家大宴宾客后，所剩的残羹冷菜被餐馆收集起来，又卖给穷人吃。其中，甜烧白（饼）之类的蒸菜，瘦肉及馅儿被吃掉，剩下的少许肥肉及肉皮，因其形状如天上的弯月，故名：老城门洞有～卖。

月月子 yueyuezi 每个月，以月计算：～关饷比拿年薪安逸。

抈 yue 改变物体形状，使之弯曲或变直：～铁丝圈圈。

抈不伸 yuebucheng 拉不伸：弯钢钎～。

抈起 yueqi ①蜷起，蜷曲：瞌睡来兮了，～就睡着了。②无所事事地待着：没找到工作，在屋头～。③形容生意不好：老几（的生意）打来～了。亦作"曰起"。

越见 yuejian 越来越，朝深度发展：～不喜欢。

曰 yue 说，指责，骂等：你娃头儿不听话，咋不遭～嘛！

曰别别 yuebiebie 突然高声地吼叫：她～地叫一声，把我们都吓一跳。

曰不拢 yuebulong 说不拢，话不对题：牛头不对马嘴，～。

曰夫子 yuefuzi 迂阔之读书人：～不懂门门门。又为"迂夫子"。

曰米米 yuemimi 凹陷，形容果实不饱满：咋葵瓜子净是些～哦！

曰师 yueshi 疲师，喻指漫不经心的样子：～吗，动作就是慢。

匀 yun ①换取，分配：把多余的《成都故事》～一本给我们单位。②分：花菜多了就～一窝给我！

匀兑 yundui 均衡，平均分配：掌握～。

匀净 yunjing ①均匀：寇婆婆买的豌豆大小都还～得好。②喻指善于调节生活质量，使生活状态保持在一定的水平上，安稳而有规律：生活过得～，蛮滋润的。③平稳：等我把气歇～了再说。复句：匀匀净净。

呍 yun ①品味，慢喝细品：寇胖娃儿晚上总是～两杯。②小息：中午一定要～哈儿瞌睡哈！③喻指想：你哥子说的那些弯横倒拐的话，兄弟一直没有～过的哦！

呍不过 yunbuguo 想不通：这事再咋子都～。

呍头 yuntou 感觉，尝试，吃头等：烧酒没有～。

呍味儿 yunweir ①品味：各人～。②慢慢享受物质或精神上的快感：拿本《成都方言》慢慢～。

运气来登 yunqilaideng 形容运气非常之好：彩票中奖，～！

Z

谷 za 读"咋"。①张，裂：鼻子不通，~起嘴巴出气。成都童谣："有钱的人，大不同，身上穿的是灯草绒。脚一提，华达尼；手一捞，金手表；眼睛一眯，收音机；嘴巴一~，金牙巴。"歇后语："风头上吃炒面——~不开嘴巴。"②分开，伸开，张开：把指拇儿~开。亦作"爹"。

谷开 zakai 敞开，放开，张起，张口，裂口：把嘴~｜（衣服）下摆~了不好看。亦作"爹开"。

谷脚舞爪 zajuowuzhao 手脚大伸，虚张声势，胡乱比画。亦作"爹脚舞爪"。

谷脚谷胖 zajuozaka 两脚分开，形容姿势很难看。

谷口来 zakoulai 张嘴就来。

谷嘴 zazui 张嘴。亦作"爹嘴"。

砸 za ①捶打：石头~烂好铺路。②嘲弄，戏谑：不要紧倒~别个新郎官儿。

砸倒 zadao 压着，轧到，挤着，碾，滚压。

扎 za ①紧缩，别起：~紧！不要松。②给人以精神或物质方面的援助，撑腰：有群众一起，你就放心大胆地去干。③住宿，驻扎。④停止。

扎板 zaban ①指说书艺人说完一个段落时用惊堂木在桌案上拍一下，表示停止或结束：听了一半就~了嚓？②喻指说话、做事中途停顿或彻底结束：绿化（工程）~了，就两下把银子收了哈！

扎断 zaduan 使用栅栏之类的物具将街道、道路等隔断，断开，阻隔，截断。

扎紧 zajin 捆紧：保险绳要~！

扎劲 zajing 使劲，起劲：憨~。

扎鬏鬏儿 zajiujiur 梳毛根儿编辫子：留长毛根麻烦，还是~撇脱些。

扎口子 zakouzi 堵住街口，警戒：~逮人。

扎眉扎眼 zamizayan 不顺眼：看人~的。

扎起 zaqi 一种支持人的行为，给别人撑腰，做后盾，助威等：他们那边的兄弟伙喊"抽起"，我们这边朋友些当然就要~了嘛！

扎实 zashi ①着实，用力使劲：给我~地整! ②内容多，分量重：现在高中生的作业~得很。③厉害：这件事回去~想了一下。④喻病情严重。

扎雨班 zayuban 因下雨不能出工干活：~好看书。又为"扎雨班儿"。

扎账 zazhang 结算：月底~。

杂 za 禽畜内脏：牛~汤。亦作"杂拌儿"。

杂二古董 zaergudong ①杂七杂八：吃了些~的东西，心头不舒展。②零碎：他去送仙桥淘了些~转来。又为"杂儿古董"。

杂烩 zahui ①肉加内脏与其他菜肴混合烩成的一道菜：八舅爷的~是烧出了水平的。②乱七八糟的组合，乌合之众：鱼目混珠，~。

杂货铺 zahuopu 小卖铺。

杂皮 zapi 碎皮、皮屑或多种颜色的皮料混杂在一起：废旧~照样有用。

杂痞 zapi 小泼皮，无赖。

咋的喃 zadinan 咋个的呢：到底~，我们都不晓得。

咋个 zaguo 怎么，到底为什么：车改是~搞起的嘛? 亦作"啷个、啷块"。

咋个起的 zaguoqidi 怎么搞起的，怎么回事：~，不置可否。

咋个样 zaguoyang 怎么样：到底你要~嘛?

咋会 zahui 怎么会：搞那些污七八糟的事，我们~喃!

咋哪 zana 怎么了：你~? 亦作"咋呢"。

咋子 zazi 问话，干什么，怎样：说~就~ | ~嘛?

再咋个 zaizaguo 无论怎样或再怎么样（说）：~说我都不干。

宰 zai ①切，砍，剁：石板鸭随便挑，你看到哪块~哪块哈! ②坑害，欺诈：~你没商量。

宰人 zairen 坑人：投机倒把~凶。

宰指 zaizhi 拍板，决定，定夺等。

栽 zai ①诬告：我肯信他给老子~一坨。②栽种，种植。成都童谣："东门东家，南门董家。东董二家，各~一棵冬瓜。原说东门东家冬瓜大，谁知南门董家冬瓜赛过东门东家的大冬瓜。" ③插（秧）。歇后语："~秧子推豆腐——架起势干。"④跌跤。歇后语："一脑壳~到炭堆里——煤（霉）到了顶。"

栽倒 zaidao ①栽跤：~老汉儿脱不到手! ②摔断。顺口溜："门前一块滑石板儿，~媒婆狗脚杆儿。"

栽跟斗儿 zaigendour ①翻筋斗：罗哥子原来是杂技团~的。②摔跤：老婆婆要是~就恼火了。③犯事：有些事一~就打倒。

353

栽了 zailiao ①栽筋斗，跌倒：~莫来头，爬起来就是。②犯事：看到李瞎子~，他老兄赶紧自首。

栽溺头儿 zaimitour 溺，读“泌”。扎猛子：游泳池头~。歇后语：“碟子头~——不知深浅。”又为“栽泌头儿、栽迷头儿、打溺头儿、打泌头儿、钻避笼、钻溺儿洞”。

栽诬 zaiwu 诬陷：与其说人家~你，不如说是自作自受。

栽秧子 zaiyangzi 插秧。民间俗语：“~要抢先，打谷子要抢天。”歇后语：“田坎上~——外行。”“大门口~——没稻（道）了。”

栽一坨 zaiyituo 诬陷，污蔑：~吊起，跁都跁不脱！

栽一撮 zaiyizuo 比喻诬陷人。歇后语：“斤肘肘儿的毛根儿——~。”

粥 zai 读“在”。缝纫：就~几个扣子嘛，我来。

粥起 zaiqi 缝起：把扣子~。

粥衣服 zaiyifu 缝制衣裳：裁缝铺头~。

在 zai 存在。民间俗语：“人穷家穷志气~，铁锅烂了斤两~。”

在行 zaihang 懂行：说他~是抬举的话。

在哪些 zainaxi 在哪里：你~哟?

在随 zaisui 随便，随意，无论：~你好凶（厉害），我都不怕。亦作“随在、由在”。

仔娃儿 zaiwar 小孩子的别称，老幺：~嘞!

仔仔 zaizai ①崽，幼小的动物：狗狗生了三只~。②幼儿：~进了幼儿园。

攒 zan 存蓄。民间俗语：“吃官饭，~私钱。”

攒钱 zanqian 存（藏）钱，储蓄。

攒钱罐儿 zanqianguanr ①储蓄罐：零钱放进~里。②喻指生财有道，会存钱的人：想不到他老兄还是个~。

遭 zao 读“灶”。①糟糕，倒霉，出事了。连用更加生动：~、~、~！②被，遇到。歇后语：“白布下染缸——要~蓝（难）。”“柏合寺（龙泉驿区柏合镇别名）~火烧——街背湿（该背时）。”

遭不住 zaobuzhu 受不了：~了你就大声吼。

遭戳 zaochuo 被刺，被利器挎到：老几~了。

遭得惨 zaodeican 遭得厉害。民间俗语：“~，不敢喊！”亦作“遭得凶、遭腾了”。

遭得住 zaodeizhu 遭不住：小把把一个，~你几下整?

遭欢 zaohuan 欢，更加的意思。出事或付出代价大之惨相。

遭火烟子燎 zaohuoyanziqiu 被灰烟燎：乱烧秸秆，想～嗦?

遭理抹 zao li ma 被清理，问询：迟到差点～。

遭孽 zaonie 可怜。

遭燎 zaoqiu 被熏：烟子太大，～好了。

遭日诀 zaorijue 遭人骂：讨口子～了哇?

遭烧了 zaoshaoliao 上当受骗：买东西，秤～。

遭甩 zaoshuai 被人甩掉：马耳门刚耍了个（女）朋友又～了。

遭摔摆 zaosuaibai 被人欺负或被忽悠：进衙门～。

遭刷 zaoshua 被除名：面试不合格，～了下来。亦作"遭剔"。

遭天煞 zaotiansha 喻干了坏事遭到报应：造孽～。

遭五雷打 zaowuleida 被雷击：不孝之儿，～。亦作"遭五雷轰、遭五雷劈"。

遭吓炮 zaoxiapa 被吓得脚炮手软的：几爷子看到熊瞎子，都～了。

遭凶 zaoxiong ①遭大祸：弄不好要～哦? ②麻将俗语，输之惨相：今天～了。③败阵：连输两员大将，曹军～了。

遭殃 zaoyang 受罪。民间俗语："神仙打仗，凡人～！"

遭洋罪 zaoyangzui 自找的难言之苦：出了钱不说，还～，简直划不着!

遭吆 zaoyao 被人撵走，赶走：苍蝇儿～起跑了。

遭整 zaozheng 被害：～冤枉。

遭啭得稀烂 zaozhuandeixilan 背后被人谴责，使名声不好：凭啥子～嘛!

遭罪 zaozui 受苦，受难。民间俗语："死要面子，活～！"

糟蹋圣贤 zaotashenxian 斯文人做错事、坏事。民间俗语："～，羞死先人！"

凿 zao ①凿子。歇后语："石匠的～——专拣硬的。"②穿，虫蛀，蚀：牙遭虫～了个洞。

造 zao ①翻动：炒饭不～就煳了。②制造。歇后语："人～卫星上天——不翼而飞。"③调皮，顽皮，好动。

造烂 zaolan 在翻动东西的过程中使其损坏：圆子下锅容易～。

造孽 zaonie ①作孽，为非作歹，做坏事：偷鸡摸狗，不是～是啥子喃? ②可怜状：看到讨口子，他就说"～"。又为"着孽、遭孽"。

造痒 zaoyang 比喻磨皮擦痒，想惹是生非。

灶灯影儿 zaodengyingr 灶头上的灯影。歇后语："～——诱吃。"

灶房 zaofang 厨房：要吃红苕，～头去拿。歇后语："～头的蚊子——吃

355

客。"亦作"灶屋、灶门舷、灶门间"。

灶烘 zaohong 灶膛。歇后语："红苕进～——煨（萎）了。"亦作"灶孔"。

灶火头 zaohuotou 灶火里面。歇后语："～烧黄鳝——熟一节吃一节。"

灶鸡子 zaojizi ①蟋蟀，蛐蛐之一种：鸡在啄～。歇后语："～打架——对头。"②喻指十分调皮的小孩：悖得不歇气，硬是像个～。

灶门签 zaomenqian 烧火棍。歇后语："～——越烧越短。"

灶门先 zaomenxian 灶门前。歇后语："～的烧火棒——一天短一截。"

灶王爷 zaowangye 喻指灶神。歇后语："～上天堂——回神（喻指反应）。"

皂角树 zaoguoshu 角，读"郭"。①皂荚：据说～的果实能去污洗头、洗衣物。歇后语："～上撒网——网刺（枉自）。"②扎手之处：雷打慌了，爬～。③损人语，止痒。

喿得很 zaodeihen 狂，打闹：好动症就～。

躁挨 zaoai 讨打：你娃头儿不知好歹，在那儿～哇？

早晏 zaoan 晏，读"暗"。早晚：人，～都有那么一天。

早插秧子早打谷 zaochayangzizaodagu 民间俗语，喻指早生儿女。亦作"早打谷子早栽秧"。

早起 zaoqi ①早晨：今～就出大太阳了。②早些时候，过去：这件事虽不光彩，但～就阴倒传开了。

早先 zaoxian 以前，从前，原来：～爷爷当过红军。

脏瓦瓦 zangwawa 喻脏的程度较重，东西被污染：衣服没洗干净，还是～的。亦作"脏哇哇"。

脏兮兮 zangxixi 形容有点脏的样子：你看你，脸上弄得～的。

侧边 zebian 侧，读"则"。旁边，另一达：～听壁脚。亦作"仄边"。

侧边说 zebianshuo 旁边说，一边说。暗示此为（商业）秘密，应该在稳妥之处讨论。

罾 zeng 鱼罾，一种用木棍或竹竿做支架的渔网：今天在九眼桥河头搬～，又搞到事（网住鱼）了。民间俗语："勤～懒网饿虾笆。"

甑箅子 zengbizi 用于甑子内隔离沸水和食物的竹编圆圈干隔，或木制用具：～上抹青油好蒸馒头。亦作"甑箅儿、甑格格"。

甑子 zengzi 蒸笼，蒸饭菜之竹木器具：～一上汽，馒头就快好了。民间俗语："猫儿搬～给狗干好事。"歇后语："～头的白米饭——蒸（真）的。"

甑子底底 zengzididi 蒸笼底层：~抹青油免得粘馍馍。

渣巴儿 zhabar 席桌上吃剩后可供宾客带走的油炸食物，传统的成都人往往将它打包回家。一来证明自己吃了福席，二来可以呵（诓）娃娃，甚至喂狗狗。又为"炸巴儿"。

渣渣 zhazha ①"渣渣钱"的简称。喻小钞，零碎钱：~钱你看不起嗦？②垃圾，尘土，渣子：~要分开装，不要乱倒。③极小而坚硬的碎石块，碎渣：玻璃~要锥脚。成都童谣："出东门来向西走，顶头碰到人咬狗。捡起狗来打石头，石头又咬狗一口。从来不说颠倒话，眼睛落到~头。"又为"砟砟"。

渣渣面 zhazhamian 碎臊面：口子上的~，卖得好！

渣渣瓦瓦 zhazhawawa 零零碎碎，琐琐碎碎，喻指琐碎的、不重要、没有价值的事物：成天那些~的事，就喊钟姐丢不脱身。亦作"渣渣草草"。

渣滓 zhazi 垃圾：~沤肥好。成都童谣："叔叔阿姨真勤快，春夏秋冬扫大街。垃圾灰尘看不见，卫生城市人人爱。爱护环境都有责，课外活动走上街。擦净栏杆~桶，城市处处放光彩。"

喳巴 zhaba 多嘴多舌：听不得哪个~。

喳吧呐吧 zhabanaba ①说话啰唆。顺口溜："~，稀饭锅巴。"②随便插话：大人摆龙门阵，娃娃家不要在那儿~的。③东说西说，嘴嚼：就听到他一个人在那儿~的。

喳闹 zhanao 大声说笑，乱闹：张花似的~完了。歇后语："涨大水走前面——渣涝（~）。"

喳哇 zhawa 胡说，胡乱发表意见。复句：喳喳哇哇。

揸开 zhakai 张开，摊开：手~让我看一下。

炸 zha ①物体突然破裂，喻混乱：轰隆一声炮响，人群一下就惊~了。②悚然：听到响声，毛根儿一下就~了。③（多音字）把食物放在煮沸的油里弄熟。歇后语："油~花生——干脆。"

炸雷 zhalei 霹雷：火闪一扯，~就嘞。

炸收 zhashou 将油炸的半成品放入锅中，加入少量汤汁酌情调味，再用中火或小火收汁而使之入味。

榨房 zhafang 榨油的作坊。歇后语："~头买菜油——新鲜。"亦作"油坊、油碾子、打油碾子"。

轧秤 zhacheng ①比重大，分量重：发水菜，图~。②有分量，管用：说了些不~的话有啥用？

轧断 zhaduan 结清账目：就从这儿跟前～。

押 zha 读"炸"。博彩俗语，押宝：弄不醒豁～那边，还是间（读"干"，指中间）子稳当。

睛 zha 读"扎"。沙眼，眼睛疲劳干涩而难睁开：眼睛～来睁不开了。

睛巴眼儿 zhabayanr 一种眼病，喻指爱眨眼睛的人：～瞇起眼睛盯人。

渍 zha 读"鲊"。盐渍：萝卜干儿～一下，就香脆得多了。

眨眼睛 zhayanjing ①丢媚眼，喻挑逗：她给旁人～。②眼睛闭上立即又睁开，喻暗示。成都童谣："小星星，亮晶晶，对着我来～。～，传友情，我和星星心连心。"亦作"眨眼儿"。

鲊 zha ①水未沥干，沉浸其中：儿菜～干点，嚼起脆嘣嘣的。②用盐、米粉等腌制鱼肉蔬菜之类。③因盐、碱等刺激，使不舒服：咸菜水把手～得好痛。④沤，浸：娃儿的尿不湿要经常换，不要～烂了。

鲊海椒 zhahaijiao 将青辣椒洗净剁碎，加入少许米粉、盐、酒等蒸熟后用坛子贮存起来的一种食品，可作下饭菜：～好下饭。

鲊汗 zhahan 吸汗。

鲊牛皮 zhaniupi 讥讽说话重复："牛皮鲊，～！"

痄 zha 储存，存放，一般指占地方：存货～了一屋子。

摘 zhai 采摘。成都童谣："小河流水哗啦啦，我和姐姐～棉花。姐姐～了三斤半，我才～了一朵花。"

颤 zhan 跳颤，蹦出。喻爱出风头，好表现。

颤花儿 zhanhuar 爱出风头，好表现自我之人。亦作"颤头儿、颤花儿婆"。

颤兢兢 zhanjingjing 胆战心惊，抖擞害怕。成都童谣："甲子乙丑海中金，蚰个壳子你来听；五黄六月下大雪，十冬腊月响炸雷。打根链子黄桐粗，打把铁锤千把斤。天上拴住张果老，地上打中吕洞宾。八洞神仙都打过，玉皇老倌～。"亦作"颤惊惊"。

颤翎子 zhanlingzi ①川剧演员表演翎子功，即使头饰上插的羽毛翎子不断颤抖而得名：孙猴王头上的～抖圆了。②过于热情，表现欲极强，爱出风头的人：人家选秀，他吼圆了，硬是个～！歇后语："川芎地头起风——～（颤灵子）。"③嫉妒之戏言。又为"颤连子、颤花儿、颤头儿、颤灵子"。

颤眉颤眼 zhanmizhanyan 爱出风头，好表现的样子：看到她～的，大家就心烦。

颤头颤脑 zhantouzhannao 善于表现的人：老几～的。

沾 zhan 吃：油大不～。

蘸水 zhanshui 调料：吃涮羊肉要～。

蘸蘸儿 zhanzhanr 味碟：吃豆花儿要郫县豆瓣作～。又为"沾沾儿"。

粘蝉子 zhanshanzi 蝉子，读"禅子"。粘知了。用桃树的胶涂抹在竹竿尖上或用蜘蛛网捕捉蝉子：拐竿竿～。亦作"粘懒虫子、网懒虫子"。

粘哑哑 zhanyaya ①类似胶水或黏糊的东西，粘在物品及人身上令人生厌的黏乎乎感觉：～的汗水。②说话、做事不痛快：几句话还在那儿～的抖不伸。又为"粘呀呀、粘瓦瓦"。

毡窝儿帽 zhanwormao ①一种用毡子做的帽子，无边檐，似西瓜皮，扣在头上戴，又叫"瓜耳皮"。成都童谣："～，有砣砣，戴起非热和；～，似盖盖，廉到好自在。"歇后语："六月天戴～——不识时务。"②官帽（位）之戏称：怕丢了～吗？工作就不要仗笨嘛！

占到茅坑不屙屎 zhandaomaokenbuwoshi 喻指在位不作为：老几～，还好意思说人家。

占齐 zhanqi 占据所有，齐全，全属于。

占起手 zhanqishou 抢先，抢占有利地位，占便宜。又为"占起首"。

站倒 zhandao 站住：～，跑啥子嘛！

站列子 zhanliezi 排班站队：你们～买啥子？亦作"站轮子"。

站拢 zhanlong 排列子到头，站在面前，靠拢：大家～点，听我说。

栈房 zhanfang 旅馆，旅店：过路客，住～。歇后语："乌梢蛇进～——长（常）客。""～头的臭虫——吃客。"亦作"歇客店、客店"。

栈栈 zhanzhan 插在土里供腾蔓植物攀缘用的竹竿、木棍。歇后语："四季豆爬～——死缠。"

展 zhan ①很珍惜地保存。②敞开。③用语言表述，说。④鼓起，使出：～一包子劲，还是没有赢。

展劲 zhanjin 鼓劲语，加油，鼓劲，使劲。歇后语："牵牛花搭棚棚——～往上爬。"亦作"斩劲"。

展言子儿 zhanyanzir 用歇后语等摆龙门阵：走，听巴蜀笑星涂太中～去！

躔 zhan 读"展"。移动，挪动：～个地方坐。歇后语："半岩坡上的椅子——～不得了。"

躔拢 zhanlong 靠近，挨着：铺盖～好说悄悄话。

搌 zhan ①擦，揩拭：～干眼泪。②鼓起，使劲：～劲。

崭 zhan 附在形容词之前，表示程度深：齐～｜新～。

崭豆儿 zhandour 崭新的钞票：～票子。

崭齐 zhanqi 整齐：收拾得一～。复句：崭崭齐齐。

张视 zhangshi 理睬，理会：没人～。

张巴 zhangba ①诧巴，轻浮不沉着：比妈都高了，还～得不得了。②大惊小怪的：她～起来要人比。

张花式 zhanghuashi ①言人大惊小怪，喜欢炫耀，华而不实好出风头：～的人靠不住。②没有长醒（成熟），不沉着，做事慌张，粗枝大叶：马骁那儿，总是～李花天的，看二天咋弄哦！③比喻爱咋呼，乱开玩笑：～的醒壳儿娃娃。又为"张花肆、张花实、张花理识、张花石儿"。

张罗 zhangluo 布置，安排，指挥：帮我～一下。

张面 zhangmian 翻了。

张子 zhangzi 麻将俗语，一张牌：老几乱发（出）～。

章法 zhangfa 路数，理路：东支西舞，乱了～。

胀 zhang ①显示有钱：钱袋鼓了，包包～起，胆子也就大了起来。②吃。

胀饱了 zhangbaoliao 吃饱了饭，用于贬义往往形容多事之人。

胀伸 zhangcheng 吃得太饱，撑着了：～了，动弹不得。

胀得很 zhangdeihen 急于显露，总想表现的样子：老几～，总想出风头。亦作"胀起在"。

胀肚皮 zhangdupi 撑肚子：水喝多了～。

胀犊子 zhangduzi ①喻指炫耀富裕者：遇到～买东西好打整。②麻将俗语，绷起一副有钱的样子：～打牌，闹麻了。③爱出风头，行为鲁莽之人：～来了，先不慌张视哈！亦作"胀头子"。

胀鼓鼓 zhanggugu 胀气鼓起的样子：肚子～地叫。

胀海了 zhanghailiao 吃得太饱，带有十分满足的感觉：老子～！

胀憨 zhanghan 吃得过余的饱，胀来憨起。

胀慌了 zhanghuangliao ①因肚子发胀，大小便憋得恼火而慌张：车一停，～的人些赶紧朝茅房头跑。歇后语："东大街（成都市著名商业街）找茅房——～。"②喻事到临头着急极了，或大难（祸）临头慌忙逃窜。

胀眼睛 zhangyanjing 刺眼：穿吊带～。亦作"胀死眼"。

帐檐子 zhangyanzi 蚊帐边沿。成都童谣："豌豆青，胡豆黄，姐姐连夜赶嫁妆。阴丹裤子红袄袄，绣的海棠配凤凰。大红铺盖～，狗牙镶边绣鸳鸯。剩下一截扬州红，做个盖头进洞房。"

长进 zhangjin 上进：死不～的东西！

长醒 zhangxing 醒事，变聪明，成熟：黄瓜刚起蒂蒂，还没有～。

长眼睛 zhangyanjing 长眼力，看清楚，分辨是非。提醒注意：走路要～哦！

掌火 zhanghuo 掌权，主持工作。

掌瓢 zhangpiao ①炒菜：饭好了，该我～了。②做组织工作：要他～我们才放心。③领导者：～师要镇得住堂子。

掌瓢儿的 zhangpiaordi 厨师。

掌瓢师 zhangpiaoshi 大厨：老成都公馆菜的～，凶（技术好）得很！

掌稳 zhangwen 握稳当，扶稳：～，不要栽倒了。

掌灶 zhangzao 大厨师，炒菜师傅：公馆菜～的是个老果果。

砸笨 zhangben 砸，读"仗"。①做别人不愿、不屑做的费力事，干粗重活路：莽子～。②出差错，干蠢事，把事办砸了：老几又～了，钥匙锁到屋头不说水龙头还忘关了。亦作"戳笨、日笨、仗笨"。

砸班子 zhangbanzi 事办砸，出洋相，丢脸：当众丢丑，好～哦！又为"仗班子"。

仗火 zhanghuo 战斗：叫阵完了打～。

仗你 zhangni 打你：～一顿才解恨。

仗人 zhangren 用根棒打人：～几棍子。

丈把高 zhangbagao 一丈来高：～一跳就过了。

招呼 zhaofu ①呼唤，即成都人的问候语：哥子，～了！②招待，供给：大嬢来了，赶紧～饭菜。③留神。④劝告：不听老人言，吃亏在眼前，你咋个～不到喃！

招呼茶钱 zhaofuchaqian 喊茶钱，四川茶馆中的一种特殊礼节。

招牌 zhaopai ①市招。民间对联："生意兴隆通四海，财源茂盛收～。"②声誉：你娃到处吃福席，莫把老子的～打烂了。

招惹 zhaore 讨得，引起或触动：～麻烦。

肇瞌睡 zhaokuoshui 闹瞌睡：幺娃又在～了。

肇死 zhaosi 找死，多以咒语谩骂他人：开飞车，～｜爬墙要，～！

罩 zhao 康，盖住。歇后语："稀眼儿背篼～鸡——啥子脚脚爪爪都看出来了。"

罩被 zhaobei 蚊帐、被褥等床上用品，比喻家当：人还没上床，就争起～来了嗦？

罩倒 zhaodao ①遮住，康到：把菜～，看苍蝇爬。②关照：有婆婆大娘～娃娃，当妈的就放心了。

罩子 zhaozi ①蚊帐：～烂个洞洞，谨防蚊子拱进来！②雾：今晚夕～大。

361

着 zhao ①着落：不要慌，这事有了～一定先告诉你。②挨：头上～了一棒棒。③命中目标：他打～了靶子。④遭到：也～人整了。⑤棋牌术语，招：车钻心，马挂角，神仙难改这一～。

着着急急 zhaozhaojiji 慌慌张张，着急：听到消息，我就～转来了。

照闲 zhaoxian 托词，负责任，管，过问：车停在路中间，警察理抹我不～哈！

爪爪 zhaozhao 手脚：猫儿抓蓑衣，脱不了～。

找 zhao ①寻找。成都童谣："鸡公鸡公叫叫，各人～到各人要要。"②找麻烦：～些经来扯。③补：钱票两清，不～。④捋，挽：～起裤脚好踩田。⑤收束、捆扎好。

找到挨 zhaodaoai 自触霉头，自讨苦吃，自寻烦恼。亦作"讨到挨"。

找话说 zhaohuashuo 斥人废话，喻指无事生非，故意敷衍：不要没话～。又为"找些话来说、找话摆"。

找起虱子往身上爬 zhaoqisheziwangshenshangpa 无事找事做，自寻烦恼。

找钱 zhaoqian ①补钱，付账之后找回的钱：八角的给了一元，～呦！②挣钱，赚钱：齐心合力，搭伙～｜～不嫌地头脏。

找事做 zhaoshizu 做，读"卒"。无事找事，自讨没趣。

找死 zhaosi 寻死。歇后语："耗子钻猫儿窝——～。"

找些龙门阵来摆 zhaoxilongmenzhenlaibai 故意找话说，含打破尴尬局面而出言。

遮严 zheyan 罩住，遮挡严实：～怕敞风。歇后语："～了的蒸笼——有气难出。"

遮遮掩掩 zhezheyanyan 遮盖，掩盖：～见不得天。

遮遮 zhezhe ①遮挡物：菜园子头要弄个～才行｜茅草棚总比竹笆子～经用些呦！②遮蔽：躲到～后头，免得"猫儿"（玩捉迷藏的儿童游戏）找到哈！

褶褶 zhezhe ①褶子，泛指褶皱重复的部分：衣服上净是～｜皱纹纸上的～就多。②褶痕：裤子脚脚上基本都有～。

这档子 zhedangzi 这种：～事，好办。

这儿 zher 这里：～那儿的少说，赶快走！

这二年 zheernian 这些年，前后两年：～楼市疲软。

这个人 zheguoren 这人：～心术不正。

这候儿 zhehour 这时候，即刻：～没有事。

这回子 zhehuizi 这次：～该我请客了。

这毛儿乃毛儿 zhemaornaimaor 这门儿那门儿：～的少说！亦作"这毛儿那

毛儿、这个那个”。

这门儿 zhemenr 事情，喻指某种要求或索取。

这塌 zheta 这个地方：就在～歇。

这头 zhetou 这里：～有《成都方言》卖。

折 zhe ①用两器具来回翻转、倒腾烫水，使其迅速变凉。②折合：干脆把东西～成钱给我算了。③折损：乱喊“老辈子”，谨防～寿哦！④出：我喜欢一～接一～，不打重台的川剧折子戏。⑤整理，折叠：把衣服～起，好收捡。

折耳根 zheergen ①一种野菜，俗称“猪鼻拱”（鱼腥草）。②屁股：不听话，挓条子来护～。

折折 zhezhe 折叠的纹路：脸上的～俗称“萝卜丝丝”。

折子戏 zhezixi 撷取川剧优秀剧目中的片段演出，如《金山寺》即出于《白蛇传》，《逼侄赴科》出于《玉簪记》等。

真纲 zhengang 真资格，真本事，货真价实的东西，精髓：亮出～来。又为“真钢”。

真概 zhenkai 真东西，货真价实，无掺假的东西，资格货。

真勒哇 zhenlewa 问话，是不是真的：去青城山耍，～？

真人 zhenren 奉为君子之人：～面前不说假话。

镇堂子 zhentangzi 靠威望、名气、权势等控制局面：～的老师来了。

阵仗 zhenzhang 架势：绷～。亦作“劲仗”。

砧磴 zhendeng 磴子，喻指本事，基础坚实牢靠：打铁全靠～硬。

正尺 zhengchi 尺与“吃”同音，故有不回避请客吃饭之意。歇后语：“裁缝的尺子——～（正吃）。”

正经八百 zhengjingbabei 正正经经，严肃地：～对你说。又为“正儿八经、正二八经”。

正南其北 zhengnanqibei 正式，喻郑重其事：～对你说。歇后语：“十字路口跸扑爬——～。”亦作“正南齐北”。

正务 zhengwu 正经事：野鹜不干～。

正雄 zhengxiong 比喻强壮有力，精力旺盛。歇后语：“十八岁的小伙子——～。”

正做不做，豆腐放醋 zhengzubuzu, doufufangcu 四川民俗，因豆腐易酸，用豆腐做菜时通常不放醋，故指不该做的事却做了。

蒸笼 zhenglong 用竹子编制的蒸食物的格笼子。歇后语："三十天的~——你蒸（争）我也蒸。"

争 zheng ①差：老几上个月就~起账了。②麻将俗语，欠账：我不~不欠哈！

争倒 zhengdao ①欠账、欠钱、赊账。②麻将俗语，欠到账：没有小的（票子），这盘先~哈！亦作"争账"。

争点儿 zhengdianr ①差点儿。②不足：还~才满一斤。③几乎，险些：老几~钻到汽车滚滚儿底下去。

争气 zhengqi 长志气，长威风：马云鹏的儿比女要~些。

争上游 zhengshangyou 一种大吃小的扑克游戏：~比拱猪有意思。

争头 zhengtou 比拼，争取，理论：上面已经定了的事情，还有啥子~嘞？

争一颗米 zhengyikuomi 比喻差一点点。歇后语："两只鸡公打架——~。"

睁眼瞎 zhengyanxia 文盲：~认不到字。亦作"黑眼窝"。

挣 zheng ①使劲，用力：~脱绳子就开跑。亦作"揁"。②使劲喊叫：扯起喉咙干~。③努力向上：~表现。

挣表现 zhengbiaoxian 通过努力做事获取领导或组织的好感。此词褒贬兼用：说起~，你来嘛！

挣数数 zhengshushu 挣钱：趁年轻多~。

挣倒 zhengdao 钱到手：~钱就寄回家。

挣银子 zhengyinzi 挣钱：~要有路子。

整 zheng 动词，涵括面极宽，喻指放开、使劲地吃、弄、耍、撰写等。

整爆 zhengbao 弄来炸开：煤气罐~了才不得了哦！

整飚 zhengbiao ①走调：他唱歌故意~，好逗人笑。②滑脱，溜掉：钩没咬稳，（鱼）又遭~了。③不挨目标，工作失误：摸不到火门，去就要~。

整不懂 zhengbudong 搞不清楚：~，你来咋子？

整不醒豁 zhengbuxinghuo 搞不懂：你都有~的嘛？

整出去 zhengchuqie 驱除，弄出去：把调皮捣蛋的~。

整穿 zhengchuan 揭穿：魔术~了还演啥子嘞？

整串皮 zhengchuanpi 整恼火了：打了几天桩，人都~了。

整点子 zhengdianzi ①买一些：~豌豆儿来熬汤。②吃喝等：~饭再走。

整到耍 zhengdaoshua 搞起玩，不认真做事，不负责任的表现。

整到住 zhengdaozhu 被人陷害，彻底搞死：拿给莽子的还有几个。

整得巴适 zhengdeibashi 搞得好：2011成都双年展~。

整得凶 zhengdeixiong 整得厉害或打击彻底：潲水油问题就是要~。

整对了 zhengduiliao 矇准了或搞正确了：这件事~。

整饭 zhengfan ①做饭：淘米～。②吃饭：光～，还是要拈菜叫！

整拐 zhengguai 搞错了：～咯可不可以重新来过？

整糊 zhengfu 头被搞昏：东说西说脑壳就遭～咯。

整酒 zhengjiu 请酒，喝酒：吃饭的吃饭，～的～，各取所需。

整来挺起 zhenglaitingqi ①肚子饱了。②表示钱挣够了，一副金银满罐的样子。

整烂 zhenglan 搞坏，破坏掉。

整嘛 zhengma 多指吃、干等：喝酒、吃肉，都喊～。

整哪样 zhengnayang 问话，喻吃哪样：甩不累、皮打皮，～？

整起 zhengqi 来起，开始：你们先～，我跟到就来。

整翘 zhengqiao 搞错了，没有对路。

整起去 zhengqiqie 打转去：将就手上的钉锤儿就给（跟）野狗～。

整瓤 zhengrang 疲软，形容疲惫相：老几晕头转向的，多半遭～了。

整人害人 zhengrenhairen 迫害。

整一块 zhengyikuai 吃一块，拈一块：鸡脑脑，整不～？

整晕 zhengyun 脑壳被弄昏：坐了一天车，脑壳遭～了。

整冤枉 zhengyuanwang ①设置障碍，制造困难，故意使坏，作弄别人。②乱开玩笑，白跑一趟。

支 zhi ①打发：～起走。②擦：～一脸。

支脚舞爪 zhijuowuzhao 形容舞姿难看或手舞足蹈：～跳圆似起咯。亦作"参脚舞爪"。

支支皮皮 zhizhipipi 小事，泛指吝啬之人：抠～。

支招 zhizhao 教授方法：居家生活请李老师～。

知客司 zhikeisi ①多指在红白喜事中安排事务的总管，往往能说会道，善于交际：不要紧说，听～安排就对了。②喻指爱支使别人的人。歇后语："～——寡（只）说不拗（动）。"亦作"坐堂总管"。

知趣 zhiqu ①知进退，所求合理，不惹人讨厌：你到底知不～哦？②见机：见机～，同一个理。亦作"识趣"。

揶脱 zhituo 使劲擦掉。

糍粑 zhiba ①糯米糕，年糕：～油炸一下，蘸白糖安逸。成都童谣："清明花，清明花，嬢嬢接我到她家。又吃挂面又吃糖，走时塞个春分粑。走拢屋头叫声妈，你看我的大～。逗得妈妈笑哈哈，说我是个好吃娃。"歇后语："癫壳儿顶～——沾光又沾光。"②转义为软：～心肠。亦作"餈粑、糍粑子"。

糍粑心肠 zhibaxinchang 善人之心，形容善良的心肠。

直杠杠 zhiganggang 语言直接，性情直率，不留情面，形容急性子：老几~地就把别个的事端了出来。

直顾 zhigu ①只管，只顾：老几嘴巴不歇气，~地讲。②老是，一直不停：看老马的颗子汗哟，~家地在淌。

直顾窜 zhiguchuan 架势跑，不停地发展：干疮子~。

直见 zhijian 接连不断地，一直地不停：地震来了，就盯倒房子~晃。亦作"密起、密接"。

直扑 zhipu 麻将俗语，四张同样张子的牌直接扑下起杠。

直杀 zhisha 直接去：从帕丽湾~龙泉驿。

之歪 zhiwai ①来路不正，歪货。②多音字，厉害，凶，歪人。

之亡命 zhiwangming 卖命工作，不知疲倦，形容干劲大。

指到 zhidao 准确的指向。歇后语："~黑猪骂黄狗——借题发挥。"

指甲深 zhijiashen 指甲印深。形容心凶，心狠，贪得无厌之人。

指拇儿 zhimur ①指头，手指：大~长，二~短。歇后语："~刨饭——口口都是肉。"②代指人，喻指姊妹或大哥、二哥、幺兄弟等：大哥俗称"老~"。③喻穷富差别：无钱的话，只能说是~短了。

指指挢挢 zhizhiduoduo ①指手画脚，指指点点：说是说，笑是笑，~莫家教。②挥手指责，胡乱表态：台子底下~地骂开了。

稚雅 zhiya 文静，文雅，美好大方，文质彬彬：像琳妹妹那样~的媳妇儿，简直是百里挑一哦！复句：稚稚雅雅。亦作"芷雅"。

止倒 zhidao 闭嘴，止住，刹车。

止汗 zhihan 止住汗液。

只难听 zhinanting 实在是不好听，形容不堪入耳：怪话~！

旨归 zhigui 目的，意愿：我们的~是崇尚和谐。

纸飞飞儿 zhifeifeir 飞飞，"扁扁"。字条，纸片。又为"纸飞子"。

纸壳子 zhikuozi ①戏脸壳儿：戴起孙悟空~，猴开了。②废旧纸箱板：收荒匠在楼下收~。③遮盖之物：~，一挢就穿。

纸钱子 zhiqianzi 祭祀所用纸钱。歇后语："叫花子烧~——钱少话多。"

纸烟盒 zhiyanhuo 包装香烟的纸盒子。像玩洋画儿一样的儿童游戏：拍~。

纸烟金 zhiyanjin 做香烟内包装（盒内隔潮、防串味用）的锡箔纸。

中标 zhongbiao 暗器伤人。

中弹 zhongdan 形容被打倒，射中。

中杠 zhonggang 成都人力架子车中间的主力车夫。常与"拉飞蛾儿"并用。旁边助拉的人叫"飞蛾儿"。

盅 zhong 打：马上～个电话给他。

盅盅儿 zhongzhongr 杯子：浪瓷的茶～有盖盖。

盅盅果儿 zhongzhongguor 一种核大，皮薄，内瓤黏稠，味酸，青色，成熟后泛黄，形像枣子的野生果子。

舂 zhong 读"盅"。捶，把东西放在碓窝里捣烂去壳或捣碎：吃饺子最好～点蒜。

舂对窝 zhongduiwo 民间儿戏：两人分别逮住一人的手脚，并将其抛起落下，视如舂对。对窝又为"兑窝"或"碓窝"。

舂烂 zhonglan 捣烂，捣茸，捣碎：把蒜～。

舂蒜 zhongsuan 捣蒜：～作调料。

众多家 zhongduojia 喻指数量大，众多：～的｜～个。

众过起 zhongguoqi 像这样：～就对咯。

众块 zhongkuai 就这样：～起。

众块子家 zhongkuaizijia 就这样的：～做才得行。亦作"众块家的"。

钟水饺 zhongshuijiao 成都一名小吃：吃了赖汤圆儿，还想吃～。

肿眉泡眼 zhongmipaoyan 形容面部肿胀，一副病态相：～的是啥子东西过敏哦！

周仓 zhoucang 喻人无貌。顺口溜："图你人才赛～，图你家务棍棒棒。"

周二周三 zhouerzhousan 行为不稳定，不确定。

周身 zhoushen 全身，指整个身体。歇后语："油条泡汤——～都是炟的。"

周围团转 zhouweituanzhuan 邻舍附近，小范围之内。

周吴郑王 zhouwuzhengwang ①穿戴整齐，衣冠楚楚：穿得～的走人户。②正儿八经，正正经经，正式的：～的办事，吊儿郎当的不来。

周张 zhouzhang 观看：穿好了没人～，吃好了没人看见。

周正 zhouzheng ①端正。喻正派，健康，思想进步。②齐整：今天要见客，他穿得好～。复句：周周正正。

皱 zhou 皱褶：那广柑酸得人的眉毛鼻子都～拢了。

皱皱 zhouzhou 皱纹：老几头发白了，但脸上还没有～。

昼是 zhoushi 经常，随时随地：～熬夜。又为"昼时、长行、寡爱、寻常"。

肘起 zhouqi 帮忙擎举，喻被人玩弄、支配。歇后语："正月间的龙灯——遭人～耍。"

帚帕 zhoupa 拖帕，拖把：把～淘干净。

珠珠儿 zhuzhur ①水珠。歇后语："早上的露水～——见不得太阳。"②珠子。歇后语："断线的～——七零八落。"③弹子：弹子棋的～有四个颜色。

住塌 zhuta 住所，住处：老几的～怪讲究的。

柱头 zhutou 柱子。歇后语："穿青衣裳抱黑～—— 一色的。"

堼 zhu ①鼻塞，不通气：鼻子～。②塞住，阻塞。

堼气 zhuqi 外伤造成经络不通。

筑 zhu 捣击：拷铲子～紧，免得泥巴松了。

触 zhu 读"烛"。①阻人兴头，打断别人讲话：他不～人家两句，归一不到。②软组织挫伤：脚踵了，气就～到了，最好用药酒擦。

触电 zhudian ①形容初恋或接触异性，那种激情荡漾与强烈心跳的感觉：～的感觉你有过没有？②接触影视表演：～当配角。

触动 zhudong 碰，撞或因某种刺激而引起的感情变化、回忆等：～灵魂。

猪 zhu ①冤大头。民间俗语："见～不整三分罪。"②丑，蠢："面带～相，心中瞭亮。"③扑克牌的一种玩法："拱～不积极，思想有问题。"

猪鼻拱 zhubigong 蕺菜，草本植物，根有节，茎和叶有鱼腥味，又名鱼腥草。系一种清热打毒的野菜，可凉拌吃或熬水喝：你认不得侧耳根，该晓得～嘛？别名"侧（折）耳根"。又为"猪鼻孔"。

猪二爸 zhuerba 猪的别称：～又在拱圈了。歇后语："～背媳妇儿——给猴儿骗了。"亦作"溜溜"。

猪儿啰啰 zhuerluoluo 唤猪声。成都童谣："～，去拱沙沙；吃些虫虫，好长脯脯。"

猪儿子 zhuerzi 小猪崽：～跑得飞快。

竹根亲 zhugenqing ①关系交错而疏远的亲戚：家世慢慢理嘛，总要理出点～跟疙瘩亲来。②形容亲戚多得来犹如竹子一样盘根错节。顺口溜："四川人的～，老表的老表数不清。"亦作"疙瘩亲"。

竹结疤儿 zhujiebar 竹节子疙瘩：将就那个～做烟斗。

竹篓子 zhulouzi 小竹筐。

竹麻 zhuma 嫩慈竹浸泡捶茸而成，可作草鞋耳子等。

竹扒 zhupa 竹竿一端做成爪形，用以翻扒粮食、柴草等。

竹笋子 zhusunzi 嫩竹子，竹笋。

竹丝瓷胎 zhusicitai 竹丝包裹的瓷器，系成都民间一种工艺品。

竹筒筒 zhutongtong 竹筒。歇后语："嘴巴上套～——说直话。"亦作"竹筒子"。

竹丫子 zhuyazi 竹子丫：～护人，照痛不误。

主火 zhuhuo 担当主要职责。

主人家 zhurenjia 主人，当家人：等～来了再说。

抓不到缰 zhuabudaojiang 措手不及的样子。

抓扯 zhuache ①动武，撕打：两个老几说到说到咋就～起来了嗬? ②拼凑：先在老蒲的摊子上～了两个，才过了债务关。

抓拿 zhuana ①办法。②指可以依靠、凭借的东西。歇后语："半天云头吃炒菜——没得～。"

抓拿骗吃 zhuanapianchi 耍流氓手段，巧取豪夺。

抓沙抵水 zhuashadishui 形容无计可施，乱作抵挡：～无济于事。

抓屎糊脸 zhuashifulian 无可奈何的无理反讥或诬赖：李老栓，借钱不还，～!

抓天 zhuatian 比喻毫无办法。歇后语："鬼冬哥儿仰起飞——～。"

抓周 zhuazhou 婴儿周岁抓物卜吉：东薅西拨像～。

爪 zhua ①手疾，指手指弯曲不能伸直。②畏缩。③抖，弯：手不要～起!

爪了 zhualiao 比喻十分害怕的样子。歇后语："耗子见了猫儿——吓～。"

爪脚爪手 zhuajuozhuashou 蹑手蹑脚：～咋个做事嘛!

爪爪 zhuazhua ①（动物）爪子：刚啃了腊肉骨头，～又来了。②（人）手爪：～鳆黑，赶紧洗了来。成都童谣："丁丁猫，六～，哥哥接个新嫂嫂。弯弯眉毛眼睛亮，酒窝好像大酒凼。头上梳的学生髻，身上穿的花褶褶。大脚没缠也没包，走路如风不摔跤。"

爪爪深 zhuazhuashen 形容贪婪心凶之人。

爪子 zhuazi 动物的有尖甲的脚：猫～比狗～凶。

啄 zhua ①埋头，低头：～起个脑壳不开腔。②头颅凹凸。③带：出门三年半，就～了个婆娘回来。④鸟类用嘴取食物。歇后语："～木倌儿～树子——全靠嘴巴硬。"⑤用杆秤称东西时，秤尾低，表示分量不足：秤看到在～，要添点子。⑥挖，掘。亦作"软、恰"。

啄瞌睡 zhuakuoshui 睡意浓浓，头一次又一次地下垂，打盹儿：昨晚没睡好，光想～。歇后语："鬼冬哥儿～——睁只眼儿，闭只眼儿。""～给个枕头——正得劲儿。"亦作"打瞌睡、挝瞌睡"。

啄梦脚 zhuamongjuo 打梦觉，打瞌睡，打盹儿。犯糊涂，不清醒。亦作"栽梦脚"。

啄魆头 zhuaqitou 占便宜。

啄一嘴 zhuayizui 捞一把：泼皮娃娃狡诈，~就溜之大吉。亦作"嚼一嘴"。

啄啄 zhuazhua ①前额或后脑壳突出的部分。成都童谣："前啄金，后啄银，没得~不精灵。"②喻对象：儿子还没有~。

踢 zhua 抬起脚撞击：~足球。

踢一脚 zhuayijuo 用脚踹。

跩 zhuai ①摇晃着走：乔瑜都拢屋了，小保姆还在路上慢慢~。②扭动身子：不要~，看扭了腰杆。③指得意、自以为了不起的样子，神气，显耀，带有显示之意。作为褒义词用皆有赞美之意：人家马骁出国深造了，该~。

跩倒 zhuaidao 栽倒，摔倒，踔跤。

跩筋达斗 zhuaijindadou 踔跤：~走路不稳。

跩进跩出 zhuaijinzhuaichu 走进走出，形容毫无顾忌的样子。亦作"打进打出"。

跩来跩去 zhuailaizhuaiqie 扭来扭去。

跩起 zhuaiqi 扭动，跳起（舞）来：大家~来。

跩瞌打睡 zhuaikuodashui 打瞌睡，打盹儿：一副~的样子，干脆去睡嘛！

跩实 zhuaishi 结实，笃实，肌肉发达，身体健康的表现。

跩兮兮 zhuaixixi 不大理会他人的骄傲样子：~地，有啥子不得了嘛！亦作"搜得很"。

跩秧歌 zhuaiyangguo 扭秧歌。歇后语："半天云里~——空欢喜。"

跩一扑爬 zhuaiyipupa 踔一跤：~下来就中风了。

跩圆了 zhuaiyuanliao 到处显洋，标榜自己，张花式的程度加深。

跩圆似起了 zhuaiyuanshiqiliao 不得了了，吆不到台。

赚钱 zhuanqian 得利。顺口溜："勤喂猪，懒喂蚕，四十八天等~。"

赚腾 zhuanteng 形容生意好，钱赚得多，心情舒畅：这个月股票~咯。

专烧熟人 zhuanshaoshuren 使用不正当手段专门对待熟人。川话中"烧"又有"整"和"欺哄"之意。

转 zhuan ①读去音。喻诋毁，贬低，背后出言语：~哪个。②多音字，转动，轮回：山不~，水~。③变通，开窍。歇后语："磨子上睡觉——想~了。"④转耍，散步，闲逛：吃了饭~一~。⑤遍：跑~了，都没有找到。

转街 zhuangai 逛街：陪妈去~。

转哈儿 zhuanhar 散步，走一圈，逛：春熙路～。

转筋 zhuanjin 抽筋：脚～了咋个办？歇后语："肚脐眼～——怪事。"

转经消 zhuanjingxiao 易饥症：刚吃了就喊饿，是不是～哦！

转来 zhuanlai 回来，回过头来：把头车～。

转起转起 zhuanqizhuanqi 来回的次数多：转转儿会是～地吃。

转耍 zhuanshua 无目的地逛街，游览玩耍，散步等。歇后语："半天云头～——云里雾里。""西瓜地头～——左右逢圆（源）。"亦作"转路"。

转弯抹角 zhuanwanmoguo 绕圈子：有话就直说，不要～。亦作"转弯磨角"。

转一下 zhuanyixia 喻散步：消了夜，楼下～。

转转儿 zhuanzhuanr ①用一根细木棍和一节竹篾片儿做成丁字形的儿童玩具。②滚轮。③喻主意，办法：一会儿一个～，愣是鬼点子多。

转转儿会 zhuanzhuanrhui 轮流坐庄（做东），轮流请客：吃～轮到我了。

转人 zhuanren 诋毁他人：到处～，嘴嘈！

桩桩 zhuangzhuang 树桩，木桩，电桩等。民间俗语："人是～，全靠衣裳。"

装 zhuang 添，凑：拔河差一个人，要～起十个才够。

装疯迷窍 zhuangfongmiqiao 假装糊涂：～，冒充老到。又为"装疯迷呛、装疯鼻呛"。

装狗 zhuanggou 指小孩生病：活蹦乱跳的娃娃儿，今天～了。又为"装狗狗"。

装瓜 zhuanggua 装傻，假装不知其实心里明白：～好比难得糊涂。

装怪 zhuangguai 装腔作势，故意找麻烦。

装舅子 zhuangjiuzi 成都民俗，所称姐姐或妹妹出嫁时，其哥哥或弟弟一定要穿戴得十分整洁、体面，前去送亲。后用以讥讽某人穿戴过于讲究，或衣着臃肿且多：老几在～。

装猫儿识象 zhuangmaorshixiang 假装什么都不知道，假装糊涂。

装闷 zhuangmen 装作不知道，装傻，装瓜。又为"装莽"。

锥锥 zhuizhui 锥子，用来钻（扎）孔的尖头工具。

着落 zhuoluo 结果：闹了半天还没有～，咋个得了！

着着 zhuozhuo 着落，对象：一直拖到现在，都还没有～。

刺 zi 读"字"。指尖状物：手上被锥（读"狙"，扎之意）了一根～。

刺巴 ziba 鱼刺。

刺笆林 zibalin 带刺的篱笆栅栏。歇后语："猪尿泡落到～——缩肿消气。"

自个儿 ziguor 自己，各人，自家：～尝。

自家 zijia 自己。歇后语："裁缝的尺子——比别个不比～。"

自扣 zikou 麻将俗语，自摸（逮）：上碰下～。又为"自揪"。

字纸篓篓 zizhiloulou 装纸屑或渣滓的纸篓：～放在巷道头。

子弹 zidan ①钞票：没有～敢白手套狼。②语言糙辣，语速似弹飞逝。

子子 zizi ①颗粒状物，籽实：松树的～硬得恼火，不好剥。②子弹：好枪没得～，等于零！③粉刺：她脸上咋个～翻翻的哦？④珠子。歇后语："算盘——拨一下，动一下。"

子曰 ziyue ①道理：莫慌，我去找老几说个～来。②《四书》，喻指古书：读～的人不见得都是迂夫子。

姊妹家 zimeijia 川话中有时作"弟兄姐妹"讲。

资格 zigei ①形容东西真概，质量好。②身份，地位：凭啥子要坐火三轮儿嘛！看把我们～耍矮了。

资格货 zigeihuo 真货，品牌货：品牌店买～。

纵久 zongjiu 这么久，时间太长：耽误～？

纵止 zongzhi 就这样子，这样就对：就～（决定）。亦作"枞果多儿、枞须子"。

皱眉凹眼 zongmiwayan ①五官不端正：一副～的样子，让人讨厌。②衣物褶皱，形容皱皱巴巴、不平展的样子：衣裳就像腌菜一样，～的。

皱皱 zongzong ①皮肤上的皱纹：上了年纪，脸上自然就起～了。②针织品上的皱纹：有～的裙子好看得多。

总管火 zongguanhuo 老总，总负责人：～在讲话。

总还 zonghuan 语气词，表示对一种先决条件的承认，退后一步来考虑。

总还的总还 zonghuandizonghuan ①总之是这样：～他都有说的。②麻将俗语："～都是一个'遭'字。"

总起 zongqi ①凑足：钱，还是～还我算了。②加在一起：我们～五个人，刚好一车坐完。

凷 zou 读"奏"。堵、塞：娃娃流鼻血了，赶紧扯坨棉花来～到。歇后语："八个油瓶四个～——缺这少那。"

凷凷 zouzou ①喻指头颅：杀人犯要遭扯～。②瓶塞，塞子：倒了酱油，瓶瓶儿～要盖紧。歇后语："温水瓶的～——堵起（赌气）。"③烧蜂窝煤遮盖火眼用的塞子：成都先前普通人家烧的蜂窝煤通常有十二个火眼，故每家每户都有十二个以上的～。亦作"揍揍"。

揍 zou ①塞，堵：扯草草～笆笼。②放，用：有点钱就～到酒罐罐头了。

揍倒 zoudao 堵住，捂住：～鼻子免闻臭。

走 zou ①不理会，离开：～嘛！②麻将俗语，和牌。以"血战到底"玩法为例：上家～了，下家继续。③吃不了，玩不转：吃不起～。④上：人齐了，～菜。⑤往、到：你～哪儿去? ⑥从、自：我才～南门回来。

走不到路 zoubudaolu 跑不脱，逃不掉：醉酒驾车，遇端了当然～。

走菜 zoucai 上菜，将烹调好的菜肴送上席桌，开席：客人到齐了，赶紧～。

走单行道 zoudanxingdao 麻将俗语，形容无人同道相争。

走钢丝 zougangsi 喻指做风险大、高危险之事。

走高了 zougaoliao 股票俗语，股指升高：～的票买了就喊套起。

走狗屎运 zougoushiyun 走运之俗称：～洋慌了。

走广 zouguang 见过世面：还是出门～好。

走过场 zouguochang 敷衍，不实在办事。歇后语："癞头儿剃脑壳——～。"亦作"做过场"。

走红 zouhong 烹饪术语，又称上色。即将原料投入各种有色调味汁中加热，或将表面涂抹上有色调味品再用油炸，使原料染上颜色。

走经化谈 zoujinghuatan 绕起说话，故意装怪，装聋卖傻，带有虚伪和假意。取其经络含义，又为"走筋化痰"。

走开 zoukai 让开，到一边去。

走了 zouliao ①去世之雅称：德一兄都～将近四打四年了。歇后语："铁匠～不闭眼——欠锤（捶）。"②扑克牌术语，表示"过"或"不跟、不要"，好让下家出牌：用手指敲下桌子也算～。③麻将俗语，指和牌：（打血战到底）～一家，还剩三家在那儿拷。

走哪些 zounaxi 走哪里：～去?

走扭 zouniu 作对。

走气 zouqi ①串味，漏气，跑气：泡菜坛子～了，（水）就要生花。②走漏，消气。

走人户 zourenfu 走亲串友，上亲戚朋友家做客。歇后语："赶场～——顺路的

373

事。"又为"走人府"。

走臊对 zousaodui 顶起，故意作对。臊为"肇"，又为"走肇对"。

走头 zoutou 喻不走：没有～，多耍一会儿。

走线膀子 zouxianbangzi 麻将俗语，牌友在旁边帮助出牌：指手画脚乱抱～。

走眼 zouyan 看错了，看花眼：看～。

走夜路 zouyelu ①干冒险之事。民间俗语："久～必闯鬼。"②受劳累：加夜
班，～。

走一道 zouyidao ①普遍敬一次（烟）：客多了，一包烟不够～。②走一圈：
过年安逸，亲戚些挨家挨户地～下来就该上班了。

走游台 zouyoutai ①走过场：开演之前先～。②敷衍了事：遇事～，话柄拿给
人家捏到。

走远咯 zouyuanlo 麻将俗语，输多了：～，遭惨了！亦作"走远了"。

走躔 zouzhan 松动，走样，可以更改变动的，让步或者通融。伸缩，宽限：滴
点儿～都没有。亦作"走展"。

做 zu 做活路，干事情。人在～，天在看。

做得受得 zudeishoudei 犯错误后不怕惩罚。

做过场 zuguochang 做样子。

做怪相 zuguaixiang 扮鬼脸。歇后语："对倒镜子～——丑化自家。"

做红 zuhong 做媒：一个铜钱四个字，你～就要包一世。歇后语："大姑娘
儿～——难开口。"

做活路 zuhuolu 干工作，做事：～的人多。

做假 zujia ①造假：现在人都有～的，何况是东西。②虚伪：自己人，又何
必～嘛?

做空事 zukongshi 做无价值的事情，白忙活。

做媒子 zumeizi 充当媒人，媒婆。

做梦 zumong ①喻胡思乱想，非分之想。歇后语："叫花子想发财——～！"
②麻将俗语，戏指（五人玩牌之）休战者：庄家和满贯，～的不着急。

做啥子 zushazi 问话，干什么：你们到底要～?

做生 zusheng 举行祝寿的宴请活动：给老人～。

做事情不盖脚背 zushiqingbugaijuobei 比喻干活虎头蛇尾，要别人帮忙收拾
残局。

做手脚 zushoujuo 在背后搞小动作：有人在背后～。

做作 zuzuo 装模作样：不带真情，尽在～。

贼 zui 读"醉"。①偷儿。歇后语："强盗碰到~——黑吃黑。"②偷着做事，不光明正大：~脚~手。③喻凶残或敏锐的眼光：眼睛~。④狡猾，奸诈之人：老几~得很。

贼胆大 zuidanda 指亡命无忌：这娃儿不怕事，是个~。

贼呵呵 zuihuohuo 一副贼头贼脑的样子。又为"贼不呵呵，贼豁豁"。

贼货 zuihuo 买卖偷盗的物品，戏指廉价、相因的东西。

贼肉 zuirou 喻身上长的不易看见的肌肉，浑肉，寓怀中伤之意：一身~。

贼娃子 zuiwazi 小偷，盗贼：~来了你就敲盆盆儿哈！歇后语："打猫儿吓~——虚张声势。"

坠 zui 读"醉"。①下沉：刚还看到脑壳在冒，咋一会儿就~下去了嗬？②跟踪，紧贴，跟着走：看他往哪儿跑，给他~一起。③坠子，垂在下面的东西：耳~｜扇~。亦作"坠坠"。

醉拳 zuiquan ①一种拳术：南拳北腿，~打鬼。②醉酒后胡言乱语：~打得好的要数后子门的寇宏了。③假打：人大面大的，少打~。

嘴嘲 zuichao 说话伤人，不受听，多指爱乱说话的人：牙尖~讨人嫌。又为"嘴嘈"。

嘴嚼 zuijiao 能言善辩，狡辩，耍嘴皮子：~不听话。又为"嘴嘴儿嚼、嘴巴嚼、嘴巴子嚼、嘴狡、嚼嘴"。

嘴壳子 zuikuozi ①形容能说会道，但不实际之人：马耳门是个~。②喻指禽鸟嘴壳。歇后语："清蒸鸭子——浑身稀烂~硬。"亦作"嘴钳子"。

嘴甜 zuitian 说话受听，形容爱说奉承话讨人喜欢的人：~嘛，就逗人爱！

嘴嘴儿 zuizuir ①形容能言善辩，光说不做：~嚼。②形状像嘴的物件。歇后语："夜壶的~——伸得长。"亦作"嘴子"。

嘴巴儿 zuibar 嘴巴：把~揩干净。成都童谣："花脸巴儿，偷油渣儿，婆婆逮到打~。"

嘴巴儿头 zuibartou 嘴里面，嘴上，口腔：~生了溃疡。歇后语："半路上留客——~亲热。"又为"嘴巴头"。

嘴巴劲 zuibajing 劲使在嘴巴上，形容吵架厉害或能言善辩：说客的~就凶。又为"嘴劲、嘴嘴儿劲"。

嘴皮子 zuipizi 嘴唇，喻指油腔滑调的人：耍~。

昨二年生 zuoerniansheng 前年的时候。

昨黑家 zuoheijia 昨晚的时候。

昨年子 zuonianzi 去年。

昨晚黑 zuowanhei 昨天晚上。又为"昨晚夕"。

作伐 zuofa 说媒：自由恋爱，不兴媒婆乱~。

作揖 zuoyi 参拜，磕头~。歇后语："烧香不~——香也烧了，菩萨也得罪了。"

坐 zuo ①居住：我在"双眼井"~过。②后退：炮弹打过，炮筒子要往后~。③值日，值班：今天该我~班。④加固：基脚用水泥~一下就更牢了。

坐板疮 zuobanchuang 屁股上生的疮：生了~只有趴到睡。

坐臁儿 zuodenr ①猪屁股上的肉：小妹儿来耍（走人户），又掺了个~。②臀部。又为"坐蹬儿肉"。

坐地分肥 zuodifenfei 坐地分赃：~吃黑钱。

坐飞机 zuofeiji ①由于知识的浅薄，或未曾涉及到的领域而搞不懂的弄不清。②喻指升职。

坐统治 zuotongzhi 谐音桶子（木质马桶），指鼓师。鼓师是川剧中的音乐指挥，一般先打小锣再学大钹、大锣、堂鼓后，才有资格坐统治。但是，肚子里没有几百个戏也坐不好统治，所以，坐统治的鼓师要博闻强记，熟悉戏，熟悉演员：认得到~的，就有好戏看。又为"坐统子"。

座凼 zuodang 坐塌，位子：这个~看得清楚些。

左 zuo ①调换，交换：同学间兴互相~东西哇？②喻换钱：糟糕！身上莫小票子了，请你帮我把这张钱~一下？③相背：本该向东他走西，弄来~起了。④声调不和：歌唱~了。

左刮刮 zuoguagua 左撇子，左刮子：习惯用左手做事的人，通常都叫~｜~聪明。又为"左拐子"。

左喉咙 zuohoulong 唱歌跑调，发音不准确。

左脚左手 zuojuozuoshou 动作不协调，不规范的样子。

左邻右舍 zuolinyoushe 邻居：~都喜欢骁儿子。

左声左气 zuoshengzuoqi ①唱歌走调。②怪声怪气，故弄玄虚。

左手边 zuoshoubian 左边：东西放在你进门的~。

附 录

歇后语

A

阿公吃黄连——苦也（爷）
阿婆留胡子——反常
挨鞭抽的牛牛儿——滴溜溜转
挨了刀的肥猪——不怕开水烫
矮子过河——安（淹）了心的
矮矮骑大马——上下两难
矮人踩高脚狮子——高跷
矮子担水——两爷子一样高
雁鹅吃莲秆——直脖子
熬锅肉嘴皮——厚实

B

巴错门神——反（翻）了脸
擸单做洗脸帕——大方
八个油瓶四个由——缺这少那
八两花椒四两肉——麻腑腑
八十老汉儿学吹打——上气不接下气
八十老汉儿吹灯——上气不接下气
八仙桌高头放尿罐罐儿——不是个东西
八月间的石榴——满脑壳的红点子
白布下染缸——要遭蓝（难）
白耗子转笼笼——搂是地
白糖拌蜜糖——甜上加甜
白糖拌苦瓜——有苦有甜
白天屋头点灯——多此一举
百尺竿头挂剪刀——高裁（才）
百灵鸟碰到鹦鹉儿——会唱的碰到会说的
《百家姓》头差第二个字——缺钱
百岁带儿——难得
柏合寺遭火烧——街背湿（该背时）
跰跰儿追婆娘——越追越远
跰跰儿拜年——就地一歪
跰跰儿端公——坐地使法
搬起石头打天——不得行
斑鸠没毛——嫩兮兮
斑竹林头扯响簧——嗝出几个笋（省）
板凳儿倒地——四脚朝天
板凳儿上打瞌睡——翻不得身
半岩坡上的椅子——踬不得了
半路上留客——嘴巴头（上）亲热
半斤换八两——哪个（谁）也不吃亏
半天云里跩秧歌——空欢喜
半天云头扯席子——遮天
半天云头吃炒菜——没得抓拿
半天云头敲鼓——响（想）得远
半天云头打炸雷——惊天动地
半天云头打灯笼——高照（招）
半天云头掉棒棒——天棒
半天云头吊碓窝——高舂（中）
半天云头翻筋头儿——总要落地
半天云头拍巴巴掌——高手
半天云头牵口袋——装风（疯）
半天云头撒锅烟子——乌天黑地
半天云头转耍——云里雾里
半天云头锯（镧）板子——天一锯（句），地一锯
半夜吃黄瓜——不晓得头尾
半夜逮虱子——摸不到
半夜吃桃子——按倒耙的捏
半夜讨茄子——不分老嫩
拌桶包豆腐——大方
光着膀膀儿打架——赤膊上阵
包包头揣钉子——个个想露头
包包头的线——弯的

包谷雀雀儿——阴倒肥
抱膀子不眨眼——一心嚯
抱菩萨踩澡——淘神费力
抱起票儿跳河——舍命不舍财
抱鸡婆抱窝——紧倒不醒
抱鸡婆抱糠壳——空欢喜
抱鸡婆打摆子——又扑又颤
抱鸡婆跟到风簸箕转——吃壳壳
抱鸡婆爬楼梯——脚炬手软嘴壳硬
抱鸡婆进灶屋——莽㧟起
抱鸡婆栽跟头儿——倒毛
抱鸡婆下堰塘——泡毛
爆炒鹅老石——不进油盐
龅牙齿咬虱子——碰端了
背篼头摇锣鼓——乱响（想）
背起娃娃找娃娃——粗心
背蓑衣扑火——惹燃
逼倒鸡公下蛋——强人所难
壁头上挂团鱼——四脚无靠
比倒箍箍买鸭蛋——没得那么合适
闭倒眼睛唱小调——心头有谱谱
边花儿看告示——一目了然
编编匠的嘴巴子——说得好听
扁挑担灯笼——两头明亮
扁挑担缸钵——两头都揹
镔铁脑壳——捞倒就响
镔铁做铧口——犁（离）不得
玻璃肚皮——肠肠儿肚肚儿都看得穿
玻璃耗子——一毛不拔
不叫的偷偷儿狗——阴倒咬人

C

茶壶头下挂面——难捞
茶铺头的龙门阵——想到哪儿说到哪儿
茶铺头买东西——要水
菜园里的苦瓜——越老心越红
裁缝的尺子——比别个不比自家
裁缝的尺子——正尺（吃）
裁缝的家屋——针挣（真正）的
裁缝铺头扯筋（吵嘴）——争长论短
财咪子骂吝啬鬼——装疯迷窍
菜刀打豆腐——两面光
菜花蛇咬到蚳蚂儿——好造孽
蚕子的肚皮——尽是丝丝
蚕子牵丝——自家弄来网起
苍蝇儿衔秤砣——操嘴劲
苍蝇儿钻蜂桶子——没吃到反而遭锥
草帘子挂在壁头上——不像画（话）
草帽子烂边边——顶好
草鞋敲钟——打不唱
操坝头逮朦儿——无处藏身
拆裹袋儿做大襟——改邪归正
拆了房子放风登儿——只顾风流不顾家
长安桥倒拐——蒜市（算事）
长衫子改夹袄子——取长补短
长衫子改滚身儿——取长补短
秤砣掉到水头——一落到底
葱子炒藕——洞洞穿洞洞
葱子拌豆腐——一青（清）二白
场后头下雨——背湿
敞盖盖儿的汽油桶子——见不得火
柴棒棒儿洗酒壶——木戳锡（没出息）
炒面捏娃娃——熟人
扯风箱做枕头——空响
扯根胡子上吊——虚惊
扯谎坝的打药——哄人的
扯谎坝的医生——专卖假药
吃包子给面钱——混账
吃了浮渣儿——黑了心
吃了醪糟儿穿皮袄——周身都热和
吃过响午打更——早得很
吃蜂糖说好话——甜言蜜语
吃剩饭长大的——尽出馊主意

吃糖人人儿的改行——不想做人
吃稀饭不要筷子——喝饱（活宝）
吃稀饭泡米汤——清上加清（亲上加亲）
吃鱼不吐骨头——带刺
吃玉麦粑粑打呵咳——爹口黄
吃玉米馍馍打呵咳——开黄腔
吃竹子屙笋笢——肚皮头编的
伸手派——干屦
成都到华阳——县过县
成都人请客——拐拐上吃茶
城隍老爷剪脑壳——鬼头鬼脑
城隍老爷打条——全是鬼点子
城隍庙搬家——神出鬼没
城隍庙打牌——鬼场合
城隍庙打院墙——间（隔）鬼
城隍庙的石狮子——一对
城隍庙头拉弓弓儿——射（色）鬼
城隍庙头舂盐巴——潺（懒）鬼
城隍菩萨吃胡豆——鬼炒
城墙上放风登儿——出手不低
抽疯的公鸡——老走歪歪道
厨师解围腰——不做了
出水的虾子——活蹦乱跳
出宾的蜂子——满天飞
川芎地头起风——颤灵子
穿钉鞋杵拐棍儿——稳上加稳
穿青衣裳抱黑柱头——一色的
穿西服戴瓜瓢皮——倒洋不土
船漏又遇旋头儿风——祸不单行
吹火筒搅搅搅——骚搞
吹火筒当晾衣竿儿——差几节
吹起来的胰子泡——不攻自破
吹手上席——吃的胀气饭

D

大风天的鱼烛——吹了

大姑娘儿做红——难开口
大姑娘看戏——抿嘴儿笑
大河坝的土地——管得宽
大路边边上打草鞋——有的说长，有的说短
大门口挂扫扫儿——扫脸
大门口栽秧子——没稻（道）了
大年初一碰面——尽是好话
大胖子跳猴皮筋——软功夫
大蒜的皮皮——一层管一层
大雾天放鸽子——有去无回
搭起梯子上天——没门儿
打肚皮官司——老是闷起
打狗不赢咬鸡——怯大欺小
打鼓匠跸扑爬——横起帮一腔
打就的扁桶——箍不圆
打烂砂锅——纹（问）到底
打麻将不扫底——当相公
打猫儿吓贼娃子——虚张声势
逮蛇的人——莽胆大
戴起斗篷打伞——多此一举
戴起草帽子打阳尘——莫望
担砂罐跸跟头儿——没得一个好的
胆水点豆腐——一物降一物
胆小鬼走夜路——没得不炀脚的
掸抖子打人——筋痛
掸帚子沾水——湿毛（时髦）
挡风板板做锅盖——受了冷气受热气
刀尖上翻筋斗儿——玩命的事
倒拐子长毛——老手
倒拐子撞人——筋痛
灯草打圈圈——莫扯
灯草打鼓——不响
灯笼壳做枕头——空差事
灯影儿的箃子——随在丢
灯影儿会走路——有人提线线儿
灯影儿抠背——牛皮爆痒
灯影儿子上饭馆——人多不吃食

灯盏头无油——火烧心
笛子配镲镲——响不到一块儿
地头的青头儿萝卜——上青（清）下不青
电棒点烟——不燃（然）
电灯儿上点火——其实不燃（然）
电灯杆绑鸡毛——好大撑（胆）子
电灯照墙拐子——明（名）角
电线杆杆当火柴棍棍儿——大材小用
电线杆上吹叫叫儿——响（想）得高
疯子说话——东拉西扯
点燃的鱼烛——长明（命）不了
碟子头栽溺头儿——不知深浅
丁丁猫儿跟倒燕老鼠儿撵——干熬夜
丁丁猫儿想吃红樱桃儿——眼睛都望绿了
丁丁猫儿仰起飞——抓天
顶起碓窝跳舞——吃力不讨好
东大街找茅房——胀慌了
冬瓜皮做领子——霉透顶了
冬天的莲花白——越老越包得紧
冬天的扇子，夏天的烘笼儿——无用
冬天卖凉粉儿——不识时务
冬月间生的——冻（动）手冻（动）脚
豆瓣儿拌海椒——辣上加辣
豆腐房掉磨子——不识时务
豆腐滚到灰头——吹也吹不得，拍也拍不得
豆腐做的——挨不得
豆芽上压蒸笼——蹺起脚脚受气
豆叶黄——吓人不咬人
斗篷丢了——帽（冒）失
斗篷烧了边边——顶好
独凳儿上打屁——杵起了
肚脐眼儿上挂钥匙——开味（胃）
肚脐眼上挨口水——吐（土）板儿板儿
肚脐眼上抹稀泥巴——吐（土）板儿板儿
肚脐眼上搽口红——腰（妖）艳儿
肚脐眼转筋——怪事
肚里吃了亮火虫——心里明白

肚皮头撑船——内航（行）
肚皮头点灯——心头亮绍
端公跌脚头——魔（没）法
断了架子的伞——支撑不开
断线的木走走儿——拉不动
断线的珠珠儿——七零八落
对倒棺材扯谎——哄死人
对倒镜子做怪相——丑化自家
对倒镜子作揖——自家恭维自家
碓窝棒棒做磐锤儿——够整

E

额头上埋地雷——疙里疙瘩
额髅上长包——额外负担
二杆子挑大梁——朽儿火
二踢腿——两响
二五八赶场——看人说话
二月间赶花会儿——平分
二一添作五——平分
耳朵上搁烟——卡起的

F

飞机上摆龙门阵——空谈
肥猪儿落水——阿不吃
坟坝头撒花椒——麻鬼
风吹梨儿树——疙瘩捞疙瘩
风吹弯了的花椒树——又麻又歪
风头上吃炒面——吞不开嘴巴
蜂子锥石板儿——不落教
桴渣儿走路——走一路，黑一路
胡豆瓣儿生蛆——拐（坏）味了
胡瓜进微波炉——一下就粑了
胡子上巴膏药——毛病
胡子工程——长麻吊线

G

解匠的锯子——有来回
干胡豆儿下酒——掁牙巴（嘴）劲
干胡豆儿下酒——显牙巴劲
干泥巴做汤圆儿——搓不圆
干田头的螺蛳——有口难开
干饭泡米汤——还原
赶场走人户——顺路的事
刚揭盖盖儿的蒸笼——气大
刚学会理发就遇到络腮胡——难剃（题）
缸钵头的泥鳅儿——要团转｜滑不了
告花子夸祖宗——自己没出息
隔壁子打灯笼——各照各
隔倒门缝缝看人——把人看扁了
隔倒袜子抠痒——不过瘾
隔口袋买猫儿——摸不准
隔夜的火笼——外面温温热，里面全是火
公鸡角逐——头对头
躬背子走路——背起包袱在
挂耙脑壳——铁梳（特殊）
沟头没水——车不转
狗吃豌豆儿——咧起牙巴嚼
狗打呵咳——张臭嘴
狗儿烤烘笼儿——歇（停）嘴
狗看星子——认不得稀稠
狗皮上贴膏药——不粘
狗肉包子——上不得台面
狗屎鸳笆儿——拗起了
狗咬月儿光——差天远
狗钻砂锅——笼起了
狗坐篾篼——不识抬举
鼓上安电扇——吹牛皮
鼓手的锤锤儿——打在点子上
瓜儿活了九十八——虚度年华
瓜娃子赶庙会——东张西望
拐子进医院——治脚（自觉）

拐子走路——左右摇摆
光打雷不下雨——虚张声势
光脚板儿踩到烟锅巴——烫得跳
广广唱京剧——南腔北调
关公吃酒——不怕脸红
关节炎遇到了霖雨天——老毛病又发了
棺材头打粉——死要脸
棺材铺老板儿咬牙巴——恨人不死
棺材头伸手——死要钱
罐罐头发豆芽儿——没得一根伸展的
罐头抓豆瓣——辣手
管家婆的鸡蛋——有数
鬼扯筋——干闹
鬼丁哥儿变的——妈老汉儿都不认
鬼丁哥儿引儿——一报还一报
鬼冬哥儿仰起飞——抓天
鬼冬哥儿啄瞌睡——睁只眼儿，闭只眼儿
各人的米下各人的锅——哪个怕哪个
锅里的茄子——蔫炗炗的
锅头的油渣儿——炼（练）出来的
锅头煮汤圆儿——搞泡（刨）了
滚水锅里煮螃蟹——看你横行到几时
裹脚布抖伸晾——臭团转

H

害瘟不吃药——等死
鞋子头长草——荒（慌）了脚
海椒命——越老越辣｜越老越红
巷巷儿头挼竹竿——直来直去
巷巷儿头抬滑竿儿——直来直去
好吃嘴儿聊天——讲吃不讲穿
耗子见到猫儿——吓爪了｜吓挛了
耗子爬玻璃——没得抓拿
耗子吃灰面——白嘴儿
耗子啃瓷碗儿——口口是瓷（词）
耗子啃老南瓜——排不起头

381

耗子别左轮（手枪）——起了打猫儿心肠

耗子洒白灰——打瞎猫（摸）儿

耗子舔猫鼻子——找死

耗子偷米汤——浆浆（刚刚）糊嘴

耗子偷糍粑子——只够糊嘴

耗子钻猫儿窝——找死

篙杆打水——此起彼落

黑了家开车没灯——路难行

红萝卜雕的娃娃——饮食菩萨

红娘挨打——成全好事

红苕进灶烘——煨（萎）了

鮰巴儿咳嗽——没得痰（谈）头

猴子扳玉麦——扳一包丢一包

猴子挎蜂窝——倒挨锥

后颈窝——摸得到，看不到

花椒树做案板——麻朒朒

花椒开水——麻人又烫人

花生的壳壳——一层管一层

怀怀儿头揣冰棍儿——一下凉到了心里

怀怀儿头揣烤红苕——烧心

黄瓜打大锣——半节斗不拢｜去脱一截

黄泥巴捏的——天晴落雨都难得打整

黄鳝的耳朵——缺窝儿

黄鳝钻篆子——有进无出

黄连树上长草——苦苗苗

皇帝的脑壳——芋（御）头

火炮儿性子——捞倒就喝

火燎竹林盘——一派（片）光棍儿

火钳子打人——烫到痛

火葬场开后门——专烧熟人

荷叶上的水珠珠儿——滚来滚去的

何家的女娃儿嫁到郑家——郑何氏（正合适）

河坝头的土地——管得宽

河头的鹅子石——光溜溜

河中间放碓窝——中江县

和尚买篦子——梳（酥）肉

和尚敲木鱼——哆哆哆（多多多）

和尚坐岩腔——没寺（没事）

J

鸡肠子上刮油——有也不多

鸡脚杆上剐油——穷慌了

鸡肠肠儿放风登儿——看绷断了

鸡公穿草鞋——过拖

鸡毛打鼓——扫皮（臊皮）

鸡带鸭儿——帮干忙

急性子碰到啰唆客——你急他不急

夹肢窝儿长毛——老手

夹肢窝儿生疮——阴毒

甲鱼翻跟斗儿——四脚朝天

肩膀上捞烘笼儿——捞（恼）火

剪刀洗锅——杀铁（煞贴）

江大爷给何老蔫两个——将合式（江何氏）

将军不下马——各奔前程

嚼过的馍馍——没味道

椒盐板鸭——干绷

叫花子穿袍子——可惜了材料

叫花子不争（差，欠）讨口子——两抹

叫花子赶死人礼——钱少话多

叫花子烧纸钱子——钱少话多

叫花子捡银子——没得地塌放｜没得搁处

叫花子卖米——只有这一升（声）

叫花子想发财——做梦

叫花子歇岩洞——有个先来后到

教三儿上树——多余

剪脑壳的徒弟——从头学起

斤肘肘儿挨刀——痛木了

斤肘肘儿的毛根儿——栽一撮

斤肘肘儿的嫐子——随在丢

斤肘肘儿过河——摸不到底

斤肘肘儿亲嘴儿——过话不过事

斤肘肘儿跐澡——二冲二冲的

进了门喊嬢嬢——装认识

紧倒天干不下雨——多晴（情）

井头的蜞蚂儿——一辈子都起不到坎

井头丢石头——扑通（不懂）

蹲起腰杆淋大雨——背湿

酒饭一起吞——沤醪糟儿

酒米纰纰滚芝麻——多面不少沾点

脚板儿心擦青油——开溜

脚板心抹清油——底下溜

K

开水里捞洋碱——全凭手快

看三国流眼花儿——替古人担忧

敲不响的木鼓——心太实

磕膝头儿上钉马掌——不巴蹄（题）

孔雀的尾巴——翘得太高

抠倒黄鳝掉了笆笼——因小失大

口袋头装钉子——个个都想出头

口袋头装茄子——叽叽咕咕的

口袋装锥锥——锋芒毕露

裤兜里拱蝎子——爱咋蜇咋蜇

裤脚上的虮子——绺到肇

快刀打豆腐——两面光生

快刀砍甘蔗——一刀两段（断）

快刀杀西瓜——一刀两块

筷子打架——抢吃

筷子落地——筷落（快乐）

L

腊肉上席——不必言（盐）

腊月间的井水——热乎乎的

癞疙宝打呵咳——口气大

癞疙宝上蒸笼——气鼓气胀

癞疙宝爬香炉——杵一鼻子灰

癞疙宝吃豇豆——玄吊吊的

癞疙宝滚浦缸——忍气吞酸

癞疙宝坐圈椅——该麻娃娃玩格

癞壳儿顶糌粑——沾光又沾光

癞头儿剃脑壳——走过场

癞子死妈——不搭白

烂汽车过朽杆儿桥——乘人之危

烂泥巴下窑——烧不成个东西

烂蒲扇打脸——不痛不痒

烂招牌菜刀——钢火好

烂招牌的剪刀——硬肘

懒鸡婆抱窝——守着摊儿过

懒人的铺盖——不理

懒人洗衣裳——水头捶一下就挖起来

狼心兔子胆——欺软怕硬

老虎头上抠痒痒——不怕死

老孃儿打粉——不嫩（论）

老孃儿唱戏——过说

老孃儿吃腊肉——撕皮（扯皮）

老孃儿打呵咳——一望无牙（涯）

老九的弟娃儿——老十（实）

老妈抱娃娃——人家的

老母猪撵兔儿——上气不接下气

老母猪打圈——光使嘴

老母猪过门坎——经佑（照料）肚皮

老牛推磨——原地打转转儿

老人公舀米汤——大杠（绕）一转

老梭缠葫芦——冒充龙戏珠

老鸹落在猪身上——只看到别人黑

老鸹身上插花翎——冒充孔雀

老鹰抓蓑衣——脱不到爪爪

狸猫跕在悬崖上——混充老虎

鲤鱼吃水——走腮包子漏了

鲢巴螂过河——牵须（谦虚）

两只鸡公打架——争一颗米

两个喇叭一起吹——响（想）到一堆了

两个人舞龙——有头有尾

两口子打老庚儿——亲上加亲

两爷子打捶——胡斗（豆）

亮头儿打伞——无发（法）无天
梁担上吊乌龟——没得抓拿
林盘头放风登儿——绞起了
菱角对粽子——尖对尖
流水簿子做袍子——满身都是账
聋子拜客——不闻不问
楼板上铺席子——高一篾片儿
刘备的兄弟——红黑都是对的
刘前（全）进——瓜
六月天戴毡窝儿帽——不识时务
六月间吃冰粉儿——凉（良）心
六月间的偏冻雨——来得凶，去得快
六月间的包谷——黄的
六月间的鸡蛋——醒的
六月间的玉麦——抹不脱
龙灯的脑壳——随要
龙门阵缺人——摆不起架
笼里的鹦鹉——成天耍嘴
漏嘴巴吃饭——遍坝撒满
卤水点豆腐——一物降一物
骡马市倒拐——隔羊市（阳世）不远了
骡子性子——驮重不驮轻
锣锅巷的行灶——有糊（福）的
萝卜缨缨儿——提倒要
螺蛳转拐——就来
落雨不戴帽子——经淋（精灵）
落雨天的芝麻——难开口

M

妈妈死兄弟——没舅（救）
麻布匠生火巴眼——织（值）不得
麻布口袋装盐巴——包咸（涵）
麻布上绣花——底子太孬
麻布洗脸——粗（初）香（相）会
麻袋子做龙袍——不是那块料
麻秆儿做抵门杠——经不起推敲

麻柳树镪板子——不是正经材料
麻雀子吃胡豆儿——不跟后事商量
麻雀子嫁女——唧唧喳喳
麻子打呵咳——全体总动圆（员）
抹粉上吊——死要脸
抹桌帕做袜子——不是那块料
马尾拴豆腐——掺不起来
蚂蟥缠倒鹭鸶足——要得脱来不得脱
买个砂罐打断把——莫提了
卖了肥猪买架子猪——来一槽的去一槽
卖了鞋子买帽子——顾脑壳不顾尾巴
卖烧腊的扯胡琴儿——油（游）手好弦（闲）
猫儿的眼睛——睩起在
毛豆角开花——黑了心
茅厕坎上撬铺——离屎（死）不远
茅厕坎上捡瓦片儿——不好揩（开）口
没睡打噗鼾——装迷糊
门槛上砍萝卜——一刀两段（断）
门槛上搁枷担——枷（家）门儿
门缝里瞅人——把人看扁了
眯起眼睛看太阳——一片白
篾条穿豆腐——提不得
篾条打人——软收拾
米筛子筛胡豆——一个都漏不掉
米汤头洗澡——糊起糊起的
没病捡药——自找苦吃
没得眼眼儿的笛子——吹不喝
摸到石头过河——稳当
磨子上睡觉——想转了
磨子上睡瞌睡——梦得圆范
木匠的毛铁——一面光
木匠推刨子——直来直去
木匠丢锯子——没改（锴）
木脑壳丢醪子——假过场
木脑壳唱戏——屁股说话
木马山的地瓜儿——又白又嫩
木鱼变梆梆——还是个挨打的东西

木匠弹墨线——睁只眼儿，闭只眼儿
木走走儿流眼泪——虚情假意
母猪的幺儿——躲巴儿

N

拿得进去，拿不出来——莫奈何
奶娃儿吃玉麦——抹不脱
脑壳上顶升子——方起
嫩水水竹子做扁挑——乘不起力
嫩竹子做扁挑——挑不起重担
泥鳅儿给黄鳝交朋友——滑头对滑头
泥鳅儿钻篆篆——进退两难
泥水匠做活路——抹稀泥
尿桶板子——两边挨垩
捏鼻子捂嘴巴——不闻不问
牛鼻子上的屹蚤——自高自大
牛踩乌龟背——痛到心后头
牛吃草帽子——肚皮头有圈圈儿
牛吃豌豆子——一肚皮的圆子（言子儿）
牛滚凼洗澡——越搞越浑（昏）
牛角上套绳子——弯拴
牛牛儿的房子——背倒身上
牛尾巴儿——两边甩

P

爬树子摘月亮——空淘神
螃蟹的眼睛——活甩甩的
螃蟹夹豌豆儿——连滚带爬
螃蟹上树——巴不得
螃蟹的脚脚——弯弯多
螃蟹走路——横起走
盘古王耍巴郎鼓儿——老天真
胖大海掉进黄连水——苦水里泡大的
胖子操外扎——腰肚子翻
捞倒就蹶人——驴变的

泡菜坛子头的秤砣——一盐（言）难尽
泡泡糖粘住糯米饭——扯也扯不开
泡沙石打磨子——开不起齿
偻偻椅断了背——没依靠
砒霜拌海椒面儿——又毒又辣
披蓑衣子打火——惹火烧身
皮球上打眼眼——泄气
皮条子打人——软收拾
瓢羹儿舀粪——不是个档档儿
品碗头的调羹儿——小得多
铺盖头的屹蚤——顶不起一床棉被
铺盖窝儿头眨眼睛——自己呵自己

Q

蜞蚂儿翻坎坎——上蹿下跳
骑倒驴子背磨盘——多此一举
起火上房檐——劲使到顶
牵倒不走，打倒倒退——犟牛
牵牛花搭棚棚——展劲往上爬
墙上的草草——随风倒
墙上挂锅魁——中看不中吃
强盗碰到贼——黑吃黑
翘扁担做吹火筒——一翘（窍）不通
去柏合寺赶场——取草帽子
清蒸鸭子——浑身稀烂嘴壳子硬
秋蝉子落地——哑了
蚰蟮儿的娃娃——土生土长
蚰蟮儿比舞——弯弯曲曲
缺牙巴咬虱子——碰端了
缺牙巴打呵咳——一望无牙（涯）
缺牙巴啃西瓜——道道多
缺牙巴啃猪蹄子——横起扯
缺牙巴吹火——扯不拢嘴嘴
缺牙巴流鼻子——顺路

R

染缸头落白布——洗不清
热天头的死鱼——滂腥臭
惹不起蠹麻惹秧子——按倒炒的捏
人造卫星上天——不翼而飞

S

三棒加两棒——武棒棒（五棒棒）
三分钱拈个彩头儿——只有听先生说的
三分钱开灰毛儿房——本钱不大，架子不小
三个菩萨两炷香——没得你的望头
三根脚的板凳儿——不稳当
三根梅子树砍了两根——还有一根正梅（霉）
三合泥上起脉口儿——干震
三夹板上雕花——刻薄
三斤半的鸡公——叫圆了
三斤肉做成两刀割——斤半（筋拌）又斤半
三九天穿单裤儿——抖起来了
三六九赶场——看人
三千年开花，五千年结果——老果果
三十天的菜板儿——不得空
三十天的磨子——不得空
三十天的蒸笼——你蒸（争）我也蒸
三十晚夕走路——没影子
三十晚夕望月儿光——没纸（指）望
三岁娃儿说媳妇儿——还差半辈子的事
三碗茶钱开两碗——还有一碗想不开
三月间的樱桃儿——红登了
三张纸描个人脑壳——好大的面子
三只脚脚的板凳儿——不稳
三锥子锥不出一滴血——老牛板筋
腮帮子上贴膏药——不留脸
沙坝头写字被水冲——抹了就是
砂锅头炒胡豆儿——掊不转
砂罐煨蹄子——煮脚（主角）

杀一根猪过年——样啥都有
筛筛当水桶——漏洞百出
筛筛做门——眼眼（洞）多
晒坝头麻雀雀儿——响（想）不得
杉杆子进城——拿顺
山坡上烤火——就地取柴（材）
上半天栽树，下半天乘凉——哪有那么快
上山打猎——见者有份儿
礞磴儿下油锅——炸石（扎实）
筲箕头装土地——空洘神
烧烂的灯笼——光框框
烧香不作揖——香也烧了，菩萨也得罪了
烧酒医毛病——醉（最）好
设门槛——弯酸人
神头儿说话——颠三倒四
升子窝盆子——随方就圆
升子盖碗——随方就圆
生姜脱不了辣气——本性难改
生姜遇到红海椒——燥辣
生霉霉的葡萄——一肚子坏水
生意人捏手指拇儿——讨价还价
湿手抓灰面——甩不脱
十八岁的小伙子——正雄
十个指拇儿按虼蚤——一个也按不到
十三岁进养老院——莫把福享早了
十五个婆娘摆空龙门阵——七嘴八舌
十五个驼子睡一铺——七拱八翘
十字路口跱扑爬——正南齐北
石灰儿上的泥鳅儿——梭不动
石灰不叫石灰——白碱（拣）
石灰浆浆写文章——尽是白字
石灰箩筐——放到哪儿哪儿有印响
石匠的凿——专拣硬的
石头上钉钉子——硬斗硬
事后诸葛亮——回神
蛇啖鼠，鹰啖蛇——一物降一物
双手插进袖筒里——抄手

霜打了的胡豆苗——蔫耷耷的
刷把上打筋斗——筌翻（千烦）
属刨花儿的——一点就着
属猴的——拴不到
暑袜街上走一走——县过县（现过现）
耍把式的玩刺猬——扎手
水打棒反穿皮袄——泡毛鬼
水上的浮藻——东游西荡｜扎不下根
说话打李子——吞吞吐吐
死鱼的尾巴——不摆了
四股叉子扎脚后跟儿——不知那股出事
四季豆爬栈栈——死缠
四季豆——不进油盐
酸茄子煮黑豆腐——合色
蒜头儿炒豌豆儿——光棍儿遇到滚龙
蒜头儿鼻子苦瓜脸——丑人
算盘子子——拨一下，动一下
唢喇子过云南——还在哪里哪

田坎上栽秧子——外行
田头的曲蟮子——泥心
舔沟子带护食——号（占）完了
舔沟子带护食——太霸道了
铁匠的围腰帕——尽是（近视）眼儿
铁匠铺的买卖——样样过垃（过得硬）
铁匠走了不闭眼——欠锤（捶）
土地老汉儿吃汤圆儿——神不能（愣）吞（腾）
土地老汉儿见城隍——矮得多｜矮起说
土地老汉儿坐岩腔——背膀厚（硬）
土地老汉儿卖房子——神（乘）不住了
土地老汉儿掉到井头——要淘神
头上坡——丢不得手
腿上绑锣儿——走到哪儿响到哪儿
腿杆上绑铜锣——走到哪儿响到哪儿
驼背子打伞——背湿（背时）
砣子舂海椒——辣手

T

弹花匠的女——会弹（谈）不会纺
坛子头逮乌龟——手到擒来
檀香木当犁弯——屈材
炭筛子筛芝麻——蛮（全部）落空
堂屋里头栽柏树——有根之家
堂屋头堆叶子烟——闷住一堆
堂屋头推鸡公车——进退两难
讨口子吹撒呐子——穷欢
讨口子烤火——各顾各
提倒尺满街走——不量自家量别个
剃头不用水——干刮
剃头匠的担担儿——一头热
天上的风登儿——一根线捏倒人家手头
天上的星宿儿——没法数
田坎上点豆子——高矮一路
田坎上修猪圈——肥水不流外人田

W

娃娃儿的衣裳——小件（贱）
娃娃的脸巴儿——说变就变
瓦罐碰石头——不要命
瓦上的霜——见不得太阳
歪颈项吹喇叭——一股斜（邪）气
歪着脖子想问题——净是歪道理
歪嘴儿婆娘照镜子——当面丢丑｜当面丢底
弯刀的把把——投起的
碗底底的豆子——粒粒（历历）在目
豌豆子炕酒米饭——癞疤癞瘩
豌豆颠煮灰毛儿——一青（清）二白
豌豆子下河——顺倒滚
王大娘卖了磨子——没得推的了
王大娘的灰包蛋——变了
王麻子杀馆子——饱海一顿
王母娘娘的蟠桃——老果果
王泗营的金兰烟——大劲仗

王字与玉字比——只差一滴滴儿

网头的鱼，笼头的鸡——跑不脱

望起脑壳打呵咳——向上开口

温水瓶脾气——外面冷，里面热

温水瓶的由由——堵起（赌气）

温温儿水烫鸡毛——够扯

瘟猪子蒸鲊肉——不肪肪腠（让）

瘟猪子肿脚棒—— 一连的

蚊子咬秤砣——操嘴劲

蚊子咬菩萨——认错了人

问客杀鸡——假情假意

乌龟变黄鳝——解甲归田

乌龟背石板儿——硬抵硬

乌龟打屁——抻壳子

乌龟翻门槛儿——该栽｜早迟要栽

乌龟遭牛踏一脚——心子把把都痛木了

乌梢蛇打店——长（常）客

乌梢蛇进栈房——长（常）客

乌梢蛇仰起梭——上头不乌（巫）下头乌

屋檐下的冰条条—— 一根根在上头

恶婆娘搭飞机——歪上了天

莴笋炒蒜苗儿——青（亲）上加青（亲）

鹅老石打太阳——宝上了天

鹅老石流脓——灌石（惯伺）

鹅捞石砌墙角——不稳当

鹅老石下油锅——炸石（扎实）

饿狗抢食——饿痨饿虾

旱菜炒苦瓜——赖倒红

香香棍儿搭桥——难过

小孩子打哇哇——说了不算

小娃儿拜年——伸手要钱

小娃儿吃甘蔗——吃一节看一节

小娃儿吃泡泡糖——吞吞吐吐

小姨妹儿哭姐夫——假情假意

孝子吃豆腐——里外都白

瞎子穿针——过碰

瞎子打锤——大家都不松手

瞎子打锤——要睁眼子来解交（劝解）

瞎子打枪——没得目标

瞎子拉胡琴儿——卖唱

瞎子戴眼镜儿——多余的圈圈

下河淹死，上河捞尸——浮上水

下雨天背谷草——越背越重

下雨天背棉絮——越背越重

虾子爬田坎——干挣

新衣服补疤疤——多余的三十三

胸口儿上揎棉花——心软

胸口儿前吊门板——牌子大

袖子头起火——烧手

许不下羊子许骆驼——巧言哄人

选了尺码又挑斤头——得（德）高望重

学剃脑壳碰到络耳胡——难剃（题）

血盆儿煮豆腐——黑白分明

X

西瓜地头转耍——左右逢圆（源）

稀烤烤拌粉面——愁（稠）上加愁（稠）

稀泥巴头打桩——深也不行，浅也不行

稀眼儿背篼罩鸡——啥子脚脚爪爪都看出来了

洗澡不用水——干跳（甘孜）

戏台子上吃酒——喝风

细篾条护人——阴倒痛

Y

丫头儿抱酒坛子——醉也没醉，睡也没睡

丫头儿带钥匙——当家不做主

鸭子的哥（鹅）伸颈颔——等挨刀

鸭子的脚板儿—— 一连的

鸭子的嘴巴——硬壳壳

鸭子脚杆上挂铜铃铛儿——响当当

鸭子跶秧田——搞不赢

鸭子走路——左右摇摆｜两边摆

哑巴打哈哈——说不出来的欢喜
烟杆儿斗斗——心黑
蔫瓜籽——不成（诚）实
蔫萝卜——辣人
盐巴做汤圆儿心心——咸（寒）心
阎王老爷吃烟——鬼火冲
眼睛下乡——看到一边去了
秧鸡子不长尾巴儿——怪矬矬
秧鸡子脚杆——跑得风快
秧脚田头钓鱼——水平有限
羊儿子踩到秧田头——不能自拔
羊脑壳安到狗身上——张冠李戴
羊脑门子上的肉——没有多少油水
洋房子走路——怪物（屋）
洋马儿下坡——不踩（睬）
洋马儿的铃铛儿——见人就响（想）
幺店子的新闻——道听途说
幺姑儿的头发——随辫（便）
幺姑儿坐花轿——头一回
腰杆上绑钢筋——侧（旁）边硬
夜猫儿进屋——无事不来
夜猫儿咬倒牛——大干
夜壶的嘴嘴儿——伸得长
夜壶头舂蒜泥——碰端了
夜明珠垫床脚——宝筛筛的
野猫儿偷鸡——本性难改
一斗米泡一斗——没涨（账）
一二三——没四（事）
一根灯草——无二芯（心）
一根筷子吃藕——专挑漏眼儿
一脑壳栽到炭堆里——煤（霉）到了顶
一坛坛儿萝卜——抓不到姜（缰）
一天下了三灿雨——少晴（情）
一挑砂锅滚下岩——没得一个好的
一丈二尺的扁挑——摸不到头尾
一丈二尺高的灯台——照得到别个，照不到自家
一只手拍巴巴掌——孤掌难鸣
一嘴吃个鞋底板儿——心头有底
椅子掉了篗篗——不可靠
易胆大的班子——要啥有啥
阴沟头的鸭子——顾嘴不顾身
油房头的榨——服打
油汤头撒花椒——你烫我，我麻你
油条泡汤——周身都是炬的
油炸胡豆——干脆
油炸花生——干脆
有了花骨豆儿——不怕不开花
愚公的茅舍——开门见山
芋荷叶上的水——仄（倾斜）就倒
《玉匣记》当枕头——梦啥说啥
雨坝头打瞌睡——淋醒（灵醒）
元通场的河坝——木市（没事）
鸳篼打水——一场空
月亮坝照影影儿——自以为大
月亮坝坝头晒笋壳——翘（瞧）不起
月亮下头看影子——夜郎自大
月亮坝头盯芝麻——观点不明
月亮坝头耍关刀——明砍（侃）
月亮跟着太阳撵——沾光
云中挂剪刀——高才（裁）

Z

栽秧子推豆腐——架起势干
栈房头的臭虫——吃客
灶灯影儿——诱吃
灶房头的蚊子——吃客
灶烘头生笋子——戳锅漏
灶火头烧黄鳝——熟一节吃一节
灶鸡子打架——对头
灶脚下烧胡豆儿——现掩（眼）现爆（报）
灶门签——越烧越短
灶门先的烧火棒——一天短一截
灶王爷上天堂——回神

早上的露水珠珠儿——见不得太阳

皂角树上撒网——网刺（枉自）

甑子爆籫籫——倒饭

甑子头的白米饭——蒸（真）的

榨房头买菜油——新鲜

站在河边壂尿——随大流

张飞哈气——自我吹须（嘘）

张飞诱关公——你哥子莫脸红

涨大水走前面——渣涝（喳闹）

丈二长的烟杆儿——摸不到斗斗

赵孙李——缺钱

遮严了的蒸笼——有气难出

蛅珠子网丝——不留门

蛅珠子爬对子——网字（枉自）

蛅珠子起房子——牵线

针挑手中刺——一根比一根尖

蒸笼的盖盖儿——受气的

正月间的龙灯——吃宝（饱）

正月间的龙灯——遭人肘起耍

正月十五打牙祭——一年一回

知客司——寡（只）说不拗（动）

指倒黑猪骂黄狗——借题发挥

指拇儿刨饭——口口都是肉

纸糊的壁子——凭（靠）不住

纸糊的棺材——呵死人

纸做的秤砣——飘轻

钟馗打饱嗝——肚皮头有鬼

钟馗开幺店子——鬼都不上门

钟馗开栈房——鬼都不上门

猪朝前头拱，鸡朝后头刨——各有各的门道

猪打捶——光使嘴

猪二爸背媳妇儿——给猴儿骗了

猪二爸搽粉——遮不到丑

猪二爸卖凉粉儿——人才不好相料（作料）够

猪尿包落到刺笆林——缩肿消气

猪蹄子抽筋——爪了

猪油下锅——熬起

竹竿撑船——一竿竿插到底

竹林盘头告（试）犁头——寸步难移

专家面前玩派——自讨没趣

抓糠壳揩沟子——倒巴（沾）一坨

啄瞌睡给个枕头——正得劲儿

啄木倌儿找吃——全凭一张尖嘴

刺笆林里的斑鸠——估估（姑姑）

刺笆林林头的斑鸠——不晓得春夏秋冬

走拢船码头打转身——是想不过

装到笋筐头的螃蟹——横行到头了

贼娃子发梦癫——不打自招

贼娃子进学堂——摸到尽是书（输）

嘴巴儿是圆的，舌头儿是扁的——想咋个说就咋个说

嘴巴上生疮——灌（化脓）口

嘴巴上套竹筒筒——说直话

坐轿嚎丧——不识抬举

后　记

　　《成都方言》在文化大繁荣的今天顺利出版，其中汇聚了各级领导、专家学者和朋友家人的关心、厚爱与支持。在此，作者对周孟棋、罗波、杨宗林、叶浪先生，梁红、成川梅女士的长期关爱扶持，谭力、雁宁、栈桥、王跃、刘学伦等川籍作家和艺术家的鼎力举荐，邓永勤方家细致的审阅校订，黄尚军先生赠与了《四川方言与民俗》，吴泽迪先生补遗了"川剧方言词汇"，张利女士提供了《四川方言词语汇编》，文联同人从我的《散打笑星——抽底火》《李伯清夜话》《成都故事》等方言版本中细心筛选了大量的宝贵词汇，一批成都贤达口口传授了民间妙言趣语，《成都解放入城式》的作者、老作家马云鹏先生自始至终的关怀和题写书名，著名国学导师甄先尧先生拨冗作序，以及寇宗芙、郑琳、郑凯、马骁等为本书的资料搜集所付出的辛劳，一并作揖谢之！

作　者

2012夏，于沙河帕丽湾蜀风堂

图书在版编目（CIP）数据

成都方言 / 马骥著. –– 成都 : 四川文艺出版社,
2012.9（2021.10重印）

ISBN 978-7-5411-3410-4

Ⅰ.①成… Ⅱ.①马… Ⅲ.①西南官话—方言研究—
成都市 Ⅳ.①H172.3

中国版本图书馆CIP数据核字(2012)第208151号

成都方言
CHENGDU FANGYAN

马 骥 © 著

责任编辑	李国亮 宋 玥
责任校对	汪 平
责任印制	崔 娜
封面设计	邹小工
版式设计	邹小工/经典记忆文化传播公司
封面题字	马云鹏

出版发行	四川文艺出版社（成都市槐树街2号）
社　　址	成都市槐树街2号
网　　址	www.scwys.com
电　　话	028-86259285（发行部）　028-86259303（编辑部）
传　　真	028-86259306

读者服务	028-86259293
邮购地址	成都市槐树街2号四川文艺出版社邮购部　610031

印　　刷	四川机投印务有限公司
开　　本	148mm×210mm　1/32
印　　张	12.25
字　　数	480千
版　　次	2012年9月第一版
印　　次	2021年10月第二次印刷
书　　号	ISBN 978-7-5411-3410-4
定　　价	25.00元